西川寛生「サイゴン日記」

1955年9月～1957年6月

武内房司・宮沢千尋 編

学習院大学東洋文化研究叢書

風響社

はじめに

武内房司

　本書は、松下光広氏の起こした企業「大南公司」の社員であった西川捨三郎氏（ペンネーム西川寛生）が「ベトナム共和国」のサイゴン（当時、現ホーチミン市）に駐在していた1955年9月より1957年6月までのあいだ、毎日書き続けていた日記の全文であり、今回、ご子息西川貴生氏のご了承と多くの方々のご協力を得て刊行の運びとなったものである。

　15歳以来日記を書き続けたという西川氏は膨大な日記資料を残しているが、そのなかにB5版の大学ノートに横書きで『西貢日誌』と記された日記が7冊ほど含まれている（『西貢日誌1955（1）』〈1955年9月～12月〉、『西貢日誌1956（2）・（3）・（4）・（5）』〈1956年1月～12月〉、『西貢日誌1957（1）・（2）』〈1957年1月～10月〉）。今回刊行するのは、このうち、氏が戦後最初にサイゴンに駐在した1955年9月11日より1957年6月5日までの日記である。

　しかし、西川氏にとって、この時期が最初のベトナム滞在ではなかった。氏は、アジア主義者大川周明の開設した東亜経済調査局附属研究所に第一期生として入所し、フランス語を学ぶかたわら、大川の直接の薫陶を受けた。卒業後、1940年の日本の「仏印進駐」とともに、当時の「仏領印度支那」にわたり、日本の敗戦まで滞在した。本書所収の解説「西川捨三郎とその日記」に詳しく紹介されているように、その間、松下光広らとともにフランス植民地当局に逮捕されようとしていた民族主義者ゴー・ディン・ジエムを救出する工作に加わるなど、ベトナムの独立運動にも深くかかわった。約10年間の空白を経て実現した戦後のベトナム長期滞在においても、「アジアの復興」を掲げる大川周明の思想に共鳴し、ベトナムの独立に多くの期待を寄せかつ民族主義者と交流・接触を重ねた経験が、ベトナム社会観察や人脈づくりにも生かされている。

　氏のサイゴン駐在は、1954年7月のジュネーブ協定締結後、ベトナム南部にゴー・ディン・ジエム政権、いわゆる「第一期ベトナム共和国」が確立してい

く時期にあたっている。長いアメリカ・ヨーロッパへの外遊を経て、1954年6月、ベトナムに戻ったゴー・ディン・ジエムはジュネーブ協定後、フランスの支援を失い窮地に立つバオダイの要請を受け入れ、同年7月7日、「ベトナム国」の首相に就任した。もともとベトナム中部出身で南部の軍人・地主層にさしたる支持基盤を持たなかったジエムは、巧みな政治手腕を駆使して諸勢力を互いに競合させ、親仏派の軍人層及びカオダイ教やホアハオ教などの宗教勢力、サイゴン・チョロンの都市を牛耳っていたビンスエンなどの秘密結社の影響力をつぎつぎと排除し、ついには1955年10月の国民投票をつうじ、自らを首相に任命した最後の阮朝皇帝バオダイを倒して大統領に就任した。

　1955年10月の大統領就任より1963年11月の軍事クーデターにより暗殺されるまでのゴー政権の評価としては、これまで、「アメリカのジエム」と揶揄されるように、アメリカの傀儡と見做されることが多かった。しかし、近年、ホーチミン市にあるベトナム国家第2アーカイブズセンターに所蔵されているゴー政権期の文書史料などを駆使しつつ、アメリカのベトナム研究者ミラーは、ゴー政権が決して唯々諾々とアメリカの命ずるままに行動していたわけではなく、独自の「国づくり」（ネイション・ビルディング）を志向していたことを明らかにしている［Miller 2013:1-18］。ミラーは、ジエムのガバナンス、政治・社会に対する考え方が、両大戦期以降のヨーロッパとベトナム諸伝統との出会いのなかで形成され、ホーチミンを含めた同時期のベトナムの政治リーダーのそれとつうずるものであったとも指摘しているが、本日記にしばしば登場するジエムをはじめゴー政権担当者の肉声や記事は、こうしたゴー政権の独自なネイション・ビルディングの考えを知る貴重なてがかりを与えてくれているといえよう。

　前述したように、西川氏の上司に当たる大南公司社長松下光広はゴー・ディン・ジエム大統領と戦時期以来親密な関係を築いていたこともあって、日記にはゴー政権担当者と松下との交流が詳しく紹介されている。そこからは、松下光広が、ゴー・ディン・ジエムにとって顧問にも等しい存在であったことが浮かび上がってくる。たとえば、西川氏は、1956年10月19日の日記にこう記している。

　　社長、朝、大統領の呼出しで会談し、大統領より近くに迫った二十六日の共和国記念日、憲法発布の日の大統領の演説内容について相談を受け、明夕までに参考的なものを提案する事を約して来らる。日本の教育勅語が最も適当なものとして、サイゴン中を探し、各自が記憶を辿っても仲々全

文が出来ず一苦労。大使館の連中頭を集めての結果、我が記憶に数行を加へて、漸く全文らしきものが出来る。これを骨子として越南国民に與へる指針なるものを作るわけである。他に軍人勅諭や戦陣訓等、旧日本の精神的な規範が丁度新興国には殆んど通用するやうである。日本で死した明治以後の富国強兵が、今アジアの新しい国々で再認識され真似られると云ふのは当然とも云へるがまた皮肉な事でもある。

このように、松下光広が演説原稿の相談にいたるまで、ゴー・ディン・ジエムに対して助言を行っていたことを示す同時代の記録としては、この西川氏の日記以外にはない。戦時期の日本・ベトナム関係史において重要な役割を果たした松下光広については、これまで、1967 年 6 月、独立運動を担ったベトナム・阮朝の王族クオンデとの関係を中心にサイゴン在住の松下から聞き取りを行ったマーをはじめ、国内外のベトナム研究者によって注目され、何度かインタビューも試みられている［Marr 1995: 83］［白石 1984: 61］。近年においては、クオンデに関する専著を公にしたチャン・ミー・ヴァンもまた、2001 年 4 月、西川氏へのインタビューを試み、クオンデを支えた松下の活動に光をあてた［Trần Mỹ Vân 2005: 248］。しかし、これら研究のほとんどが戦時期の松下の活動に関心を向けたものであり、生涯にわたるベトナムとのかかわりをまとめたものとしては、1975 年のサイゴン陥落を経てベトナムから撤退してまもない時期に郷土のジャーナリスト北野典夫氏から受けたインタビュー記録があるにすぎない［北野 1985：236-279］。近年刊行された牧久氏の松下光広伝も、基本的にこのインタビュー記録と関係者への最近の取材によって書かれたものである［牧 2012］。その意味でも、戦後期、ゴー・ディン・ジエムらとの交流・接触の情況、松下氏の発した肉声や考えをリアルタイムで伝える本日記は、松下光広や松下が起業し仏領期から独立後にかけてユニークな企業活動を展開した大南公司の軌跡を研究するための史料としても貴重なものといえる。

さきの日記の一節に戻るならば、ゴー・ディン・ジエムが直接日本の教育勅語の内容を紹介してくれと松下に依頼したわけではないであろう。あえて教育勅語を選んだのは松下の発案であったはずである。ただ、ジエムが教育勅語に関心を示したのにはそれなりの背景があったと考えられる。教育勅語の底流にある儒教がジエム政権自身の「国づくり」の理念と深く関わっていたからである。

ジエムの最高顧問として強大な権力を行使したのがジエムの弟ゴー・ディン・ニューであったことはよく知られている。そのニューがフランスに留学し、国

立古文書学院でアーカイブズ学を学ぶかたわら、カトリック哲学者エマニュエル・ムーニエの説くペルソナリズムに深く傾倒していたことは、さきに紹介したミラーの研究によっても詳しく紹介されている。ニューはペルソナリズムに「人位主義 Chủ Nghĩa Nhân Vị」の訳語を当て、ゴー・ディン・ジエム政権の基本理念と位置づけようとした。すなわち、日本のムーニエ研究においては「人格主義」と訳されることの多いこの概念を用い［高多 2005］、そこに、自由主義的資本主義経済とも社会主義社会とも異なる、当時の政治的文脈に即していえば、フランス植民地主義ともホーチミン率いるベトミン型共産主義とも異なる第三の路線を見出そうとしたのである［Miller 2013:43-44］。

　ニューの構想したベトナム型ペルソナリズムは、一方では、ムーニエの説くペルソナリズムとは些か様相を異にし、東西文化融合の哲学、具体的には儒教の復興を呼びかけるものであった。こうした儒教復興運動は、同時にゴー政権初期の一連の綱紀粛正政策とも連動していた。1955 年末には、"四悪徳"、すなわちアヘン吸引、アルコール、売春、賭博に反対するキャンペーンが開始し、1956 年初には、"封建・植民地政権の社会的痕跡"を消し去るために、押収したポルノ、カード、アヘンパイプの山が広場で燃やされた。同じ年には、ベトナム近代史上はじめて孔子の生誕日が国祭日に加えられた［Donnel 1961: 31-33］。こうした道徳キャンペーンは、サイゴンに隣接する華人居住区で最大の繁華街をなしていたチョロン地区の売春・アヘン・賭博を独占し莫大な収益をあげていたビンスエンと呼ばれる秘密結社の財源を封ずるねらいもあったと思われる。このほかにも、文化・経済政策、さらにはまた、対華僑政策などに関して本日記には詳しい言及が見られ、ゴー政権が採用した一連の「国づくり」の背景を知る上で有用である。

　一方、西川氏の日記に採録されているのは、ゴー政権中枢にいた政治家や軍人たちの言動ばかりではない。1956 年 4 月 19 日の日記には、中国共産党支配下の中国より物資を輸入した嫌疑を受け未決囚として拘留された同僚の話として、次のようなエピソードが紹介されている。

　　　月砂氏先日の未決囚として獄中にありし十日余りの実感を語る、さすがに心細く、無実の嫌疑ながら、不安に胸をかきむしられる思ひで、男泣きしたと云ふことである。共産主義者として同囚の連中の中には多くはただパリに行かんとして捕へられたり、密告で検挙されたり、実に罪もなき人々が警察の無理解と拷問に苦しんでゐると云ふ。

はじめに

　ゴー・ディン・ジエム政権下で前述のペルソナリズムの理念とは裏腹に、罪なき多くの民衆が逮捕・拷問に苦しんでいたことを間接的ながら、はっきりと記録に残しているのが印象的である。このような庶民の視線に立つ記録は、新聞記事や特派員レポートなどからはうかがうことはできないものである。政治的主張や主義を声高に論ずるというよりは、日々の生活で感じたことをその都度書き留めるという、パーソナルな日記という形態がとられることによってはじめて可能となったものであろう。

　近代日本人のベトナム観をふりかえってみると、① 1883 年前後の清仏戦争期、② 1940 年より 45 年にかけての「仏印進駐」期、③ 1964 年より 75 年にかけてのベトナム戦争期に関心が集中し、おびただしい「仏印」ないし「ベトナム戦争」関連の著作が出版された。しかし、それぞれのピークが過ぎ去ると、急速に関心も薄れ顧みられなくなったことも事実である。とりわけ、「仏印進駐」期及びベトナム戦争期のはざまにあたる 1950 年代のゴー政権時期となると、残された日本人の記録は極めて少ない。その意味で、アカデミズムやジャーナリズムとは異なる世界に身を置きながら、一貫してベトナム社会に関心を抱き続けた西川氏は例外的な存在であったといえ、しかも、本日記には、政権中枢にある人々の動きとともに、フランスの植民地から独立に至る大きな政治変動期にベトナム南部の人々が経験した日常の暮らしぶりが生き生きと描かれており、現代ベトナム史に関する貴重な史料の一つといえよう。

　本日記はまた、戦後の日本・ベトナム関係史を辿るうえでも重要な資料を提供している。氏のサイゴン滞在は、戦後日本の対アジア外交が本格的に稼働し、賠償問題解決の一つの方途として、日本の援助によるダニムダム開発プロジェクトが発足、展開していく時期とも重なっている。今日のＯＤＡ事業の原型ともいえる開発援助プロジェクトが現地で具体的に実現されていく過程が詳細に記されていることもこの日記の史料的価値を高めている。ダラットにあるダニムダムは、コンサルタント会社日本工営の創業者久保田豊の設計によるものであったが、その実現にあたっては、ベトナム南部政権と太いパイプを持つ松下光広の協力が不可欠であった。一例をあげるならば、日記の 1955 年 10 月 22 日の条にはダム建設に向けた調査設計契約がベトナム側に認可された時の情景が次のように記されている。

　　社長大使に呼ばれて行き、ダラット地区の電源開発が久保田〔豊〕案で越

南側の決定を見た由伝へられ大満悦、此の国と共に生き、この民族と共に在る松下光広の生涯の事業として、その足跡をこの国の歴史に刻むべき最後の機会である。死への有終の美ともなることであり、一生の終止符として精魂を傾ける気持のやうである。大いに励ましてその成就のために乾盃、もしダラット山中にダムから水の落ちる光景を見たら、正に死んでもよいと云ふ感激を味ふことであらう。たとへそれ此の国が北の赤い力に呑まれても、民族へのこの贈物は遺るものである。その実現を祈るのみ。

　ベトナムにおけるダム建設が、松下光広やその事業を支えた西川氏にとって、単にゴー政権のみならず、ベトナム民族全体に対する開発協力事業として強く意識されていたことがうかがえる。そして、松下・西川両氏の予感はその後見事に的中し、ベトナム民主共和国（北ベトナム）人民軍及び南ベトナム臨時革命政府軍の進攻により、1975 年、サイゴンは陥落、「ベトナム共和国」は瓦解した。従来、日本の直接的な戦争被害を受けたはずの北ベトナム側への援助が無視され、南部のゴー政権にダニムダム及び発電所建設事業というかたちで多額の賠償が供与されたことの問題性が指摘されてきた。しかし、統一ベトナムが実現した今日、近代化に貢献したダム建設事業に新たな光があてられ、2014 年 3 月、多くの難工事を克服して発電所を稼働させた当時の日本工営の元技術者がベトナム政府から改めて功労勲章を授与された［日本工営ホームページ］。松下光広や西川氏をはじめとして、ダニムダム建設事業を裏面から支えた大南公司の歴史的役割についても今後見直しが進むものと思われる。

　1957 年 6 月 5 日に一時帰国した西川氏は、同年 12 月 17 日、大南公司駐在員として再びサイゴンに長期に滞在することになった。その後、日本とゴー政権との間の賠償交渉は難産の末、1959 年 5 月 13 日、妥結に至った。この日越賠償交渉に関しては［田中健郎 2013］が唯一の公刊論文であり、日本・南ベトナム側の外交文書を用いつつ、田中氏はこの論考のなかで、フランスと日本とを競わせることで、純賠償を引き出そうとする南ベトナム政権側のバーゲニングパワーが働いたことを指摘している。この交渉もまた、ゴー政権の日本カードを利用したネイション・ビルディング戦略の一環であったともいえ、今後『西川日記』が活用され、ゴー政権関係文書の掘り起こしとともに、現地での賠償交渉及びプロジェクト実現の過程の解明が進むことを期待したい。

　じっさい、1957 年 12 月 17 日にサイゴンに再渡航して以降の日記にもダニムダム建設をはじめ、賠償問題に関連する多くの記事が含まれているが、残念な

がら今回は紙幅の都合と我々の力量不足により収録することができなかった。この時期は、ゴー・ディン・ジエム政権がしだいに民衆から遊離し、孤立を深めていく時期にもあたっており、世相の描写にも大変興味深い内容が含まれるが、その整理・刊行については他日を期したいと思う。

なお、本書の「補注」に「事項編」を設け、これまであまり知られることのなかったゴー政権の成立事情から当時の国際関係にいたるまで、その概要を紹介しているので、あわせて参照していただければ幸いである。

【参考文献】
北野典夫『天草海外発展史（下）』葦書房、1985年
白石昌也「チャン・チョン・キム内閣設立（1945年4月）の背景：日本当局の対ベトナム統治構想を中心に」土屋健治・白石隆編『東南アジアの政治と文化』東京大学出版会、1984年
高多彬臣『エマニュエル・ムーニエ、生涯と思想：人格主義的・共同体的社会に向かって』青弓社、2005年
田中健郎「南ベトナム戦後賠償交渉再考：「ベトナム賠償および借款協定関係」外交文書を紐解く」阿曽村邦昭編『ベトナム〜国家と民族（上）』古今書院、2013年
牧久『「安南王国」の夢〜ベトナム独立を支援した日本人』ウエッジ、2012年
Donnel, John C., "Personalisme in Vietnam", in Fishel, Wesley R. ed., *Problems of Freedom : South Vietnam Since Independence*, New York: The Free Press of Glencoe, 1961.
Marr, David G., *Vietnam 1945 : The Quest for Power*, Berkley and Los Angeles : University of California Press, 1995.
Miller, Edward, *Misalliance: Ngo Dinh Diem, the United Sates, and the Fate of South Vietnam*, Cambridge, Massachusetts, and London, England : Harvard University Press, 2013.
Trần Mỹ Vân, *A Vietnamese Royal Exile in Japan : Prince Cường Để (1882-1951)*, London & New York : Routledge, 2005.
日本工営ホームページ（http://www.n-koei.co.jp/news/2014/140307.html）

目次

はじめに（武内房司） ·· 1

    凡例　12

西貢日誌—1955年— ·· 15

西貢日誌—1956年— ·· 63

西貢日誌—1957年— ·· 203

補注 ·· 265

  《事項編》（テーマ順）　267
    1　ゴー・ディン・ジエム政権の成立過程　267
    2　いわゆる"封建三勢力"　269
    3　選挙　272
    4　政党　274
    5　機構・公共施設　276
    6　社会・文化・事件　279
    7　ジエム政権とベトナム民主共和国　281
    8　国際関係　282
    9　日本・南ベトナム関係　287
  《人物編》（アイウエオ順）　292
  《地名編》　319
    1　サイゴン市内　319
      (1)　タンソンニュット空港　319
      (2)　カティナ通り　319
      (3)　ホテル　319
    2　サイゴンの周辺　320
      (1)　チョロン　320
      (2)　ナイトクラブ　321
      (3)　ザーディン　321

　　　　　　(4)　トゥーザウモット　*322*
　　　　　　(5)　ビエンホア　*322*
　　　　　　(6)　ミトー　*322*
　　　　　　(7)　カップ・サンジャック　*322*
　　　　3　中部山間地区とその周辺　*323*
　　　　　　(1)　ダラット　*323*
　　　　　　(2)　ジリン　*324*
　　　　　　(3)　ブオン・マー・トゥオット　*325*
　　　　4　中部沿海地域とその周辺　*325*
　　　　　　(1)　フエ　*325*
　　　　　　(2)　トゥーラン　*325*
　　　　　　(3)　ニャチャン　*326*
　　　　　　(4)　カナ海岸　*326*
　　　　　　(5)　ファンティエット　*327*

解説「西川捨三郎とその日記」（宮沢千尋）……………… *329*
　　西川捨三郎氏とベトナム〜大川塾受験から終戦・帰国まで　*331*
　　戦後の大南公司と西川氏　*337*
　　歴史資料としての西川日記　*339*
　　西川氏との出会い　*340*

あとがき（武内房司）……………………………………… *343*
　　参考文献一覧　*347*
　　地図　*355*
　　索引　*357*

装丁＝佐藤一典・オーバードライブ

11

〔凡例〕

・著者西川捨三郎氏の戦後最初のベトナム滞在にあたる1955年9月11日より1957年6月5日までの日記を採録した。
・遺族の意向に沿って、極めて私的な事柄については一部を削除した。
・日記には旧仮名遣い、新仮名遣いが混在しているが、そのままとした。
・漢字は常用漢字に統一した。
・歴史的仮名遣いが用いられている箇所はそのままとした。
・［　］は校訂者による訂正、またアルファベットによる固有名詞のカタカナ表記を示す。
・読者の理解に資するために、必要と思われる事項・人物に脚注を加えた。さらに、より詳細な説明を加えた方がよいと思われるテーマ・人物・地名については、補注を設け、巻末に別途説明を加えた。
・読みやすさを考慮し、適宜改行と句読点を施した。
・判読不能な文字は■とした。
・記述の一部に今日の視点からすれば差別的な表現があるが、当時の社会的環境のもとで記された一次史料であることに鑑み、修正は加えずそのままとした。
・脚注、補注に用いた新聞資料や日記本文については、［朝日（朝）570214］（1957年2月14日朝日新聞〈朝刊〉）のごとく記した。

西川寛生「サイゴン日記」
1955 年 9 月～1957 年 6 月

西貢日誌
—1955 年—

1955 年

九月十一日（日）晴一時雨

　快適な空路、酔ひもせずに飛び、マニラに午前五時頃到着。フィリピンの土地は初めてのこと。飛行場で一時間の休憩のみなれど上空から見るマニラ湾の美景は壮麗暁の色に映えて一入である。更に四時間、一睡の後サイゴンに下りる。カムラン湾[1]のあたりから、インドシナの山系を飛ぶに、腑観して往時を偲ぶ。ダラット[2]の辺りと思はれる密林もなつかし。

　午前九時到着。荷物検査も簡単に通過して迎への中野君、山田[3]、月砂氏、峯木氏など、大南一党と共に新設営のフレルルイの宿舎に入る。

　社長[4]は久保田氏[5]について、電源開発の現場ダラットに行って不在。今日帰る予定と聞き、ともかく社宅に落着く。同行の中来氏も同宿。

　昼食はショロンの中華料理、これはさすがに美味。昔と変らぬ街に、ただひどく自動車が多く、人力車はなく、驢車なのに驚く。消費景気の様相は一目瞭然で道行く越南人の姿も派手になってゐる。

　夕方社長帰西。夕食は持参せるすえ広の牛肉ですき焼。大いに飲み、談じ、まづ第一日を快然、夜遅くまで雑談に花咲く。峯木氏の狩猟の昔話は面白く、虎が水牛を担いで歩き去るなどは珍説と云ふべし。

九月十二日（月）晴一時雨

　午前中デュシャトーの事務所内にある当座のオフィスに行き、事務的打合せをなし、後、輸送品をダビットー氏の店とティエン―クアン両氏のラム・ソンの事務所へ届けたりする。仕事は多忙、社長は大奔走、日本大使館に挨拶。社長は久保田氏と懇談、越南政府筋へ進言の由。夕食後夜のサイゴンを見るべく月砂氏の案内でバー、ダンスホール等を一巡して一時帰宅。

　1　ベトナム南東部の港湾。18 世紀以来の港であり、その後フランス、日本が軍港として駐屯・整備した。ベトナム戦争中もアメリカ軍が軍港として使用。戦争終結後はソ連軍艦の停泊地となった。南シナ海の油田開発拠点としても知られる。［桜井・桃木編 1999: 101-102］

　2　ベトナム中部の高原都市。☞《地名編》〈ダラット〉

　3　山田勲。大川塾卒業生で大南公司社員。1925 年岐阜県生まれ。大川塾第 5 期生で 1944 年満鉄東亜経済調査局付属研究所卒業、泰緬派遣機関ラングーン本部勤務。1947 年復員。1948 年～1963 年大南公司に勤務した。［山田勲 2004］

　4　松下光広。☞《人物編》〈松下光広〉

　5　日本工営社長久保田豊。☞《人物編》〈久保田豊〉

九月十三日（火）晴
　大多忙。殆ど朝から夕まで暇もなく仕事に追はれる始末。午前中パスポートの手続で準備。警察に行きしが何かと無駄なやり取りで用を果さず。新しい新興国のお役所仕事はまた格別に面倒なものである。一ヶ月のビザできたものを、延期の手続や、カンボジア行の手続など今後もいろいろ手間取ることなるべし。
　夕食コンチネンタルで社長と共に四人で卓を囲む。昔は美味で上品で一流の料理なりしを、今は全て変った様で、シャトー・ブリアンも何の風情も風味もなし。ただ僅かにオードブルに当時を偲ばせるものあるのみ。ポーランドやインドの国連の監視委員[6]の連中が常宿にゐて、万事が野暮たくなったとボーイ長が云ったりする。正に頽勢のフランス人の心中は察するに余りあり。越南人の自負心がもたらす益勢もさることながら、フランス人の斜陽的消沈の姿は一入哀調を帯びてあり。
　横山[7]一党もテラスで何か密談中。夜トアン・フンの林氏が来訪、一緒にショロン[8]へ出る。昔なつかしい大世界へ行く。賭博場の方は閉鎖されてゐて闇のみ深くたれこめて淋しい。ダンスホールは相変らず一流の構へで繁栄してゐる。ダンサーの代は変ってゐるが、雰囲気は妙に十年前を思はせる。何となく錯覚する程に似てゐる。ダンサーは中国人が多く、呼んだのも梅、葉、芸子等皆広東系。中で芸子とは日本名のつもりで名乗って居て、少し日本語も話せる由。洋装して、それが如何にも日本の奉公娘の感じを出してゐるのは面白い。十一時にショーが行はれ、フランス人の女のアクロバット、さすがに本場のストリッパーで、身体のしなやかさも顔のよさも、これは日本の日劇でも見られぬ程のものである。今夜もまた帰宅は一時。さすがに些か疲れる。

九月十四日（水）晴
　さすがに暑さは身にこたへる。水物を多量にとるせいか、下痢気味、到着直ちに忙しい生活に入り、些か疲労もあり。朝スポンサー Dao-si-chu の薬局へ寄って挨拶、店にゐる女性の中に全く日本人のやうな美女一人あり。午前中、例によって事務所で応接。インドシナ銀行の界隈に雲集する問屋連中は、サイゴン・ショロンの有力商人を此の一角に集めたものの如く、街上に溢れて路上での立話に

　6　ジュネーブ協定遵守を監視するために国連が派遣した監視員。インド、ポーランド、カナダの3か国からなっていた。
　7　横山正脩。☞《人物編》〈横山正脩〉
　8　チョロンのこと。☞《地名編》〈チョロン〉

1955年

万全の商取引を決めてゐるらしい。社長の客多し。
　午後パスポートの手続で警察関係。夕方、東安公司の陳社長と月砂氏に招待されてショロンの慶華飯店で会食。社長、久保田氏も、伴ひ来て歓談たのしく飲み食べる。
　後、社長、久保田氏引揚げられた後、若い者のみで遊ぶ。先づ〝大羅天〟ホール、次いで〝バンカン〟[9]と二時までつき合ふ。睡魔烈しく閉口。
　今は夕方帰宅の途中、タクシーが道を間違へて、行過ぎ、思はぬ風景を見る。病院の庭で、地上に群れた小学生から中学生らしいとりどりの少年達が柔道をやってゐる姿。その半数は女の子で、まことに柔道の普及の実相は大へんなものである。教へてゐるのはサイゴンではフランス人との事なれど、この熱心。さぞこの少年達が大きくなった頃は、強くなることであらう。畳も敷かず野天で稽古するとは恐れ入ったものである。暫らく見物をして帰る。プノンペンでも盛んらしいが、当地へも早く日本の教師を呼びたいものである。

九月十五日（木）晴
　Truong-Khe［Ke］-An 氏[10]が社長に提供してくれた自動車はキャデラックで、色が真赤の火の色。まことに派手なもので、乗り廻すと衆目を集め、些か気がひける程であるが、サイゴンでの仕事は自動車のなくては甚だ不便である。
　朝警察関係、まだらちがあかない。仕事には次第になれて来るが、多用でカンボジアへ行くのが今度はむづかしくなりそう。今晩は珍しく来客も招待もなく、夕食後三人で談笑。
　九時頃からショロンの中野君の所を訪ね、後サイゴンに戻って"金山"[11]と"ダブラン［タバラン］"[12]に遊ぶ。ホールも一わたり見たが、やはり大世界が一番。

九月十六日（金）晴　後　一時雨
　朝サイゴンの得意先を数社廻る。前に日本へ来て知ってゐる Vo-Van-Van 氏来訪、夕食に招かる。彼氏の自宅へ行くに、金持ちらしく象牙の飾台が入った所に置かれ、陶磁器の骨董的なとりどりの古い瓶、壺が集められてゐて、かなりの旧家を思はせる。彼氏の父堂が社長と親友だった間。夕食を二人でショロンの天

9　ヴァンカン（Van Canh）。ナイトクラブ。☞《地名編》〈サイゴン市内〉
10　チュオン・ケー・アン。☞《人物編》〈チュオン・ケー・アン〉
11　ナイトクラブ。☞《地名編》〈サイゴン市内〉
12　Tabarin とも記される。

虹菜館と云ふ最新の食堂でとり、後ドライブ、埠頭へ出て夕風にあたり、サイゴンに帰って"大南"[13]と云ふ映画館でフランス物の時代劇を一つ見る。上映前に歌と踊りのショーがあるが、これはまだまだ幼稚なもので、見聞にたへない。日本の歌劇団でも来たら大へんな人気を呼ぶことならう。予告編に来々週は日本映画の"此の太陽"が上映されると云ふ。

久保田氏出発。電源開発は久保田案が有力化しつつある由[14]、社長呉［ゴー・ディン・ジエム］首相[15]に呼ばれて談合に行く。五島氏も来貢の由。

九月十七日（土）晴時々雨

午前九時頃、事務所へフランス人来り、前から話のある海軍の小艦艇を日本へ売却したいとの希望について、打合せをなす。中森氏と共に本人に案内されて、現物を見に行く。サンパンで引潮激しい河流を遡行して約二十分、海軍地区に入って、その軍艦に横づけになり、上って隈なく検分する。米国から無償で贈与されたカ型海防艦で日本の海上保安隊でも持ってゐるもの。仏軍の本国引揚に際して払下げて、弗に代へたいものか。三隻売ってもよいと云ふ話し。

一隻400万ピアストル、値段は快に高くないが、問題は米国よりのものとて、日本で正式に購入出来るかどうかが疑はしい。漁船に改造したら実に好適のものと思はれる。約半時間程見て帰る。河畔フランスの軍艦や船舶が並んでゐてまことに美しい風景。

小松夫人[16]と会ふ。トアイ元副首相[17]の令嬢と同行。来てから各地を旅して元気一ぱい、若返ったやうに思はれるが、些か気取りも鼻につく感じがする。女性としてはさもあらうが、余りに傲り過ぎのやうに思へる。午後は休務。久し振りにのんびりと午睡もし、本も読む暇あり。夜 Viet Hoa の招待で、七時から、ショロンの同慶ホテルで会食。総勢五十人程の大宴会、主人がハノイ出身者で

13 　映画館。Dai Nam。☞《地名編》

14 　☞《事項編》〈ダニムダム〉

15 　ゴー・ディン・ジエム。☞《人物編》〈ゴー・ディン・ジエム〉

16 　小松妙子（小松清夫人）。夫人のインドシナ訪問は、小松清のアンドレ・マルロオ宛の書簡にも記されている。［林・ピショワ 1999: 394］

17 　ファン・ケー・トアイ（Phan-Kế-Toại, 1892-1992）。仏印処理後バオダイにより北部欽差大臣に任命される。統治・司法・財政改革会議で副議長も務める。後、ホー・チ・ミン側に帰順し、1948年ベトナム民主共和国の内務副大臣及び国防会議副主席に就任、1955年9月副首相兼内務大臣になり1961年まで二期にわたって務め、ハノイで没した。［Nguyen Q.Thang 1999: 1313］

1955年

北部の越南人多し。日商の覚広氏も同席。

九月十八日（日）晴一時雨
　午前八時過ぎに Vo-Van-Van 氏自動車を持って来宅。我々三人を案内にツドモ[18]に行くと云ふ。爽かな郊外の絶景を縫ってのドライブ三十粁。途中の田園に散在する望楼や哨所に銃眼物々しく、警備の兵の姿あり。村々の眼立った建物には弾痕生々しく、二年程前まで、共産遊撃隊との交戦の跡を物語ってゐる。今は最早や平穏そのものの田舎の風景なれど、何時また砲火の中に流血を現ずるやも計られぬ此の辺り。無心なる河流と森林のみが自から悠々たる風格を持す。ツドモは嘗て大南の木材事業所のありし町で、河辺の亭に憩ひながらジュースを飲んで一刻、審査によし。後 Vo 氏の生家に到る。山の町の豪家の一つで、現在陸軍の分哨になってゐて、兵士が寝泊まりしてゐるらしい。バリケードと哨所で荒々しい光景ながら、本屋はさすがに金持らしい。最高級の調度品で、古びた寺院の如く落着いた壮麗さである。もう十年も此処には住んでゐないとか。シエパードが主人にぢゃれついて嬉しそうなのが印象深い。
　帰路土地の名産漆画の土産物屋に寄って一息。なかなかの技術でよいものもあるが、少々派手に過ぎ、外人相手の巧みさが目立ってゐるし、値段が高過ぎる。衝立になる六折のものは 6 万 5 千ピアストルと云ふ。その家の女主人がかなりの美女で、写真を撮らせてもらふ。出来たら送ってほしいとのこと。
　昼頃帰西。昼食後 Vo 氏と別れて帰る。社長来られあり、古い越南の友人 Vo-Ha-Thuyet 氏と話し中。午後スコールで涼しく一睡。夜中野君来り、大南一堂の和かな夕餐、歓談九時頃まで。後社長を置いて四人で外出。大世界に遊ぶ。

九月一九日（月）晴時々雨
　山田明日のエールフランスで帰国するため、午前午後と出国手続や切符買ひに奔走。小松夫人も二十一日の"Viet Nam"号で帰国の予定にて、その出国手続も警察本部で行ふ。
　今日の夕食は社長と小松夫人は呉首相に招待されて行かれ、我々は山田の送別宴のつもりでショロンに出掛ける。中野君も入れて"冰家"で食事。帰国の喜びをかくしきれぬ山田のほっとした気持は察するに余りあり。中野君も既にサイゴンに厭気がさしているらしい。消費インフレの此の都市に、全く出鱈目

18　トゥーザウモット。☞《地名編》〈トゥーザウモット〉

な会社の事や汚職が行はれてゐて、まるで信用出来ぬ越南人の現状、一片の戦気もなき上流層、いづれ北部の席捲にまかせるのではないかと思はれる要素が余りにも多い。

九月二十日（火）晴一時雨
　午前五時山田を送りに社長以下家を出る。飛行場に至りしが、エールフランスは約二時間半の延着。プノンペン・バンコックへ発つ日本人数人あり。日本へ向ふは水谷氏[19]と山田、午前八時飛行機着陸。約一時間後に日本へ向けて離陸。今日中には山田も一年振りの故国へ帰りつくわけ。午後客と商談、四時頃から小松夫人について埠頭へ行く。Ngoc嬢も一緒で通関する。夫人のハンドバックから闇弗が発見されて大いに揉め、罰金だ何だと大騒ぎ。その渦中に入って我に中森氏と共に身体検査もされる始末。夫人は日本円も取り上げられて大いに悄然たり。松下社長を呼びに行き、Thai氏や元税関長も来て話をつけ、結局弗と円を没収され、僅かに五十弗だけ戻されて終る。不愉快な印象ながら、旅行にはありがちの不運である。ただ婦人のハンドバックまで開ける税関は一寸他に類がないし、日本人もその威厳を失ったものである。国力の背景を今更に考へさせられた一駒と云ふべし。とんだことで半日をふいにする。税関吏はその40%を分配されるので大いに検査を厳重にするわけだが、そのために外国人の心象を害するのは越南国にとっては不利と云ふべし。もしそれが米国婦人ならば、よもやかくも無遠慮には行はぬものを。然し小松夫人にもその慢心に些か苦い薬となりしものと云へよう。

九月二十一日（水）曇後一時雨
　昨夜か今朝か、夜深く砲声とどろいて、近郊に相当な戦闘が行はれたらしい。ビンシュエン［ビンスエン］、ホアハオ[20]等の私兵残党がまだデルタ一帯に散在して、政府軍の掃蕩に抗してゐるものである。サイゴン市内でもまだまだベトミン[21]系分子も、中共系華僑も居て、呉首相の人気上昇にも拘らず、依然として政府は基礎が弱いやうである。然し予算に苦しみながらも、工業化計画は断行する意図らしく、プラント物を日本からかドイツからか早急に輸入する腹は決ってゐるらしい。

19　水谷乙吉のことと思われる。☞《人物編》〈水谷乙吉〉
20　ビンスエン軍団、ホアハオ教のこと。☞《事項編》〈ビンスエン〉〈ホアハオ〉
21　ベトナム独立同盟会。☞《事項編》〈ベトナム独立同盟会〉

1955 年

　午前中は事務所、今日から大南公司の看板をかける。午後はショロンの得意先廻り、数軒を歩いてかなり疲れる。夜は映画を観る。アメリカ物で"情熱回帰線"とでも訳するもの。かなりの秀作である。

九月二十二日（木）晴一時雨
　社長風邪引きで弱らる。我々の到着でほっと気がひるんだものでもあらうか。
　今日呉首相がコンチネンタル・ホテル[22]のパーティーに午後出席するとかで、附近一帯の警戒は厳重を極め、ちょうど日本の天皇行幸の如き交通制限など、まことに大掛りなものなのに驚く。彼自身の意志よりも、その独裁的権力の故に他が祭り上げる結果でもあらうか、次第に民衆との接触を失ふことが憂慮さる。呉首相自身の清廉は人気ある処だが、側近縁者[23]が民意を遮断して、大いに威張るとの批判も見逃せないやうである。午後 Nguyen-Tung 邸に行く。東京で世話した一人とて歓迎さる。製紙プラントの話あり。国家警察本部、大使館など廻る。
　夜コンチネンタル・ホテルに河西嬢を訪ねて、日本からの托送品を受取り、社長から河西氏への贈物と東京大南への托便を渡し、テラスで雑談。中一洋行のマリ姉妹来て一緒に話す。マリ嬢呉首相に招かれてその方の仕事をするとか、また例の大法螺か。

九月二十三日（金）曇時々雨
　めづらしく雲が重くたれこめて、鬱陶しい日である。時々激しい雨が降ってて忽ち道が流れになる。
　朝は例の通りの事務所勤め、次々と来る客に相手して多忙、午後また書類整理や得意廻り。社長は風邪気味で休務され、峯木氏も風邪らしい。数日来の温度の低下で寝冷えしたものか、夜は案外急に冷え込むものである。社長 An 氏の医師開業の件や、Mme Lan を釈放の件などで呉首相に援助を頼んだり、工業化計画一切を懇談したり先日来大奔走。
　最近政府筋の動きは、何が何でも選挙[24]をやらずに二つのヴェトナムのまゝ、実力で北と競争して勝つことを目標に強力な工業化計画と民族資本の確立を目指してゐる様である。従って貿易面でもライセンスはヴェトナム人優先で、華僑は殆んどヴェトナム人ライセンスを買取って商売する始末。ヴェトナム人を

22　☞《地名編》〈コンチネンタル・ホテル〉
23　☞《人物編》〈ゴー・ディン・ジエム〉
24　1954 年のジュネーヴ協定で約束された南北統一選挙。☞《事項編》〈選挙〉

奉ることは、嘗て此の地で華僑がヴェトナム人を蔑視してゐた頃からは全く想像も出来ぬ程のもの。華僑の伝統的特性の一つたる時の政治権力に屈服迎合する態度は著しいものがある。又ヴェトナム人の傲慢な態度も端々に見られるが、真実はインフェリオリティ・コンプレックスなものが多い。特に貧富の差の甚しいのは南ヴェトナムの弱点でもあらうか、呉首相は自信を持ってゐても、民衆は果して最後まで北に拮抗する意志があるかどうか、来年はやはり危機の年ではないかと思はれる。

九月二十四日（土）晴時々雨

　涼雨あり、気温は著しく下がる。社長の風邪もまだ癒えず、疲れが一時に出てか就床さる。T.K.Thong や Viet Hoa 等を廻って商談。午後半休を利してたまってゐた案件を一度に手紙に書くこと半日がかり。事務所宿舎の設置を報じ、宿舎用として東京からラジオ、大阪から寝間着、名古屋から食器一式を送ってもらうやうに書く。先づ據点を固めねば商戦に利を収め得ぬ故なり。今までは大南の名声によって先手先制一歩づつ他社より進歩して来たものの、これを守り抜くには臨機応変の布石が必要で、人員もサイゴンに二名、ショロン一名、カンボジア、ラオス一名の最低四名が必要と説く。社長は日常の商談よりも大きな動きで、大南の将来を盤石に置くために奔走してもらうべきであるとす。夜中野君を訪ね一緒に"マジェスティック"で映画"ラスプーチン"を観る。昔見た黒白の方がよかった気がする。後、"Van Canh"[25]でダンス、二時前帰宅す。

　社長の話では当地政府は布告を出して、昔用ひられてゐた言葉の上下の差の著しきものを廃止してゐる由。例へば役人に対して、大官さまと呼びかけるやうな最上級の言葉、その反対に貴様といったやうな下級者への言ひ方などはもうしてはならぬらしい、封建制の打破、民主主義の一般化と云ふものが、此処でも行はれてゐるわけである。ただヴェトナム人の美しい東洋的な謙譲さや慎しみが失はれてもゐる。北部避難者[26]はさすがに貧しい中にも何かしらしっとりとしたものを持ってゐて好ましい。共産治下の苦労は大したものらしく、方々で話題を聞くに決して実相はホ・チ・ミン［ホー・チ・ミン］万々才でもないらしい。

　或る一人の話。或る一家が共産軍に殺戮されて、残った娘はどうしても南へ逃げずに、踏止まると云ふ。そのわけは、残って共産党員と結婚し、父母兄弟の仇を打って恨みを晴らすのだと云ふ。凄惨な敵意、痛烈な行動、北部の女らしい。

　25　既出。ヴァンカンのこと。
　26　☞《事項編》〈カトリック避難民〉

1955 年

九月二十五日（日）曇後雨

　午前中中森氏と公園へ行く、緑したたるばかりの樹々と芝生、それに交じって紅紫の花の咲き乱れるは美しく、博物館[27]や記念堂の支那風な、またフランス風な建物が面白く調和して居て見事である。動物は少なく猛獣は居ないが、池の亭を中心にした蓮や青銅の橋や名も知らぬ古木の枝ぶりなど確かに絵になり、写真を撮る。像など仲々面白い、首をかたげて艶しい。

　博物館では、古墳やクメール彫刻や仏の坐像は印象深く、古い壺や茶碗の数々は昔交趾焼として日本で珍重された名残があり、相当な芸術品であるし、日本の奈良の仏達と共通するものは特に多い。

　昼は社長以下三人でショロンの天虹菜館[28]に砂秋氏の招待で会食。蔡氏の渡来について打合せをなす。午後、中野君を訪ね、興■産業の出張員と三人でサイゴンに出る。雨に降られ、それが珍しく大降りがつゞいて止む様子なく、"パゴッド"[29]やコンチネンタル・ホテルなどで飲みながらの雨宿り二時間、やむなく雨中を帰宅す。

　先日のカンボジアの選挙[30]はかなりひどい政府側の干渉選挙だったらしいが、政府側と民主党[31]と投票紙の色を分けて投票させたため、政府側の監視に脅えて一般民衆は皆政府党の国民社会党[32]へ入れたと云ふことである。馬鹿々々しい話とは思はれるが、タン氏[33]の身辺急なるを焦慮す。

九月二十六日（月）晴後一時雨

　また忙しい商戦の日が始まる。朝からつめかける客の応接にかなり心身を擦らせられる。昼寝もできず手紙書き、午後も算盤の世界。日本人の勤勉さと世に謂はれる性急さが此処では唯一の武器で、とにかく万弗単位の商談が一つ一つ片付くのは楽しい。

　夜、元の大南の書記 Manh 氏が誘ひに来て、中野君も一緒に中森氏と四人、附近の料亭でヴェトナム料理を御馳走になる。戦後、米の栽培をダラット附近で

27　☞《事項編》〈博物館〉
28　レストラン兼ダンスホールのアルク・アン・シエル（Arc en Ciel）のこと。☞《地名編》〈サイゴン市内〉
29　Pagode とも記される。
30　☞《事項編》〈カンボジア〉
31　☞《事項編》〈カンボジア〉
32　サンクム傘下の政党と思われる。
33　ソン・ゴク・タン。☞《人物編》〈ソン・ゴク・タン〉

経営し、陸上運送もやってゐて大へんな金持。自家用車で廻る彼の姿を見てゐて、つくづく此処の変遷を思ふ。我等の貧しさは全く淋しい。

ショロンで天虹ダンスホールへ行く。ダンサーの一人に日本語を話す娘あり。容貌から推察すれば日本人と西洋人の混血児。東京では田園調布に居た由で、父母は其処に居ると云ひながら、パスポートは中国籍でホンコンから来てゐると云ふ。得態の知れぬ女性で、日本語と英語がやや話せ、中国語が各種巧いらしい。どうも素情が分らず、興味の湧く相手である。旅のエキゾチシズムも加はって、何か幻想を持たせる。小説の種にでもなりそうな身上話もありそう。

九月二十七日（火）晴後雨

連日の雨で気温は著しく下り、殆んど汗をかゝぬ程の快適な日々である。五島氏来り。社長の誘ひで昼食を我が宿舎でされて歓談。会へば何となく親しみ易い人物で、横山氏、中宮氏との関係などは別にして、全く和気靄々と団欒す。出発前に勧められた大串嬢との問題も何のわだかまりもなし。

夕方、Truong-Ke-An 氏夫人とその義兄夫妻に娘二人来りて、我れを夕食に招待すると云ふ。ショロンで中華料理を振舞はれ、後、その義兄の第一警察署長宅へ行き雑談一刻。更に女性ばかり四人の一行に誘はれて Dai Nam 映画館で日本映画"此の太陽"を観る。越南語のトーキーで会話は分らぬが、やはり日本人の動作で筋は苦労なく察せらる。

九月二十八日（水）晴

昼前マジェスティック・ホテル[34]に五島氏を訪ねて話す。五島氏の仕事の一つは呉政権と日本との結びつきを固くするための政治的瀬踏みと云ったものがあり、経済的協力もその上に乗るものとして、相当日本側には関係をつけて来てゐるらしい。横山氏の線で当地の呉政権の背景をなす北・中部出身者の一団による、革命委員会[35]の系統で社会労働党と云った急進的団体に知己多く、その線で色々動いてゐるらしい。湯浅氏[36]等の意見も相当影響してゐるものと察せられ

---

34 ☞《地名編》〈マジェスティック・ホテル〉

35 革命委員会は1955年3月成立した封建三勢力を中心とするジエム支持急進派で、南部出身者が中心である。国家革命運動党はジエムが革命委員会を抑えるのに使った政党で、ベトミンからの離脱者が中心的役割を果たしたので、西川が名前の似た両者を混同している可能性もある。☞《事項編》〈革命委員会〉

36 湯浅保則のことか。湯浅は1899年生まれ。フランスに滞在し、後ベトナムへ。戦前からフランスで日本のために情報収集して生活していたが、妻がベトナム人であるため

1955 年

るが、松下社長の存在をやゝ過大評価して、或る意味で疑心暗鬼となってゐる越南の政治勢力たるものが、しばしば誤った松下社長の動静判断をしてゐる。電源開発問題も話題になり、工業化問題も話さる。更にラオス・カンボジアに於ける軍事情報、共産運動の動きについても我が意見を求められ、一応分ってゐるだけは話す。五島氏としては日本人が越南問題で互ひに排他的にな［っ］てはいけないから、松下・横山両氏間を調停するつもりらしい。帰って社長に話し、夜検討。明日社長と五島氏と会談するについての基本的な線を研究結論す。政治問題は一先づ止めること。経済協力で五島氏には日本側工作を升原氏と共にやってもらふこと。

中宮氏は別として、横山・湯浅両氏と社長は何の反目もなきことを明白にすること等決す。

九月二十九日（木）晴一時雨

市場やゝ落着を見せて午前中の来客も閑漫となる。先程来のブームも一段落と云ふべし。

五島、松下会談はお流れになる。朝突然事務所へ原田来る。またアラビア方面へ出張の途次立寄りしもの。今朝の飛行機で着いた由。コンチネンタルに部屋を取りありしが、早速我が家に泊めることとして、伴ひかへる。一日五百比弗も使ふのは、馬鹿気た事なれば。午後社長と元の大南公司のアラスの宿舎へ行く。今越南軍経理部が入ってゐるが、昔のまゝの姿で、なつかしさは一入。

中に入って見るに、コート、プールは荒れてゐて、各部屋は仕切して事務所になってゐるが、今でもかなり立派な建物とは云へる。

社長は此処の経理部長の将軍と会って、近く日本へ買付けに行く軍用品の綿布類のことで、その品目リストを貰って帰らる。早速、日本へ電報してこの莫大な買付に食込みを策す。米顧問と一緒にこの将軍も二日日本へ向ふ由。夜、峯木氏と共に Hoan Anh 招待でショロンで御馳走になる。帰りに同慶ホテルで中森、原田、中野の諸氏落合ひ、"大世界"で遊ぶ。

九月三十日（金）晴一時雨

早朝の飛行機でバンコックから田中清玄[37] 氏来着。社長は飛行場へ出迎へ、一

にベトナムへやってきたのではないかという。テト攻勢の前後は南ベトナム臨時革命政府の幹部と交流があった。［木村 2008: 163,175-176］

37　田中清玄。☞《人物編》〈田中清玄〉

日だけの滞在とて種々世話さる。例によって元気なハッタリもあるが行動力のある彼氏のこと、電源開発で協力を申入れたり。バンコックでの仕事振りなど話多し。午後は社長に代って自動車でショロンを案内、車中寸暇もなく話かけられ閉口。その知識欲は旺盛なのはよいが、自分以外は考へないやうな強引さで稚拙な質問も多い。ただ華僑の商業資本を時代遅れとして、工業化による中共の優位を説き、華僑の将来を後退と推断するのは面白い見方と云ふべし。あまりにも南方華僑の経済力を過大評価し、これに依存する日本商社の在り方は批判さるべし。

夜社長は三井の支店長と田中氏等一緒に会食。我等中野君、月砂氏も来訪して歓談。九時半頃から外出、"バンカン"で遊ぶ。仲秋の祭で提灯行列の練り歩く街々、情趣あり、面白い風習である。ダンスホールでも色紙のテープなどを投げ交しての乱痴気騒ぎで、一寸クリスマス・イヴを思はせるやうな賑かさである。田舎では節句の御馳走で祝ふが、日本では風流に名を留めるのみの仲秋も此処では年中行事として楽しむものらしい。月餅も此の前後に売出される儀式のものとて、味もよく大いに食べさせられる。

十月一日（土）晴一時雨

朝経理部へ赴き、日本綿布買付のため出発の一行の予定を聞く。原田とエールフランスへ行き、後小田君[38]が郵送せる Mme Minh 宛の果物を届ける。日劇ダンシングチームの来演について月砂氏大いに張切って是非話をさせて呉れと云ふ。前金一万弗も直ぐに出すと云ふ。ショロンの華僑のグループが興行主となるもので、彼氏はその間に顔を売りたい一心と見える。此処では消費インフレで何か変ったことをやれば必ず金儲けが出来るものと云ふべし。日越親善、避難民政情等を大義名分として許可を取ればよいわけで、相当成功の見込みあり。中森氏もその実現を決心し、社長に乗出してもらふこととす。

午睡後、コンチネンタルに五島氏を迎ひに行く。中宮氏と初対面、印象としてはやはりかなり弁舌を弄してのハッタリ屋的に見える。五島氏を我が宿舎に案内して、夕食歓談。社長と五島氏の事業の面での握手へ一歩前進。ただやはり各々の生き方、在り様がはっきりと二つの道で、これを結びつけることはよいが、一つにすることは出来ない感じ。五島氏は日本政界の裏面に通じて面白い話も多いが、実際的に保守合同の立役者かどうか疑惧の点あり。当地に於け

38　小田親。☞《人物編》〈小田親〉

1955 年

る政治的動きは危険と云ふべし。九時過ぎから、中森氏、中野君と三人で"Dai Nam"映画館へ行き、超大作"Napoleon"を見る。フランス映画のオールスターキャストでスーパーシネマスコープ、豪華にして迫力もあり。日本の忠臣蔵の如く、大衆受けのするもの、さすがに魅せられる場面多し。

十月二日（日）雨後晴

　豪雨を冒して、原田をタンソンニュット飛行場[39]に送る。あの砂漠の都へ行く彼の一種の淋しさは察せられる。帰途またサイゴンに寄り、此処で大南に入って働きたい気持が充分に見える。昼食はTruong-Ke-An氏に呼ばれてゐて、その本宅へ赴く。社長共四人、ツドモの手前五粁程の田舎に洒落た別荘風の家である。花をあしらった食卓に娘達も綺麗な着物を着て、風流な宴会となる。越南料理であるが、空腹でもあり、大いに食べ飲みして一時間余。写真を撮り三時頃帰西。夜は蟄居して静かに読書、久し振りに落着く。

十月三日（月）曇時々雨

　降っては止み、また降り出して、まるで日本の梅雨時のやうな雨、気温は下がって快適な季節である。
　朝、経理部にSung中佐と面談、まだ日本行の日時決定せぬ由。カチナホテルに丸紅の筍田、沢本両氏と会ひ、現地での協力について話し、我が事務所で社長とも打合せ。昼は宿舎へ招いて会食す。
　偶然にもプノンペンのHelene嬢に会ふ。用事で来て、今日午後の飛行機で帰る由、暫らく話す。昨年バンコックから送ったレコードの日本の歌を悦んでゐて、再会を約して別る。雨音を聞きつゝ、退屈な夜。

十月四日（火）曇時々雨

　きまって朝昼夜と三回烈しい雨が来る。涼しくて過しよいが、また活動にも差支へる。ライセンスの申請者に越南人を立て、一弗に対して一ピアストル程度のコミッションを払って買取と云ふ不正が横行になるが、最近ショロンの華僑間に当局の摘発の手が伸びて大騒動を来してゐる。月砂氏等もひどく真剣にその問題を訴へて来る。華僑としては有利な商売の闇方法を止められるわけで、当分の低調が予想される。これは越南の有力商社を擁護することにはなるが、

　39　タンソンニュット空港。☞《地名編》〈サイゴン市内〉

有象無象の幽霊会社をつぶすと共に、弱小資本の越南人を圧迫する結果ともなる。華僑の有力筋は実力を握って静観してゐれば、やがて自から別な方途が開けるとしてゐる。とにかく経済的な不正行為に断固たる斧鉞を加へる点で反対すべきことではないが、当社の我が取引減少は必至たるべし。今後やはり、有力確実な越南商社を強く把握して置くことが第一事たることは明かである。

十月五日（水）曇時々雨

　日本あたり台風があるらしく、此処でも数日来晴間を見ない。今日は英雄記念日とて国祭休日[40]。英雄陳興道[41]とはどう云ふ人か詳かでないが、新しく制定された祭日のやうである。従って銀行など休務で仕事は閑散。ピアストル紙幣の交換が布告され、前に出てゐたラオス、カンボジアの図柄のものは、最初に新紙幣と交換することとなる。独立の実質的な段階として当然であるが、新紙幣もまだバオダイの肖像が印刷されてゐるもので、いづれ将来これも新図案に代へられるものか。今後はカンボジア・ラオスは各々貨幣が異なり、カンボジア、ラオスへ旅行するにも一々外貨申請をせねばならぬやうになるのは不便なことである。独立国としては当然ながら、何となく世界の動きに逆行するやうなことになる感じで割切れぬ気持がする。未だにインドシナ三国を自由に歩き廻れた頃がなつかしいわけである。国境は出来る丈けなくしたいもの。

　呉首相は経済攪乱者に対する厳罰主義を発表、死刑や全財産の没収を以て臨む正に一大センセーションであるが、実際それ程せねば此の国の経済自立は不可能とも云へる。華僑等による財産逃避で、民族資本は食はれるばかり。

十月六日（木）晴後一時雨

　朝陽まばゆいばかりに晴上り、爽快の秋天。事務所へ突然高木来る。南阿のヨハネスブルグから、エジプトのカイロ、バンコックを経て帰国の途次、サイゴンで当分商売をやるらしい。蝶理の人絹、スフは一流とて、仕事の面で大南との提携も考へられる。日本から第二次繊維製品のミッション一行来りて懇談会あり。夕食、大使の招宴にも社長出席。東綿に伍して此処では大南も一流商

40　☞《事項編》〈国祭日〉
　　　　チャンフンダオ
41　陳　興道（1226 – 1300）を指す。陳朝初代太宗の兄の子で、1284〜85年、1287〜88年の元寇を打ち破った。ベトナム道教の主神で、北部を中心とする女神信仰とも密接な関係を持ち、今なお多くのベトナム人に敬われる神である。［桜井・桃木編 1999: 210］

社扱ひと云ふもの。浅野物産の北田氏連日熱心に来訪して提携の話進む。北川産業の沈船引揚[42]が難関にあるを見かね、社長乗出しを決意。国家的面子上も、実益の上からも、そして何より250人もの作業員の惨状に対する人道的な問題でもあり、政府側と折衝して早急に仕事の捗るやう話をつける必要あり。しかし仲々の大仕事ではある。

十月七日（金）晴時々雨

　来訪の客相変らず多し。共同通信の垣内氏、小松氏の紹介状を持って来らる。腰を落著けてニュースを送ることにやっと新聞界も決めたらしい。北川産業の常務来訪、現地の仕事を一身に負って二年半頑張ってゐる若い彼の、なめた苦労は察するに余りあり。人物も相当なもので、気の毒千万な思ひがする。よく話を聞くと、大へんな仕事である。この辺の潮流の烈しさと複雑さ、泥の多いこと、とにかく潜水作業には実に困難の重なる条件らしい。彼としては何時でも後を引受けてくれるものに譲りたい気持で、それよりもこの大事業を日本の手で早くなし遂げたい念願はうなずける。社長と話合って、その打開を講ずべし。昼食、五島氏とコンチネンタルのシャトーブリアン。丁度横山氏も来られ、昨日日本から来た石川氏とも一緒になって話がはづむ。夕方久保田氏来宅、社長と懇談。電源開発問題や会社のタイでの電源及び鉄鋼開発問題、ラオスの招請、ECAFEのメコン河調査[43]のこと等、アジアの後進国の工業化に対する熱意がうかがはれる話題のみ多し。

　夜コンチネンタル・ホテルで湯浅氏、石川氏等と話し、後石川氏と近くのフランス人のバーで更に歓談。ザロスシース時代の思ひ出もなつかしく、彼氏の生立ちの話も興あり、けだし一人物たるものなり。呉首相の民族企業促進の計画は続々と発表され、華僑資本に対する風当りはひどく強い。

十月八日（土）晴後一時雨

　午前中仕事が集中して多忙千万、午後、溜った用件の内地連絡の手紙書きで過す。実質的には日本でのオフィス勤めよりも頭を使ひ、疲れも感ずる。夜、

42　☞《事項編》〈沈船引揚・賠償問題〉

43　Economic Commission for Asia and the Far East（アジア極東経済委員会）の略。1947年3月に国連の経済社会理事会の下部機関の地域経済委員会の一つとして創設され、この時期、東南アジアの主要河川について洪水調節や水利用の調査を進めていた。日本工営社長の久保田豊に協力の要請があり、1956年から数次に渡りおこなわれたメコン河開発調査団に久保田も参加した。［永塚 1966: 345-352］

中野君来り、中森氏と三人ショロンで食事。

十月九日（日）晴後雨
　朝社長の発議で今度大南の事務所として借りたショロンの家を見に行く。カントン街の薬問屋の並んでゐる一角。場所は奥入り過ぎてゐるが中心街に近く、今後の仕事には便利。設営は峯木氏に任す。峯木氏一家は今日転居しあり。後アンビンの旧大南倉庫やショカンの製材所の跡を見る。まだその姿は存してゐて往時の実力を偲ばしむ。午後月砂氏来宅。中森氏と三人で埠頭の辺の蟹料理を食べる。生きたやつを料理するのでさすがに美味い。家鴨の孵化しかけた卵を毛の生えてゐるのも平気で食べるには驚く。美味らしいが見てゐて食欲は出ない。いかものの一種たるべし。

十月十日（月）晴後時々雨
　双十節[44]で中国系商社は休務。街々に青天白日旗が掲げられて、ショロンの賑ひも察せらる。昼食マジェスティック・ホテルで、高木とシャトーブリアンで赤ブドー酒を飲みながら歓談。眼下意外にサイゴン河の美景一望。フランスの砲艦が碇泊してゐるのが一層眺めをよくする。日本人の顔が処々の卓にあり。丸紅、伊藤忠、浅野、東綿、共同通信等に知った人々が増えたものである。午後コンチネンタルで兼崎氏に会ふ。夫婦して世界一周の途次、三ヶ月の予定で廻る由。サイゴンには三日間居て発つとのこと。戦後大南出身の出世頭、大いに儲けたものらしい。相変らずの神経質な態度表情だが、やはり往時をなつかしむ気持はあるやうで、話がはづむ。夜高木来宅。夕食後ショロンのホール、"アルク・アン・シエル"[45]へ行く。五島氏と石川氏も来られあり。例の謎の踊子たるLing嬢を呼ぶ。依然として正体が掴めない。英・仏・中国各語に日本語とすべてあまり上手ではなく、母国語と云ふものがないらしい不思議な女である。そして日本人が好きだ、私は日本人だとしきりに云ひながら、日本の古い流行歌をくちづさむ有様。昨日より風邪が少しひどくなる。

十月十一日（火）晴後時々雨
　風邪がひどく、頭が痛むを押して出勤。脂汗が額ににじみ出る。兼崎夫妻来社。昼社長と僚に越南料理を食べに行く。Lam Son の Tien 氏 帰国もあり。中森氏と

44　中華民国の建国記念日。
45　天虹菜館のこと。

その事務所で歓談。夕方豪雨の中を浅野の北田氏と Indo-Comptoire へ商談に行き、帰途カチナ[46]の"Pagode"に寄ってお茶を飲みながら、雨の上がるを待つ。約束の通り、例の謎のダンサー月子が表はれて一緒に話し、北田氏を送った後、彼女のショロンの住居へ行く。コンパルトマンの一棟を借り、女中との二人暮しで、かなり整った家である。二時間程冗談など言ひ合って遊び、夕食にショロンの新陶亭へ行く。彼女のホール出勤十時に入るを送って帰宅。彼女はルピカー一家と親しかったらしく、やはり此処の古い日本人の落し胤のやうな気がするが、言葉があまり巧くないのがおかしい。未だに身元がつきとめられない。社長は今日久保田氏を送って、夕食は Lam Son 一党と一緒だった由。久保田案は実現の色濃いらしい。Lam Son 一党は北部の引揚者グループで、政治家、実業家、技術家、文化人等すべて有力な連中で固まってゐて、政府に対する発言権も相当強く有為を期し得るものか。新任バンコック大使もその一人で、紹介されて社長も会って来た由。政府筋の情報も詳しく、工業化問題や経済対策などにこのグループの発言力はかなり大きいらしい。

十月十二日（水）晴後一時雨

街々に保大前帝[47]を罵倒非難するポスターや文句が日を追って増加して、来る二十三日の国民投票に民衆の反保大感情を煽り立ててゐる。余りにもどぎつい表現ややり方に些か眉をひそめさせるものがあり、一種の革命的雰囲気を思はせる。越南民族の気持からすれば当然な怒りであり自然な反応かも知れぬが、フランス人の心中は如何ばかりか。フランス女を抱いて歓楽に耽る保大の姿を描いた諷刺漫画に、恐らく煮湯を飲まされるやうな心持がするであらうに。夜五島氏、石川氏と高木と四人でショロンに行き、麻雀で十二時まで遊ぶ。不運の敗北、全く目の出ぬ日は仕方のないもの。

十月十三日（木）晴後一時雨

朝飛行場へ兼崎夫妻を送る。パリへ十時半発つエールフランス。午後事務所へ戦後残留の日本人二人来訪。北の方キニョン附近で働いてゐて、帰りたいが現地の妻子との絆断ち難く留まってゐて、十年振りにサイゴンに出て来た由。丁度共同の垣内氏も居合せ苦労話を聞く。ただバンコックの場合と同様に、日本人らしいものが次第に失はれて土着化してゐる姿は気の毒にもまた哀れ。や

46　カチナ通り。☞《地名編》〈サイゴン市内〉
47　阮朝最後の皇帝バオダイ。☞《人物編》〈バオダイ〉

はり血よりも環境が主か。
　高台［カオダイ］教[48]に対する政府の弾圧第一歩として、タイニン本山を急襲。その護衛隊長と教主范公タック[49]の娘二人を逮捕す。その指揮に当たったのは、嘗て高台軍を率ゐてゐて今政府側に帰順せる阮文芳[50]中将。呉首相も仲々味な手を打つものである。理由は、宗教団体のくせに風俗乱れ規律なく、闇の弗買ひもやってゐたためと云ふ。実際は今度の保大廃位の国民投票に、高台教本山が反対的言動あるため、先づ一撃してその反政府行動を封殺したもの。今後、高台教と政府の反目対立が問題として残されるが、呉首相失脚の因となることは殆んど考へられない。

十月十四日（金）晴後時々雨
　日本からの商用連絡書信は飛行機来着ごとにかなり多く、それも次第に増張して全く読むだけでも相当手間がかゝり、代記と処置になると仲々大へんなもので、既にサイゴンショロンの輸入商の半数以上と関係があるやうに思はれる。午前、午後仕事はいくらでもある始末である。夕方豪雨また一しきり、街々浸水の状態。南方の雨量はことに多いのかも知れぬが、自動車も車輪の半ばを水中に没して立往生する有様。しかし此処の連中は殆んど雨具を持たず、雨が過ぎるのを待つ習性らしい。

十月十五日（土）晴後時々雨
　連日、判で押した様に雨が来て、水が浸いて、そして涼しい半日をもたらす。気象までが毎日同じやうに、全く変化の乏しい生活である。今日は国軍記念日とかで、独立宮[51]辺りはかなり賑ってゐるらしく、閲兵式もあったやうだが、遂に見物にも行かず。朝中多忙に過す。午後は例によって手紙書き。夜珍しく社長の発議で、中森氏と三人エデンへ映画を見に行く。"アフリカの海底"なるイタリヤ映画で、日本でも"青い大陸"として好評を博した、海洋の魚類の生態を見事に捉へた秀作である。蛸とうつぼや大蟹の斗争の実写、クラゲが魚を捕へる処など、実に絶妙なものである。文化映画としてたしかに一見の価値あり。

48　☞《事項編》〈封建三勢力〉
49　ファム・コン・タック。☞《人物編》〈ファム・コン・タック〉
50　カオダイ教の軍事指導者であったグエン・タイン・フオンのこと。☞《人物編》〈グエン・タイン・フオン〉
51　独立宮殿。☞《事項編》〈政府機構・公共施設〉

1955年

十月十六日（日）晴後雨
　午前九時二十分着のエールフランスで、大阪の久沢君来着。飛行場へ月砂、中森氏等と迎へ、そのまゝ我が家で賑かに会食。峯木氏、中野君等一族が揃って八名。午後、月砂氏の車で中森氏、中野君と四人郊外へドライブ。プールのある処で休み、写真など撮って夕方帰る。ショロンで夕食を共にして帰宅。今日は国軍記念日とて街々に青年のデモなどあり、サイゴン市内はお祭騒ぎ。独立宮前に大博覧会も開かれてゐる。

十月十七日（月）晴一時雨
　援兵到着で、多忙もいくらか緩和されるものと思はれるが、外交の方に今後手が廻るのは強みである。夜、高台教別派の劉会長と、日本へ来た青年部長の招待宴に全員五名で出席。ショロンの安南と云ふ料理屋で、純越南式な夕餐を会食。

十月十八日（火）晴後一時雨
　午前中は例によって来客多く、疲れる。午後日本大使館に行き、新来の久沢君の届出をする。夜宿舎へ横山、五島、中宮の諸氏を招待して、先日日本から来た清酒の缶詰を開け、大いに歓談。我一人は七時に軍医中佐が迎ひに来て、彼氏の家へ夕餐に行く。その弟と云ふダラットの電気商で、現在硝子工場を研究中の人、鉄道の助役など一統［党］の集ひで、日本の話に花が咲き、褒めちぎられて全く恥しい程である。パリよりも東京がよいと云ふ定評が次第に出来て来つつあるのは確かである。

十月十九日（水）晴後一時雨
　何かすっきりしない日々で、長期滞在には恐らく相当な忍耐が必要である。最近のサイゴンの人情も、そのかもし出す雰囲気も何かしら粗雑で浮薄で、何の迫力も意気も質実も感じさせられない。仕事は相変らず多いが、退屈な生活である。

十月二十日（木）晴後一時雨
　サイゴン河に、フランスの艦隊がもう一週間も前から碇泊したまゝ動かない。小型航空母艦に二等巡洋艦、其他砲艦など、俄かに厳しめな警戒体制である。近づく選挙に乗じて住民の暴動化するのを恐れての警備であらうが、例の豪華

35

船 Viet Nam 号も巨体を横付けにしたまゝ、先日入港の日からまだ碇を揚げそうにない。万一の時の引揚に備へるためかもしれない。

　日一日とエキサイトして来た保大対呉首相、最近の北部のラジオは反呉政府宣伝を烈しく流し、フランスの保大も国際的に罵言を浴せてゐるが、当地では、最早や呉首相の権威を覆し得る勢力はなく、一種の専制独裁政権が強化されつつある。新興国家の一過程として力の政治以外に何もないことはうなづける。フランスでは案の定亡命政権が樹立されつつあり[52]、呉首相の行動も一つの自衛手段とも云へる。午後ダラットの電気商主人来り。硝子器製造工場について話す。夜、北川産業常務来宅要談。Mme An 来り、明日招待の旨。月砂氏雑談して帰る。

十月二十一日（金）晴後一時雨
　中央市場前に、一週間程前から張ボテの保大の像が作られてゐて、手にはトランプと金と女を持ってゐるのが、今日あたり大分首を垂れてゐると、見るまにとうとう前へ倒れてしまってゐる。それも演出された宣伝らしいが、如何にも此の国らしく面白い。後二日と迫った選挙へ全国民の感情を盛り立てるために、映画館でもどこでもしきりに反保大気運を醸成し、煽ってゐる。保大打倒の歌らしいものがラジオから絶えず流れ出すし、次第に全市が何かしら一種の興奮状態に入りつつある。しきりにデマが飛び、当日の乱斗紛争などが云はれるが、米仏ともに神経質にならざるを得まい。昼、アン夫人に呼れて会食。中森氏、中野君、リ君と一緒。後、アン氏長男が美術学校の学生代表のため、その案内でヂャーディンの学校を見学。教頭氏の案内で巡し、写真など撮って帰る。午後ショロンに行き仕事。夜高木と外出、中野君の部屋で雑談して帰宅。

十月二十二日（土）晴後一時雨
　一日前、この国の事実上の実権者が、形式的にも支配的地位につくために、これ程の宣伝が必要なものか。黙って坐ってゐても、充分その地位につくべきものを。やはり上部の意思はそのまゝ下達実施されるものではなく、下部末端に於ける努力が、過大に行為を拡げ強化するものなのであらうか。政治は縷縷狂気沙汰と思はれる愚行を敢へてするものである。午後、家に中野君や高木が来て相談。明日のダラット行予定は中止とする。社長、大使に呼ばれて行き、ダラット地区の電源開発[53]が、久保田案で越南側の決定を見た由伝へられ大満悦。

52　☞《人物編》〈バオダイ〉
53　☞《地名編》〈ダニムダム〉

1955年

此の国と共に生き、この民族と共に在る松下光広の生涯の事業として、その足跡をこの国の歴史に刻むべき最後の機会である。死への有終の美ともなることであり、一生の終止符として精魂を傾ける気持のやうである。大いに励まして、その成就のために乾盃。もしダラット山中にダムから水の落ちる光景を見たら、正に死んでもよいと云ふ感激を味ふことであらう。たとへそれ此の国が北の赤い力に呑まれても、民族へのこの贈物は遺るものである。その実現を祈るのみ。夜、中森氏、久沢君と"エデン"で映画"Interdit de Sejour [Séjour]"を見る。迫力ある秀作、十六年間封切出来なかったと云はれる刺激の強さ。

十月二十三日（日）晴

　珍しく一滴の雨を見ぬ秋天、紺青の空と白雲。絶好の一日とて、国民投票も滞りなく行はれてゐた。案外に平穏無事な休日気分。街行く人々もしごく平和で、時々トラックなどに青年隊が乗ってゐるが、別段興奮した姿なし。どうやら静かなる革命と云ふべきものか。そして今日、アジアでまた一つ王室が消えて行くわけ。英国もその推移を素直に認めざるを得ず、米は勿論呉首相支持に一貫してゐる。フランス側も事を好めば孤立する他はない。午前中、中森氏、久沢君と写真を撮りに出る。カチナあたりで数枚。午後も一睡後、中森氏と植物園で写真を撮る、夕方コンチネンタルにエールフランスの巖嬢を訪ねて、附近のPagodeで雑談。日本の女性と親しく話すのはやはり何となく心の和むことである。此処の日本人達がそんな気持で彼女達の来る日を待ちかねてゐるのは宜哉と云ふべし。夜、中森氏と中野君の旅宿を訪ね、一緒にサイゴンで映画を見る。スリラーの米国物。

十月二十四日（月）晴後一時雨

　昨日は全く不思議な快晴。呉首相のためには天も与したものと云へるやうな1日なりしが、今日また豪雨あり。国民投票[54]の結果が速報されて、続々と呉首相の圧倒的勝利が伝へらる。保大の票もあるにはあるが、殆んど一割も遥かに遠い有様である。

　昼コンチネンタルに巖嬢を訪ねて大南の事務所へ案内し、それから宿舎へ伴ひ会食す。いろいろの話題に花が咲き、久し振りに和かな気分が満喫され、さすが女性の功徳と云ふべし。社長も雄弁に悪妻論一くさり。中森氏熱を出して

54　☞《事項編》〈選挙〉

寝てゐたのだが、一度に霧消して元気。午後、彼女の手土産にパイナップルを社長から贈る。五島氏、明朝帰国のため来らる。塩と映画をまとめたとのこと。電源開発はこちらへ廻ったこととて、胸中は一沫の淋しさあらうものを。やはり持前の快笑で行かる。

十月二十五日（火）雨後晴
　朝曇天の重たい空から沛然と雨来り去り、これが名残の如く晴れわたる。社長は北川産業の沈船引揚げの渦中に投じて奔走、その推進に努力さるも事甚だ面倒の様子。北川の従来の不履行に、当地政府筋、特に土木大臣など全く不信のことは解決の障害たり。たしかに北川では実力の点で無理のやうである。
　夜八時"Arc en Ciel"でLam Sonの招待宴、その一党Tien氏を中心にQuang氏やDai Nam映画館の主人等、若手の北部出身の実業家達と大南一族の交歓。談笑の裡に盃を掲げ、満腹して十時半帰宅。

十月二十六日（水）晴
　記念すべき呉首相の総統戴冠式当日。国祭日となり、独立宮で正十二時、呉新総統の宣言が行はる。その日、朝から繰り出したデモ隊は先づ市庁前広場で気勢を挙げ、続々と独立宮へつめかける。市庁前では祝祭にふさはしく、獅子舞と太鼓が二カ所に陣取って大いに賑々しく華々しく、次々と繰り込み繰り出す。一隊又一隊と各々の隊旗、党旗を先頭に行進する。
　沿道に近衛隊らしき、かの北部の連戦の勇士、落下傘部隊の精鋭が、カモフラージュの軍装に自動小銃姿もたのもしく居並ぶ光景。独立宮を埋めつくした二万余の観衆とプラカードの林立、勇しい音楽、人のどよめき。十二時に礼砲二十一発の轟く中を、玄関前のマイクに、呉新総統進み出て、国民へ力強い挨拶を送る。独立の感激を新に叫ぶ群衆の万才らしき掛け声、約半時間の熱烈な大会が終る。此処に、南ヴェトナムの新しい第一歩が実質的に踏出されたわけである。クーデターに拠らざる革命の一つのモデルと云ふべきものが、無事に且つ強固に遂行されたものである。国民投票の結果は呉首相が5,721,735票、保大が63,017票と云ふ発表。夜、Nam Phong等例の日本へ旅行した四人組の招待で、ショロンの"Arc en Ciel"で夕食、彼らのグループと大南一党で十人余の宴会。後 Sang Seng Myの主人も来て、海南系の中華理事会理事長の雲氏を紹介さる。彼氏も近く渡日の由。ショロンの有力者の一人である。

1955 年

十月二十七日（木）晴
　雨季遂に去りしか、今日も射陽強く夏の暑さで、忽ちあせもに悩まされる。
　中森氏明朝帰国とて、出国ビザの手続などで半日、買物にもつき合ふ。昼食、大南一同２人がコンチネンタルで会食。夕方プノンペンから梶谷が東洋ゴムの武原氏をつれて来るを飛行場に迎へ宿舎で会食。さしみや何か日本料理に連中舌鼓を打つ。雑談一刻の後、中森氏の送別宴とて、四人でフランス人のバーへ行って飲み、更に"バンカン"へ行く。月砂氏も来合せてまた一しきり。十一時頃、梶谷、久沢君を置いて、中森氏と二人でショロンの l'Arc en Ciel のホールへ。

十月二十八日（金）晴一時雨
　快晴の秋天、白雲との対照が美しい。朝早く五時家を出て、中森氏の帰国を送る。タンソンニュット飛行場に日本人の客は一組だけ。五十日間の共同生活もなつかしい思ひ出となる。彼氏元気に日本へ飛び、去らる。ボーグの自転車を、森山女へ贈ったのが唯一の日本への託送品である。昼、マジェスティック・ホテルで升原氏とバイヤーのチェン氏を会わせ、梶谷と共に懇談。午後スコール一陣来りて涼し。夜月砂氏来宅。後チェン氏来り、カントロを贈らる。久し振りにその味の佳さをたのしむ。東洋タイヤの件打合せる。

十月二十九日（土）晴一時雨
　暑さが烈しくて汗もに悩まされる。午後手紙書き。後マジェスティック・ホテルへ行き高木と雑談。夜味の素の浅井氏を宿舎に招待、例によってさしみで日本の味をたのしむ。終って梶谷、月砂氏達は浅井氏とホールへ出掛け、我は高木と別動で外出。中野君も誘って、バンカンへ行く。浅井氏等の一行も来合せて一騒ぎする。同じやうな遊びの繰返しで全く面白くない。サイゴンも、やうやく退屈そのものである。

十月三十日（日）晴一時雨
　午前九時、マジェスティック・ホテルに勢揃ひして一行、升原氏、月砂氏とその連れの女、梶谷、高木等六人。乗用車を駆ってカップ・サンジャックへ向ふ。秋天澄みわたって陽光強く、朝とは云へもう焼ける暑さである。ビンノア［ビエンホア］街道から右に折れて一路カップへ時速八十粁で飛ばす。久し振りに自動車らしい。百三十粁のカップへ二時間半で到着。直ぐにホテルで昼食。海浜の新鮮な海老と魚で、やはり美味い。午後椰子の葉蔭に長椅子を借りて、海風を

39

賞しつつ一睡。渚に遊ぶ色とりどりの海水着姿は楽しげで別世界の観あり。此処は今フランス軍の集結地とてフランス人が多く、モード展示会の如き女性達を見るのも面白い。沖に砲艦あり、点々と見えるマストの先端は十年前の日本船の遺骸を示すもので、北川産業が引揚げる筈のもの。暑過ぎて避暑気分にもなれず、午後三時帰途につく。岬の方を廻るドライブは風光佳絶、白波岩礁に砕けて壮。

　かつての要塞の跡諸処にあり。今も兵営の町である。帰途豪雨に妨げられて遅々、四時間もかゝってサイゴンに帰る。疲れた身を夜の宴会、乾利の招待に出る。"Arc en Ciel"で十時まで歓談。

十月三十一日（月）晴

　雨季明けて暑さに喘ぐ。新鋭久沢君は遂に音をあげて、頭が痛いなどと暑さまけの様子。外地慣れせぬとまどひもあらうが、若い身には試練とも云ふべき生活ではある。昼マジェスティック・ホテルで Air France の中野嬢を招いて、升原氏、梶谷等四人で会食。後に高木も加はり、雑談一しきり花が咲き、写真など撮って三時頃まで。午後遅くまで仕事。夜はまた東南行の招待で"愛華"で会食。例の升原氏を主賓にして一党。十時解散。高木と二人で"Arc en Ciel"のホールへ行く。

十一月一日（火）晴後一時雨

　カトリックの祭日とかで休日。呉総統が教徒たるためか、とにかく暑い国で休務は有難く、朝寝充分にして、元気回復。昼前に丸紅の茨木、沢木両氏来宅。大南と丸紅との現地協力について懇談す。具体的な方式が示されていないため、仲々むづかしい問題であり、目下は精神的な協調に止まりあることは止むを得ず。将来電源開発などで協力の余地はあるが、商売人同志の提携は実に面倒な問題がある。丸紅の植村甲午郎氏[55]が顧問として迎へられたのは、植村氏の令嬢が丸紅社員たる渋沢敬三氏の令息と結ばれたためらしい。従って丸紅といすず自動車の結び付きともなった由。財閥の閨閥関係はいよいよ強くなりそうである。電気機械関係では丸紅は日立と深く、三菱や東芝と対抗する実状のやうで、今後此処の電源開発をめぐって鎬を削る事になりそうである。

　午後 Nam 嬢の家へ行って一刻。後、同慶ホテルの中野君の部屋で石川氏や高

55　☞《人物編》〈植村甲午郎〉

木と四人で麻雀に興じて夜まで。大勝を博す。夜、上のホールへ行く。Langと言ふ娘がハノイから来た組で、仲々好い人物。嘗て日本の将校と同棲し、子供もある由。将校は戦死したとのこと。

十一月二日（水）晴
　梶谷、今日の飛行機であわただしくプノンペンへ帰る。近く久沢君と交代して来月はサイゴンへまた来る予定。今日も国祭日かで一般に休務なれど、出勤してかなり契約まとむ。明日久保田氏来貢と共に電源開発関係が動き出せば、我が身また忙しかるべし。

十一月三日（木）晴後雨
　菊と紅葉の日本の秋がなつかしい。新聞で読むと政界多事のやうだが、文化とスポーツの催も賑はしく、やはり好い国である。久保田氏乗込まれて、電源開発問題が一層現実化す。社長畢生の事案として大いに激励の意気、我が仕事としても申し分なかるべし。夕方から豪雨降り出して、忽ち街に水氾濫して車も動かぬ始末となる。その雨を衝いてコンチネンタル・ホテルに、今日のエール・フランスのスチュワーデス厳嬢を訪ね、日本からの托品受取る。中森氏が約束の松前ずしと松茸と鰹節など、すべて日本の味である。持ち帰って大いに食卓賑ふ。社長も久し振りにしんみりした話を聞かせるやら、停電の我が家で郷愁しきり。

十一月四日（金）曇後一時雨
　昨日の雨で涼しく、あせもが引いたのは有難い。いよいよ電源開発で活動開始。普通の商売と掛持では身体が二つあってほしい。昼食は東洋タイヤの升原氏を家に招いて、昨日の松茸を焼いて賞す。午後大使官邸、土木大臣邸や技師長官宅など歴訪。夜、高木来り一緒に外出。同慶のホールで遊ぶ。

十一月五日（土）晴後雲
　午前中東洋ゴムの升原氏とバイヤーを廻り、カチナで一休みす。彼氏も日を追ってホームシックの気味。若冠まだ二十五才前後で社歴も三年と云ふのに海外勤務はさすがにこたへるやうである。しかしサイゴンが次第によくなって来てゐるのも否めず、バンコックから更に西へ行く辛さは大いに察すべし。
　午後は例によって家に籠って手紙を書く。夕食後の団欒で興が乗った社長、

めずらしく小唄等を唄って上機嫌。実は日本への郷愁でもあらうか。

十一月六日（日）晴後雨
　平川[56]反軍を平定して、凱旋の国軍を歓迎しての大閲兵式。朝から越南軍の市中行進が華かに行はれ、沿道の人々も嬉しそうに我が軍の偉容を見守ると云った風景。然しその装備も士気も弱くて、秩序も全く嘗ての日本軍を知る我等には軍隊と言ふべきものではない。貧弱そのもの。靴音高く行進する勇壮な兵士の姿はなく、まるで通夜の如く黙々として徐行するのは些かだらしない。
　午前中 Viet Hoa の父堂死去を弔問して花輪を供へ霊前に三拝して辞す。祭儀は仏式で、日本の場合によく似たもの。家族一同は白装束で棺側に侍してゐる。神妙さもやはり同じ文化圏の伝統的習俗として似通ってゐる。
　午後高木、升原氏等と四時に落合ふ。約束のジブラルで Lan 嬢を待ちしが、豪雨烈しくて遂に来らず。やむなく三人でショロンに行き、夕食後 Nam 嬢の家で一刻。四人で映画を観る。"Moon Fleet" 駄作でシネスコが泣く程のもの。終って彼女をホールへ送り、三人で同慶の上のホールで遊ぶ。

十一月七日（月）晴後一時雨
　井関農機の北川氏と高木氏が Air France で来る。カンボジア展示会出品機械の実演のため、遙にとやって来られたもの。飛行場へ迎へ、コンチネンタルに部屋を取って昼は宿舎で会食。午後、弗送金をカンボジア金でプノンペンで引出すための手続をするに、為替管理局とインドシナ銀行の間を往復数回。やっと午後五時のぎりぎりで間に合ひ、ほっと一息。フィリッピンのビザの方は遂に連絡出来ず。明朝早くプノンペンへ発たれることとなってゐるため、サイゴンの案内と、帰途のことと、仕事の打合せのみに終る。夜は升原氏や岩尾商店の中尾氏と三人。Thai Jack の主人に招待され、カチナの店の二階の部屋で、中華料理の美味な御馳走で大いに歓談。十時過ぎまで宴が続き、商売上にもまた政治的にも面白い話題多し。
　特に主人の意見は、中国人の一つの意向を代表してゐて興味深いものがある。彼は今越南人と合作して会社を新に作りつつあり、実際は資本的に彼等一党が支配するものながら、表面は越南人を代表者にしてライセンス関係に有利なやうにすると云ふ。丁度インドネシアの華僑達と同じ方法を取るわけで、早期に

56　前述のビンスエンの漢字表記。

それを実行して行くあたりが彼一流の活動性と云ふべし。そして大事な仕事はすべてその方へ移すと云ふ。政治的には呉首相否新総統を支持し、その将来に希望を持ってゐる反共派で、呉政権が次第に農村にも生産能力を増させつゝあるのを賞讃してゐる。それは農民が働いても、すべてビンスエン・ホアハオ・高台と云った私兵に奪はれるため作物を多く取らなかった実状から、それら私兵を掃討した事は、今後の越南経済を上昇させる第一歩として大きく評価してゐるやうである。なほ、来年四月頃をフランスと呉政権の間の危機の時期と見て、一応警戒してゐるのも聞くべき意見である。

十一月八日（火）曇一時雨
　早朝五時起床、六時半頃発の飛行機でプノンペンへ発つ井関の両氏を送る。細雨そぼ降る中を元気に発たる。午後仕事を早く片付け、明日からのダラット方面への旅客旅行の準備をする。電源開発関係の佐藤、物井両氏について開発予定地の下調べに、明朝から二日の予定で行くやうに指令されしためである。急な日程で強行軍ではあるが、ダラット行は希望する処。夜、久沢君と同慶の上のホールへ行き、サイゴンの名残を惜んで遊ぶ。

十一月九日（水）晴一時雨
　午前七時半出発、土木局から差廻しの自動車で、日綿の三宅氏、大使官邸で日本工営の佐藤、物井氏等も乗合せて、一路ダラット[57]へ向ふ。快晴で暑さ・入。三百粁の旅程、半ばは甚だ苦しい。山地に入り、プランテーションの地区に戻り、次第に気候の変化に気づき涼然たり。Blaoを過ぎれば全くの秋の季節。ちらほらと針葉樹も見えてなつかしく、道路の両側に花が咲いてゐるのもたのしい眺め。黄、紫、紅と名は知らぬが心の和む高原の風景である。Djiringを過ぎつれば松林がつづく。まるで日本の山を旅する気持。気温は下って爽快。海抜1000米。問題の電源開発の事業予定地のDran[58]へ折れて、川に沿って視察しながら行く。ダムを作る現場の河畔へ疎林を分けて下りて見たり。計画を聞きながらアウトラインを掴むことに努む。午後四時過ぎDranに到着。附近を調査して五時頃Dalatへ向ふ。
　六時前Dalatへ着きParc Hotelへ泊る。静寂そのもので暑からず寒からず、日

57　☞《地名編》〈ダラット〉
58　ドラン。現ラムドンLâm Đồng省にある都市D'ran。ダラット中心部からは20キロほど東に離れている。

本の十月頃の気温。湯につかって久し振りに旅情充分。ただホテルのサービスはあまりよくないし、食事も美味くないのは残念。昔来た頃はフランス人の時代とて食住共に行届いた別荘地たりしを。三宅氏とビールを飲みながら九時半頃まで話し、ほろ酔ひで就床。霧深くて夜寂寞。

十一月十日（木）晴一時雨
　松林、茶畠、桜並木とまるで日本にゐるやうに錯覚する風景であり環境である。桜の木にまだ花の咲いてゐるのは珍しい。色とりどりの野菜や花が目を楽しませ、ホテルの前に子の遊ぶ姿も長閑である。深々と朝の冷気を吸って湖畔の静かな明方の景色を愛でながらコーヒーで歓談一刻。久し振りに落着いた平和な生活を感ずる。やがて八時出発、再び例の仕事にかゝり、Dran に行って河流を調べ、林中を小径伝ひに地形を■じ、ダム建設の構想を詳さに聞く。発電所の位置、送電線の経路等々専門的な知識多く、有益。二人の技師達はさすがに熱心に調査する。漸く一応見当をつけて Phan Rang［ファンラン］に下ったのは既に昼過ぎ、一路帰途を急ぐ。海岸地帯の風景また絶佳にして縷々歩を休め写真に収む。白砂の海浜無人のまゝ続き、望楼所々に散在し、片や奇■重畳の丘が続く。日本なら確かに国定公園の候補地たるべし。砂丘の打つづく処は更に美しく、まるでヴィーナスの乳房の如き肉感的な色と形が、夕映にーきは感じを持って迫る、眼底に刻まれた絵と云ふべし。間もなく暮れかゝる日を自動車を駆けりに駆けさせるに、時々兵営で停止させられ、また悪路に悩み、思ふにまかせず時速三十粁、予想外に暇を食ひ、Phan Thiet［ファンティエット］から Bien Hoa[59]までジャングル地帯は既に夜に入る。途中パンクに半刻を修理作業に費し、空腹と疲労が俄かに迫る。運転手も重労働で弱る。
　Saigon 帰着は遂に十時半。久保田氏松下社長等も心配して待たれ居り。バンカンで一同会食、いろいろ報告談に興ず。有益の旅なれどもまた強行軍で身体綿の如し。ただ Dalat の一夜が何より。

十一月十一日（金）晴一時雨
　朝起床がつらい程にまだ旅の疲れが残る。オフィスに出れば例によってバイヤーの襲来でまるで戦場の忙しさ。午後カチナのニャー氏の事務所へ行って見る。夜久保田、佐藤両氏来られて会食、技術的な話は聞いてゐて面白いし、有

59　ファンティエット、ビエンホア。☞《地名編》〈ファンティエット〉〈ビエンホア〉

1955年

益な耳学問になる。メコン流域の開発について本格的調査の為めに行くとのことも、興味ある話題。老躯の奔走には全く頭が下る思ひ。

十一月十二日（土）晴後一時雨
　午前中久保田、佐藤氏とともに銀行。土木省のDiem技師長、買物、出国ビザの手続などに廻る。午後四時から高木と大世界のマチネーに行き、Lan嬢と落合ひ二時間程踊って夕食を共にし、後彼女の家に行く。五人程女性ばかりの合宿で、いろいろ雑談して時を過す。九時から映画を観て帰る。

十一月十三日（日）曇時々雨
　涼しいこと日本の初秋と同じ程で、上衣がほしい。時々細雨が降りそそいで情趣あり。朝月砂氏の自動車で、佐藤氏を案内して公園へ行き、博物館を観覧。動物達を見て二時間、ショロンを一巡りしてホテルへ帰る。丁度丸紅の茨木氏と一緒になり、電源開発の問題で懇談。
　午後久沢君と越南人の友人が自動車で迎へに来たのに同乗してドライブ。コンチネンタルで巌嬢を誘って一緒にThu Duc［トゥードゥック］まで行く。プールも寒くて人影なけれど、越南料理でビールを傾け、日落ちてサイゴンへ帰る。巌嬢初めての遠出とかしきりに椰子の実汁を飲みたいと云ふので、途中買って試食したり、道路の浸水に驚ひたりする。
　夜その越南の友人の案内で越南の劇を見る。Kim Chung劇団のもので古い悲劇物、チャム族[60]と越南人とが戦ってゐた頃の話で、越南の将軍が傷ついて捕はれ、チャム族の王女の看護で救はれ、恋愛から遂に王の許で結ばれるが、両民族の戦ひで国家と恋情の板挟みになり、二人とも死ぬと云ふ筋らしいが、演技的には到底見るべきものなく、日本の田舎芝居よりも低度のやうであるが、中々コメディアン二人のやりとりは面白い。夜"Ritz"で遊んで十二時頃帰る。

十一月十四日（月）曇一時雨
　雲低く直射日光のないサイゴンは別人の如き姿となる。雨と風が肌寒さをもたらす。昼はLam SonのTien氏の招待でショロンの玉蘭亭。久保田、佐藤の両氏に巴組の重役の渋谷氏を加へ社長と六人。夕方巌嬢を誘ってマジェスティッ

60　ベトナム中部に2世紀からチャンパ王国を建てた民族。交易国家として栄えたが徐々にベトナム王朝に領土を侵食され、19世紀半ばに滅亡した。現在ベトナム国内の人口は10万人余り。［桜井・桃木編　1999: 203-204、206-207］

クで食事、丸紅の二人も入れて雑談一刻。後"Tabarin"ホールへ行き彼女とダンス。日本を離れてのことだけに何となく違った情緒があってよい。彼女は阪大の仏文学をやったと云ふだけにセンスはよい。

十一月十五日（火）曇一時雨
　朝方寒さに目覚め、敷布を一枚持込んで被って寝る。久保田氏一行去りし後、やうやく商売の方に手が廻る。午前、午後多忙。夜同慶ホテルに中野君を訪ふ。熱を出して休み居り。胸の方かと心配せしが、先づはあり来りの風邪引きらしい。いろいろ話し我がダラット設営の後を引受けて大南の人間として活躍してもらへぬかと相談。彼も夫人同伴で再渡航して、腰を落着けてなら仕事をしてみたい様子。改めて社長から勧誘してもらふこととして別る。

十一月十六日（水）晴後一時雨
　金がすっかり無くなって、異国の貧乏は甚だ味気ない。普通の出張員の３分の１程度ではやれない道理ながら、社長の至上方針でやむを得ず、今後半月は籠城に決す。改めて日本から送って来てゐる新聞を精読したり、雑誌を読んだりする他はないわけ。午後退社の帰途社長以下全員でVu-Van-An[61]の夫人を訪問。十年前バクニンの家で御馳走になった頃から、ずつと更けて昔の俤もないが、本当の越南人の風貌と動作が何となくなつかしい。

十一月十七日（木）晴後一時雨
　例の久保田氏関係の測量に対する越南政府との契約書は正式に呉総統の署名が終り、立会人として小長谷大使[62]と松下社長が署名して、いよいよ発足の段階となる。我がダラット勤務も近し。下に使ふべき日本人の残留者を物色、昨日来た欅田氏と今日また加藤氏来社せるに依頼、適当な人選を始む。
　ナショナルの芳賀君来る、旧大南人が続々と集るわけ。夕方中一の姉妹自動車で事務所へ来り、一緒にマジェスティックで話し、後ドライブ。夜、高木・芳賀両君と飲んで雑談。

十一月十八日（金）晴後一時雨
　熱くも寒くもない全くの好季節、食も進み、身体も調子がよい。電源測量の

61　☞《人物編》〈ヴー・ヴァン・アン〉
62　☞《人物編》〈小長谷綽〉

ための通訳の件で、残留者達を手配す。芳賀君来社。社長、軍関係者より５０ＫＷ出力の放送設備購入の相談を受け、東芝へ関係をつけるつもり。夜社長と電源問題で今後の方針を協議。日本での上層工作において社長も年末帰国の上、手を打つつもりならん。

十一月十九日（土）晴後雨

　梶谷[63]からの手紙で、プノンペンの国際博覧会の盛況を伝へらる。特に日本館の中でも大南の陳列所前は黒山の人で大評判らしい。アイスキャンディーや何かと機械が動いてゐるため、丸紅のバスなどの展示を圧倒してゐる様子。先づはやってよかったと自ら慰め得る。電源開発の方にかかりきりになるため今月末を以て大南から日本工営[64]へ出向と云ふことに決める。仕事は多いが止むを得ぬ処。

　午後社長以下三人でショロンの店を見ていろいろ商売上の打合せをする。

　夜我が宿舎ですき焼の宴会。旧大南人の中野、芳賀両君に高木参加して若いだ話に花が咲き、昔の大南を偲ぶ話題等十二時まで。

十一月廿日（日）晴後雨

　午前中手紙を書く。久し振りに日本の知己友人へダラットの絵葉書で通信。午後豪雨に庭前浸水小降りになるを見て久沢君と外出。高木を誘ひショロンへ行く。夕食後映画を観る。ビルマの奥地探検物でバーバラ・スタインウェックがかなり魅力的な演技。後"Ritz"で踊って帰る。

十一月二十一日（月）晴

　月曜日の午前中はたまった仕事の処理で忙しく、又来客も多い。残留日本人二人北村君と細川君、加藤君の紹介で来訪、電源の件で打合せる。サイゴン近辺で五人程は人が揃ひそう。ただ連中の精神的な筋金が問題。昼マジェスティックで高木とマリー女と落合ひ、彼女の借りてゐる部屋を見に行く、道具

63　梶谷俊雄。大川塾２期生。ハノイの総領事館勤務を経て、サイゴン航空隊。戦後大南公司に勤務。梶谷の回想では「1943年11月、チャン・チョン・キムが、梶谷と山口智己（大川塾卒業生）が少数民族の酋長の息子２人と同居していた大南の社宅に保護を求めてきた」という。[山田 2004: 98][山本 2010: 113、144]

64　戦時期に鴨緑江水豊ダム発電所建設等の土木事業を担った久保田豊らが昭和21年に創設した国際コンサルタント会社。ダニムダムの設計、建設工事を請け負った。☞《人物編》〈久保田豊〉、《事項編》〈ダニムダム〉

はそのまゝにして貸すと云ふ。月三千比弗、高くもないが、あまり綺麗な家でもない。高木も躊躇しあり。夕方コンチネンタルで中野嬢に会ふ。東京からの托送品なし。
　夜めづらしく社長の発案で映画を観に行く。"宇宙戦争"を"Dai Nam"で。アメリカのスペクタル物、面白いが、H.G.Wellsの原作としては余りにアジがなさ過ぎる。

十一月二十二日（火）晴後雨
　日本の新聞でも当地の電源開発について発表があり、此処でも各紙に出て大へんな騒ぎである。中にはもう大南が大儲けしたやうに思ひ違いしてゐる連中もある。
　いよいよ準備に入るが今後の仕事がかなり重荷となる。仕事は派手な名目と比してひどく地味で面倒なものである。

十一月二十三日（水）晴
　社長疲労が回復せぬためか、午前中は休務さる。事務所で加藤君とダラット設営の件で打合せをなす。ドラン付近に仕事場を持ってゐると云ふNghia氏と打合せていよいよ現地に対する準備怠りなく始む。久保田氏関係の連絡も多くなり、大南の仕事とかけ持ちは無理のやう。月末を以て大南の仕事から手を離すこととす。高木今日から宿舎を例のペラルン通りのマリー女の借家へ移す。夜書信を書いて出す。
　日本では鳩山第二次内閣成立。自由民主党の新保守党は正に老人政府そのもの。合同工作の論功と云ふか残務整理と云ふのか、清新の気更になし。ただ正力松太郎の将来が見ものか。鳩山、緒方、岸に続く時代の役者として。

十一月二十四日（木）晴後一時雨
　朝建設省交通局長Diem氏に会ひ、ダラットの件で種々に打合せをなす。宿舎、ジープ通関等。日本からの先発一行、三十日に到着の予定連絡あり。午後コンチネンタルで厳嬢と会ひ、"Pagode"でアイスクリームを食べ、雑談一刻。Charner街を散歩して花の売店を軒並に見ながら珍しい植物を求む、小さな鉢植を一個買ふ。夕方から食事に誘ひしも、三井とエールフランスの搭乗員一同と二つも招待が重りあり、やむを得ずお役目大事に搭乗員等のパーティーに出るとのことで次回を予約して別る。高木と二人ショロンへ行き"Arc en Ciel"で踊っ

1955年

て帰る。

十一月二十五日（金）晴後一時雨
　プノンペンの国際博覧会はかなり賑かに、柔道選手権大会ではフランスチームが優勝したり、ミス・カンボジアの選出や国際映画大会など、盛沢山に連日の行事が行はれて居る。又見本市では大南出品は日本館でも最も人気を集めてゐる由、アイスクリームの製造機が動いて黒山の人だと云ふ。企画推進した一人として密かに安堵。行っても見たい。
　午後高木を大南の人絹、スフ関係の専門家として得意廻り。さすがに見本類も多く説明も要を得てゐて相手も興味を持つ様子。夜八時頃から高木とマリー女を誘ひショロンへ。映画"恐竜"を見る。日本のもので"ゴジラ"と云った作品、中国語のトーキーで映画の暗さと共にあまりよい出来栄えではない。何故日本で人気を博したのか些か疑問。

十一月二十六日（土）晴後曇
　サイゴンの最良の季節である。涼しい風と暖かい陽光。仕事は相変らず多忙ながら身体の調子は上々。
　午後、社長以下三人でマジェスティック・ホテルに西日本新聞特派員の近見氏を訪ふ。政治部記者で日本の政界事情に詳しく、記者らしいはったりも少しあるが、九州人の明るさ、東南アジアに対する情熱はよい。当地の種々の話題を説明して社長は呉政府に対する日本の見方を改めさせるために懸命。一緒に郊外ドライブで"Thu Dau Mot"[65]まで行き、夕陽美しく河面に紫紅の雲を映す処。ビールをあげて雑談。漆絵を一覧して帰西。夜月砂氏久沢君等と外出、ショロンに遊ぶ。

十一月二十七日（日）晴
　退屈千万な生活である。詩情なきサイゴンの街はもう堪へ難きまでにうとましい。海外放浪と云った感じのつきまとふ、落着きのない粗雑な日が続いて逃げ出す術もない。或いはまだしもダラットの野性を賞すべきか。人はしかしやはり人の中に生きることが、即ちその精神的交錯が最も必要な条件らしい。些か心滅して楽しまず。午後高木の家に寄り、ショロンと廻り Lanh に会ふ。夜は

65　トゥーザウモットのこと（既出）。

読書。

十一月二十八日（月）晴
　久沢君カンボジアへ行く件、やうやく明後日と決める。当分またサイゴンの仕事が多忙になる。電源開発の件で加藤君来り、落合君[66]を紹介す。現在越南国軍の少尉とかであるが、残留日本人としては良い方と云へる。
　夜当地滞在の新聞記者三名を宿舎に招待して会食。共同の垣内氏、毎日の新野氏、西日本の近見氏の三人、今日昼呉総統と会見した由で、その会談内容を伝へらる。内容としては新しいものなく、かなり公式的のやう。三人とも呉総統の素朴な性格、大統領としてのブッた処のないのに好印象を持ったらしい。ただ政治家としては疑問を抱いたと云ふ。

十一月二十九日（火）晴
　朝は少し寒さを感じる。現地の人々はすっかり冬仕度で何か着込んでゐるが、我々には快適な気温である。街を歩いても汗に濡れることのないのは全く有難いことである。朝西日本の近見氏来り、事務所で長文の記事をたたいたり大活躍で、明日帰ると云ふ。久沢君は明日プノンペンへ発つとて仕事引継ぐ。
　夜夕食後大統領からのメッセージで社長に直ぐ会ひたいとのこと。社長待望の会見とて勇躍官邸へ乗込まる。
　月砂氏と共に新興産業の宿舎へ行き、久我氏[67]と会ふ。新興の重役として来て居るらしい、主に鉄の仕事で忙しい様子。話題は自から昔話になり、なつかしかりし数々を思ひ出すま、に談笑時を忘る。熊谷氏でも来れば面白からうにとなつかしむ。ハイフォン[68]の"ニーチェ・ボー"のNo 1たりしLanh嬢が其後時

66　落合茂。1920年山口市生まれ。1943年、朝鮮からハイフォンの高射砲部隊に転属する。戦後は中国軍に所属し、中国国籍（後に離脱）を取得。一時ベトミン軍にも参加する。1954年以降は日本工営通訳、東京銀行サイゴン支店勤務。西川と親交が深く「同志」と呼ばれていたという。ベトナム残留元日本兵の「寿会」会長。ベトナム人の妻は南ベトナム解放民族戦線幹部だった。2005年死去。[牧 2009: 379-412]

67　久我道雄。印度支那派遣軍サイゴン渉外部大尉。フエで保護されたゴー・ディン・ジエムをサイゴンの病院に匿う等の工作に従事。「仏印処理」後、バンコクに保護されていたチャン・チョン・キムをサイゴンに帰還させたのも久我であった。久我はまた、日本語を学ぶために来日したベトナム人を東京の自宅に下宿させるなどの支援活動なども行っていた。[神谷 2005: 119-120]［白石 1984: 55］［河路 2012: 1-2］☞《人物編》〈チャン・チョン・キム〉

68　北部の港湾都市。ホンゲイ炭鉱に近い。

代の花形たりし平川［ビンスエン］派の頭目の二号になって、今は捕へられてゐるとか。和好［ホアハオ］教の首領は終戦後危険なりしを、久我氏が救ったことがあるとか。Hiep なる当時一団を率ゐてゐた斗士が現存して会談したとか、色々と相変らず話題が多い。久我氏の快舌、しかし呉総統とは未だ会ってゐないのか話なし。例によって越南の今後について鋭い観察と意見を吐きあり。

　十時過ぎ辞去し、月砂氏と久沢君も一緒に"Van Canh"で飲み且つ踊る。帰宅。社長なほ起きて、些か昂奮した面持で話さる。八時半から十一時まで呉総統が次々と話をついで止めず。大へん楽しく又有意義だったとのこと。外人には勿論自国民にも話せぬ内輪話をすっかりさらけ出しての歓談は実に人間としての友情の最も深いものと云ふべし。最早や国籍など問題にならない知己、伝聞してゐて気持のよい話である。呉総統承認の順序が英、米、ロ、仏の順で、仏が最も後だったため、今だに日本大使よりも順列を下にしてゐることが一切の仏の申入れをはねつけある実態など外交の裏話や、あらゆる政治的な舞台裏の事情、アメリカのやり方からドイツの出方、日本に対する不満から各政府要人の批評まで実によく話したらしい。特に国防軍用の服地の買付については、社長へ一任すると云ふ程で、200万弗に上る買付であるが社長も些か驚いたことで、総統自から何でもやるらしい。又電源開発と賠償問題についても社長の言を信用しあり、社長も全く私心なく越南によかれと述べる誠意ある意見が容れられ酬ひられることに無上の喜びを感じある様子。

　欲を離れての国士的松下と商人大南公司主人との微妙な矛盾に、時々苦笑させられる事があるが、今日のやうな日の社長はやはり越南と日本のためにかけがへなき人としての生涯を美しく終られる事を祈らざるを得ない。仏が医療薬品の補給を停止したため市場に払底して弱ってゐるから、日本から入れたい希望や、医療使節団に対する歓迎の意志などについても社長は早速日本側へ働きかけたいところ。ただ日本側が追いついて来ぬことが予測されて焦燥一入である。越南共和国と呉総統を承認する件でも重光外相が煮え切らず、トー駐日大使[69]が鳩山に直訴してやっと解決した点も日本の外交の現実を表はしてゐる。重光外相はその件で、相手が越南でなかったらただ［で］済さぬと思ったと伝へられてゐる。

　大統領と云ふ雲上人になっても本当に普通の人として対話出来ることを、社長は呉氏の人徳として推賞してゐるが、呉氏ある限り、南越南は第二の韓国で

　69　グエン・ゴック・トー。☞《人物編》＜グエン・ゴック・トー＞

も国府でもなく、日本に対する友情は不変と信じてよからう。

十一月三十日 （水） 晴
　社長は昨夜依頼された軍服地買付の問題でトー大使がその任に当ってゐるため朝からトー大使と会って八方奔走、小長谷大使にも話し、大手筋商社を糾合して国家的見地でオファーする案を推進さる。しかし実利を主とすれば一社の有力商社と大南が組む形でコミッションを取るのが大南のためには最有利と云ふべきものであらう。社長の一種の道義心と経歴がその手段を許さぬものらしいが、呉総統の気持の底には社長の成功を助ける心もあるものと察して実利を図るも一法と説く。
　午後三時の飛行機で久沢君プノンペンへ向ふ。夕方 Air France に確めるに、今日東京からの飛行機は真夜中の到着と云ふ。例の久保田氏の処の先発隊五名が着く筈である。久保田氏はラングーンからバンコック経由、二日に再来の予定。夜北川産業の北川氏来宅、社長と懇談、いよいよ彼も真剣に全面的に社長へ頼って来てゐるが時どうやら遅きに過ぎる観あり。夜東京から来る久保田氏の会社の先発隊五人を迎へるために飛行場へ行く、遅れて真夜中過ぎ。さすがに風寒くコーヒーで暖をとる始末。

十二月一日 （木） 晴
　日本工営の一行柳ヶ瀬氏以下五人到着、土木局からも Thanh 氏が迎へに来てくれ、その言葉副へで荷物一切フリーパス、連中はコンチネンタルへ入る。
　午前中休み、午後から土木局に技師長 Diem 氏を訪ねて挨拶。日本大使館にも出向いて、大使から今後の仕事について訓示めいた話あり。宿舎で細かい打合せを行ふ。行動開始は久保田氏の来貢を待って後。夜中野君の部屋へ行き酒井氏や江頭氏等と一緒に食事。後 "Dai Nam" で映画 "ロビンソンクルーソー漂流記" を観る。

十二月二日（金）晴
　サイゴンの冬、ひやりと肌寒い朝は快いものである。日本の十月頃か。もう雨は降らず乾季となったわけ。ダラット行に備へてサイゴンの仕事の引継ぎや仲々に雑用が多い。軍用服地二百万弗の買付に対して、社長奔走。丸紅、日綿と結んでものにするつもり。久保田氏以下三人ビルマから来られ、いよいよ具体化に乗出すダラットの仕事に、来週は忙しいことなるべし。

1955 年

十二月三日（土）晴
　土木局で打合せや手続に殆ど午前中かかり、久保田氏一行は明朝ダラットに発つと云ふので準備に多忙をきはむ。社長も一緒に行かれることになり、サイゴンの仕事が忽ち山積、午後も暇なく奔走。

十二月四日（日）晴
　好天颯快の一日、午前九時コンチネンタル・ホテルから自動車二台に分乗して久保田氏、社長の一行ダラットへ出発。いよいよ行動開始と云ふわけ。宇田川氏のみ荷物受領のため残り、我宿舎に移る。日曜と云ふに Tho［トー］大使の要請による軍需品買付の件で奔走す。各社の出張員休日で皆不在とて話にならぬ始末。午後中野君酒井氏等がバイヤーの一人と自動車で来宅、一緒にツドモまでドライブ。漆画を少し買ったり、河畔で写真を撮ったりして一時間程遊んで帰る。
　夕陽の沈む空の色はまことに美しい。南方のみで見る美しさである。帰途の路上で An 夫妻一行の自動車故障にあい、夫人を乗せて帰る。

十二月五日（月）晴
　数日来の異常な寒さと打って変った暖日。朝から宇田川氏と駆け廻り、ダラット行のトラックを見付けて荷物を積込み、一旦宿舎に持帰る。明早朝ダラットへ出発の予定とす。通訳として加藤君と越南人一人をつけることとす。
　夕食は我誕生日を祝って宿舎で小宴を張る。中野、高木、芳賀の諸君と月砂氏も来て先づは盛宴と云ふべし。

十二月六日（火）晴
　今日もまだ東京からの飛行機が着かない。仕事の連絡も遅れてゐるし、折角の好機も逸するし、些か意気あがらぬものあり。午前七時頃宿舎へトラックと加藤君に越南人の通訳も来て、荷物と共に宇田川氏がダラットへ発つ。後で電報が入り、ドランに行くやう指示ありしがやむなし。返電す。

十二月七日（水）晴
　少し暑い天気、先日の冷気は異常だった由。昼社長、久保田氏等ダラットより帰西。現場設営はまだまだらしい。早速通訳を送る必要あり。夕方物井氏が来着とて飛行場へ迎へに行く。新型の大きな飛行機である。巌、河西両嬢が乗っ

て来てゐる。初めてのことで二人で乗せられた由。我家で夕食を久保田氏、物井氏、滝口氏等と共にす。滝口氏は此処に泊ることとなる。

十二月八日（木）晴

　現場のドランから越南人通訳連絡に帰って来て、柳ヶ瀬氏[70]の手紙を持参。金が欠乏してゐて大へんな様子。何もかも現地調達は高くて弱ってゐるらしい。早速手配してサイゴンで物を買って送る必要あり。通訳あと二人を明朝派遣することとす。大先・細川の両君。夜中野君の誕生祝とて同慶ホテルの彼の部屋で中華料理の盛宴、ngha [Nga？] 嬢、高木とマリー嬢、芳賀君、酒井氏、工藤夫妻などシャンパンを開けて大いに飲み食ふ。十時頃からコンチネンタルへ行き、三井の宴会から帰ったスチュワーデス両嬢に会ひ托便。

十二月九日（金）晴

　午前九時半、バンコックから佐藤氏と岩本の京極氏到着、飛行場に迎へる。例によって手続其の他で多忙。午後久保田、佐藤両氏について、地質研究所へ行く。Thanh 氏の案内で一巡、利用価値多し。Thanh 氏は昔 Hiep 一党の独立運動で参謀格として抵抗運動をやったとのこと。そのためか我々に非常に協力的である。研究所長としては的確な才能と人格を備へてゐる。
　夜萬興隆の招待で社長と二人ショロンの愛華で宴会に出る。さすがに疲れを覚え早く帰宅。

十二月十日（土）晴

　日本工営の仕事にかかりきり、ドランへ送る物資の買付や何かと多忙を極め、夜まで奔走。明朝の Air Viet Nam で佐藤氏と現場へ行くべく、ダラットへ飛ぶこととなり、通訳の大先君も共に飛行機切符を買ふ。夜高木とマリー女来り、一緒にサイゴンお別れの一夜。"Ritz" "Arc en Ciel" "Tour Ivoire" 等一巡。

十二月十一日（月）晴後曇

　颯快の好天に恵まれて、午前七時十五分発のダラット行 "Air Vietnam" 機に乗り一飛びに白雲爽かな高原ダラットに至る。身のひきしまる涼気である。柳ヶ瀬氏の迎へを受け自動車で現場ドランへ直行。設営未だ出来ず、寝台なき土間

70　柳ヶ瀬宗左衛門。日本工営所属。松下光広を会長とする在越日本商社懇話会会員。
　　［ヴェトナム通信 21/22: 46］

の雑魚寝は気の毒。それでも全員元気に測量を始めてゐて気持がよい。近くでフランスの会社の測量隊もボーリングをやってゐると云ふ。通訳連中の待遇問題や何か認識し、夕方ダラットに帰る。日落ちると寒気身にしむばかり霧深き山地の運転は危険感あり。

　鉄道官舎第一号に泊る。毛布薄く些か寒さを覚ゆ。森閑として無人の野に独りある如く、サイゴンの騒がしさとは全くの別世界。

十二月十二日（月）晴

　高原を吹く風は朝身を切るやうに感ずる。上衣の上にジャンバーを重ね着して出る。ランビアン・ホテル[71]で佐藤氏も共にコーヒーで朝食、眺望は誠に佳絶、花の咲くのさえ久し振りにほのぼのとしたなつかしさを覚ゆ。

　午前中土木局や地理学研究所を廻る。地理学研究所[72]はさすがにフランスの遺産だけあって仲々完備した堂々たるもの。資料もあり、特に地図はよく揃ってゐて、産業図、地勢図、民族分布図など買ふ。十万分の一の地図は軍の許可なくては売れぬとかで、測量用にもまだ手に入らぬため、土木部長のKy氏に会った時、話して督促してもいる。午後ドラン行、サイゴンからの寝台用品炊事道具食料などつんだトラックが到着して一同もやっと暖かい寝床につき得て喜びあり。柳ヶ瀬氏ドラン泊りで、佐藤氏とダラットに帰る。

十二月十三日（火）晴

　暖日、風景は日本の秋に似て誠に爽快。佐藤氏と朝ドランに下る。各方面との連絡などで終日。測量隊は連日活躍、その現場では蛇の大きな奴と出会ったり、トラの足跡に驚いたり、ジャングルらしい話題がつきない様子で、帰っての雑談に花が咲く。夜佐藤氏柳ヶ瀬氏とダラット泊り。数日間の自然の中の生活は全く心機一転に役立ち、夜はよく眠れてよい。

十二月十四日（水）晴後一時雨

　昼一時半の飛行機でサイゴンに帰る。ダラットを発つ頃黒雲雨を呼んで冷涼。途中の空路雲低き中を動揺烈し、上下に大きくゆれて気持の悪いこと。一時間の辛抱でサイゴン着。熱気甚し。久保田社長に報告、連絡に駆け廻る。大南の

71　☞《地名編》〈ダラット〉

72　Le Service géographique d'Indochine. ドクー総督時代に設立された地理学研究機関。[Decoux 1949: 461]

商用も山積してゐて多忙。
　夜日綿へ行き、例の二百万弗の軍用品買付が中止になった事を告げ辞す。高木の家で一刻、マリー女と三人で中国映画を観に行く。館主の招待である。トーキーが越南語のため、マリー女に鑑賞批評を頼んで来たもの。見るに全くの駄作でトーキーの録音も非常に悪い、批評などの問題の外である。かゝる愚劣な映画に、それでも客が大方九割も入ってゐるのはどうした事かと不思議な程である。

十二月十五日（木）晴
　日本工営関係の手続や連絡で奔走、それに大南の方の仕事も忙しい。急にライセンスが下り始めたためか、正月前の気急しさか、好景気と云ふべし。午後も手続などで忙しい。夜久保田社長等を招いて我家で会食。明日日本へ帰られるため。

十二月十六日（金）晴一時雨
　全く天変とも云ふべき俄か雨、乾季に雨が降るのは南方では珍しい現象である。直ぐに思はれるのは米ソの水爆実験競争の影響である。久保田社長帰国、皆ほっと一息入れた感じ。実に忙しい、そして精力的な人である。Air France 遅れて午後八時発。

十二月十七日（土）晴後一時雨
　昨夜発った筈の久保田社長、飛行機のエンジン故障で逆戻り、深夜またサイゴンに帰られた由。事故でなくて幸ひ。一日退屈の様子。午後五時半間違ひなしとて飛行場へ送る。夜塩野義の高原氏と中野君を入れ、全員でショロンの中華料理の会食、後中野君と映画を見る。"Sitting Bull" と云ふ西部劇。

十二月十八日（日）晴一時雨
　午前中書信をしたため、午後外出、公園に行って写真を撮る。久沢君が誘った越南人の兄妹も一緒に二時間程公園を歩き、後、カチナの "Pagode" で憩ふ。時雨一陣。佐藤氏をコンチネンタルに訪ね雑談しきり。社長も共に将来の事業を語る。夜読書。

十二月十九日（月）晴
　来る二十四日から始まる軍隊祭に大南公司も一枠として出品してほしいとの

1955 年

再三の要請で社長応諾。午後現場を見に行く。大使館の山下氏、間渕氏等と同行。中尉の案内でサイゴンからタイニン道路約十五粁の Quang Trung と云ふ部落に至る。附近一帯は軍の駐屯地である。既にケルメスのための準備はできてゐてバラックに間仕切り4m×4mの一つが大南の予約の枠。飾付に相当手を入れる要あり。丁度ダンスホールの正面で食堂の近くでもあり、日本大使館の展示場も隣合せで、場所としては恰好である。他に三井、三菱、丸紅などが取ってゐる由。即売はせずに一応大南商品の陳列をすることとす。

夜佐藤氏の別宴を張り、最後の打合せをなす。後、日綿に行って雑談一刻。西風が出始めたので、スイカに氷と砂糖とコニャックを入れて混ぜ合わせて食べる、美味なり。

十二月二十日（火）晴

早朝六時佐藤氏を送って飛行場へ。もう歳暮で仕事も自から段落となる。船積を督促したり、L/Cの開設を頼んだり、面倒な連絡が多い。日本では電源開発で此処で考へる以上の大騒ぎらしい。何とかものにしたいのは当然ながら、あまりにも前景気が大き過ぎる様子。第一物産、鹿島組、五島氏中宮の線が相当動いてゐるらしい。横山氏の線で外務省にもかなり強い筋が通ってゐると云ふ。要注意か。

十二月二十一日（水）晴

ホテルが何処も満員で、今日着く連中のために奔走。やっと同慶ホテルで中野君の部屋を借りることにして三人分取る。午後八時飛行場に出迎へ、大谷、内藤、片平三氏を案内す。清酒一本、持参されあり。社長大悦。小田君も近く来る由。

十二月二十二日（木）晴

日本工営の第二陣を案内して、土木局、港湾警察、日本大使館などに行ってそれぞれ挨拶や手続を終る。例により小長谷大使が一場の訓示あり。連中に語学習得を勧めらる。夜日高氏令弟バンコックより来られ来訪、会食す。北川産業の常務来宅、明日日本へ発つ由。越南人通訳は昔 Sept Pagode[73] で旧知の青年、

73　セット・パゴド。北部の地名。フランス語で「7つの寺」の意。1944年10月20日、西川は現地召集で稲井隊（山砲）に入隊し、駐屯地セット・パゴドに赴いた。[山本 2010: 132]

いろいろなつかしげに話す。

十二月二十三日（金）晴

　クリスマス気分が街に溢れて、何となく華かに感じられる。フランス人達は今年が此処での最後であらうが、とにかく楽しげに飾りつけてゐる。
　柳ヶ瀬氏ドランを今朝発った筈が、夕方まで着かず。工営の連中コンチネンタルで待つ。
　今日遂にCu氏と感情的対立が激化して一悶着す。彼も少々最近は我儘と拗ねた態度が過ぎてゐるのはたしかで、今朝大南の客の華僑に傲慢な態度あり、我が面子も失はされたため、社長よりひどく叱責されたもの。後味の悪いことではあるが、Cu氏のために敢て反省を求む。

十二月二十四日（土）晴

　官庁銀行全部休務で気もそゞろなクリスマスイブ。山から柳ヶ瀬氏昨夜遅く到着。自動車事故の巻ぞえで四時間も待たされた由。通訳連中も休暇を取って皆サイゴンに来たらしい。加藤、大先、綱川等宿舎に来て、社長から説諭さる。待遇問題一応納得の様子なるも不充分の点もあり。
　午後久沢君と軍隊祭の商品展示に行く。取敢へず、大使館で出品してゐる場所に一緒に陳列する。大南のスタンドは一週間程の中に整備して何とか飾付けと陳列をやる予定。初日の今日は総統の臨席もあり盛大らしい。夕方になってもかなりな人波である。まだスタンドは半分くらいしか埋ってゐない様子。
　夜はクリスマス気分満溢、此の国は独立と共にフランスの植民政策を遂ひ、華僑の経済勢力を抑へてゐるが、唯一つカトリックの宗教支配はなほ残存してゐる。呉総統自身が信徒たる事にもよるが、フランスが八十年に植えつけたこの地盤が精神的なだけに最も強く根をはってゐるのではないか。とにかく盛んなお祭りの光景が、教会を中心に展開され、聖歌が街を覆ふ。少年少女達の嬉々として行列に加はるのも一つの風景。我等また高木、マリー等と共に先づ"Arc en Ciel"に行く、ファッションショーがあって、楽しく十二時の鐘を聞く。ジーナ・ロロブリジーダばりのモデルが居て人気あり。一時頃から"Au Chalet"に行く、Importexの一党にNg［uyen］-Van-Ba[74]もゐて賑か、三時まで踊って帰宅。さすが

---

[74] グエン・ヴァン・バー (Nguyễn Văn Ba) のことか。チャン・ミー・ヴァンによれば、1943年8月にディン・カク・ティエット Đinh Khắc Thiệt とファン・タイン・ロク Phan Thanh Lộc とともに来日した。クオンデの家に滞在した後、1944年3月に引っ越

1955 年

に疲れて身体に酒気がこたえる。

十二月二十五日（日）晴
　寝不足ながら静かな休日、ゆっくり起床して　連絡に一廻りし、後は書簡を書き、本を読んで過す。社長は朝から郊外のゴム園視察に出掛けられ、久沢君は共和ゴムの連中の案内。午後柳ヶ瀬、大谷両氏と社長は経理問題で打合せをさる。夕方から我家の忘年会。中野君高木が来て、賑かにシャンペンとすき焼で気勢を上げ、今年の終わりを感じて互ひに友情を温む。映画を見て、夜中飛行場へ。有本氏の到着を迎へる。

十二月二十六日（月）晴
　昨日日曜日とクリスマスの休日が重ったために今日は代休とて、銀行など閉って仕事も閑散。午後は我が事務所も休務とし、静養す。二日間徹夜がつづいてはさすがに身体が疲れて不調、大いに眠る。年賀状を書く。夜中野君と外出、映画"Nana"を見る。フランス物の秀作で、かなり刺激の強いもの。キャロルの演技が全篇を圧倒してよし。

十二月二十七日（火）晴
　年末の多忙は今が最も甚しく、日本でも此処でも変りはない、午前中は全く客の絶え間もなし。午後日本工営の仕事で奔走。今夕サイゴンの日本人商工会議所の発会が行はれ、社長は幹事長に推されること当然。二十三人の出席で二十一票の圧倒的な数で初代会長と決定。大南の実力と云ふより、松下個人の実績と人格であらうが喜ぶべし。

十二月二十八日（水）晴
　工営の有元氏を大使館に案内し、小長谷大使と談話。土木局、中央警察等に廻って手続を終る。送電班も一応揃ひ準備完了して明後日から行動に移る予定。

して、ヴー・ヴァン・アンやレー・トアンらと同居した。東京大空襲で神戸に疎開し、医師の資格を取って軍で働いたという。1950 年にクオンデがバンコク経由でベトナムに帰国しようとした際に同行した。小松清、松下光広による送別の宴があったという。クオンデはバンコクから日本に送還されたが、バーは姉の手助けでベトナムに帰国し、フランス当局に出頭して調書を残した。この中で彼は黒龍会員と名乗ったという。西川も生前バーの帰国について語っている。[Trần Mỹ Vân 2005: 194-211] [2005 年 11 月 23 日　ホーチミン市における宮沢によるインタビュー]

地図航空写真まだ許可なくて、仕事に差支へなきにしも非ず。今日三木武夫氏来る、鳩山首相の特使で東南アジアを巡旅するため。夜年賀状を書く。

十二月二十九日（木）晴
　歳末のあわただしさ、来客も烈しい。日本工営の連中はいよいよ全員サイゴンを発って現場に向ふこととなる。午後河西嬢来り、中森氏よりの托送品を届けらる。羊羹やわさびなど正月の食卓を賑はせるもの。夜、永安行の招待で愛華酒店の大宴会に出る、集る華僑二百人盛大な宴である。角脇書記官夫妻も来席。主人がフランス人で非常に無邪気なおしゃべり。

十二月三十日（金）晴
　朝、日本工営の一行、トラックとジープ二台の編成で出発。トラックは荷物を載せて直行。ドランへ向ひ、ジープ二台に分乗した送電の連中に柳ヶ瀬氏もついて海岸沿ひにファンティエット、一泊の計画でファンラン経由ドランへ出発。土木局との交渉でL/Cもやふやく開設の見込みとなり、作業開始指令書を十二月十二日附で十五日入手として受取る。
　この問題ではディエム技師長と社長の間で論争になり、先方は十一月末を、社長は十二月末を主張したが、十五日で折合ったもの。現地貨は既に入手済でもあり、L/C未着とは云へ、あまり強くは云へぬ処なれば、まづ妥当な線である。ディエム氏は早速特別考慮を社長へ申入れた由。当然の事なれば考へる必要あり。夜久沢君と映画を見る。

十二月三十一日（土）晴
　再び異郷に年を送り年を迎へる。日本に居る時ほどには年越の気分は感じられず、何の感慨も湧かぬものである。第一、何の変化もない年末年始。一般には旧正月こそ大騒ぎながら、新正月は冷淡至極でもある故か。とは云へ事務所は今日を仕事終ひとて、昼前Duchateau氏の肝煎で関係者相集り忘年の祝盃を挙ぐ。シャンパンが抜かれ、和気満ちた集ひで一刻。新しいカレンダーを壁にかけ廻らし、どうやら新しい雰囲気だけは漂ふと云ふもの。数日来の暑さで身体が何となくだるく、久し振りに午後は本当に休養を摂る。ボーイが新に一人応援を求めて家中の大掃除や正月の飾付けやらで大いに働き、コックもなれたもので正月の料理を準備する。数の子はじめ一応正月の食卓に並べるものは揃って、餅も買っての鏡餅、酒は月桂冠を先日送ってもらったのがあり、先づは上々の

1955 年

迎春となりそう。
　夜一息入れて後独りで年の終わりのダンスに"Au Chalet"へ行く。北部山岳の住人タイ族の古風な踊りがアトラクションで、満員のテーブルに十二時前、日本での"蛍の光"の曲と共に越年、一同忽ち乾杯して新年を祝す。キャバレーの風俗である。フランス人はキスしあっての Bonne Anée。大半無事に逝く。
　新年
　ＤＡＬＡＴの桜かざして祝ひける。
　ダム作る水に桜の散りしける。

西貢日誌
―1956 年―

1956年

一月一日（日）晴
　澄空浮雲、颯快の風も新春を寿ぐか、暑けれども南国の元旦、注連はなけれど鏡餅かざり、屠蘇の代わりにせめてもの日本酒、高膳、重箱の風趣は味へずとも、花飾れる食卓に能ふ限りの山海の佳肴を並べて、社長の祝詞に乾盃しての迎春。年賀の客も来て、シャンペンを飲み交わし歓談に過す。午後五時大使公邸で在留邦人皆集ひての大祝賀会、七、八十人は参集したか賑はしく飲み食べて一刻、君が代の斉唱に祖国への愛情、さすがに一同の胸底を包みしものの如く、松下社長が先唱の日本国万才に感激の唱和、意義深く此の日の集いを終る。何時になき和気満ちたサイゴンの日本人達の間、もう日本人会の設立を望む声が交わされてゐる。異郷にあればこそ人々は純粋に強く愛国者となること明かなれば、機会と組織を与ふべし。去年は此の国は多事な試練の年なりしが、今年もまた統一選挙の問題を頂点としての多難な前途が予測される。悲観と楽観とその立場によって判断の差は大きいが日本が此の国に根本的な国策を決すべき年となるのは間違ひない事である。従って大南自体も今年はその消長盛衰の岐路として覚悟せねばならず、何れにしても最大の努力を注ぎ込む必要ありと云へよう。更に云へば此の半年に大南の運命を賭すべきか。日本も終戦後の十年一時代を終つて、伸展への第一歩を踏む年である。

一月二日（月）晴
　休務。書初めになぞらへて作文せんとするも身体著しく疲労を覚えて臥す。どうやら黄疸になったらしく、全身黄色を帯びて食欲もなし、時に嘔吐の気あり、重くはないが養生大切、午前中休み、午後約束でやむなく高木、道明、中野の諸君とショロンで麻雀一戦元気出ずに大敗。帰宅して一層疲れ烈し。食餌療法を第一として斗病に入る。

一月三日（火）晴
　仕事始めに出社せるも体つづかず、十時半頃帰宅して臥床、病身となる。社長悪口云ひながらも細かい心配りで有難し。中林女の手紙で森山女が腹膜で病臥の旨書き来る。ひどくなればよいが。良薬あり治療に安しとの事なれど。

一月四日（水）晴
　臥床終日、退屈千万ながら熱のない病気で重くはならぬ様子なれば、久し振りの閑居にも似て、読書三昧に過す。薬はなけれど食餌療法とて一切肉類と香

辛料も断ち、専ら果物や粥食などで、体の衰弱が感じられる。眼は黄色く染まって自ら不気味。日本工営の玉置副社長[75]と小森氏不到着。滝口氏ドランから来る。フランス船"Viet Nam"号でボーリング関係の若い連中三名着く。

一月五日（木）晴
　日本工営の玉置副社長と小森取締役来貢、大阪の鈴木君も一緒に着く。何の前触れもなくやって来たのに驚く、然し手不足のサイゴンには援兵有難し。寝ても居られず病を冒して午後は工営関係の連絡に奔走。

一月六日（金）晴
　例によって土木局の手続、パスポート、通関関係と工営の仕事に忙殺さる。滝口一行もドランから来て宿舎はカチナの店の二階を設営し、船で来たボーリング班三人はそこに入る。柳ヶ瀬氏も明日来る由。小森氏と気象情報を聞きにMeteo[76]へ行く。一週間で揃へて置くとのこと。

一月七日（土）晴
　玉置、小森、滝口氏等の一行海岸線を通ってドランへ出発、柳ヶ瀬氏来貢。ボーリングの荷物通関に手間がかかる。病状は更に回復に向はず、斗病に無理多し。

一月八日（日）晴
　早朝四時、社長、久沢君、飛行場に行き久保田氏と小田君を迎ふ。小田君来貢でサイゴンの陣容は充実。他社を圧しての活躍が期待出来ると云ふものである。日本からのなつかしい品々も届き、人形が応接間の殺風景なのを和め、花あられに歓談も一入楽しい。

一月九日（月）晴
　久保田社長等早速ドランの現場へ向はる。通訳に久沢君が代りでついて行く。土木局や滞在延期の手続で多忙。この調子では身体は何時までもよくならない。夜永安行の招待をやめて同慶ホテル。

　75　玉置正治。日本工営副社長。ダニムダムに関する紹介論文あり。［玉置1964］
　76　気象台のこと。

1956年

一月十日（火）晴
　社長何処の誰からか、黄疸のことを聞き、肝硬変の恐しさを説いて、我に医師の診断を強要。やむなく近くの旧知のCam博士、小田君の紹介で診てもらふ。常識的な食療法と二、三の処方を書いてくれて、別に心配なき模様。しかし一応療養専一を心掛けるべし。仕事も手が足りて暫らく休んでも別条なき様子とて、引つぎを始む。

一月十一日（水）晴
　通関と運送の手配で頭を悩ます。機械三台の重量が意外に重くて、苦力では手に負えない実状。トラックも五台は必要とて仲々面倒。芸子プノンペンへ帰る前の一時を、公園へ散歩に誘ふ。樹蔭の涼風に蓮池を眺めながらさすがに沈々とした話合ひは楽しい。何か画中の人物の如き雰囲気で、周囲の支那風な背景がよくマッチする感じである。純情と可憐とを持ち続けている彼女は珍しい存在と云へる。多くは■■と虚栄の中に浮遊するダンサーの生活なるに。再来を約して別れる。夜日本工営の技師二名、林、遊佐両氏到着。志賀氏と飛行場に迎へてコンチネンタルに落着かせ、直ぐに打合せ。志賀氏は明朝の飛行機でダラットへ帰る事となる。今日タン氏の土質研究所[77]へ現地採集の土壌を持込んで試験を依頼し、彼氏の仕事を終ったもので、早々に現場へ引返されるわけ。其他水質試験も必要とか。とにかく一つの事業も広汎なデータの上に築かれるもので、未知の領域の科学的な知識を得ること多く、甚だ有意義。わが生涯に何等かプラスするものと云ふべし。

一月十二日（木）晴後曇
　涼しい一日で体の調子もやっと薬剤の効果表はれ来たものか、やや回復気味に自覚さる。通関と昨日の新着の人々の手紙などで終日多忙。更に荷物もまた到着し、当分多忙から解放されぬやう。機械類のドラン運搬については、漸く目鼻がつき、土曜日頃出発と予定す。夜ショロンの玉蘭亭で招待宴に列す。鈴木君と二人。社長は大使明朝帰国のためと、日本商社の大手筋との軍納品問題の打合会で出席出来ず。竜記一■［系］八人の宴席で、今後大南と取引したい旨話あり。今まで第一物産とやってゐた由。弟が越南籍を持ってゐてその名前で商売をすると云ふ。十時頃終って大世界へ皆で行く。月砂氏例によって酔った

77　地質研究所のこと。

揚句の一騒動、ダンサーを席へ世話するタイパンと称する女の一人が彼と踊る事を嫌ったのを、殴ったため、女が背後からサイダー瓶で突然月砂氏の頭を打ち、彼氏傷ついて血みどろになる。満場総立ち派手な光景で格好の悪いこと。早速彼氏自動車で、近くの病院へ担ぎ込み、手当てを受ける。大した深傷ではない。相手の女も自ら傷したのか病院へ行ったとか。ブ・バン・タイ氏が相手の女達と一緒のテーブルに居たらしく、興奮して詰って来たが、挨拶しても分らぬ模様とて、黙って別る。態度はあまり感心出来ず。喧嘩は双方共にひどくピントの■ったもの。大南公司の名を惜しむべし。

一月十三日（金）晴

　朝からトラックやクレーンの獲得に奔走。やっと三台を得て、午後から第七号倉庫分の九梱のボーリング機械の引取を行う。埠頭でクレーンの代りに荷揚機つきのブルドーザーを借りてやっと作業を終ったのが夕方五時、苦心させられることではある。明日は残り六梱をMMの埠頭で積んで直ぐドランへ出発の予定とす。トラック一台につき揚卸費は別の 4000 ピアストルと云ふ馬鹿気た高い運賃である。仕事のためにやむなき仕儀とは云へ全く足元を見られてゐる始末。久保田社長と玉置副社長久沢君等帰貢。夜八時より社長、久保田氏と共に大統領と会見。軍需品買付問題に対する大手四社の策動については社長も腹に据えかねていろいろ反撃に出てゐる。状況説明したり、今後の日本との間の問題について意見を述べたり、更には久保田氏の越南工業化計画案について献策したり、大いに大統領と懇談した由。

一月十四日（土）晴

　午前中例のボーリング機械の積込発送を完了。十一時過ぎ六台のトラックを連ねて一行五人ドランへ向ふ。移民局で二ヵ年の滞在許可を取り、身分証明書を入手。午後ゆつくり静養。夜鈴木君と高木の家ですき焼に招かる。中野君も一緒。後映画を観て "Van Canh" で遊んで帰る。Hanoi 時代の Bich Tho がサイゴンに来ている由。

一月十五日（日）晴

　久し振りにゆつくりと朝寝に疲れを抜く。黄疸もやや下り坂にむかったようで、眼底の黄が薄れて来た模様。この分なら回復も近かるべし。午後小田、鈴木、久沢の諸君と共に軍隊祭へ行く。あまり人気なく、日曜と云ふのに入りは少

1956年

ない。やうやく大南のスタンドが出来上るのはよいが、飾付、看板、背景などすべてあくどい支那風の色彩で感心出来ず、些か恥しいやうなもとなつてゐる。まかせた相手が華僑では止むを得ぬが、もう少し何とかスマートにならぬものか。場内一巡、日本館も埃わらで、出品せる品物も悪くなりそう。賭博的な遊戯場や軍鶏の闘鶏場などあつて野趣面白い。

夕方帰貢、夜は越華の接待でショロンの"Arc en Ciel"に到席。主人のBuu Trac氏、先日日本から帰つてきたばかりで、さすがに日本のよさを賞賛しあり。後"大世界"でダンス。もう二週間も酒気を断つてゐるが、元来が飲めぬ性とて何のこともない。Lam Sonがとった天幕の軍納、遂に大南のものとなり、先づ新春の大仕事は上首尾。

一月十六日（月）曇後晴

涼しい快い日がつづく。日本工営の通関などで午前中をつぶす。ついでに先日送られた味噌醤油も倉庫から出す。午後柳ヶ瀬・小森両氏来貢。夜中野君来訪夕食。社長の話で、先日は呉総統に会った時に総統が世界情勢をかなり心配してゐたとのこと。特にソ連の対アジア政策の進捗に頭を悩すやうな風に見えるとのこと。注目に値する事実である。

一月十七日（火）晴

工営の玉置副社長バンコク経由ラングーンへ発たれるのを飛行場に送る。午前五時半。午後また久保田社長も同じくラングーンへ出発。台風一過に似た感あり。昼の会食でカムラン湾の珪沙の採取やラオス開発・メコン河からカンボジア及び南越の南部外海への運河連絡など、次々と新しい事案についての意見を述べられ、相変らぬエネルギッシュな処を示さる。全く趣味と仕事とが完全に一致した稀有の人物と云ふべし。特にいつもながらの数字による計算の勘のよさは感服すべきもの。越南の仕事は全部松下社長と組んで大南を通す意志明瞭で、今後種々な事案が予想されて大南の再建に希望が持てる。

一月十八日（水）晴

午前中気象情報を貰ふため先日の気象部長を訪る。最大風速については時速百五十粁が海岸地帯に記録されてゐて一応日本の台風時に近い。十年に一度か二度のことと云はれるが、万全の準備を要す。資料を一括交付されて辞去。午後七時更に工営の技師一人矢野氏来着。Truong-Khe [Ke] -An 氏来り。社長帰国

の時に10万比弗渡す故、日本で自動車を買って乗ってくれとのこと。後にAn夫人が渡日して持帰ると云ふ話。どこまでも社長に友情厚き人である。嘗て同志がプロコンドルの牢獄[78]に呻吟してゐる時、唯一人釈放された裏の事情を知る者は、必ずしも彼の人間味を信じ過ぎることは出来ぬものである。彼もまた社長への忠義立は呉総統への接近を図るにある様子なきにあらず。

一月十九日（木）晴

　昨日着いた矢野氏の手紙、小森氏の出国ビザなどで奔走。相変らずの工営係である。夜は Nguyen Trung の主人の Chanh 氏の招待。一族一堂十何人かも一緒に、ショロンから更に郊外約十粁の寂しい田園の中の一軒屋で、最近出来た越南料理屋へ案内さる。かなり評判らしく満員。涼味満喫しつつ、例の葉に包んでの越南料理を飽食。

一月二十日（金）晴

　仏祖生誕日で国祭休日、此の国では釈迦、キリスト、孔子の三尊に対して国祭日を定めてゐる。今日絶好の快晴。朝八時頃サイゴンを出発。柳ヶ瀬・小森両氏と共に海岸線の送電線路視察に赴く。ファンティエット号で二百粁途中のジャングル地帯を特に見て帰ることが小森氏の任務の一つ。大体、六十乃至七十粁が相当ひどい密林で仕事も困難を極めることと予想さる。普通の平地で一日五粁程度、ジャングルの伐採を行ふ処は一日に五百米も進めぬ由で大へんな仕事である。ファンティエットの昼食は不美味い。漁港ながら風味なし。帰途第一変電所の位置として予定している附近を検分し、夕陽美しい南の空に向って走る。夜八時帰貢。帰宅して直ぐにショロンの宴会に出、鈴木君と矢野氏も一緒に、主人側の華僑の一党と"Au Chalet"へ行く。Lam Son の Tien 氏来てゐて話す。水越君も国眼の連中三人浦島氏等と来てゐて、握手乾盃。十二時頃までつき合ふ。今日旅の疲れでさすがに体がだるく黄疸のぶり返しが心配。既に二十日間は一滴のアルコールを飲まず。専らの食養生、やはり病となれば出来ることではあるが味気なし。

一月二十一日（土）晴

　少々暑気に苦しむ。午前中に例の工営の連中と役所廻り、鉄道省で運賃に関

78　1862年にフランスにより建設・運営された政治犯収容所。南シナ海上のコンソン諸島に位置しており、共産党員だけでなく多くの反体制派が送られた。［桜井・桃木編1999: 148］［南洋経済研究所編 1942: 169］

する情報。土木局で電気関係の専門家たるマロン氏と云ふフランス人から総ての電機情報を聴き、小森氏帰国のための一応の調査事項を完了。午後、昨日の疲れを癒すべく休養。夜はまた陳氏月砂氏等の招待宴で愛華で会食。工営二人も入れて大南一党参加。例の如く麻雀などやって先づ社交をたのしむ中華料理の大宴会。三百人程も集り、喧々騒然、あまり空腹とて先づそばを注文して食べる。これは法にかなった仕方である由。九時頃から食事、十時半終る。後月砂氏の先導で"大世界"と"Van Canh"に遊ぶ。土曜の夜とて混雑一入。

一月二十二日（日）晴

骨休めの一日。大いに寝る。身体の調子は漸く恢復。当分酒はやめて用心することとす。読書と手紙書きで終日。夜高木の家を訪ねて話込む。帰宅するに中野君は来てゐて更に話して十二時まで。彼数日前から部屋を借りて引っ越した由。宿舎に近いとか。

一月二十三日（月）晴

柳ヶ瀬氏、JETROの間渕氏と共同の垣内氏を案内してドランへ発つ。小森氏独り明日帰国前の一日、みやげ物を買はれるに付き合ふ。やはり奥さんへ香水ゲランを一個と子供達への絵葉書など家庭人らしい。夜また招待。南興、バオスン[79]等の客五人に我等四人ショロンの料亭で例の豚の丸焼きなど高級な中華料理で会食後先づ"大羅天"次いで"[Au] Chalet"最後に"Van Canh"まで歴遊して真夜中過ぎに帰る。それから明日の便に託する手紙を書いて午前四時過ぎまで仕事。さすがに疲労を覚ゆ。

一月二十四日（火）晴

好天、エールフランスで発つ小森氏を飛行場に送る。昨夜の寝不足で些か辛い。呉永来君に連絡して、近く社長と久保田氏のラオス行について準備と手配を依頼す。夜Du氏の招待宴に出る。同慶ホテルの上のレストランでとの約束なりが、今夜商工会議所のカクテルパーティが催され、そのメンバーも一緒と云ふので、会長氏以下十人程中三人は女性で、一同郊外のジャディン［ザーディン］[80]あたりの倶楽部に行って会食。洒落たフランス邸宅で庭にプールがあり、その廻りの野外テーブルで越南料理の御馳走。話はずんで十一時過ぎまで。

79　Bao Xuongとも記述されている。
80　レストランの名。地名ザーディンにちなむ。☞《地名編》〈ザーディン〉

一月二十五日（水）晴
　工営の方が一段落で、本職の大南出張員になって商売の相手。ライセンスの受付停止されてゐるが結構忙しい。夕方小田、久沢君等とカチナへ出て、Mme Brodardの経営の菓子店に行く。話好きの夫人のお饒舌を聞いて一時間。夜はHong-Xuan-Namの招待宴に出席。鈴木・久沢両君とショロンの亜東酒店、同勢十人、女性一人、乾盃々々と例によってよく飲み食ひして十時帰宅。

一月二十六日（木）晴
　昨日のエールフランスで民自党の福永一臣代議士[81]来る。社長その案内に忙しい。昼我が宿舎で越南料理の会食。福永氏の言説から察して、代議士としてのハッタリと押の強さはあるが、全く知性に欠くものの如し。インドシナに来るのに何の予備知識も持たざるは、実に不勉強と云ふべし。カンボジアに行き、例の問題の移民の下相談をすると自称するも危っかしいものではある。シアヌーク首相[82]と会談すると大威張りであるが、相手にみすかされるのではないかと心配である。態度は上品さを欠いて些か田舎者過ぎる。正に代議士族の一典型。昨日の飛行機で日本の歌劇団一行も来た由。ショロンの大光華で公演するらしい。
　夜 Ng[uyen]-Van-Ba博士の家に招待さる。中野、鈴木、久沢の諸君と共に七時に行く。博士夫人と叔母らしき老女も共にDakao［ダーカオ］[83]の一料理店で越南料理の会食。北越系の料理ばかりでかなり美味く食べられる。やはり中国料理の影響が北には多いためか、味も種類も南部の料理に勝ってゐる。歓談を交わして十時頃終宴。後中野君と酒井君を訪ねて話し込み、十二時前辞去。中野君の借りた部屋を見て帰宅。

一月二十七日（金）晴
　黄疸の方は殆んど恢復したが、今度は風邪を引いて咳が出る。今年は年頭から惨々な目に遇ふ。しかし異郷での小災軽病は、却つて身体の養生になり、環境への適応にもなってよいと云ふ説もある。急に大病で参るよりはよいものと

81　福永一臣（1907-1982）。熊本県生まれ。東京外語スペイン語科卒。戦時中、上海武官府嘱託。終戦時、国民政府軍事委員会国際問題研究所員となる。戦後は上海時代の蓄財をもとに商事会社を起こした。当時、衆議院議員（熊本二区選出）。［朝日（夕）540715］
82　カンボジアの元国王シハヌーク。53年にカンボジアが独立した後、現実的な外交で東西両陣営より援助を引き出し国内開発に力を注いだ。☞《人物編》〈シハヌーク〉
83　市中心部から北東にほど近い区域。

知るべし。昼また三菱の重役候補たる社長の旧知の若林氏が最近サイゴンに来られたのを招待して我が家の越南料理で会食。さすがに大三菱を支へる柱ともなろうと云ふ人だけに円満で知性を備へた好紳士。東京でも二、三度会ってゐるが貫録がついて来た感じで、話の内容も秀れたものである。大南との協力について親しく依頼される態度もよし。夕方突然プノンペンより梶谷来る。大分参ってゐて早く帰りたい様子。さもありなむ。

一月二十八日（土）晴
　少々熱があり、咳が一層烈しくなる。家中皆風邪を引いたらしく、或ひは感染したものか、暖かい国ではやはりの皮膚の抵抗力も弱るとみえて、我ながら身体の故障続出にあきれる。年のせいでもあるまいに。午後睡眠充分、夜また招待宴でショロンの玉蘭亭へ行く。越東の一党例によって賑かなること。今日の客は色取りどり、米・仏・エジプト・中国・越南、そして我々日本人と、まるで国際的集会の如く、言葉も各国語が混り合って興深いものがある。夫人連も五人列席。一層華やかな話題がはずむ。

一月二十九日（日）晴
　早朝、寝たと思ったらもう四時。飛行場へ迎へに行く。何とした事か又飛行機延着二時間で一旦帰宅。一睡の間もなく再び飛行場へ。日本工営の鳥井・阿部両氏来着。同時に日活歌劇団とか称する例の一行女性十五、六名も降りて、空港に時ならぬ艶を加ふ。見た処目立つて美人も居らず、あまり優秀なものでもなさそうである。日本人の迎へも全くなし。
　午後突如として朝枝氏来訪。ホンコンから飛来の由。全く風の如き去来で、例の如く、とうとうとして熱弁を吐き、日本の発展についての情熱をたたきつける式の話ぶり。話題は先年来のアフリカ・ヨーロッパ旅行による種々の見聞。特に政治・軍事情勢の判断は一流の迫力あり。中近東の近況が自然に親ソに赴く大勢も興味深い鑑察がある。実際エジプトに対するソ連の武器売込は、イスラエル問題で躊躇する米英を尻目に大成功を収めたもので日本もエジプトから兵器のオファーを依頼され、そのために朝枝氏かつ鮎川[84]・辻の線で特派された由なるも、ソ連の援助強化に遇って日本などは出る余地もなくなったらしい。然し一般にアフリカ、中近東方面の親日的感情は、将来必ずものにするべき好条

84　鮎川義介（1880-1967）。

件と云へる。ヨーロッパの中でもパリのつまらなさとパリの日本人のエゴイスト振りとは相当憤慨したらしく、ギリシヤに英人の多い話や、スペインが住みやすい事など旅の収穫は聞いてゐて楽しいものである。
　夜中野君を朝枝氏に紹介し、ホテルの部屋で深更まで、また歓談。朝枝氏の新計画としてトラック隊を率ゐて一年間でアフリカ大陸を廻り、日本の宣伝をやると共に記録映画を作る案も面白いが資金調達が問題点である。彼氏の大風呂敷はやや実行面の粗雑さがある。

一月三十日（月）晴
　昨日着いた日本工営の二人の手続きで奔走。午後柳ヶ瀬氏もドランから下つて来て、打合せ事項多し。特に資金調達の点が問題で、社長の斡旋で商業銀行から借りることに出来る見込み。夜は Toan Hung の招待で玉蘭亭。緒方竹虎氏[85]死去の報あり。

一月三十一日（火）晴
　今月中旬からのライセンス受付停止で、商業界はやや低調、事務所も暇であるが、二月上旬再開に備へて整理に力を注ぐ。最近各社間で難民救済用の政府買付で約二百万弗に上る綿布類の話が騒がれてゐるが真偽の程つかめず。丸紅、日綿などがしきりに大南との協力を今頃になつて積極的に云つてくる始末。日本工営関係の連絡で走り廻る。夕方映画を観る。"Blackboard Jungle" 日本では暴力教室と題して大へん注目されたアメリカ物、常識外れた学校生活で一寸誇張が過ぎるが、戦後派の学生心理を描写して迫力あり。夜 Tong [Truong] -Khac-Thong の招待。"Arc en Ciel" で洋食の晩餐。久し振りで美味。後階上のホールで踊り、深更まで。

二月一日（水）曇後一時雨
　涼しい曇天からやがて、細雨来る。珍しくも何十日振りかで雨雲を見る。一刻にして止みしがなつかしい雨気ではある。久保田社長バンコクより飛来。また目まぐるしい活動が始まる。一人のために万事が動くやうな人物、まことに羨しい活動家と云ふべし。大臣に会い、明日はもうダラットの現場へ飛ぶと云ふ。ラオス・カンボジアは十日前後で一廻りする予定である。

85　☞《人物編》〈藤原岩市〉

1956 年

二月二日（木）晴
　むし暑い日で汗が滲み出る。新しい輸入措置に従っての買付がそろそろ始まるが、各社の動きは案外に緩慢。やはり旧正月前のことで仕事に手がつかぬ実状か。島田硝子の金子社長飛来。大南の客として待遇に万全を期す。夜社長はTruong-Khe [Ke] -An 夫妻を招待してショロンで会食。別に CONIMEX の招待宴もあり。
　ショロンの夜見世をひやかして歩く。歳末気分の溢れる賑かな雑踏である。大道上に店を張り、雑多なものを並べてゐるが、何一つ買ふ気は起らない。殆んど香港製か現地の安物と見受けられる。まだ日本物はそこまでは落ちてゐないやう。

二月三日（金）晴
　昨日から急に暑くなって、熱帯生活らしいけだるさを覚える。日本工営の方の仕事で奔走す。ボーリング機械一台故障で動かぬため、修理の必要あり。北川産業のエンヂニアーを借りて、夕方ショロンのカオ氏自ら乗用車を運転してダラットへ赴く。夜中野君の招待でショロンの福禄寿で食事。
　後日活歌劇団と云ふのを大光劇院で見る。入場料は最高二百比弗である。嘗て松竹のバンコック公演[86]を見た目から比べると、まるで低級なもので、正に日本のドサ廻り劇団。中に日本舞踊の二人と歌姫とがややいただける程度、出演物も衣装も背景もすべてお粗末なもので、第一躍動美がなく、踊りにならない。日本の歌劇を期待する此の国の人々に対して些か恥しいもの。何故もっと上級のチームを編成して来ぬものか、日本文化のために惜しむべし。

二月四日（土）晴
　ひどく暑い。風通しの悪い二階では汗が滲み出て昼寝も出来ない。朝早く芸子プノンペンへ去るを送る。八人乗のハイヤーに乗って行く。暁方のショロンの街の、ほのかな哀愁が胸を刺す。午後久し振りに暇な半日。旧正月の賀状を認める。夜 Ng [uyen] -Van-Ba の弟の Truong 氏の招待で久沢君と行く。ショロンの"Ba Lac"と云ふガーデン風の料理屋で越南料理、有名な処らしく味は仲々よい。土曜日の夕食とて大へんな混み方である。
　食事終って嘗てショロンの芸者三千人と称して殷盛を誇った裏街を歩く。今

86　松竹歌劇団。1954 年から 55 年にかけ、公演のために 6 週間ほどタイおよびシンガポールに滞在している。［朝日（朝）541029,（朝）550218］

なほ残花その跡を留める如く、門に立つ女の化粧濃く、引手老婆の姿もあり。話によってはしかるべく誘致するものの如き風情である。"[Au] Chalet"へ行く。小田君も柳ヶ瀬氏を案内し来て同席。大南全員顔を揃へて遊ぶ。一時までゐて、更にカチナからバー"May Faire [Fair]"に入る。マダムが代って今度のは時々ファションショーにも出る。肉体美の混血児でアンリエット嬢、愛嬌のある話し振りで冗談を云ひながら一刻。聞けばプノンペンのエレン嬢とは同族同年の由。帰宅午前二時。

二月五日（日）晴
　朝早く月砂氏の胴問声に起きる。彼氏の云ふことは、今度来た日本の歌舞団を招待して華僑の得意先と共に盛大な宴を張りたいとのことで、執拗に望むのに押されて、一応小田君、久沢君と先方へ連絡に行き、話をつける。全員三十名程と華僑十名と大南一同の大宴会となるわけ。十一時頃"[Au] Chalet"の裏のLanh嬢の部屋を訪ね、暫く話して帰る。彼女トランプ占ひが得意で我がこともいろいろ云当てる。金の貯らぬ性とは何の占ひでも出る故。正に我が天性と云ふべし。その他孤独の性質とか何とか常識的な範囲ではよく当ってゐる。午後、中野君を訪ね夕方から彼のパートナーと三人で"エデン"の映画"マタハリの娘"を観る。第一次大戦で数奇な運命に死んだマタハリの娘が第二次大戦のジャワでやはり間諜の名の下に銃殺される物語。日本軍の侵入があったりして面白い。

二月六日（月）晴
　ダラットの久保田氏より来電で、大南の人を派遣してほしいとのこととて、急に出発することとなり、ジープ一台を借り、■■先日到着せる日本からのトヨタのジープを通関［に］引取って二台を連ねて行く。午後九時頃やっと整備出来て出発。柳ヶ瀬氏とコック一人もつれて夜中の強行軍である。山獄［嶽］に入るに従って寒さつのり、ジープの吹きさらしの運転台で毛布にくるまって凌ぐ。午前二時 Djiring［ジリン］[87] に到着。夜明けを待って、ジープの中で仮睡す。苦しい経験である。暁と共にやっとありついた熱いコーヒーに救はる。

二月七日（火）晴
　颯々涼然たる高原の朝気をついて、午前八時過ぎにドランへ到着。打合せし

87　現ラムドン Lâm Đồng 省所属のジリン Di Linh。☞《地名編》〈ジリン〉

て更にダラットへ向ひ、鉄道官舎で久保田社長等と会ふ。第一期報告作成で渕本、志賀氏等と作業されあり、大体終った様子。午後 T.P.[88] の Ky 所長を訪問。アンクロエットの発電所[89] の修理について色々と懇談提案す。フランス側の意見書と比較して、やはり久保田案の方が優れてることが相手にもわかったらしく大分乗気である。更に新しい発電機の設置のことや、パメ・トオ[90] の発電機の修理の件など、相談を受ける。四時頃辞去。夕方は会食。後一人で映画を見る"フィガロの冒険"で唄がよく面白い。盧山旅社に宿泊。

二月八日（水）晴

　昨日の疲れを朝寝してすっかり取戻して、すがすがしいダラットの風景を車を馳って満喫す。ドランから連絡に来た大先君が志智氏を伴ひ来る。今日一緒にサイゴンに帰ることとす。ボーリング用のディーゼルもやっと運転出来るやうになった由。湖畔で写真を数枚、昼食後直ちに帰路につく。山を下ると忽ち暑熱車を焼くが如く、汗と埃の旅となる。疾走六時間夜のサイゴンに帰着。疲労著しい。久沢君は遂に滞在延期出来ず、明日プノンペンへ赴任する由。

二月九日（木）晴

　明日ドラン送りのトラックと送電班の買物などで多忙。やっと北川産業のトラックも動くやうになって、明日の間には会ふ様子である。久保田社長と松下社長は建設省当局と Ankroet［アンクロエット］の発電所修理の件打合せを終り、明朝プノンペンへ出発と決めらる。久沢君もプノンペン常駐となって同行出発。夜彼のサイゴン最後の夜のために送別の宴を張る。先づ日活歌舞を一見して、後例の通り"[Au] Chalet"で十二時半までねばり、更に"May Faire [Fair]"に伸して閉店まで。

二月十日（金）晴

　社長、久保田社長と共に朝七時出発。久沢君も同伴。カンボジアからラオスへも行かれる予定。福永代議士帰西。明後日日本へ帰られる由。今日は小田君の通訳で呉総統と二時間も会談された次第、いろいろ具体的な話も出たらし

88　Travaux Publics（公共事業・交通省）の略。☞《事項編》〈公共事業・交通省〉
89　現ラムドン省に位置する湖。1942 年、当時の総督ドクーが水力発電所の建設を決定した。[Decoux 1949: 455]
90　Ban Mê Thuột のこと。☞《地名編》〈ブオン・マー・トゥオット〉

い[91]。沈船引揚に積極的に動くつもりと聞く。政治情勢や反政府運動について少し知識を貢ず。彼氏帰国せば大いに南方を語り、大見得を切って越南問題を論ずる事なるべし。些かでも益すればよし。ドラン行トラック遂に動かず。又一日遅る。

二月十一日（土）晴

旧正月を明日に控へての大晦日とて、殆ど店は閉められ、街々に雑踏を現ず。買物するも日本の如きデパートなどなきために、自ら街々に人波が生ずるものか、混雑物々しい。トラックの修理は遂に断念せざるを得ず、空しく一日を失す。焦心一入なれど、旧正前日とて最早や雇ふべき車もなく、動く運転手もなし。北川産業の湯浅氏は大いに責任を感じて奔走してくれるが、何ともなし難く、ドランへ電報してジープ二台の派遣方を望む。夕方東京よりの入電で中森氏急遽来貢の由。例の天幕の話をつけるためなり。

夜金子氏を案内して河辺の料亭で涼風共に一杯、雑談に過す。商談も交へて十時まで。金子氏を送って小田、鈴木両君とまた例の"[Au] Chalet"で踊り飲み歓談す。十二時新年の挨拶と共に爆竹しきりに景気をつけて、越南の正月らしい賑かさである。ホールの終ると共に、ダンサーの Lanh 嬢等三人を連れ出して、彼女等の希望でダカオから郊外に出た処の上公霊廟[92]へ初詣でをする。信心は水商売の連中につきものなのは日本と同じ。夜中の廟に参詣の人波は続々とつめかけて大へんな賑ひである。形通り線香を供へ、おみくじを引くに、大吉の文句である。願ひ事かなはぬはないやうな卦である。午前二時帰る。

二月十二日（日）晴

寝る間もあらず早朝の飛行機へ小田君と行く。中森氏エール・フランス機で四時半頃到着。同乗に日活歌舞団の歌姫和服で降り立つに、迎へる人なし。大使館の小林氏丁度他に来客ありて来られあり伴ひ去る。宿舎で仮睡二時間、小田君は福永代議士を香港行に送り帰るに先程の歌姫をつれあり。大使館でも歌劇団の宿舎分らぬ為とか。テーチクの歌手で竜野美智子嬢と云ふ。朝食を一緒にして彼はメトロポール・ホテルへ送る。高木宅を訪ね、一緒に中野君を訪ふ。

---

91 ゴー・ディン・ジエムはこの会談で経済再建に向けた日本の協力を希望している旨を表明し、使節団の派遣を要請した。［読売（朝）560213］

92 道教の至高神である上帝を祀った施設。このような施設は、ベトナム全土に見ることができる。

1956年

昼食に中野君とその彼女も入って我が宿舎で賑かな会食。アンリエット嬢も遊びに来て話題はずむ。午後は体を休む。夜中野君とそのパートナー、中森氏、鈴木君等と映画"Jupiter's Darling"を観る。音楽喜劇でローマとカルタゴの戦ひを扱ってゐる。水中撮影など面白い。ドランよりジープ来らず更に一日遅延。中森氏持参のボーリング機械部品もあり。早急に送る必要あり。

二月十三日（月）晴

　昼はかなりの高温ながら、朝夕の涼しさは爽快この上なく、絶好の季節である。正月休みで朝寝充分に体を休める。日本からの新しい新聞を読み耽り。午後は中森氏と外出。夜社長カンボジアよりの帰り遅く心配す。金子氏中森氏等の歓送別宴として、イタリヤ料理の店でスパゲッティーにイタリヤ酒で会食。後コンチネンタル・ホテルで社長を訪ふ。自動車故障で大へんな難行だったらしい。"[Au] Chalet"に寄って十二時過ぎ。

二月十四日（火）晴

　昨夜久保田社長も松下社長と同行帰貢され。今日は先日の福永代議士の大統領会談内容について、小長谷大使へ献言。賠償問題の早期解決に関する経済使節団の派遣などの具体案について打合せをさる。小長谷大使はまた一方で横山氏の線などで当地政府筋へ打診したり、些か手段が陰性の点もあり。大事を取ると云ふより、何か姑息な方法を執られるやうに思はれる。久保田氏より岸幹事長[93]宛に事情伝達して、進言する処あり。

　越南もカンボジアも対日通商協定に熱意ある現在、誠意ある交渉に入るべき時期ではある。外務省筋としては七日選挙の情勢と睨み合わせてのつもりかも知れぬが、引伸ばし戦術が必ずしも有利とは限らず、また情勢の変化も急激に悪化の方向ではないものと判断される。ドランからの連絡絶えてなく、焦心しきり。夜高木を訪ねて一緒に出る。

二月十五日（水）晴

　早朝松下社長。久保田社長と共にラオスへ発たる。メコン開発問題でアメリカ側も調査団を派して、タイ・カンボジア・ラオス・ヴェトナム等と技術的討議をやってゐるが、大体アメリカ的な計画は規模の大きさはよいが些か贅沢過

93　岸信介（1896-1987）。55年11月から自由民主党の幹事長に就任していた。

ぎるきらいがある。エジプトのアスハンダムなどもその一つ。セイロンでもアメリカやドイツの水力発電計画があるのに、日本の久保田案に魅力を持ったりしてゐる様である。ラオスなどは目下は極小規模にとどめてよいのであらうが。

　ドランより志賀氏来り、送電班は滝口氏が落合君と共に来られて、それぞれ荷物宰領して帰任の手筈。送電班は一先づ例の北川のトラックの修理を待つこととなる。苦力はモイ族[94]が下界では使へぬため、越南人は全くジャングルの仕事はせず、やむなく、ショロンの中国人苦力を高賃銀で集めて現場へ帰る由。滝口氏いよいよ最も難所たるアマンチェット以後のジャングル地帯にかかるらしい。ブルトーザーが近く日本から到達するが、その能率が期待されるわけ。ダラットのティエン氏へは中森氏到着の旨打電。天幕の件で話をつけることとす。政府内部でも天幕の件はまだ決定を見ぬとか。今後の押しが大切である。

　夜中森氏、小田・鈴木君等と河岸亭で飲み"May Faire[Fair]"から"[Au] Chalet"。

二月十六日（木）晴

　日増し暑気が加はり、日中は汗が衣を通す程になる。ただ朝夕の涼しさはまだ凌ぎよい時期ではあるが。志賀氏小型トラックに料理人をつれてダラットへ出発。送電班は更に一日滞在して明朝の予定。富士銀行の印度出張員の高尾氏帰国前に当地に立寄られたのを案内して小田君活躍、天幕の件で、Tien 氏へ電報打つ。まだ、正月の延長で客の半数は仕事を開始してゐない有様。夜高尾氏を誘って例の A コース "Pointe des Blagueurs"（ホラ吹き岬）[95] から "May Fair" "[Au] Chalet" と廻って十二時帰宅。

二月十七日（金）曇一時雨

　珍しく曇りがちの空から細雨が一しきり。むし暑さが増す。滝口氏の送電班昼前に北川のトラックで出掛けたのが午後二時に帰ってきての話で、又途中で故障して立往生とか。早速別のトラックを借りて現場へ引返す。Tien 氏ダラットから帰って来て中森氏会談の結果は天幕の契約殆ど心配なし。日本での噂はデマで彼氏は既に確実な注文書を握ってゐる由。三菱初め日本の四社相手の一

94　山地少数民族の総称。モイ（Moi）はベトナム語で「野蛮」を意味する蔑称であったため、今日では用いられていない。[川本 2011: 1028]

95　チュオン・ズオン（ベルギー）埠頭にあったレストラン兼バー。日記には、「ホラ吹き岬」、「岬」の名で登場する。[USOM 1958:35]

戦もやっと白星となり、大南の面子は立つと云ふもの。
　夜中野君の招待で中森氏と玉蘭亭で中華料理の宴に出る。大信関係の客が二十人程集まってゐる。新年宴会と言ふやつで賑かに飲食ひして九時半終る。夜映画を観る。"恐竜の子"と云ふ日本映画。トーキーは越南語。中国語の説明が出るのをたどって見る。まるで越南映画のやうな錯覚に陥る。人物があまりに似てゐて。

二月十八日（土）曇

　雷鳴を聞くのは本当に珍しいことである。雨は降らぬ空に雲が垂れて異常なむし暑さである。午前中中森氏の出国手続と買物。街のフランス商品が全く底をついて、買ふべきものもなく、また値段が馬鹿に高くなってゐる。特に香水などは日本で買った方が安いやうである。やがて日本製品で店頭が埋めつくされる事でもあらうか。午後手紙を書く。森山女へは例によって"Vogue"の最新号を贈ることとす。夜中森氏と "Pointe des Blagueurs" で涼み日活歌舞団の公演を見にゆく。ショロンで演ってゐた頃より、練習も出来て慣れたせいか、かなりよくなったことは明らかで、出し物も変って熱演してゐる。先日のプリマドンナ竜野美智子嬢は一座の中心で、さすがに優れてゐる。
　十一時半終り、"May Fair" に行き小田君と合流。更に "[Au] Chalet" に寄って帰る。午前二時。

二月十九日（日）晴

　昨夜の遊び疲れで少し身体がだるい感じがする。黄疸のぶり返しかと心配になる。アルコールはやはりまだ駄目らしい。午前中手紙を書く。十一時社長、久保田社長とラオスより帰貢。昼食は富士銀行の高尾氏も入れて、我が家で越南料理の会食。社長のラオス旅行談面白く、その後進性は依然たるものらしい。御二人共にひどく疲労が目立つのも旅の辛さと云ふべし。電気と水道が目下の急務らしいヴィエンチャン。午後睡眠をとる。夜また中森氏と映画一つ。後"May Fair"。

二月二十日（月）晴

　数日来のむし暑い日々で、急に南方の生活が始まった感じ。身体の疲れがひどく、汗が衣服を濡して全くたまらぬ不快さである。久保田社長は相変らずの性急な活躍で何となく忙しい。飛行機の予約や何かで終日当局へ提出すべき書

類は翻訳終り、一段落である。山の方の仕事も何かと忙しいらしく、久沢君がカンボジア滞在もむづかしいなら、日本工営専属通訳として、ビザを取り直し、山へ行かせようなどと社長の意向である。この暑さにダラットの山暮しなら歓迎すべき処ではある。プロフォーマ・インボイスの依頼次々と山積して大いに多忙。天幕の件、大体話がつき、中森氏は予定通り急遽、明朝帰国と決る。托送すべき手紙を遅くまで書く。

二月二十一日（火）晴
　早朝久保田社長、ビルマへ出発され、続いて八時半中森氏帰国を飛行場に送る。富士銀行の高尾氏マニラ行きで同乗、更に商業銀行頭取の Hanh 氏夫人渡日の途につかれるのも一緒。社長久し振りに宿舎へ帰って起居さる。
　久沢君のカンボジアの滞在がむずかしく、再度越南滞在のビザを手配することとなり、奔走するも、松下社長の顔をもってしても容易ではない。Viet Dong[96] の主人が逮捕されて、大得意の一つが業務停止の格好。番頭のジャン氏が心配して社長の口ききを依頼し来るも裏面関係が分らねば軽々に動けぬ処である。或ひは高台教との関係と云ひ、又先日の宴会にも見られる如き国際的な商人としての内密の何かがあるが、経済的不法行為のためか、同居の日本人■商の引田氏も一緒に留置されたと云ふのは一寸おかしい点である。もし軽いものなら、社長の顔で救助し、将来の大得意を握る絶好のチャンスと云ふべし。政府も選挙前で、かなり強力な干渉を敢へて行ひ、反政府勢力の絶滅を期してゐる様子。高台教の本山タイニンも国軍の管理下に置かれたらしい[97]。先日珍しく陳定梁氏が社長を訪ねて来たのも何かあるやうに感じられる。政界複雑微妙である。
　夜タイ・タックの宴会、玉蘭亭で四百人大懇餐会、やはり実力者である。

二月二十二日（水）晴
　暑さは烈しい。急な気候の変化で身体が参る。ビタミン剤を飲まねばならぬやうである。午後ドランの柳ヶ瀬氏飛来。連絡種々。夜彼氏と日活歌舞団へ行く。入りは少なく、舞台に活気なし。暑さのための疲労が目立ってゐる。何か気の毒な感じである。後 "May Fair" で飲んで帰る。

96　漢字で「越東」と記されている企業と同一のものと思われる。
97　南ベトナム国軍は2月17日、タイニンのカオダイ教本部を制圧・占領した。[朝日（朝）560220］☞《事項編》〈カオダイ教〉

1956 年

二月二十三日（木）晴
　元の大南の事務所がやうやく借りられそうで[98]、十年間降さなかった金字看板もどうやら値打が出ると云ふもの。松下社長も面子も立つわけ。広過ぎるが将来のためには必要でもあり、社長の計画もいろいろあり、階上を日本館として商品陳列をやることや、日本工営の事務所も作って、企画面を伸す案など。とにかく大南の基礎を固むべし。昼寝頃に日活歌舞団の手品師親子三人の訪問。四方山話してもてなす。食事と暑さに連中一行皆閉口して、元気がない様子。子役の和枝嬢は案外元気で動物園が見たいと云ふ。
　二時半頃から一緒に公園へ行く。写真を撮ったりして一巡。虎と熊の檻が隣合せで、格子の間から、手をのばして熊が虎の頭を押へて、両獣が戯れ合ふのは面白い、鰐が口を開けて眠ってゐる姿など、和枝嬢の日記の材料。一時間程つき合って別る。夜中野君と日本映画"日輪"を観る。色はよいが内容冗長。

二月二十四日（金）晴
　昼食に例の日活歌舞団の手品師一家と歌手の竜野嬢を招き我が家で会食。味噌汁を皆よろこんでゐる。午後柳ヶ瀬氏とショロンで買物夕方プノンペンより久沢君帰る。当地一年間の滞在延期は取れてもう安心。サイゴンの人手不足は解消。夜 Vifat の招待で亜東大酒楼に全員で招ねかる。歓談を交はして飲食十時終宴。帰って読書。カンボジアのシアヌーク首相が先日来北京を訪問して帰って来たが、早速報復手段としてか、米国の経済援助資金（ICA）[99]が廃止され、経済的に相当打撃を蒙ることになる様子である。先年は日本の国賓として自由諸国の名宰相と歓迎され、今年は赤色陣営の友邦人として毛沢東主席と共同声明を発して友好関係を誇示す。インドのネール首相を真似ての活動とは察せられるが、国家的地位も国際情勢も深く観なくて軽々しく右往左往する態度は、中立主義よりも、むしろ便乗的なオポチョニストと云ふべきで、あまりもてはやすべき智恵者ではなさそう。インテリの一人であっても、決して聡明な人とは云へないのではないか。とにかくアメリカが憤慨して援助を打切る気持ちは当然ながら、アメリカのアジア政策が何処かで脆弱且つ批判されてゐるのも明かである。タイもおかしい雲行で、南越孤立化が心配される。日本移民問題にも冷水三寸。

98　戦前・戦中期、大南公司はサイゴンの G. - Guynemer 通り（現在のホー・トゥン・マオ通り）9番地に置かれていた。☞《人物編》〈松下光広〉

99　☞《事項編》〈ICA 資金〉

二月二十五日（土）晴後曇
　暑さいよいよ増して、最早や涼しい季節は終ったことを認めざるを得ず。柳ヶ瀬氏と共に大使館に赴き、小長谷大使に先日の測量月報の写を提出して、大体の報告を行ふ。後ラオスの公使館で地図の件聞くに、まだ地図は着いてゐぬ由。午後小田君とアンリエット嬢を誘ひ、フトーの競馬場[100]で行はれてゐるケルメスを見物。例によって商品展覧会で日本の縁日の如き催物が種々、インチキ千万なヌード踊り、地獄門、見世物など見て歩き、夜に入って帰る。"法螺吹き岬"で涼風に親しみながら夕食。満月が雲間から現はれて河面に映ずる頃酔やうやく至る。月砂氏鈴木君も来り合流。更に"[Au] Chalet"で柳ヶ瀬氏や久沢君とも一緒になり、夜更けるまで遊ぶ。山から渕本氏も来られた由。

二月二十六日（日）晴
　早朝四時起床。睡気を払ふ間もなし。車を飛ばして飛行場へ行きしに、エール・フランス今日は予定より早く着いて人影なし。バスの後を追って"Air Vet Nam"の待合所で新来の日本工営の脇氏を見付ける。丁度同じ飛行機でカンボジアへ赴任の渡部突然来貢せるに会ふ。二年半の本省勤めから、やっと念願のカンボジア在勤になった彼のことである。満足察すべし。帰宅して一睡後、九時頃中野君と高木に連絡す。十時小田君と日活の連中、アンリエット嬢など迎へての我が家へ案内。時ならぬ多数の客で家中ごった返す始末。工営の人も三人来て総勢十七名からの大宴会となり乏しい食事ながら面白く楽しい昼食、話題つきづ、写真を撮ったりして午後二時頃まで。皆引きあげてやっと一寝入り、夜の部に備える。
　夜九時半、渡部、大使の公邸から来る。中野君高木も来て四人でショロンへドライブ、後"Van Canh"でダンス。和平酒店で二時前まで。四方山話に花咲かせ、政談など交す。

二月二十七日（月）晴
　渡部早朝プノンペンに赴任出発、送らず。日本工営の関係で、新しく来た脇氏の手続や、北川のトラック、エンジンの借用の話などで奔走。グラインダーを探してサイゴン・ショロンを廻りしが、遂に注文通りのもの見当らず。暑さでかなり疲れる。夜越南人のゴム関係の人の招待で全員と大使館の小林氏も共

100　現在ホーチミン市 11 区に位置するフートー Phú Thọ 競馬場。

1956年

にマジェステックホテルの食堂で会食。中華料理の宴会に飽きて、久し振りの洋食は美味である。白ブドウ酒もよし。宴後映画を見る。"La rançon du plaisir"と云ふスエーデンの作品。きはどいシーンもあって仲々よいもの。終って大南四人組で例の"May Fair"で十二時頃まで。

二月二十八日（火）曇後晴

　朝からどんよりと雲低く、細雨が降って直ぐに止みしが、涼しい日でたすかる。午前中土木局へ連絡。午後も同じく工営の用務。午後五時半久保田社長ビルマから飛来。早速仕事にかかる。第一次報告書の整理で、脇氏も大いに忙しく、徹夜らしい。夜映画を観る。"Prodigal"シネスコの大作で古代物、仲々見応へあって面白い。

二月二十九日（水）晴

　日本工営の連絡業務で一日多忙。渕本氏は先に山へ帰られ、久保田社長、脇氏と共に我もまた明日飛行機で行くことになる。大南の仕事は殆ど手につかぬ有様である。夜柳ヶ瀬氏脇氏等と"Pointe des Blagueurs"で飲み、更に足を伸して、お定りのAコースを歩く。"[Au] Chalet"は今夜は十人程しか客がなく、ダンスを充分娯しめる。"May Fair"でAnrietteと冗談を云ひながら一時頃まで過す。閏年の二月終わる。

三月一日（木）晴

　日本工営の佐藤副社長来貢を迎へるために飛行場へ行く。午前三時、やや予定より遅れて四時頃着陸。一旦コンチネンタルへ佐藤氏を送り込む。仮眠一刻、六時半に起きて、ダラット行のため家を出る。久保田社長、今朝到着の佐藤副社長に脇氏と同勢四人で空路一時間、午前九時にダラット到着。ドランの事務所へ直行し、早速仕事の打合せが始まる。昼食後大谷氏とダラットへ先行し、鉄道官舎を設営。土木局のKy長官に連絡。ダラット駅長に面会。五時頃暇になり、宿舎で一睡す。爽かな風と快通な気温、何度来ても気持ちがよい。本を読むべし。仕事もすべしである。久保田社長・佐藤副社長、渕本氏・脇氏等卓を囲んで夜も仕事の上の意見交換、図面を開いての討議に余念なし。十時頃終って寝につく。物音一つせず。闇と共に静寂そのものの夜。久し振りに熟睡出来る。健康な一夜である。

三月二日（金）晴
　朝露を踏んで散歩。山気澄然として清々しく、霧の晴れる林間、和かな陽光がたのしい。思はず駆け出したくなる程な生命の動きを覚える。皆同じ感あるものか。何となく朗色あり。午前八時、土木長官 Ky 氏を事務所に訪ねて、久保田社長より Ankroet 発電所の鉄管修理工事に関する意見具申をなす。フランス人の技師の変人じみた計画案はやめて、日本側へ委せる腹は充分に決まったらしい。非常に積極的な態度で話合ひが進み、具体的にサイゴンで取決めるよう添書も書いてくれる。午後二時半発の飛行機で久保田社長と同行。サイゴンに帰着。暑気に悩まさる。
　夜久沢君二十五年の誕生日とて食卓を飾り、会食賑はし。お祝ひのケーキが届けられてゐる。Mme Anriette からとのこと。シャンパンを抜いて乾杯。談笑に花咲いて一刻、社長の立てた抹茶で宴を閉づ。日本よりの来信で、目黒の家も遂に他人に開渡しと決ったらしい。住田一家も出るらしく、新に八木忠株式会社とかの看板が出て、月三万円で貸すとか。大川〔周明〕夫人のためにもその方がよく、我々の肩の荷も下りると云ふもの。ただ回顧して戦後十年、その家と共に日本の苦痛を身にしみて味って来た思ひ出は、またほのかな懐かしさを誘ふ。そしてやはり去来せる幾人かの人々のことも一種の甘味を以て胸に哀愁をもたらす。目黒の生活と歴史は終幕した。我が人生の一齣ともなりしか。

三月三日（土）晴
　日本では雛祭とか、ゆふにやさしくはなやいでもゐやうが此処では相変らずの猛暑に、情緒の一片も覚えず。久保田社長の居る限りは、何となく気急しいのは何時ものことながら、皆が彼氏を中心に動かざるを得ぬのは不思議な、彼氏のエネルギーと云ふべし。この人の仕事にぶち込む情熱とか智慧は普通人の及ぶ処でないが、所謂趣味が専門の仕事と一つで、二つなきことは、誠に恐るべきもの、稀な存在である。そのために時として他人の思惑も都合も無視して命令し、支配する独裁的行為の多いことも一つの性格として当然ながら、些か旧時代的な感じを覆ひ得ず、畏敬されても悦服されざる結果となる。従って日本の電力界の第一流人物ながら、日本の中央に容れられず、諸説紛々として中傷や悪口を蒙り、その育てた子分幾十人もが、各々電力関係の主柱にばらまかれながら、決して彼氏のために力とならざる現状もうなづける。要するに仕事の鬼は人間の親分に欠けると云ふものである。そこに松下社長の持つ人間的幅が物を云ひ、この特異な二人の結びつきは、一つの大事業を完遂する上の、得

1956 年

難いコンビとなるであらう。
　午前午後工営関係の連絡で奔走。昼食に日活の社長来宅。内輪話をいろいろ聞く、社員連、格子なき牢獄の生活に不満の様子。しかもなほあらぬデマを飛ばされる始末で憤慨してゐるらしい。夕食マリー女の宅で中野君、高木等と共にすしの馳走になる。後皆で映画を観る"Je vous ai toujours aimé"音楽映画で秀作。久し振りにクラシックの名曲をふんだんに聞く。

三月四日（日）晴
　制憲議会の議員選挙[101]で、街は投票所へ集る人々の往来が多い、全く平穏なものである。現政府要人を初め政府支持の所謂知名人ばかりが立候補してゐて、別に何の反対もなく、新しい越南共和国憲法が決定し、呉大統領の地位は定められその政策に副った治道が実現して行くことであらう。高台教が唯一の批判政党であるが既にタイニンを占拠され教主ファン・コンタック［ファム・コン・タック］もプノンペンに逃亡した今は何の実力もない[102]。当分は呉政府の天下揺がぬものとならう。
　暑さも暑し、用事もなくて終日籠居読書と手紙書き、夕方、久我氏を訪ねて一時間程雑談して帰る。彼氏は呉大統領と会ったり、ヒエップ派と交って政見を述べたり、相不変の元気な持論を吐いてゐるらしい。
　夜久保田社長と、今日山から帰られた佐藤副社長も共に来宅、会食す。日本からの電報で、先日の福永代議士の大統領との約束は、植村[103]氏を主体にして経済使節団を派遣することとなるらしい。二十日頃来貢予定とか。松永安左エ門氏[104]へ久保田氏から連絡したため、アジア協会[105]の岩田[106]氏が一枚加はると云ふが、余計な人物である。社長もそれには反対、久保田氏帰国として調整することとす。無為にして名を取る心算のアジア協会の態度は不快と云ふべし。

101　☞《事項編》〈選挙〉
102　2月16日にタックはカンボジアに逃亡、その直後国軍がタイニン省に進駐した。☞《事項編》〈封建三勢力〉
103　植村甲午郎。☞《人物編》〈植村甲午郎〉
104　松永安左エ門（1875-1971）。長崎県生まれ。電気事業で活躍した財界人。1955年4月、対ビルマ賠償交渉の解決を機に、久保田豊・岩田喜雄らとともに東南アジアとの経済協力を促す民間機関「海外技術協力会社」を設立、自ら相談役として参加した。［読売（朝）550406］☞《事項編》〈アジア協会〉
105　☞《事項編》〈アジア協会〉
106　岩田喜雄。当時、アジア協会副会長。

三月五日（月）晴
　昨日の選挙の結果は次々と発表され、政府の基礎は堅固となりつつある様子。正に日本の戦時中の翼賛選挙と符合してゐる。朝から日本工営の手続に走り回り、午後はトラックの準備など。送電班から連絡者来る。夜乾利の招待で全員出席。久保田、佐藤、柳ヶ瀬の諸氏も入れて玉蘭亭で盛宴。香港から評判の李麗華が来てゐて、今夜は"大金都"のダンスホールで出演すると云ふので、ショロンの街路は大へんな人波、何処でも同じ人気女優に対する物見高さである。自動車も通れぬ程の人垣に往来ひどく手間取る始末。

三月六日（火）晴
　早朝五時起床。ビルマへ発たれる佐藤氏を飛行場に送る。帰って代つて八時の飛行機で久保田社長日本向出発は社長が見送り。午後柳ヶ瀬氏ダラットへ帰任を送る。トラックはまた故障して送電班へは一日遅れることとなり、取敢へずジープを帰す。あくまで難儀なトラックではある。それにしても皆一時に居なくなり台風一過の如く、ほっと一息する気持。夜鈴木君と一緒に中野君の家へ行き、蟹料理の会食。特に大南の今昔について、あれこれと話題つきず。

三月七日（水）晴
　問題の送電班向のトラック、漸く修理も完了。もう大丈夫と云ふので、午後出発。念のため修理工両名も同乗してドランまで行く。日本からの情報で、いよいよ経済使節として財界の一流人士来る予定決まる。植村氏は勿論、稲垣平太郎、河合良成などの元老株も一緒らしい。日本もどうやら本腰を入れて経済協定、賠償問題に取組む心算か。社長の福永代議士の線を通じて打った手が効いたものと云ふべし。
　夜ブルトーザーの操縦士二名、庄司氏と塚田氏来るを、飛行場に迎へる。幸にして数多い、Hanh 夫人のみやげ物税関で開けられずに、無事入手し得。両氏をカチナの宿舎に送り込む。同機で原田仁氏の顔も見え、十年振りに待ちかねた昔の彼女と劇的な再会、彼女は自から貯へた金を送って原田氏の来貢を実現した感心な女丈夫である。原田氏としても何等かの報ひる処なくばあらざるべし。久沢君と Metropol [Métropole] に日活の連中を訪問。武藤、深雪の両嬢を誘ひ、"[Au] Chalet"へ行ってダンス。後小田君も来て合流し、"May Fair"へのす。アレキサンダーと称するカクテルを飲んで雑談深更に至る。小田君は更に旧友と足を伸したらしく、朝まで帰らず。

1956 年

三月八日（木）晴
　旧大南本店の事務所を再び借ることとなり、実地検討をなす。今の事務所に比べれば格段の広さで堂々たるものである。大南の看板に相応しく、闘志大いに湧く思ひ。九時半 Majestic Hotel で大倉商事の渡部氏に会ひ、三條金物の製品売ひろめについて依頼さる。偶然バンコックの越南大使館の書記をしてゐた男に会ふ。夕方ブルドーザーの操縦士両氏を宿舎に招いて会食の後中野君と日活の連中を訪問。名村一家と話し、竜野嬢の部屋で十二時過まで雑談に花咲く。若いバンドマンも居てしきりに南方生活を喜ぶ様子。初めての外地で何となく自由な空気は、嘗つて我が身にも覚あり。青春を楽しくさせるものではある。然し今の我が身にはその情熱は失はれてゐるが。

三月九日（金）晴
　ブルドーザーの庄司・塚田両氏の手続や何かで半日。昼休みを利して日活の女性達を誘って遠出。中野君の用意せる連泰行の主人の運転する車に八人。高木の運転する小型に竜野嬢とマリーと四人で出掛ける。行先はテゥ・ドゥク［トゥードゥック］の筈なりしが、途中で車が前後してはぐれて目的地に着いても合わず、待つのも面倒で、或いは間違って別の道をテゥ・ドー・モット[107]に行ったものかと、車を廻して行く。小型のボロ車とてかなり疲れを覚える。テゥ・ドー・モットに着いても別の一隊の姿なくて河岸の風景を賞する暇もなく、みやげ物店で象牙細工を若干買ひそのままサイゴンへ帰る。四時過ぎ帰着。竜野嬢は鹿児島の子。南方生活に適するものか、至って明朗。無雑な性格で交ってゐるてすがしがしい。女性的湿潤がなくて些か物足りぬ程であるが、甚だ人なつっこい人柄である。背が小さく十貫三百程度[108]の可憐な体格が年二十七・八才とは思はれるが、若く見せてゐる。声量はさすがに豊かで少し硬質の感でよく通る。一寸澄さんを思はせるものがあり、一種の歌手的共通点として興味を覚ゆ。
　久し振りに夜は家に在って読書。社長宛の福永代議士及び植村甲午郎氏からの書簡、それぞれ今度の経済使節団派遣について、社長に協力依頼あり。最早誰もがインドシナ問題では松下の存在を無視出来ぬ実状が明瞭になって来てゐる。外務省筋も敢へて縄張根性を云って居れぬものか、今度の工作には何等の支障もなさそうである。新聞の連中も近く帰国するが、一応社長の意見を尊重してゐるのはその論調に見られる。小松氏夫妻、大統領に招かれて来る由。

　107　☞《地名編》〈トゥーザウモット〉
　108　約 40 キロ。

十三日と連絡あり。またサイゴンは一挙に賑はふわけである。

三月十日（土）晴
　昼休みを利して日活歌舞団の武藤・深雪両嬢を誘ひ、宿舎で食事の後、公園へ行って写真を撮る。二人共浴衣姿で日傘を持ってのスタイルは物珍しく、カチナ通でも衆目を浴び、公園では人だかりして閉口。ポーズをとっての写真は良いものもあらう。炎天一時間で少々疲れて帰る。夕方コンチネンタルのテラスで Lam Son の Tien 氏や Viet Hoa の Trac 氏と会ってビールで雑談。小田君と元税関長の Bu［Vu］氏の家で国防大臣の新しい夫人なる女性に会ひしが、仲々の美人で、まだ十九才とか。典型的な面長の細腰は越南女性の特徴である。さすがに品はあって金持らしい態度。
　夜毎日新聞の那須[109]氏を招待して夜会で会食。今日大統領は風邪で会へず、官房長官と会見して記事種を取ったらしい。特に AFP の名をあげて、当地の誤ったニュースを流すと指摘した事や、賠償問題に対する意見など面白い。若いだけに率直な話を責任ある地位の者がするのは、好感を持てることであらう。那須氏は航空技術畑の東大出身で戦時中日本で唯一人の最高上昇記録を持った人である由。新司偵第三号機で B29 の成層圏飛行に対抗せんとしたものらしい。戦後米国に留学、コロンビア大学に入ったと云ふ経歴で、仲々の紳士であり聡明かつ思慮ある人材は将来の一人物たるべし。特に外報部次長として、欧米を担当し、国際問題専門の人で、毎日的な見方が少々米国へ傾斜してゐるが、一種の国家主義的理論ともなり、朝日の左傾とよい対照である。従って南越の実情にも理解があり、報道に呉大統領のマイナスとはならぬものと思はれる。話題が豊富で面白く、時のたつのを忘れて雑談。特にソ連の内幕について、スターリンが殺されたと云ふ推定とその後の推移、今度のミコヤンの反スターリン演説や何か一貫した見方は本当のやうである。インドのやり方を非難し、英国の下降を云ひ、ドイツの比重の増したことを両陣営の勝敗の岐路たるべしと断ずるのも正しい。記者としては先づ優秀出色の一人と云ふべきであらう。十時頃から鈴木君と中野君の家へ行って一刻。後 "[Au] Chalet" で遊ぶ。

三月十一日（日）晴
　暑さが正しく日毎に烈しくなって、何となく身体がけだるい感じである。睡

---

[109]　毎日新聞特派員那須聖。

眠不足は最も悪いこと明らかで、今朝はぐっすりと寝込んで九時起床。読書などで昼までメトロポールホテルへ行って竜野嬢を誘ひしが今朝から風邪を引いて臥床。のどを傷めて本当の声が出ないと嘆いてゐる。暫く枕頭で話して辞去す。夕方柳ヶ瀬、脇の両氏来着。打合せをなす。夜中野君宅で蟹を食べ、後映画"飢ゑたる人々"を観る。アメリカ物の西部劇。迫力ある作品。

三月十二日（月）晴

送電班の滝口氏落合君をつれて連絡に来らる。ブルドーザーの連中も入れて日本工営の業務会議、大体の方針を打合せる。ブルトーザーも昨日の栄正丸で入港。埠頭へ見に行く。黄色い車体は鮮かに。仲々頼しい姿である。エンジンは直ぐかかり、先づ好調。輸送方法が問題である。栄正丸の船長の部屋へ入って四方山話で一刻、手続きをルネー氏に委せて帰る。昼竜野嬢訪問。外出は見合わせてゐるが、もう大丈夫とか。起きて元気な様子ながら、声は少し傷んでゐる。三時頃まで話して行く。身の上話をしたりして芸能界には珍しい素直さである。年は二十七才巳の年らしい。午後大使館や移民局などへ手続に廻る。夕食は Credit Commercial の Hanh 頭取夫婦の招待でその銀行の四階の自宅で晩餐会。社長以下全員で出席。鈴木君は腹痛で早退。洋食と越南料理を混へた御馳走で歓談の夜会。特に夫人の日本賞賛は大変なものである。十時半終って、社長をホテルに送る。社長最近また宿舎の壁塗り代へを機会にホテルへ籠って手紙など書かる。例によって Anriette のゐる "May Fair" で飲み、二時頃まで、Carvados なる強い地酒、レマルクの凱旋門を［に］出て来るやつで、フランスの一地方の特産と云ふのを少し試してみる。舌が焼ける強烈さ。些か酔ふ。

三月十三日（火）晴

昨夜の深酒と睡眠不足がこたえて今日の暑さには身体が参る。それでも日本工営関係で忙しい。送電班はジープで現場へ行く。ブルトーザーの乗入を見るためである。それによって仕事の段取りを決めることとす。昼、柳ヶ瀬、脇両氏来宅会食。脇氏二時過ぎのエールフランス機で帰国。飛行場に送り、後メトロポールホテルへ寄って深雪・武藤・竜野嬢等に写真を渡し、しばらく駄舌って辞す。午後日綿の三宅氏と "Pagode" でクリームを食べながら、船の話。社長が大統領直直に依頼された買付で米運搬の六団二十四隻や沿岸警備船など、まとまれば何億円かの大仕事である。夜 An 夫人に誘われたが睡眠不足で早くより臥床。

三月十四日（水）晴

　送電班の一行、現場へ帰任。ブルトーザの発送はなお数日を要する見込み。柳ヶ瀬氏ブルトーザ輸送のための調査に明日 Phan Thiet 辺まで行くこととす。昼、日活の連中を誘ひ、矢田レヴューを観に行く。"金像"（オスカー）劇場で人気はあるが入りは悪い。テンポの早いラテン音楽舞踊で熱演であるが、変化に乏しい憾みあり。日活の連中よりは優れてゐるが、大所帯の割に儲けはないやうに思はる。夜日活の連中とＡコースを飲み渡る。

　ダレス米国務長官 SEATO の途次今日サイゴンに立寄る。明日から制憲議会開幕の前日とて一層効果的である。此の国の米国一辺倒は自然の勢として益々強くなる傾向にあるが本質的には韓国や国府とは違ったものがある。ジャーナリストがこの三国と同一視して説くのは一種の錯覚か不勉強と云ふべく、或ひは公式的な赤い宣伝の受売りである。特に日本に対する見方に根本的な差異があるを。米国の対越南政策はかなり積極的且つ徹底的なものとなるが、米仏関係は次第に冷たくなりつつあるのは否めない。米国も辛い立場であるが東南アジアの全体から見て、此処で米国が一歩退けば、非常な不均衡が生じ、米国のアジアに於ける敗退は必至とならう。フランスの地下組織、共産系分子の暗躍など、サイゴンの裏面は相当に複雑なものがあるが、呉政権の強化を阻む程の反対勢力は当分生れて来る様子はない。

三月十五日（木）晴

　猛暑一日中汗がひかず、衣は濡れて乾かず。活動力半減す。午前中今日開かれた制憲会議初日の盛会で交通制限する有様。国会[110]は昔の市民劇場を改装して国旗で飾り黄色の殿堂と衛兵物々しく機銃を持って立つ。議員威儀を正して集ひ、軍官礼装も壮観。前の広場には例の呉総統の親衛隊とも云ふべき落下傘部隊の一隊が濃紅色のベレーをかぶって整列し、総統出席の下に歴史的な開会。此処に民主的越南共和国の第一歩を踏まんとす。民衆歓呼して周囲を囲む。

　先日呉総統の招待で来られた石田氏夫妻を昼食に宿舎へ招く。呉総統の最も苦しかりき不遇時代、生命の恩人とも云ふべき石田書記生[111]。そのために戦後フランスの手に捕へられてあの悪魔の孤島たるプロ・コンドルに五ヵ年流刑された人である。呉総統としては報ゆべき人の一人、今度晴れの賓客として来ら

110　☞《事項編》〈国会〉

111　石田昌男。1944年、フエの日本領事館に勤めていた石田がフランスに追われたジエムを自宅に保護したことを指している。☞《人物編》〈石田昌男〉

れたことは彼氏また本懐たるべし。食事を囲んで昔話に花咲き、話題つきず。四十三才の石田氏の顔に苦労の跡は消えてゐない。純情素朴な感じが出てゐて日本人の誠実な人柄を偲ばせる。噂によれば小松氏夫妻もまた賓客として来られるに対し、内心の競争意識は覆ひがたい由。話のはしばしに感じられるものもないではないが左程に陰険な性格ではない。ただ苦労人の一種の拗ねた反抗心が見えるのは惜しい。静かに自重されるとよいが。鈴木君先日来の臥床、どうもアメバ赤痢らしい。

三月十六日（金）曇後晴

ブルドーザーの通関手続に暇どり、埠頭へつきっきりで督促交渉す。クレーンも軍隊用のものをルネー氏が埠頭の仏軍隊長とうまく話して OK になりそう。明日通関の見込みで月曜の十屯貨車一輌を鉄道に予約する。昼日活の連中六人程招待しておはぎを作ってもてなす。柳ヶ瀬氏山へ帰る。夜中野君と"大羅天"で遊ぶ。特別ショーで来てる竜野嬢と踊ったりして十二時頃まで。中野君今日は偶然昔の恋人と逢ひし由。ナムラン時代の高谷商店にゐた娘で、今は大佐夫人とか。兄は越盟[112]に惨殺されたひとと云ふので、日本人を見ると悲しさがこみあげるとか。それでも昔と少しも変らぬ気持で中野君に対し、彼もまたかなり心乱れたらしく、又嬉しいらしく、しきりに祝盃を重ねあり。松下社長がカンボジアより帰西さる。

三月十七日（土）晴

朝八時から埠頭へ行って通関の仕事。二十七個のブルドーザーの部品梱包を運んで新しい大南の事務所の倉庫へ入れる。筋肉労働を久し振りにやって身体が疲れること甚しい。暑さのため一層こたへる。ブルドーザーも月曜は貨車積出来るやうに準備終る。午後社長以下で新しい事務所へ移転のため打合せをなす。階下は再び半月程壁の塗代へなどに要するが、二階は直ぐにでも使えるため、来週一先ず二階へ移転の予定とす。十年一昔と云ふが、かくて大南の本社事務所が再び我等の手に帰り、社長の喜びは大へんなものである。勝者たるフランス人が店を閉め或ひは縮少して店を売りに出して、本国へ引揚げる時に、大南が再び此の地の一流商社としての構へを復活するのは正に快事たるを失はない。社長の提案で占領祝として夕涼みかたがた全員 "Pointe des Blagueurs" へ行って祝杯をあぐ。河ではヨット・クラブの辺からモーターボートにひかれてウォー

112　ベトミン（ベトナム独立同盟）のこと。☞《事項編》〈ベトミン〉

タースキーの連中が盛んに飛沫をあげてゐる。美しい夕陽に颯々たる河風。爽かな一時である。埠頭にはずらりと商船群が着岸してゐて日の丸の旗も見える。すべてが南の夕焼にマッチして楽しいものである。

後コンチネンタルのテラスで石田夫妻を見つけ一緒に飲み宿舎へ招いて夕餐を共にして歓談。明朝早く夫妻はタイニンへ行く予定とか。Tho 大使から電報で誘われている由。明日はタイニンで高台教と政府側との協約締結の祝賀会があり、Tho 大使が主催するらしい[113]。高台教団も完全に政府へ合流した形である。夜小田君と"May Fair"で一杯"[Au] Chalet"へ行って踊る。日活のアトラクションをやってゐる。二時頃まで居る。

三月十八日（日）晴

猛暑に喘ぐ。朝寝も出来ぬ暑さである。外出も億劫で読書と手紙書きで過す。午後遅く"[Au] Chalet"に行き Lanh に会って一刻。前の"Metropol [Métropole]"で日活の竜野嬢を訪ねて雑談。夜高木とマリーも一緒に"大羅天"へ行く。"東京の夜"と称して、日活の連中半数以上も来てのショーは賑かな松島音頭もある。

三月十九日（月）晴

酷暑の炎天下に埠頭でブルドーザーの積込み作業かなり身体が参る。操縦の二人もグロッキーになってゐる。今後の能率が心配される。ともあれ一段落で発車を待つのみ。次は現地で受取ることである。夕方宮田自転車の関口氏を招待して、宿舎で会食。戦時中の昔話などに花咲き、例によって元気な彼氏のハッタリ談も聞きながら九時頃まで団欒。久し振りに全員揃って夜を過す。

三月二十日（火）晴

昨日炎天の作業で塚田君遂に発熱四十度に上る。日射病と思はれ、休養を勧む。ブルドーザーは現地に着いて引取り作業に急行せねばならぬが、一応一日休んでもらふこととす。日本の暑さなどとは比べものにならぬ烈しさである。夜中野君と映画を観る"シカゴ"と云ふ犯罪もの。後 Van Canh で遊ぶ。

三月二十一日（水）晴

塚田君熱やや下りしがもう一日休養として、明朝出発の手配をする。燃料買

113　3月2日に政府とカオダイ教の間にビンタン協約が締結され、両者の敵対関係は終わった。これを祝う式典は18日、カオダイ教の本山があるタイニン省で開催された。

入れなど準備終る。午後事務所を移転。いよいよ旧大南公司本店に還る。階下はまだ塗代えなど終らず、取敢へず階上を使ふ。ゆったりとしたスペースで誠に気持よい事務所振りである。夕方庄司氏と共に柳ヶ瀬氏を迎へる。

夜七時前また飛行場へ行く。日本工営の梶原氏来るを迎ふ。例の経済使節団[114]一行来着。植村甲午郎団長を初め、河合良成小松製作所長、土光敏夫石川島重工社長、新谷哲次日本製鋼社長〔専務〕に伊藤述史氏等、小長谷大使以下の出迎へで颯爽と特別室から降り立たれ、新聞社のフラッシュ浴びて貫禄充分。続いて大統領の私的賓客として来られた小松清夫妻の姿も見える。挨拶に出る。飛行場では話す暇もなく、大統領秘書官の車で夫妻は宿舎へ向はる。日本人の所謂名士各商社代表が威儀を正しての出迎へは珍しく仲々の賑かさである。日本工営の梶原氏を宿舎に送り連絡事項を聞き、托送品を受取って帰る。

夜の部は三洋電機の禿課長等を案内して Pointe des Blagueurs で涼み "Cathay" に日活の連中の舞台を観て、終幕。後連中の日本舞踊の組とガラ・コケシ組に竜野嬢など誘って大勢で Van Canh に行き、一時過ぎまで飲み且つ踊って遊ぶ。

三月二十二日（木）晴

来客一時に重なり、大南のメンバーが全員応接に追はれて仕事が手につかない実状。社長は経済使節団につききりで、我は日本工営の世話。昼頃やっとトラックを仕立てて送電班へ塚田社司の操縦者達を送る。軽油を買いにわざわざ Nha Be[115] のスタンダードのタンクのある所まで出掛けるなど大奔走。鈴木君は宮田の関口氏につき、久沢君は三洋の連中を案内して終日。

夕方日活の団長の富永氏来りて滞在延期のことで紛糾しある様子を訴へられ、援助を頼まる。内務者や日本大使館へ一緒に廻っていろいろ聞くに、一度一月延期して再延期は認められぬらしく、二十三日でビザは切れる由。彼等の内部事情は複雑で、スポンサーの越南人と中国人間の確執などもあってむづかしいものがあるらしい。可哀想なのは団員達で皆憂鬱に閉されてゐて気の毒千万である。スポンサーの悪いことも明かだが、彼等もかなり杜撰なものらしい。深入りしても仕方ない事と思はれるが出来る丈けの助力はしてみる。

114　経団連の植村甲午郎を団長とする東南アジア経済協力親善使節団一行7名。伊藤述史（元スイス大使）は顧問として参加。約2週間にわたりベトナム・カンボジアを訪問し、4月3日に帰国した。[読売（朝）560404]☞《事項編》〈日本技術協力株式会社〉

115　Nhà Bè. ザーディン省南部に位置する県。サイゴンより南東に20キロ程離れた外港であり、水深が深い事から大型船舶の停泊地として適当とされた。現在はホーチミン市に編入されている。[南洋経済研究所編 1942: 145]

三月二十三日（金）晴
　午前中三洋電機の禿課長等についてラジオ関係のバイヤー廻りに奔走。当地の事情を説明し将来の方針を談じて当地に於ける agent について一応大南を除いて早急に決定されることなきよう申入れる。午後新しい事務所の整備などで多忙。夕食は中野君の招待で馬氏等と小松夫妻を主賓にしてショロンの玉蘭亭で会食。後一同三人街道をドライブ。涼風を入れて十時半頃小松夫妻をカチナ・ホテルに送る。中野君と二人で"[Au] Chalet"から"Van Canh"へ。

三月二十四日（土）晴
　植村使節団一行、昼の飛行機で西行。植村氏と伊藤氏はプノンペンへ小田君が之に従ひ、後の河合氏等はアンコールワットの見物に向ひ、久沢君が案内について行く。久沢君はそのままプノンペンに残って梶谷と交代することとす。サイゴンの手不足がまた多忙をもたらすことにならむ。社長は各省大臣達と使節団の下交渉などで奔走さる。土光石川島重工社長はランチを駆って港湾設備や海軍工廠などを一巡視察され、噂の如く、当地の兵器関係の話の下準備と見らる。河合小松製作所社長の来意もまた兵器産業の売込みの意図があるらしい。いづれにしても政府筋とは別な経済的瀬踏みと云ふ処が主要な使命と思はれる。恐らく、大統領との話合ひで、賠償問題などの解決に希望が持てるなら、この使節団の瀬踏みが、政策の推進力となる事は明かである。
　ラオスより呉永来氏来る。大南の出張員としてヴィエンチャンで活躍中の彼氏から現地の商談を詳さに聞き、社長帰国前に新しい方針を決定打合せることとす。バンコック時代の昔語りなどして興深く、夜鈴木君も一緒にショロンへ出る。客先の三人と合流して"大羅天"で遊び、更に"Van Canh"にのして夜を徹す。

三月二十五日（日）晴
　午前四時、久保田社長飛来を迎へるべく服を脱がずに床に仮睡のつもりが酒気ありしためか目覚に起されたら既に三時四十五分。社長は何時の間にか起き出て迎ひに出掛けられた様子。十時頃から関口氏と鈴木君と三人で Ng [uyen] -Ky-Xuong の主人と禿頭氏同乗で Bien Hoa に行く。町の入口にあるみやげ物屋で当地の名産たる焼物[116]の数種を社長の日本へのみやげに買ふ。水差によいものあ

116　消費地であるサイゴンに近く、良質の土も採れるビエンホア、トゥーザウモット一帯には窯元が多い。この陶器産業自体は華人により開発されたとされるが、発展したの

り。日本では値段も出るものと思はれる。すべてみやげとしては秀抜なものと云ふべし。午後カチナ辺へ買物に出て、象牙細工や銀細工でこごましたみやげ物を買ふ。夕暮の涼風にカチナの散歩は快適、小松夫妻に二度出会ふ。夕食は四人で"金山酒店"。九時から呉氏と国泰劇場で日活を見る。今夜が最後とて元気な舞台振り。

三月二十六（月）晴
　手不足で仕事が山積。事務所から一歩も動けぬ程である。今後とも来客の仕事外の仕事が増えることならうが、考へざるを得ない。月砂氏経済違犯で引張られたとか伝へらる。真相は分からぬが、中共品を輸入した疑ひとか。無実の事なから、最近の華僑虐めはかなり面倒なものらしい。社長の帰国は三十日をやめて使節団と共に三日の座席を取るべく奔走す。夕食に日活のこけし、がら両嬢来宅丁度満月の美しい夜。関口氏得意の弁であまの原…の感慨をこめなから歓談会食。十時頃から皆でショロンへ出掛ける。停電の"大世界"で蠟燭のあかりでダンス後"Van Canh"でまた一時。

三月二十七日（火）晴一時雲
　引きつづき目の廻る忙しさ、それに暑さも烈しく、疲労一入。社長の飛行機が仲々難しくまだ決らない。久保田社長のビルマ行きも例によって連絡などで日取りが一苦労。渕本氏は午後山へ帰任。測量の進捗は大体順調のようで、久保田社長も満足の様子。Ankroet 測量は電探から開始してゐるが最近に手のあき次第土木の方もかかる予定。夜呉氏と高木を誘ひ、彼の自動車でこけし、がらのコンビも一緒に郊外"万梅園"へドライブ。十一時頃から"[Au] Chalet"。

三月二十八日（水）晴
　午後植村氏一行、帰貢。小田君も帰る。プノンペンでは歓迎を受け、勲章を貰ったとか。小田君もカンボジア情緒豊かな勲章を一つ手にして悦んでゐる。緑綬の美しいものである。社長の飛行機は結局四月三日にやっと獲得出来る。夜竜野嬢に会い、明夕のドライブを約束。後中野君宅へ行くに、彼同慶ホテルへまた引越すと云ってゐる。今夜からとか。

　　は19世紀以降。この地区で特に名高いソンベー焼き（Gốm Sứ Sông Bé）は、ベトナム北部で有名なバッチャン焼き（Gốm Sứ Bát Tràng）と、しばしば並び称される。

三月二十九日（木）晴
　温度は高いが、風が吹いて凌ぎよい。陽が沈むと涼しい風に蘇生の思ひで元気が出る。夕食に竜野歌手。小天華から、こけし、渚嬢を誘って宿舎で賑やかに会食。九時頃からオープンのタクシー二台を借切って郊外へ出る。ミト街道[117]を幌をあげてドライブする気持ちは何とも云へぬ快適さ。渚嬢も歓声をあげて、歌ひ興じ、時に車上に立って楽しげ。南十時星を求めて感傷深く、万梅園の柳子の葉蔭で熱いコーヒーと雑談一刻。話題も打とけて面白い。十二時門限までホテルへ送って帰る。

三月三十日（金）晴
　植村氏と大統領の会談が午後五時と定められ、社長も同行することとなって、午前中打合せ。話すべき重要事項をまとめて用意充分に午後会談さる。午後二時シンガポールより桑正商事[118]の井田・増田両氏飛来さる。加藤よりかねて連絡あり、屑鉄専門の店で新井・滝井等の仕事に関係ある由。とにかく飛行場に迎へてホテルマジェステックに送り込み、お世話をする。
　夜大統領との会談を終へた植村氏伊藤氏に久保田社長も入れて宿舎で食事。日本料理の腕を振ってハイの作った数々は仲々美味で皆喜ばる。話題は今日の会談の成果と今後の方針ついで雑談。大統領多忙のため相当疲労の模様が察せられる。日本との関係は植村使節団の報告で今後かなり積極的な段階に入るべし。植村氏としてはヴェトナム問題を最後までやる肚を社長に打明けられた由。松永氏と田中清玄氏等の動きに対して、社長帰国後の調整も問題になる。久保田社長の立場も考へ、植村氏の丸紅系と久保田社長の日綿との実際上の諸問題もあるし、鍵を握るものは松下社長と云ふことになる。今度の使節団と電源の問題は殆どその大半の役割を松下社長が負ってゐることは明かな事実ながら、知る人も少なく甚だ巧みな演出になってゐるのは幸ひである。十時頃一行帰宿さる。

三月三十一日（土）晴
　社長三日の帰国は決定で、荷物など準備に入る。不在中の大南の運営や人事について打合せを一つ一つ討議して万全を期すつもり。仕事面で次第に商戦激烈と

117　☞《地名編》〈ミトー〉
118　桑正株式会社。くず鉄、合金鉄など鉄鋼原料を専門に取り扱う商社。本社、神戸市生田区。1965年8月倒産。[読売（朝）650829]

1956年

なる見込みでもあり、大いに緊褌して奮起せねばならない。未決の仕事としては天幕のL/C未開設の問題や郵便切手の受注、日本工営関係、特にAnkroetの修理工事の測量等、社長の不在で不利な点も多いが何とかものにして行く才覚が必要である。昨日の桑正の人達を午後Lee Kyに紹介して、カンボジアのスクラップの買付けについて話合ふ。レールが1,500屯と屑鉄3,000屯、彼氏の関係で抑へられると云ふ。値段の点や決済方法、船積の関係など打合せる。決済をホンコンでやる方法が双方に有利とてその具体的研究を約す。レールは品質としても間違ひなきこととて可能性充分である。近く桑正の人がホンコンから来る手筈。

夜社長小田君と宴会。鈴木君、呉君、関口氏とショロンで華僑の客の招待宴へ行く。一人宴会をやめて、日活の三嬢、竜野、こけし、がらを宿舎に招き、今日日本工営から分けて貰った鮭や沢庵など日本の品々でお茶漬けを食べる。後河辺の涼風に吹かれて"Pointe des Blagueurs"で一刻、Viet Hoaの主人等来てゐて合流。"Arc en Ciel"へのし、十二時半まで。更にVan Canhで二時過ぎ。

四月一日（日）晴

早朝小田君車を運転して植村氏等一行とサンジャック岬[119]へ行く。丸紅の連中と関口氏も同乗。午前中井田氏増田氏を案内して公園へ行き写真を取る。後埠頭辺の新興のスクラップを見せる。午後手紙を書く。久し振りに読書も進む。夜も出ず。

四月二日（月）晴

暑さは全く烈しい。汗もが身体中に出るやうな気持がする。首筋から胸にかけてがひどい。社長最後の一日とて、また終日多忙である。社長の癖で次々と自分で用事を作って独りで忙しがってゐる様でもある。植村・伊藤両氏の飛行機も東京直行で座が取れて一安心。イースターの休日で午後は事務所も休務として社長と後の仕事の打合せをする予定が遂にその暇もなく、夜は社長がまた大使館の会食に出席されて駄目。やむなく皆で"岬"で飲み、雑談で気勢をあげる。

四月三日（火）晴

午前六時半先ず久保田社長ラングーンへ出発さる。八時半東京行きは飛行場

---

119 ☞《地名編》〈カップ・サンジャック〉

に在留邦人の主な人々、集っての盛大な見送り、植村使節団長伊藤氏と共に社長も元気に帰国の途につかる。小松夫妻、石田氏[120]、久我氏、湯浅氏、横山氏等々昔のインドシナと縁深き人々が珍しく相共に談話の花を咲かせてゐる風景はなつかしくも面白い。小長谷大使、角脇氏等の大使館組、三井を初め大手商社のメンバーも揃ってゐる。無事帰国を祈って別袖。急に肩の荷が増したやうな感じで、不在中の社長の貫禄だけのものをカバーするのは大変な努力を要すべし。何となく責任を感ずる。石田氏と会ひ、Tien 氏を紹介して側面的に天幕の件で、石田氏から大統領への助言を依頼す。全く面子のない話で、未だに L/C が開けぬ現状は甚だ馬鹿気てゐる。国防部内の紛糾した事情もあるが、アメリカ側が弗の割当を出さぬためらしい。午後三時半井田・増田両氏マニラ向け出発。スクラップで今後の協力を約す。夜日活のこけし・がら両嬢来訪。皆で外出。まだ行った事がないと云ふので"Tabarin"へ案内しダンスで十二時。"Van Canh"でそばを食べて帰る。彼女等明日が期限切れで、もし許可されねば、強制退去となるものを。

四月四日（水）曇後一時雨

　春雷、豪雨、今年の雨の第一陣である。乾季から雨季への丁度境目と云ふ時期か。これから時々雨が降り、その度に蒸し暑さが増して、苦しいことである。然し久し振りの雨は涼しくもまた爽かで、何か蘇生の思ひがする。午後、こけし・がら両嬢とカチナで買物。象牙の扇子を贈る。中野君にダラット行を連絡。彼は六日頃柳ヶ瀬氏と来るやうに誘ふ。夜竜野・佐々木・こけし・がら諸嬢来宅して我がさよならパーティーをする事になりしが、竜野・佐々木組とがら・こけし組とが喧嘩をしてがら・こけしの両嬢のみ来る。

　原因は推察するに、日頃からの女らしい嫉妬心の複雑な堆積が僅かな言葉のやりとりで爆発したものらしい。特に寄せ集めの団体とて、何かと互ひに軋轢の多いものである。一般に歌手と踊り子の対立意識はこの社会の常識ともなってゐるらしい。とにかく六人の同勢で"大羅天"に行き、後"和平酒店"でそばを食べて別宴とす。九月十日に"數寄屋橋"で会はふなどと冗談を云って別る。

四月五日（木）曇後雨

　午前八時出発。石田夫妻と共にダラットへ、大統領から廻された自動車であ

---

[120] 石田昌男（既出）。

る。小松夫妻は先に飛行機で発たる。曇空で風もあり、道中暑さに悩むことなく、時速平均五十粁。予定通り午後二時過ぎにダラットへ到着。山は雨に煙り、涼気一入身にしみる。もう雨季になるのか、この処ダラットは毎日雨が降ってゐると云ふ。政府の連絡部へ行く。Mr.Hoi と云ふ人が長官で、政府の迎賓館に案内され、部屋をもらふ。小松夫妻は既に着かれてゐて、別室にあり。階下の独り部屋をあてがわれて旅装を解く。

午後四時に石田夫妻と共に Mr.Hoi に挨拶。彼氏の父堂はユエ［フエ］の摂政をしてゐた人で、保大帝幼少の時は最高の地位にあった名門貴顕である。尊室の姓は王族のものである[121]。彊柢[122]公の話も出る。一旦辞去。街へ出て買物。夕餐は Hoi 邸で会食。小松・石田両夫妻と出席。先方は Hoi 一家に元衛生大臣の Mr.Huu。現貿易局長 Kieu 夫人に弁護士夫人等女性の多い華かな宴である。さすがに料理は品数は少ないが上流のもので美味。白、赤のブドウ酒も良い。八時半頃散会。石田夫妻と映画を観に行く。日本のもので"雪男"越南語のトーキで意味は分らないが筋は簡単で分る。静寂な山気、冷え冷えとして快い。本が読めるのが楽しみである。

四月六日（金）晴後雨

朝晴れて清々しい天候が昼頃くずれて、また冷雨に降りこめられる。Dran より渕本氏来られて連絡。官庁折衝について打合せる。柳ヶ瀬氏等の来るのを待ちしが遅く、夕暮なほ到着なし。無為に閑居して読書三昧。石田夫妻を案内して一巡。風景を摂ったり、地理学研究所へ行って地図を買ったりする。小松氏は殆ど籠居して、原稿書きに専念さる。遂に夜に入っても柳ヶ瀬氏等来らず。夕食後小松夫妻石田夫妻と雑談に花が咲き話題豊富に深更に及ぶ。薬の話や療法のことなど他愛ない笑談が続出して時を忘る。

四月七日（土）晴

雨量の統計から推測して、もう雨も上る筈と渕本氏の言の如く今日はからりと晴れた上天気。青空に浮雲の高原風景は誠に爽かである。朝食をランビアン・パレス[123]のテラスで眼下の湖景を賞しつつゆっくり雑談の内に済まし、十時頃から石田夫妻を案内して Dran へ下る。

121　尊室（Tôn Thất）は、臣籍に降った皇族に対する呼称。［川本 2011: 1525］
122　クオンデのこと。☞《人物編》〈クオンデ〉
123　ダラットを代表するホテル。1922 年完成。☞《地名編》〈ダラット〉

日本工営の事務所へ行き、丁度居合わせた志賀・今井・大谷の両氏から話を聞き、午後今井氏の説明を聞きながら測量現場を見る。先づ志賀氏の先導でボーリングの現場、近くのダムサイトの位置を見て、後発電所地点に向って下る。途中の鉄管路のセンター辺で今井氏の話を聞く。落差八百米は世界でも屈指の工事。勾配四十度の急坂を斜面一粁余りを登っての難作業に感心する。大分伐採されて、杭が打たれてゐる。此処で車を返して帰る。今日はダラットの保大の旧別荘[124]なるものを見しが、洒落たものである。

四月八日（日）晴後曇

　晴れた日曜日 Dalat の町に避暑客の行楽が目立つ。サイゴンから来た人々らしい華かな服装が賑かな三々伍々をなしてゐる。朝、渕本氏と自転車を馳って裏山を継ひ、約八粁の Ankroet 発電所用の貯水地を見に行く。途中の風景は佳絶。丁度若草山の如き青い芝山が重疊して目に爽かな高原の景色がつづく。放牧の牛や馬の群れに低地に散在する野菜畠、すべて平和な山村の姿である。東京の子供達に一日ゆっくり遊ばせてやりたい気持ちになる。全く人影なき丘陵の連続である。やがて渓谷に出る。渇水期ながら流水岩を廻って去る。松の静かに映る山間の池は悠然として明媚。此処にダムありて Dalat への電気を供給する。ダムの側面をつたひ彼岸に渡って丘を歩き、池畔を巡って鉄管の放水口に至る。1953年6月5日完成の記号あり。渕本氏しきりに明日からかかる測量の胸算用一刻。踵を返して元の位置に帰る。遊客谷に下って水に戯れるもの多し。附近の断崖から昨日六人乗せた中型自動車が転落し、全員即死したとのことで現場では落ちた自動車の残骸を引揚げる作業が行はれてゐる。哀れな生命である。

　柳ヶ瀬氏、呉氏と共に到着。鉄道官舎で会ふ。午後小松夫妻に渕本。柳ヶ瀬両氏より Danhim の概要と説明。小松氏は各新聞社より原稿を依頼されあり[125]。電源開発は詳しく取上げるつもりとのこと。現場見聞は明後日の予定とす。Vu–Van-Thai 氏[126]の弟が現在 Dalat に居り来訪、Hanoi の昔語りをなす。夕食後柳ヶ瀬氏呉氏等と外出。Night club に行く。二時間程遊んで帰る。Saigon のキャバレー程度に高く、初めての客とて鴨にされた様子。混血の娘が一寸面白く人気者のやうである。

124　1934年建設（ポール・ヴェイセイール設計）。[Le Brusq & de Selva 2011: 102-103]

125　この訪問期間中、小松清は毎日新聞に「南北ヴェトナムの境界を見る」を寄稿している［毎日（夕）560527］。

126　ヴー・ヴァン・タイ。☞《人物編》〈ヴー・ヴァン・タイ〉

1956年

四月九日（日）晴後雨

　午前中柳ヶ瀬氏とT.P.の技師長Mr.Kyの事務所へ赴き、Ankroet補修の件、及び、Ban Me Thuot[127]発電機据付の事などで折衝。終って呉氏も共に三人でAnkroetへ行く。昨日の道であるが、風景美を賞しつつ、例のダムと貯水池の辺で一刻。更に発電所を見て帰る。午後Dranより連絡車来る。千田君がまた怪我をして送られて来たもの。早速フランス人の医者の所へ駆けつけて治療す。右の中指が指頭三糎ばかりの処で切断され、かなり深い傷。何か機械の工具でやられたものらしい。二針縫ふ。鮮血したたり、痛さは見る方もこたへる。本人懸命に耐えてゐるが麻酔薬を使はぬ生のままのこととて、さすがに苦痛の様子。手当してペニシリンを二本注射。五、六日して糸を抜きに来いとのこと。簡単に終って一安心。彼先日は鉄片を右足の甲に落して未だに跛行してゐるのに二度目の傷で惨々な不運。当分Dalatの宿舎で休養させることとす。

　夕食にVu-Van-Thai氏の招待で彼の家へ行く。夫婦に子供十人の賑かな一家。山手の洒落れた洋館である。昔の豪族的な名残はなく中流の生活で、むしろ苦しい内情を思はせるが明るい育ちのよさが子供にまで及んで楽しさうな団欒の家である。小松夫妻と三人、越南料理のそれもHanoi風の食事で満腹す。昔話に花が咲き、Bac Ninh当時[128]のことを旧友原田、山口、大木の宮城島等[129]のこと。越南の同志達のあれこれ、なつかしいことである。彼も云ふ通り、今にしてVu-Van-An氏、彼の父が生きて居たら一流中の一流人物として、越南の経済界を牛耳ってゐたらうものを。彼等遺児たちにとって父の悲死は殊に痛恨無限と察せらる。Tran-Trong-Kim[130]元総理の娘さんは其後先夫の医師と別れ、現在フランス人と結婚してゐる由。そして世人にその父の教はどうしたかと皮肉な眼を向けられてゐると云ふ。似たやうな話は多い。人生の実は曲折多ければ。

四月十日（火）晴後雨

　雨が気にかかったが、予定通り十一時に小松夫妻、Mr.Hoi、呉氏等とDranへ

127　ブオン・マー・トゥオット。（既出）
128　ベトナム北部、ハノイに隣接するバクニンBắc Ninh省。ヴー・ヴァン・タイの父アンはバクニンの人物であり、また西川も1941年2月から4月にかけ同地に滞在しているため、このような書き方をしたものと思われる。☞《人物編》〈ヴー・ヴァン・アン〉
129　東亜経済調査局附属研究所（通称大川塾）で学んだ同窓生たち。☞《事項編》〈東亜経済調査局附属研究所〉、《人物編》〈原田俊明〉
130　チャン・チョン・キム（1883-1953）。1945年3月、日本による明号作戦後は首相に就任。☞《人物編》〈チャン・チョン・キム〉

向ふ。高原の澄気と佳景を賞して快適のドライブ。昼 Dran の日本工営事務所に着く。早速図面を拡げて、全体的な計画の説明、小松氏夫人にメモを取らせる。昼食は日本から来た味噌、漬物などで、皆大いにすすむ。

　雨来らんとする様子に、直ぐ現場を見ることとし、先づ、志賀氏の案内でボーリングの現場へ行く。横一粁半、高さ約十五米のダム。その堤上に桜を植えたらと思ふが堰堤に桜は禁物の由。横に揺れて、根が土を崩すと云ふ。夢と現実とは違ふわけ。豪雨の中を敢へて峠を越へて発電所地点へ向ふ。雨勢益々烈しく、途中鉄管路の処まで行って車を返す。雨中に写真数枚、落差八百米、鉄管二キロ二百は世界でも珍しいもの。一米二十程の鉄管五本で水を落し第一発電所で三十五万 KW は日本の佐久間に匹敵する。第二、第三発電所を終れば〆て五十万 KW に及ぶ大規模。第一期のダムで七万二千 KW である。そんな事情を詳しく小松氏に説明。いずれ日本の新聞に書かれる筈。午後五時頃 Dalat へ帰る。夜呉氏と映画を見に行く。"Singin［Singing］in the Rain" 音楽物で楽し。

四月十一日（水）晴一時雨
　連日の雨、今日はまた昼頃に一しきり、雨勢烈しくて赤い泥土を道路に押し流す様処々に見らる。T.P. の Mr.Ky と Ankroet の測量の件で種々打合せる。契約書の基本条項や前渡金について折衝。大体の案まとまり Saigon に移すこととなる。政府出先機関の長官たる Mr. Hoi 邸で明夜招待さる。小松夫妻のお別れパーティに日本工営の主な面々を加へたい由。Dalat の静寂と爽涼を満喫したが、やはり退屈な日々に飽きる。夜呉氏と外出。Dancing Hall へ行く。マダムが昔日本人と結婚して一子あり。今は仏人の妻と云ふ。

四月十二日（木）晴一時雨
　朝 Dran へ連絡に行く。呉氏とジープを馳って往復。今夜の Hoi 長官の招宴に幹部の出席を連絡するためである。昼食を Dran でなし、雨勢強からぬを幸ひ帰途につく。かなり冷たい雨気を含んだ風が吹き上げる羊腸の山道のスリルを感ず。午後柳ヶ瀬、志賀両氏来り、夕方渕本氏も作業から帰って当方五人、小松夫妻と共に Hoi 邸に赴く。例によって保大宮廷の名門に恥じない料理。昔王妃に従ってパリに料理を習ったと云ふコックのもので、かつて保大王家の食事より美味と称せられたと云ふ。上品な味。話題賑しく午後九時まで。明日は Saigon に帰る前夜。

1956年

四月十三日（金）晴後曇
　午前中、柳ヶ瀬・渕本・両氏と共にT.P.の主任Mr.Kyを訪ねてAnkroet発電所の修理工事に対する測量について打合せる。雨季前に実地測量を終るべく、種々具体的な折衝をなす。契約と前途金についてはSaigonで交渉することして契約原案はMr.KyよりSaigonの当局へ急送の筈。小松夫妻は午後の飛行機で帰貢、我は呉氏と自動車を雇って帰路につく。午後七時帰宅、Saigonの暑熱は別世界の如くDalatの爽涼になれた身には一入辛いもの。部屋にゐて汗が滲み出る不快さは耐え難いものである。夜、風激しく窓扉をたゝく。

四月十四日（土）晴一時雨
　朝豪雨一陣、涼然たるも家の前は忽にして浸水、雨季が思ひやられる。不在中の連絡書類山積しあり、その処理に半日を要す。渡日の客も多く、相変わらずの無為の用事が多忙である。我が留守中にプノンペンから梶谷来り、直ぐ帰国せる由、日活の連中もプノンペンの興行に発ったと云ふ。夜プノンペンの華商で大南の上得意たる朱潮豊の主人と会食。後夜のSaigonを歩く。"Pointe des Blagueurs" "May Fair" "[Au] Chalet" "Arc en Ciel" と廻って、夜食にThu Duc。午前四時。

四月十五日（日）晴
　小田、鈴木、呉の諸君は朝からCap Saint-Jacques [カップ・サンジャック] へ車を駆って避暑に行く、独り昨夜の疲労を癒し、読書と手紙書きに過す。午後Majesticの映画"La Masque arraché"を観る。ジョン・クロフォードの演技が秀抜で、迫力のあるスリラー物。

四月十六日（月）晴後曇
　暑さはその頂点に達したやうで、喘ぐやうな生活。全身に汗もが出来て、不快千万。柳ヶ瀬氏が山から降りに来る筈が、飛行機故障で一日延びる。送電班の滝口氏落合君と共に連絡に来貢。送電班の作業は月末で終了の見込みと云ふ。さすがに広東苦力も疲労とマラリヤに倒れる者が続出して最後の頑張りも大へんらしい、帰心矢の如しで、とにかくジャングルと戦ってゐる様子は察するに余りあり。
　夜我が家でTuong [Truong]-Khac-Thong夫妻を招待、日本から送って来た膳と食器で日本的な夕食を出す、近くThong氏は渡日の予定、食後皆で例の "岬"

から"[Au] Chalet"で踊る。

四月十七日（火）晴

　電話は特別に引けたが、電気がまだ入らず、事務所で汗みどろ、煽風機がなくては、身体が参るやうである。柳ヶ瀬氏遂に来らず、朝日ニュースの一行がDranへ行ったため、その案内などで、動けぬらしい。Ankroetの契約書T.P.に原案作成を要す。

　日本行の客多く、大南で身元引受書も大分出す。今日もKian Lee［乾利］の主人のビザを取るため、大使館まで行く。

　夜日綿の招待に滝口氏も共に全員で出席、亜東大酒楼で賑かに会食。日本人同志だとさすがに気が楽で話題も豊富に時を忘れて語りつぐ。

　十時頃に酔散、後"May Fair"で飲む。

四月十八日（水）晴

　日本なら花曇りと云ふ処ながら、此処での雲多き日は殊の他暑さがひどい、蒸し蒸しして、やり切れない日となる。一雨来るのを渇望する気持である。

　滝口氏ブルドーザの現地視察をMr.Dinhに要望し、二十日を決めて一旦帰任。

　関口氏プノンペンから再来、彼地の様子を聞くに、大南の地盤が徐々に侵されつつある由、久沢君の若冠を以てしては、他社の悪づれした連中に抗し得べくもない故か、とにかく年の若さは好かれる半面になめられる点もあり、経験も浅ければ、一人での守勢は無理と云ふべし、さらでだに次第に競争の激化を増す商戦のことである。夜小田君と"EDEN"へ映画を観に行く、"Elle et Moi"、喜劇のフランス物、面白く無邪気に笑ふ。

四月十九日（木）晴一時雨

　待望の雨来る、雷を伴って轟然たり、忽ち街は浸水して車輪の半を水に没する様、然しさすがに数日来の猛暑を一挙に払って蘇生を思ひをもたらす。明日日本へ発つ客多く、Kian Leeの主人、T.K.Thongの大将等々大得意の顔があり、託送便など認む。夜月砂、北村両氏来り、食後全員で外出、"[Au] Chalet"と"Van Canh"。月砂氏先日の未決囚として獄中にありし十日余りの実感を語る。さすがに心細く、無実の嫌疑ながら、不安に胸をかきむしられる思ひで、男泣きしたと云ふことである。共産主義者として同囚の連中の中には多くはただパリに行かんとして捕へられたり、密告で検挙されたり、実に罪もなき人々が警察の無

1956年

理解と拷問に苦しんでゐると云ふ。獄中の生活で少し自らを修め得たものか、言動に些か落着きの見える月砂氏の様子である。

四月二十日（金）晴後一時雨

朝九時に T.P. に行き、総務部長の Mr.Dinh とその部下の二人を案内してブルドーザの作業現場へ視察に赴く、先導は送電班の滝口氏がジープで行き、T.P. の車に日綿の小杉氏と共に便乗して行く。炎天を本道から現場へ分け入り、竹藪の続く現場ではブルドーザが作業目覚しく、忽ちにして幅二米程度の道が拓かれて行くのは実に壮快なものである、成程百人の苦力に匹敵すると云ふその実力ではある。この一台のために、送電班の仕事が一カ月も短縮されたのは宜哉で将来機械力を投入することが、工事などの場合の重要なポイントたる事を知らされる。Mr.Dinh もその買上げについて、考慮の模様である。昼食を Tu [Thu] Duc で簡単に食べて帰貢。午後また一雨来り涼然。Ankroet の契約書原案出来る。

明日小田君 Dalat へ週末旅行、友人の Mr.Chau が今度経済大臣に内定してゐるとかで、一緒に色色 Dalat で話すつもりと云ふ。呉君も明朝 Vientiane へ帰ることとなり、準備をする。夜その送別会として、関口氏も入れて皆で Saigon Calabel で飲み踊る。客人が少なくて遊びよい。

四月二十一日（土）晴後雨

小田君会社の車で Dalat へ出掛ける。呉君十一時の飛行機で帰任、ラオスで久保田社長の御世話をする予定。午後入電で明朝平石君が着任して来ることと知る。月砂氏の車を借りることにする。

夜中野君と EDEN の映画 "Therese [Thérèse] Raquin" を見る。ゾラの名作でカルネの監督物、仲々に秀作である。

四月二十二日（日）晴

飛行機が四時半に着くつもりで、早朝に起出て準備せるも、大分延長の様子で、又一眠入り、午前十一時半に到着と知らされ、月砂氏、中野君、鈴木君等と飛行場へ行く。平石君さすがに暑さにうだりながら、それでも事なく通関、内地の贈物もあり、話も楽しく、昼食から二時頃まで話合ふ。社長の人気は大へんなもので、帰国翌日から来客がつめかけて多忙らしい。一種の松下ブームと云ふもので、とにかく嬉しい悲鳴ではある。特に銀行の連中が富士と東京と自宅までつめかけると云ふに至っては、一年前の状況と雲泥の差、実に人生浮沈の

烈しさではある、前には銀行の課員に低頭平身した社長のこと、思ふだに痛快である。然し日本の経済界の反覆常なきことが考へ合はされる話である。
　夜平石君の歓迎宴とて、東南行の招待で"愛華"で会食、後月砂氏の先導で"Arc en Ciel"と"Vanh Canh［Van Canh］"に二時頃まで。"Van Canh"に新顔ダンサー婉華と云ふ、カンボジアから最近来たと云ふ、タイにも一年程居た由、フランス語が上手い娘である。平石君が持って来てくれた荷物に、頼んで置いた浴衣があり、夕食前に着替へると何か落着いた気持になるのは妙である。日本人なるかな。

四月二十三日（月）晴
　此の暑さは恐らく頂上と云ふべし。実に猛烈なもので、関口氏も遂に身体が弱ったと音を上げる始末、一日の勤めが辛い程、平石君の案内で久し振りにバイヤーを歩いたり、高木家を訪ねたりする。小田君、柳ヶ瀬氏と共に帰貢、夜平石君を迎へての全員の会食、折よく久沢君もプノンペンより飛来して、正しくオールスターキャストである。後夜のサイゴンを廻る。

四月二十四日（火）晴
　雨来らず、暑さはつのる一方、平石君の到着間もなき紳士振りも気の毒。早朝久沢君プノンペンへ帰任、芸子へ託送品若干、日活の連中帰国したのかどうか、プノンペンからバスで来てそのまゝ飛行機に乗ると云ふ話なりしが。午後平石君をつれて港湾警察、日本大使館、内務省等を廻る。高木と事務所の件で打合せる。同居は面倒な問題である。高木の居る間はよいが、後任者がどう出るか、難しい事情も予想され、二の足踏むところ。蝶理が大南と一本になって当地の仕事をやる腹が決まれば問題ないが、貿易商として大南の名で仕事することは辛い処でもあらう。夜中野君来宅、北村君も入れ、平石君鈴木君と五人でPointe岬へ行く、涼風に飲んで雑談。

四月二十五日（水）晴
　送電班滝口氏連絡に来り、P.T.［T.P.］の責任者Mr.Diemを、明日現場へ案内することに決定。最終段階を見せるためである。送電班の帰国は五月四日と決めて、切符を予約す。Ankroetの測量に対する契約書に今日サインする。小田君が久保田社長の委任状によって、柳ヶ瀬氏立会でサインす。T.P.大臣のサインに数日を要すべし。今朝カチナホテルに小松夫妻及び石田夫妻を訪ねる、石田夫妻は明

1956年

後日プノンペン・アンコール・ワット、小松夫妻は同日ユエ［フエ］[131]にそれぞれ旅行の予定。昨日 Long Xuen [Xuyen][132] の鎮定祝典に呉大統領が出掛けたが、それに同行して、小松氏石田氏垣内氏等も行ったらしく、炎天の式典で参ったらしい。

　先日のアサヒニュース一行がユエ［フエ］・ダラット出張した際の、越南情報部側との感情的反目と紛争について、いろいろ聞くに、結局は、両者の間に、最初から明白な線が引かれてゐない為、意思の疎通を欠いたものらしい。越南側の官僚的考へ方は、招いたものは使用人と見て、指示に従わせむとするし、日本人のカメラマン気質は仕事に対する自負心があって、自由な立場を望むし、其処へ通訳として同行した内海嬢が、また若く押しも効かずに説得出来なかった感もある。それに内海嬢の父堂は、嘗て反政府勢力たりしビンシュエン［ビンスエン］派の顧問的な立場にゐたことも暗に影響してゐるらしい、又アサヒニュースの連中の取材が、主に政府側のねらふ情報宣伝の裏をも見て撮ることになるし、その記者的態度が越南人官僚の感情を害したこともあるらしい、特に北部からの避難民に対する、政府の受入れ態勢について、無用な質問や批判的な言辞を吐いたことも、予想以上に相手を刺激したものらしい。避難民を優遇せずに、収容所に入れて、まるで囚人扱ひするのは何故か、などと云ったりした事がひどく相手の気持を傷けたものと、後で思ひ当った由。その辺はむづかしい問題で、サイゴンの唯一人の日本人記者たる垣内氏あたりが当時政府のやり方を批判し、罵倒する態度や、それが筆に表はれて、越南に不利な報道となることもあり、越南当局がかなり日本のジャーナリズムに神経質になってゐることは明かで、次第に対日感情は冷却しつつあるやうに思はれる。

　それは先頃の植村使節団に対して、呉大統領が非常に不満を以ってゐると云ふ小松氏の言にも表はれて、総じて日本の立場は当国では悪くなりつつあると見てよい。原因は日本が七月選挙待ちで、何等の積極的誠意を、此の国に示さない事が第一のものである。経済協力と云へば他人の金をあてにして、アメリカの援助に便乗して、利益だけを取らうとする態度が、明かに見すかされるのは実に稚拙な政策である。いづれにしても日本の政治的貧困が大きな禍をなしてゐる。小さな問題ながら、氷山の一角で、今後の対日情勢は凡ゆる面で、難

131　☞《地名編》〈フエ〉
132　ロンスエン。現アンザン An Giang 省の省都で、メコンデルタの中心都市の１つ。サイゴンから西に 350 キロほど。

点が予測される。駐日越南大使は前の内務大臣が任ぜられ[133]、Tho 大使はもう日本には行かない事となって、一人の親しい有力者を日本との関係から失ふことになったが、商業銀行頭取なりし、Mr.Hanh が参事官として赴任するのは面白い人事である。夜我家に小松夫人と Mme Brodard を招待して日本式会食。雑談賑かに酒宴。

四月二十六日（木）晴

　早朝六時、柳ヶ瀬氏来り、小田君と共に送電班作業現場へ Mr.Diem を案内す。道路から四粁も入った現場で、かなり疲れたらしい。ブルドーザの活動はやはり瞠目すべきもので、Mr.Diem も買上げの意思が動いた様子。東京銀行のサイゴン駐在員両氏来る。

　朝日ニュースの連中遂に意を決して、明日帰国すると云ふ、日越関係にひびの入る事件である。夜 Hoan Anh の招待で、全員出席、原田氏とそのスポンサーも一緒。街は警察祭で花火と提灯行列とイルミネーションに、ごった返す人波である。去年ビンシェン［ビンスエン］派の警察力を市街戦で撃破し、遂に政府の治安を確保した記念すべき日だと云ふ。要するに現政府が実力で反対勢力を掃討したその第一歩の勝利の日と云ふべく、市民のお祭騒ぎも夜を徹してつづく。

四月二十七日（金）晴

　酷暑なほ続く、事務所に扇風機の必要は最早や健康に関る問題と云ふべし。小田君ラオスへの出発前に T.P. 関係の連絡に廻る。第一次報告書提出後二ヶ月近くも約束の支払がなされぬのは明かに T.P. 側の無責任である。午後小田君と書類の行衛［方］を追求して、T.P. から大蔵省に行き、書類の滞っている実態を知る。あわてて新しく手続する当局の頼りなさには全くあきれる他はなく、何時もの事ながら、新興国家の無責任な事務処理に憤懣を覚ゆ。夜中野君と外出、"[Au] Chalet" で湯浅氏と会ひ一緒に "Vanh Canh［Van Canh］" で遊ぶ。

四月二十八日（土）晴後曇

　小田君 Vientiane へ出発。滝口氏来り、送電班は一日に全員引揚げて Saigon に帰る予定、ホテルの準備をする、どこも満員で Metropol［Métropole］をやっと予約。午後日綿の宿舎で柳ヶ瀬氏も共に麻雀二戦、久し振りながら好調で勝つ。既に

133　55年5月から内務大臣に就任していたブイ・ヴァン・ティン Bùi Văn Thinh を指している。［朝日（朝）560426］］

1956年

夜深し。

四月二十九日（日）晴

　天皇誕生日に在留邦人の集ひ、大使公邸で約八十人も参集して、君が代を斉唱し、乾盃す。例によってすしなどの山積した卓を囲み、日本の清酒を汲んで、親しい誰彼となく話し合ひながら賑かな一刻を過す。和服の夫人の姿も艶をそえて、和やかな日本人の交歓会である。少し廻った酒気に頬をそめて帰宅、何となく閑々として心落く一日である。やはり天長節の楽しかりし思ひ出が、胸底に一種の和かさを醸すものであらうか、普通の休日と違った心持である。午後ゆっくり休んで夜柳ヶ瀬氏と平石・鈴木両氏も共に外出、"大羅天"で遊ぶ。経済調査団一行不着。

四月三十日（月）晴

　経団連の千賀氏を代表とする、経済調査団[134]一行七人、一日遅れて今早朝到着、連絡あり、"Metropole [Métropole] Hotel"で会ふ。主として兵器造艦など軍需工業の技術者達で、具体的な越南政府の要望に応じての協力体制、方法などを調査検討するためである。大使館の斡旋で直ちに国防次官と会談、打合せに入る。現有の工廠を経営することを依頼されることにならうが、フランス側の横槍も考へねばならず、事が事だけに、秘密保持も大切である。所謂"死の商人"の非難も受けることであらうが、とにかく越南の国家的な意思に従って、アジアの後進国の向上を援けるためには、そしてその独立を保持するためには、敢へて軍国主義などを云ふべきではなく、日本の技術力を以て、友邦の一つでも、より強くする事が、アジアの目下の急務でもあらう。一行七人の侍はそれぞれの専門分野で徹底的な視察を行い、二週間程、各地主要都市を廻る予定である。今日は先づ予備的な打合せで、本格的には二日以後行程を決める筈。小田君に専任してもらふこととして、彼の帰貢を待つ。

　夜一行をショロンに案内し、"Arc en Ciel"で会食、後千賀氏一人宿舎に案内、柳ヶ瀬氏や平石君と共に"岬"から"May Fair"で飲む。今日我々のAコースはすっかり真似られて日本人の多いこと、まるでフランス人の代りに日本人がサイゴ

134　経団連経済協力部長千賀鉄也を団長とする南ベトナム技術協力調査団。小松製作所などの企業の技術者が参加した。ベトナム側はフランス軍が引き揚げる際に取り外して持ち去った車輛・航空機等の復旧と兵器修理工場建設への協力を求めていた。［読売（朝）560421］［朝日（朝）560513］☞《事項編》〈日本技術協力株式会社〉

ンの主になったやうで、何処へ行っても顔が合ふ。十二時頃帰宅するに、留守中プノンペンから帰って来た日活のがら、こけし両嬢が訪ねて来ての置手紙あり、明朝日本へ発つ由、直ぐに"Van Canh"へ行ってみる。案の定両嬢とも来てゐて、久し振りに話し、飲み、踊って最後の夜を名残を惜しむ。二時頃まで居て、環球旅店に送る。日本でまた逢ふ日を約して別れる。

五月一日（火）晴一時雨
　メーデーの休日、此の国では国祭になってゐる。朝から盛んなお祭行事が中央部で繰展げられ、交通制限が行はれてゐる。九時半、"Metropole"に行く。住友からも自動車を二台廻して来てゐて、三台に分乗して、例の一行を案内す。先づ公園で写真を撮り、海軍工廠の辺を見て、後ショロンに廻って精米所の並ぶ河辺を視察、サイゴンに引返して発電所あたりを見て帰宿。予備知識を得ることが必要とて、有益なやうである。午後北川産業の湯浅氏の案内で、船を出してもらひ、皆河岸を視察に行く。送電班の全員引揚げて来て、荷物は大南の事務所に入れ、全員"Metropole"に宿泊。激しかりき作業の現実を表はす弊衣赫顔、ほっとした気持で帰国前の楽しげな様子である。何日振りかで酒気を断ち、早く床につく。

五月二日（水）晴一時雨
　スコールと云ふ爽快さではないが、雨季に入る前触のやうに、昼過ぎに雨しきり、後の蒸し暑さは一入であるが、とにかく待望の雨である。久保田社長と小田君帰貢。例の癖で久保田社長早速明日Dalatへ飛ぶとのことで切符を取り、我また同行することとなる。
　送電班一党は朝からCap［カップ・サンジャック］へ一日の清遊に行く、夜は愛華酒楼で送電班のお別れパーティ、総員十五名で盛宴を張る。跋跙三百粁、よくも無事に完了せるものである、体力と精神力の強さが賞讃されてよい。本当にほっとした気持。今朝挨拶に行ったT.P.責任者のMr.Diemも、小長谷大使も心からその作業終了を祝って、ねぎらひの言葉も温かであった。楠田氏も明朝Hong Kongへ出発とて、鈴木・平石両君が月砂氏関係のバイヤーを集めて会食。

五月三日（木）晴一時雨
　午前八時離陸、久保田社長に随って飛翔一時間、日綿の大村・新富両氏も同行でDalatに赴く、焦熱地獄を逃れ出た気持で、久し振りに頭が明白になるのも

快い。直ちに Dran へ行き、現場を見る、Kronha[135] の第一発電所附近まで下りて、キ［ャ］ンプを訪ねる。バラック建で最後の追込みにかかってゐるボーリング班、大先君がマラリヤで昨日から臥床。山雨滝然として降る中を車を返して Dran から Dalat へ帰る。"Lang Bian Palace［ランビアン・パレス］"[136] に泊る。夕餐後久保田社長は渕本氏と仕事の打合せ、我々日綿の連中と外出、"Night Club" へ行って遊ぶ、相変らず客は少なくダンサーのみ退屈そう、Saigon のキャバレーと違って万事が閑々としてゐて、ゆっくり楽しめる。涼然たる夜気、静寂そのもののホテル、何となくなつかしい日本の故山を懐ふ。

五月四日（金）晴一時雨

　Lang Bian Hotel の朝は楽しい、眺望のきくテラスで、湖畔をわたる清浄の山気を吸いながら、温いトーストは美味である。今朝は湖上に上陸用舟艇が浮び、対岸の松林に砲が据えられて八時頃から演習開始、砲声が時ならぬ眠りを醒して轟き勇壮な光景が展開さる、白煙を縫って舟艇が突進し、兵士の姿が朝靄の中に見える。しばらく戦斗を観る。呉大統領が先頃から休養に来てゐて、そのための特別演習であらうか。

　石田夫妻滞在中と聞いて政府の迎賓館に訪ねる。久保田社長を呉大統領に会はせると云ふので、一緒に Delegation に行き長官に会ふ、時ならぬ政府要人の来訪で、州知事官邸も大多忙の様子、会見は見込み待ちらしく察せられ、伝言のみで帰る、挨拶の言葉が呉大統領に取次がれただけで充分の価値あり。最近各地の演説で、大統領が水力発電により、津々浦々にまで電燈がつくと云って民衆に約束してゐるらしく、期待は日本工営に集まってゐるとの事である。奇遇にも Delegation に勤めてゐる女性が、嘗て親しかりしサイゴンのお通さん、Mme Tu である。十年振りに遭っても一目で、互いにはっとなつかしさが込み上げて、一瞬に昔の友情を取り戻す。彼女も年ゆきて既に往時のふくよかな美人ではないが、その気だては変らずにやさしく、親切らしい、苦労多かりしための、何処かにしんの強さが見えるが、同じやうに楽しく朗かに話す。Mme Yue［Hue］がパリに住んでゐること、彼女の夫君もパリ留学中であること、片野のこと、交すに話題あれど、時間なくて別る。名残り惜しげなれば、せめてもの写真を撮る。Saigon での再会を約す。

　135　クロンファー Krông Pha。現ニントゥアン Ninh Thuận 省ニンソン Ninh Sơn 県に位置。［南洋経済研究所編 1942: 120］

　136　Lang Biang Palace とも書かれる。☞≪地名編≫＜ダラット＞

113

もう一人呉大統領の侍従武官で来てゐるのが、嘗て Bac Ninh［バクニン］で親友たりし Com't. Luan である。昔は日本軍出入の御用商。今や要職にある、中堅将校。軍服姿に対すると自から威風あり。昔と逆な立場に苦笑を禁じ得ず。又一種の皮肉も感ず。今は出世してゐる相手に昔話で貧しく苦しかりき過去を想い出させるのも遠慮すべしと立話数刻で止む。死んだ原田とは最も親しく、原田の妻も彼の紹介になることとて、在りし日の原田の俤も聞きたく、子供も健かに育ってゐると云ふが、その近況もいづれ聞きたいものと胸に期し、彼の多幸を祈って辞す。彼から Saigon の夫人と湯浅氏への手紙を託さる。
　十時頃から Mr.Ky を訪問。例の Ankroet 及び Dahim の件の他に新たにまた Mr.Ky から希望があり、Ban Me Thuot の発電機据付と配電、要圧、Dalat-Dran 間の送電配電、更にそれを Lien Kang［Liên Khang］137 まで延長する仕事などを日本工営で引受ける下交渉が出来る。次から次へといろいろ仕事はあるもので、Mr.Ky は本当に日本贔屓らしい、聞く処によれば Mr.Ky の一家はフランスによって投獄されたり、かなり虐められた事情があると云ふ。その点では彼の気持は疑ふべくもなく日本側で工事獲得を望んでゐるものと云へる。午後 Dran を廻って二時半の飛行機で帰途につく。日綿の二人も一緒、雨中を冒して無事帰貢、直ぐに久保田社長の切符の手続などで奔走、又 Mr.Diem と明朝の会談を打合せ、Mr.Thai と明晩我家で会食の連絡もとる。
　後湯浅の事務所へ行って、Com't Luan の手紙を渡し、雑談。垣内記者の話を聞くに、今度の七人の侍、経済調査の一行に対して、米仏記者あたりの風当りはひどく強いらしい、フランス側は絶対日本人に工廠を見せぬと息まくし、アメリカ側も日本人などが ICA 資金の使途について調査などおこがましいと云ふ意見で、正に時機尚早の様である。多分難儀な点が多く具体化は無理との観測である。SEATO にも入らぬ日本が軍需工場の経営を協力すると云ふのは些か道が違うやうでもある。ただ日本と米国の最高首脳部の決めた線に従って来たものではあらうが、調査団の今後の活動如何にかゝってゐるわけである。夜久保田社長、柳ヶ瀬氏、関口氏等来宅。会食に雑談花咲いて賑か。

五月五日（土）曇後一時雨

　雨雲が空を覆って、いよいよ乾季は終ったものらしい。きまって午後は雨が

137　リエンカン Liên Khang。日記内では、Lien Khan とも書かれている。ダラットから28キロ程離れており、ダニム側に繋がる滝や飛行場（今日のリエンクオン Liên Khương 飛行場）がある。［Định Xuân Vịnh 2002: 383］

降り、夕風は涼しい。凌ぎやすいが湿気が増して何となく陰気になる。社長宛に報告書を書く。久保田社長と Dalat で Mr.Ky との会談内容、千賀調査団に対する一般情報、そして今夕の久保田社長と小松夫妻も同席で、Mr.Thai との討議について。午後八時頃から日本食で会食せる席上久保田社長と Mr.Thai の電源開発に関する意見交換は聞くべき多くの有益なものがあり、その主張は最後まで並行してゐるが、互ひに蘊蓄を傾けて技術的経済的理論を斗はしたものである。

久保田社長の Danhim に対する見解は越南の将来を考へての工業化に重点を置いて、技術的に、片や Mr.Thai はその地位からして現実の経済的財政的条件によって農業の面をより優先的に取扱ひ、最初から意見の喰ひ違ひが生じて面白い論争となる。越南の問題について、具体的な条件も出し合ってのやり取りで、甚だ真摯なものである。経済的な諸条件から見て何に外貨を使用するかが問題点で、先づ民生安定と避難民政情、米の増産と云った処に焦点をあてるか、生産面を発達させて外国品依存の現状を改めるか、難しいところである。凡ゆる基本調査を徹底的にやるべきで、その前に Danhim の如き大事業にかゝって、後で経済的な行詰りを来たすことを心配するのもまた当然である。それより当面は高原地帯の開発に小規模の発電所を幾箇所かに作ってそこを中心に農工業地帯を建設して行く方針もまた考へるべきものではある。

サイゴンの二百万の人口が工業人口となり得るか、再び地方へ分散してサイゴンは人口が減退するかも判定は軽々に出来ない。ただサイゴンの無理な膨張とその購買力が不自然で不安な国家経済を作りしてゐることは明かである。そしてその好景気も昨年を頂点として、次第に衰退して行くのは当然であると云ふ。

その理由としては、避難民が一時的に北から持って来た金を使い果たしたこと、アメリカの援助資金が漸次消費財に使用されなくなること、フランス軍の撤退により、現地に落ちてゐた金が従来一人のフランス人で平均 2,000 比弗あったものが、全く無くなることなどで、購買力はうんと減り、今年の末にはサイゴンの経済は停滞するものと予測される。其他種々の問題で大体越南政府の中堅どころが抱いてゐる経済政策の大概を知り得て甚だ興味深く、且つ有意義な集ひなりし。十一時半まで談論。

五月六日（日）曇

久保田社長今朝 Bangkok へ出発が、エールフランス機故障で延びる、早朝から起出して飛行場へ行ったり、大へんな精力消耗である。結局午後も駄目、夜に入っても見込なく、明朝の予定となる。朝手紙書き、昼から高木を訪ねてカ

チナへ出る、お茶と菓子で雑談一刻。

　夜中野君を誘ふ、丁度大信の交代者平野氏数日前に到着しあり、一緒に"大羅天"と"Van Canh"で遊ぶ。今夕我が家に小田君の友人で現在当地の労働組合の事務局長をしてゐる越南人来りて会食せるに、久保田社長より質問もあり、北部避難民の状況を聞き得、全部で約八十万人程に上り、235個の部落に分散してゐると云ふが、特に開拓のモデルケースとして成果をあげてゐるのは My Tho-Vinh Long 間の Kai Sang[138] と云ふ処で、約十万人を入植させ、七万五千ヘクタールの土地を拓く計画と云ふ。北部の連中は昔ながらによく働くやうである。

五月七日（月）晴一時雨

　早朝五時起で、小田君の出張、千賀氏等の調査団、今日から Ban Me Thuot、Nha Trang[139]、Tourane[140]、Hue を視察するのについて行く。八時久保田社長一日遅れの Air-France で Bangkok へ発たる。仕事終ったブルドーザの置場所を T.P. に頼みしに、運搬車も貸してくれると云ふので、giading［ザーディン Gia Định］の T.P. の資材部へ行く。部長に会って申し込み、即刻指定場所を聞く。午後貨物駅に T.P. の運搬車廻送、ブルドーザを積んで、飛行場附近の置場へ行く。無料保管は有難たい。夜日本工営の帰国第二陣たる土木の宇田川、今井両氏の送別会を我が家で行ふ。

五月八日（火）曇時々雨

　午前八時難民監督本部に参集、日本商社の寄附金による難民学童に贈る品物の授与式が行はる。小長谷大使初め日本商社代表者約十名列席、日越国旗が掲揚された広場で、難民の学童達が感謝の意を述べ、積み重ねられた日本よりの贈物を大使以下各人それぞれ学童たちの代表者へ手渡す。和かな雰囲気が流れて、善行はやはり快いものである。終って難民部落の紹介展を観る。各部族の手芸品や産物など陳列されあり。

　昼前塚田氏があわてて駆け込み来り、庄司氏と松井君が越南の兵隊に捕へられたと云ふ。急いで現場に急行して事情を聞くに、軍管理の宿舎へ無断侵入したために軟禁されてゐるわけで、下士官らしい衛兵司令格が強硬で、身柄を渡さぬため、一緒に地区司令官の処へ行って交渉す。雨中を奔走二時間半、結局

138　正しくは Cai San という綴りの土地と推測されるが、詳細不明。
139　☞《地名編》〈ニャチャン〉
140　☞《地名編》〈トゥーラン〉

1956 年

大佐級の警備隊長の処まで行って解決し、無事二人を引取る。日本人がスパイをしたり、泥棒に入ったりする筈なく、間違へて入った事は明かで、衛兵司令の非常識が起した事件と云ふべし、外交問題にすることもなく済んだのは、先づ良好と云ふべし。然も庄司氏は知らぬ事としても、通訳の松井君がついてゐての間違ひは一寸どうかしてゐると云ふ処である。やはり少々なめられたわけか。

午後更に日本工営のボーリング用機械の通関で、税関の部長級と折衝、結局明日朝八時には引取れる事となり、Dran 行の自動車は明朝出発させる事とす。宇田川、今井の両氏、また Air France が遅れて心配したが、程なく出発帰国。夜柳ヶ瀬氏と外出、市庁前でアメリカ空軍の軍楽隊の大演奏会が行はれてゐるのを聞く、久し振りに音楽らしい音楽を耳にして非常に楽しいものがある。後 "Vanh Canh [Van Canh]" で遊ぶ。婉華小姐は面白い相手である。柳ヶ瀬氏同慶ホテルに泊まる。

五月九日（水）曇一時雨

毎日の雨で涼しく、蘇生の思ひがする。二人も留守の事務所では仕事が多くて客の応接に疲れる。今夕東山氏来着、平石君と飛行場に迎へる。通関の時荷物が足らなくて大騒ぎになる、東京で積み忘れたものかと、飛行会社でも心配してゐるが、どうやら羽田税関で押へられたものらしい。日本工営の託送品が着かずに困る。月砂氏も入れて四人でショロンの新陶園で会食、"Arc en Ciel" で歓迎の夜を過す。彼は大分日本でも集中攻撃を受けたらしいが、此処でもまた一苦労することならん、初日の感じでも些か勘がにぶいやうで、話の急所が掴めぬ人のやうに思はれる。

五月十日（木）曇時々雨

キリスト教の所謂昇天節と云ふ日で、此の国では準国教の立場であるキリスト教のこと、国祭となってゐる。銀行・会社全部休務で、我々もそれに従ふ。昨日来た東山氏は何かはやる気持があるやうで、事務所やバイヤーへの挨拶などに出掛ける。小田君帰着、田舎廻りの出張で些か憔悴の様、千賀調査団の無能がいよいよ明かで仕事の成果は期し得ぬやう。それでも地方の特に Tourane あたりの重要性など見られて有益なりし由。

五月十一日（金）晴後一時雨

陽が照ると雨の湿気でむれて、ひどい暑さになる、一日中蒸風呂に入ってゐ

るやうなもので、一度に汗もが吹出す。千賀調査団 Hue より帰る、鈴木君も随つて帰貢、あまり収穫は望めないが、一応の常識的報告書は出来た様子。プノンペンから日活の第二陣で、竜野嬢も引揚げて来て、事務所へ訪ねてくれ、いろいろ話を聞く。相不変の内部的紛争と外部からの非難で、精神的に参つてゐるらしい。皆異常心理の状態と云ふ。やはり寄せ集めの一座は駄目なものである。彼女はとにかくテイチク専属で一人超然として紛争の圏外に立ち得るのが強味と云ふべし。それでもサイゴンでは外出禁止で、自由に歩けぬと云ふ。彼女の吹込んだ歌に"パゴダの見える丘"と云ふのがあるので、久沢君がパゴダ・ミシンの宣伝用に使ふなどの話をしたとか。環球旅店に泊つてゐると云ふので昼休みにその辺のレストランで食事をする。さすがに何カ月かの外地生活で心身共に疲れて来たやうに察せられる、色も黒くなり、何処となく元気がないのは気の毒、食事の故でもあらうか。今朝四人が帰国し、十五日に竜野嬢等も帰る由。

　石田夫妻を夕食に招待して歓談、主として越南の政治問題でかなり突込んだ意見が述べらる。石田氏は大統領に会ふ毎に、いろいろ聞かれ、それとなく、日本人の意見、気持を伝へてゐる由で、今夜の討論も、かなり重要なものであると云はる。賠償問題で我が主張も大いに披歴。大統領への参考ともなればよいわけである。

五月十二日（土）晴後曇

　千賀氏一行今朝は国防省で討議、小田君通訳して、各人の意見が整られてゐないため、非常にやり難く困つた由、内部的な対立をそのま、相手との交渉の場に持出すのは、実に馬鹿気た事で、全く非常識な話である。中の一人若松氏と十時から仏海軍司館［の］Barguet 提督に会ひに行く。浦賀ドック社長からの贈物とメッセージを伝へ、挨拶して帰る、贈られた日本の真珠に提督喜ぶ。さすがに Colonel ともなれば仲々に貫禄のある人物、上品でよい。次いで海軍工廠長を訪ね、同じく贈物をする。この Sayer 中佐は好人物、フランス人の朗らかで気兼ねのない性質で早速部下の少佐・大尉も紹介してくれ、自から工廠内を案内して一巡してくれる。若松氏すつかり面目を施し思いがけずも工廠視察の重要任務を果し得て大喜びの様子。正面から行つてはとても調査団に快く工廠を見せてくれる筈はないと思はれた事とて、この搦手戦術の奏効は殊勲物である。さすがにフランスが東洋の拠点として施設しただけに、相当完備されたもので、凡ゆる機械器具が一応揃つてゐる。百五十米の大ドックもあり、天井クレーンが各工場に備はり、ディーゼル発電機も二台、千四百と千八百 Kw、其他レーダー

の修理などもやってゐて、仲々有望な工廠と云へる。越南側もこれは垂涎の的と云ふべし。六月で退出するフランスとしてはまだ機械などの撤去は全くやってゐない模様である。

午後連中の出国ビザ手続や、切符などの手配で奔走。四時頃から竜野嬢を訪ねて暫く話す。夜 Nam Long、Bao Xuong、Nam Hang、それに San Seng My 等の会食に招待されて出席、十四人で賑かに卓を囲む、同慶ホテルのレストランである。他に日本人の客もかなりあり石川氏などの顔が見える。

五月十三日（日）晴後曇

日曜日なれど午前中、事務所へ出て打合せをなし、分担を決める。もっと根本的にサイゴン大南としての経営方針を研究する必要あり。Du Chateau の事務所も引越して来る。Catinat Hotel の石田夫妻を訪問雑談一刻。昼食は General Minh[141] の招待で小松夫妻、小田君と四人で出向く、先方は Minh 中将夫妻と Duc 少将に技術大佐で Minh 夫人の叔父に当る人など、Minh 官邸で会食。越南料理も上品で美味。話はづんで二時半まで居る。サイゴン地区の司令官と云ふが Minh 中将はまだ四十になるかならずの年恰好である、小肥ながら良器と思える。

五月十四日（月）曇

ひどいむし暑さで、降りそうな空模様ながら遂に雨来らず。朝日本工営の林・斎藤両氏を伴ひ、挨拶廻り。計画局長 Mr.Diem[142] は印度の会議に出張中で不在、小長谷大使に会って暫く話して辞去。千賀調査団一行明日帰国する由。残務あり、千賀団長のみ数日滞在を延期することになる。夜宿舎へ日本工営の明日帰る連中を招待して別宴を張る。小田君大使招宴に出席。

五月十五日（火）雨後曇

午前四時頃か、豪雨激しい雷を伴って来る、その轟然たるに目覚め窓扉を閉す。一挙にして涼気至る。五時半起床、小田君と飛行場へ行く。先づ七時発で、千賀調査団の一行中五人香港経由帰国の途につくを送る。駐日越南大使の見送

141　後にベトナム共和国最後の大統領となったズオン・ヴァン・ミン（Dương Văn Minh, 1916-2001）を指すと思われる。

142　フイン・ヴァン・ディエム（Huỳnh Văn Điểm）を指す。公共事業・交通相、国家計画委員会主任を兼務していた（1958年当時）。また、ディエムは、「ベトナム国」時代の1953年6月、沈船引揚交渉のため来日している。［TTLT2/PBCC&GT/7224］［Trued 1960:260］［朝日（朝）530624］。☞《事項編》〈沈船引揚・賠償問題〉

で小長谷大使以下有力者が顔を並べ、Mr.Tho 前大使など越南の要人達も多く、時ならぬ日越交歓の場と化す。その飛行機で久保田社長 Bangkok より到着さる。更に八時発の Tokyo 行で日本工営の連中三人帰国、同機は殆んど日本人の客で占められ、小松夫人や石田夫妻、それに日活歌舞団の連中五人も出発、竜野嬢も去る、別袖さすがに名残惜しげに我が手に手紙を渡して行く、支那服の着こなしもよし。定刻より一時間程遅れ、雨上りの空へ、Super Constration の雄姿浮かび爽翔一路。

　涼しい日で、午睡充分、午後東洋火薬の漆間氏来訪、火薬の市場調査に東南アジアを巡旅の由、日本では武器弾薬火薬の数が生産過剰で弱ってゐるらしい。軍用火薬は近く必ず問題になるものと思はる。内地の新聞は新しい政治の動きを伝へ、内閣の大改造も近くあるらしい。過日の世界柔道選手権大会ではさすがに日本の二代表圧倒的に強く、優勝戦はこの二人吉松・夏井で行ひ、夏井選手が優勢勝で、第一回世界選手権者となった由、外国選手をすべて一分以内で片づけた手並みは当然ながら愉快事。宇垣一成元大将の死去は生きた歴史をまた一人失ったわけ。

五月十六日（水）曇後雨

　午前中東山氏の滞在延期や在留居などで奔走。T.K.Thong よりダイナマイトの政府納入について話あり、丁度よく東洋火薬の漆間氏を紹介して、早速オファーを取ることとす。従来デスクールを通じてゐたものを、越南商社に切換へるためらしい。

五月十七日（木）晴後一時雨

　久し振りに青空が見える、日本の五月のやうな微風が快い朝である。仏祖生誕二千五百年祭[143]とか、今日は国祭日、キリストも釈迦も休日をもたらしてくれるわけ。昼小松氏と Mr.Vu 来宅会食、久保田社長も一緒で、Mr.Vu と経済開発の問題を討論。特に中部越南の電源・道路の開発建設などを話題とす。ラオスとの関連、メコンの電力開発に対する考へ方など面白い議論と出る。午後久保田社長を案内して Bien Hoa へ行く。中野君、平野氏も同行、例の名産の焼物店を見る。同じやうなものが大量にあっては些か食傷して買気起らず、引揚げる、二個三個くらいが骨董屋にでもあれば垂涎の代物にならうものを。川畔で一休

143　旧暦4月8日。ベトナムの伝統行事は旧暦に従うものが多いため、本日記で書かれている新暦とはズレが生じている。

みして帰る。

五月十八日（金）曇一時雨

　朝飛行場に久保田社長、千賀団長等の帰国を送る。日活の最後の一団も帰る、手品の小女も元気。午後小田君小松氏と共に Phnom-Penh へ発つ、彼地の事務所問題など用事多ければ三、四日滞在の予定とす。

五月十九日（土）晴

　午後東山・平石・鈴木の諸君、日本工営の自動車で Dalat へ行く。明後日の祭日を利して連休を清遊のため。午後二時から Saigon 印刷の主人に頼まれて、USAM［USOM］関係で日本から派遣されて来た印刷技師清水氏の通訳として、技術指導の工場現場視察に同行する。Saigon 印刷は政府関係の印刷物も引受け、アメリカ側から一応指定工場となってゐるものらしいが、資材の不足などで実に遅れた製法をやってゐる。清水氏も驚いてゐたが、骨董的なものとなってゐるバンダイク法による二重手間の写真印刷は、最早や世界中尋ねても珍しいものであると云ふ。その他機械の調整を必要としたり、種々の欠点を指摘してその矯正改良を勧告して、技術的向上に努力、三時間程も職工連中と話して帰る。専門的知識と云ふものは大切なことで、通訳しながら大いに学ぶ処あり。夜清水氏を誘って外出、ショロンを廻り、"Arc en Ciel" で遊ぶ。暫らく姿を見せず、結婚の噂があった Lanh が再び此処に勤め出したのはダンサーの生態として常ながら、堅気になる難しさか。

五月二十日（日）晴

　独り居で久し振りにのびのびと休日を楽しむ、正に読書三昧で終日、静かで快い一日。夜柳ヶ瀬氏を誘って映画を見る "Danseurs de Mexico"。凡作で、演技も色彩も日本のものよりずっと不巧い。後 "Van Canh" で一刻。

五月二十一日（月）晴一時雨

　今日も国祭とかで休務、朝一寸事務所へ出て見たが用事なし、商店街も閑散としてゐる。十時に本村氏と国防省へ行く、官房長に会ふのに二時間半も待たされ、僅か五分の折衝は馬鹿気た話である、問題は技術者派遣の俸給基準で、日本側から提出せる $300 乃至 $600 の要求をフィリピン並みに $250 程度から $500 に値切られる。フィリピンの技術者と同待遇はとても受けられない条件で、

実力経験など日本の技術者が数等上位にあるのは明かな事である。その点相手も個人的にはよく分かってゐて同情してゐるが、官庁の規定としてはやむを得ぬと云ふ処らしい。
　日本側は多分不満で話は纏り難くなる可能性があるが、相手の真意は、話を決裂させるため、知ってゐてその条件を切出したのか、又はもう少し安くすれば出来るとの意味か問題である。いづれにしてもむきになって反発する事はないやうである。夜、柳ヶ瀬氏・清水氏等と共に"Pointe des Blagueurs"に行って飲む。ダラットから三人組帰る。

五月二十二日（火）晴一時雨
　青空の見える快適な朝、飛行場に本村氏を送る、七人の侍最後の一人である。日本での上部工作に委せて、後の連絡は大南が代行することとす。飛行場で久我、江原の両氏と話す、血の気の多い久我氏の気性は相不変で、髀肉の嘆をかこつ、何か一仕事やりたいものとしきりに誘ひかけらる。なほ夢を捨てぬ人として珍しくも頼もしい一人ではある。夕食関口氏来り、明日Bangkokへ発つと云ふので送別宴、後雑談に過す。

五月二十三日（水）晴
　猛烈な暑さに苦しむ、午前中柳ヶ瀬氏とT.P.のMr.Thanhに会ひ、建築関係の資料をもらひ、Saigon変電所の地耐力測定について打合せをする。専門的には仲々面倒な事らしく、現場で地下何米か掘って土を取って試験するもので二ヶ月もかゝると云ふのであわてる。午後小田君久沢君を伴って帰る、Phnom-Penhの仕事は非常に忙しく一人加勢を要すると云ふので、近く出張の予定とす。夜平石君とThai Tachの招待に出席、三菱、兼松、浅野等のお歴々が一緒で、食事は例によって亜東大酒楼の出前で美味、十時半解散。帰宅して鈴木君も一緒に、東山・久沢君等と合流して"Arc en Ciel"で遊ぶ。

五月二十四日（木）晴一時雨
　久沢君Phnom-Penhへ帰任、関口氏も昨夜Bangkokへ発つ、柳ヶ瀬氏も打合せのため一旦Dranへ帰らる、急に人数が減って落着く。夜日本医科大学の岡村博士と中島歯科医療機製作所の中島取締役を招待して会食、日本歯科使節団として一行東南アジア諸国を巡って帰途、岡村氏の教へ子がOng Titの息子で日本に在学中との縁あり。両氏のみサイゴンに足を伸ばされた由、久し振りに我が家

の日本式料理で生き返った気持がするらしく、大いに食べ且つ話しての上機嫌、専門的な話も面白く有益。後"岬"で夕涼み。小牧近江氏[144]と岡村氏は昔馴染みの飲み仲間らしくその話題で一入はづむ。十時頃別れて、我々三人組小田、鈴木両君と"May Fair"で飲む。高木、マリー等来てゐて雑談一刻、更に"[Au] Chalet"へ延して十二時。

五月二十五日（金）晴一時雨

　涼しい風があって凌ぎよい一日。或ひは先日の南太平洋の米国水爆実験の影響かも知れない好気候。汗もかゝない。T.P.のMr.Thanhと打合せる。月曜日にSaigon変電所予定地の地耐力測定を現場で検討することとす。Phnom Penhの久沢君から連絡で、応接依頼あり、主として雑貨部門との事で、急遽平石君が出発することとなる。夜月砂氏来宅、韓国人会の設立でいろいろ議論ある模様、韓国公使館も出来て、否応なく彼等も半日本人的性格から、自国の紐帯に連る事となるわけで、連中には有難迷惑と云った処らしい。当地では反日感情はあっても甚だ不利なため、表面上は依然として日本語を話しながら日本商社の周囲に生活することであらう。一緒に"Pointe des Blagueurs"から"Arc en Ciel"へ行って飲み遊ぶ。新聞で日本登山隊が遂にマナスルを征服した旨読む、二回の登頂に成功した由。

五月二十六日（土）晴一時雨

　平石君の滞在延期の手続がまだ出来ずに、Phnom-Penh行のVisa取れず、内務省などを奔走。午後Cholonに行き後Saigonで連絡の手紙を書く。夜東京銀行の菅野・佐口両氏を宿舎へ招待、日本食に二人とも大いに喜んでくれ、雑談もはづむ。九時頃から、東山、鈴木、平石の諸君と共に映画"La guerre ne paie pas"と云ふのを見る。第二次世界大戦の回想で、ドイツのヨーロッパ席巻から敗北の日まで、すべて前線の実写を編集した迫力のある記録映画である。従って戦争の想ひ出よりも先にテンポの早い戦ひの実相が目を刺激して少々頭の痛くなる作品である。

五月二十七日（日）曇時々雨

　涼しい日曜日、午前中よく眠り、読書も進む。午後から退屈しのぎに小田君

144　☞《人物編》〈小牧近江〉

の発議で鈴木・平石両君と四人ドライブに出掛ける、初めて行く My Tho［ミトー］街道、雨を衝いてデルタの平野を走る。メコンの支流が処々に入り込んでさながら水郷、目に緑したたり、畠一面の稲の苗も快い田園風景である。午後三時頃 My Tho。街路樹に覆れてなかなか落着いた昔ながらの瀟洒な町である。メコン河畔の船着場は、地方物資の集散に繁栄を見せて賑はふ。地方色豊かな品々が山と積まれ、舟一ぱいに載せられて、曳線を待つ様子。豪雨一しきり来るを、河畔のレストランで雨よけしてビールを飲みながら雑談一刻、河水はかなり増して来てゐて、対岸まで一粁はある広いメコンの流れは悠々として頼しい風情である。帰途を Go Cong［ゴーコン］[145] 廻りにして、迂回して更にデルタの風景を満喫す。昔ながらの渡舟場は、綱に沿って行く小規模なのと、汽船による大規模なのと、それぞれに楽しい。渡舟を待つ間に、汚い村の飲屋でホティユ[146] を食べる、味はよし、空腹には全く美味。夕焼のメコンはまた美しく、旅愁ありて皆童心に還る思ひ。遠足気分である。午後七時帰宅。夜中野君等と囲卓。

五月二十八日（月）晴

　午前中柳ヶ瀬と T.P. で Mr.Thanh に会ひ、地耐力検査の件は日本工営の方でやる事を話し、了解を得る。あまり費用が高過ぎるためである。ブルドーザの件で、今日三菱扶桑の猪瀬部長マニラから飛来、庄司氏の喜び方一入である。夕方コンチネンタルのテラスで猪瀬氏と会ふ。明日打合せを約す。夜柳ヶ瀬氏小田君と三人で"May Fair"から"Van Canh"、"[Au] Chalet"と飲み、些か参る。

五月二十九日（火）晴一時雨

　事務所の仕事多忙。平石君は明日 Phnom-Penh へ発つ事となる。工営の方の連絡事務で T.P. 通ひもあれこれと多ひ。夕食に猪瀬氏と庄司氏を招待、柳ヶ瀬氏も同席でブルドーザの処置について打合せる、賃料が日本に於ける基準よりも大分安い事が分り、少くとも日本では一時間 3,000 円になる由にて、一日十時間稼働が普通と云ふ、又ブルドーザの寿命はフルに動かして 1,000 時間程でオーバーホールする必要ありとのこと、当地の作業が、特に雨季となれば少しは作

145　現ティエンザン Tiền Giang 省に位置するゴーコン Gò Công。ミトーから北上すればミトー街道を通ってサイゴンに至る道となり、東に 30 キロほど進んでから北上すればゴーコンを通るルートとなる。

146　フーティエウ（Hủ Tiếu）。南部で一般的に食される、米粉から作られた麺。ミトー市の特産。

1956年

業効率も落ちるが、うまく使へば二ヶ年は保つらしい。種々技術面の説明を聞き、賃貸契約の基礎知識を得る。猪瀬氏は技術者上がりの親分肌で、仲々体躯堂々としてゐて頼もしげに見える。信を置くべき人物。"May Fair"から"Arc en Ciel"に案内して一夕を過す。竜野嬢より新聞送らる、彼女の帰国談が載ってゐるが興あり。小松氏帰貢。

五月三十日（水）晴一時雨

Buldoger [bulldozer]の件で、借主と交渉、綾瀬氏とも談合して、午後四時賃貸契約を結ぶ、宣伝サービスのつもりで月七万ピアストルの一カ月二十六日稼働の計算、少し安過ぎるが、止むを得ず。相手は専門家で農地にトラクター開拓の緒を開いた当地の第一人者らしく、信用出来るやうである。雑誌の写真に彼の指導する開拓の様子が載ってゐて、本当に実力行のある人らしい。問題のブルドーザが解決して人安心と云ふ処本人も気に入って、90％と買ふつもりと云ふ。三菱としても最初の一台が動く事はプラスであり、日本工営も仕事は終って、その後始末が出来れば云ふ事なし。八方によい結果と云ふべし。岸本氏入院の診断結果は恐るべき肺癌とのこと。最早や手当の仕様もなく、肺癌の切除は日本に行かねば出来ないし、手術も最早や手遅れと判断され死期を待つのみと云ふべし。気の毒を越して正に悲惨と云ふも余りあり。後の家族の事が問題。北村氏は一応退職してもらふ。プラスにならぬ人員を抱へることもないとして。夜中野君・平野氏等と映画"Légion Étrangère"を観る。フランス物らしい味がある。後"Arc en Ciel"で一刻。

五月三十一日（木）晴一時雨

Buldoger [bulldozer]の賃貸で、T.P.の資材部長に会って、T.P.の置場から搬出の許可を得たり、今後の売込について話合ったりする。午後借主と共に現物の実地検査、運転を教えたり、部品をチェックしたり、庄司氏一日その方にかゝる。実物を動かして見て、本人ますます気に入った様子で、買気は充分である。最近に彼の仕事場へ運び、作業開始する予定。一日庄司氏がその作業現場で指導する事とす。Dalatからの電報で、Ban Me Thuotの発電機据付の件で、四日にMr.Kyと現地へ行くため、我が同行を依頼し来る。

夜月砂氏来る。岸本氏の病状を話して、万一の場合に処する葬儀などの処置について、韓国人会との関係など打合せる。九時頃から小田君と"May Fair"に行って飲む。Mme Anrietteは明日から辞めて結婚生活に入ると云ふことなりしが、

125

また少し延期にした由。"May Fair"も売に出てゐるらしいが、まだ適当な経営者もなき様子、最近はとみにさびれてゐる。やはり看板娘的存在の彼女の婚約のためなるべし。デ杯戦で日本のホームグラウンドで充分勝つ予想を裏切って、日本チームは印度チームに敗北、日本のスポーツもこの処、全く東南アジア諸国なみとなった。

六月一日（金）晴一時雨

　温度は左程下がらないが、雨が降って自然の打水となり、気持よく涼やかな風景となる。新たに中国語・越南語・英語・仏語にシャム、カンボジアと各国語を話せる上に日本語もかなり出来る書記を一人入れて、当分の間見習ひさせる事とす。性質は温和で、語学の教師上りで真面目なやうである。商人の社会に合ふかどうか。

　午後久我氏を訪ねる。丁度Mr.Hiep来談中、戦時中によく談じ、いろいろ協力した仲でなつかしい。大親分の貫禄は充分である。岸本氏の件について、金谷氏へ久我氏から話してもらふ事とす。明後日Dalat、Ban Me Thuotへ行くため準備。小松氏のカンボジア見聞談、滔々として入る中共の人と技術と物と、近く事実上の衛星国化するものと云ふべし。中共機関は連日派手な宣伝をやってゐる由、共産圏の楔が遂にインドシナ半島に深く打ち込まれたわけ。アメリカの援助で食ひ、中共に貢いでゐる恰好は皮肉と云ふべく、アメリカの外交の拙劣さは覆ひ難い。ソン・グオック［ゴク］・タン氏の評判はよく、シアヌーク政策が余りにもタン氏を排撃するのは却って不利のやう。高台教主のファン［ファム］・コン・タックとも会った由、相変わらず頑固に世界に向って主張を打電してゐる処は昔の彊柢公に似てゐるとのこと。南北統一を説いて、北越南とも連絡頻繁の様子。

　キリロムの高原都市建設[147]は馬鹿気た非常識な計画で農業移民も暗礁に乗上げた現在、これも実現可能性少ない。シアヌーク的妄想の表れたるべし。

六月二日（土）晴

　午前中事務所で目の回る忙しさ。昼三井化学の高木氏を招待、染料の専門家でいろいろと商品知識を教はる。

　午後二時半からコンチネンタル・ホテルの猪瀬氏を訪ねて約一時間、型録を見ながら、ブルドーザや其他の建設機械、車両の講義を聞く。メーカーとし

　147　☞《事項編》〈キリロム高原都市〉

1956年

てはやはり此の処女市場をものにしたい気持で懸命である。後猪瀬氏のみやげ物買ひにつき合って一時、夜は三井化学の高木氏を主賓として、バイヤーの有力筋を招待し、愛華酒店で大南としての接待宴を張る。Hing Tong Hong、Tiet Cao、Dai Cong、Toan Hung 等を集めて十人余りの会食。盛会にして有益な話題もあり。後 "Arc en Ciel"。

六月三日（日）晴一時雨
　早朝小田君飛行場へ行き、Hong-Xuan-Nam の日本から託送されて来た、日本工営のアイソトープとガイガー計器を受領。それを持って午前八時出発、猪瀬、柳ヶ瀬両氏と共に車で Dalat へ向かふ。車中睡眠をとりつつ午後三時 Dran 着。暫く打合せをして、夕方 Dalat へ入る。Lang Bian Palace に泊る。澄涼の空気と静寂の夜、何時来ても心身の休まる処である。Hotel の夕食で葡萄酒にほろ酔い、早々に就寝。

六月四日（月）晴時々雨
　早朝起床、ホテルのテラスから眺める湖辺の風景は楽しいものの一つ。コーヒーを飲みながらの歓談も愉しい。七時半 Mr.Ky から廻されたジープで、渕本氏と二人 Ban Me Thuot へ向かふ。猪瀬、柳ヶ瀬の両氏は Dran から Saigon へ帰る。Ban Me Thuot への道は Djiring から入って舗装なき山道の曲折尽ることなく、凹凸また絶え間もなし、車上さすがにクタクタの態、途中モイ族の部落で一休みに、持参の弁当を取る。旅らしい気分である。約 150km もこの難路苦行して、やっと本道に出る。これは幅広い戦略道路で舗装もよく幕［爆］走して三時過ぎに B［an］Me Thuot へ着く。約 250km の道程を 8 時間もかゝったわけ。さすがに疲労して、取敢えず T.P. に連絡、Bangallow に泊る。木造の床高い古代建築に似た建物で、丸太の厚木が使ってゐて、いよいよ原始的な感じがする。部屋も少なく、渕本氏と相部屋で寝台二つ。何かにつけて不便極まる田舎生活である。
　夜 Mr.Ky と同行して、国境附近まで行って来たと云ふ一行来着、中にオーストラリア人でコロンボ計画[148]派遣員のスデュール氏がゐる。ブルドーザやトラクターを指導して、避難民の開拓を援助してゐる由。夜 T.P. の宿舎に招かれ、

148　1950 年 1 月にスリランカ (当時のセイロン) で開催されたイギリス連邦外相会議で設立が決定された「アジア及び太平洋の共同的経済社会開発のためのコロンボ・プラン」という正式名称を持つ開発途上国援助のための国際機関。日本は 1954 年 10 月 6 日に加盟を閣議決定し、1955 年から専門家の派遣という政府ベースの技術協力を開始した。［『世界大百科事典』1988］

Mr.Ky、Mr.Sanh 当地 T.P. の長に我に三人で会食。葡萄酒も白赤共によく、食事も美味、九時頃辞去して帰宿、ぐったりと横になる。山家の夜森閑たる中に隣室の夫婦喧嘩が耳について悩まさる。水が泥水で赤いのは不快。

六月五日（火）雨

　殆んど終日の雨、あまり激しくはないが、降り続いて止まず。やむなく雨を冒して仕事に出る。先づ Mr.Ky の案内で此処の県知事に会ひ挨拶をして、作業場の Drayring [Drayling] に行く。森林の中の難路を分けて約 10km、大爆布あり、■幅で七、八百米を超える大きな滝の畔にある新築の発電所、まだ出来上らず工事中であるが、落差十五米程の極く小規模なもの。早速渕本氏調査にかゝる。後 Mr.Ky 等は別れて帰り、二人残って発電所関係の機器材の調査を始む。フランス語の専門語に悩まされて仕事仲々捗らず、一日没頭して半分を終らず。三日程滞在してやる他なしと覚悟す。久し振りの肉体労働でもあり、些か疲れる。午後五時半頃引揚げる。夜附近の中華料理屋で食事、田舎料理。何もすることなく、又何の興味もないこととて早くより就床。雨しきり。

六月六日（水）雨

　今日も降り続く雨に発電所への道は益々ぬかるみ、ジープでも車をとられて千鳥足の状態、乗用車では無理であらう。一日中現場で梱包を調べ、どうやら整理がつく。写真を撮るにも晴れ間なくてかなはず。五時半帰宿、オーストラリア人と共に夕食歓談、アメリカ人の来客多し、皆軍人である。世界中到る処に軍事使節団や指導員やらを派遣してアメリカも大へんな負担であらう。この小さな田舎町のバンガローでも食堂では幾つかの違った言葉が話される。英、米、仏、越、支に日本語やモイ族達の言葉も入れて七つの人種が集まってゐるわけ、驚くべき国際性ではある。

六月七日（木）晴一時雨

　快晴の朝に早くから仕事を進め、午前中に T.P. の倉庫にある機材類の照合を終り、Drayring [Drayling] 発電所の写真も撮ってその関係を終了、午後から B. Me Thuot の送電配電関係の調査を行ふ、現在まで動いてゐるフランスの会社の火力と水力の発電所を視察、火力は動かしてゐないが、約二粁程郊外の林間にある小規模な水力発電は 250kw を出してゐる。いずれ Drayring [Drayling] が出来ればこのフランスの会社の方は役に立たなくなるらしい。配電線などは買収して利

用すべきものであらうが。今日で調査を完了して、明朝 Dalat へ帰る事とす。Mr.Soudure［スデュール］も同様、今日で仕事を終ったとのことで、明朝同行する事となる。夜仕事納めの一献を交はして、中華料理の good by party、Mr.Soudure 大いに飲む、次のレストランで二人のフランス人を仲間に入れる。彼等は越南生れでフランス人ながら土着した連中、妻君も越南人の由、その言は非常に悲痛である。

　即ちフランスはフランス人たる我々を見殺しにすると云ふのである。今や植民地の消滅と共に昔日の威力なく後退するフランス人達が、本国に帰る時、取残されて職を失ひ、地位を壊された彼らの境遇はたしかに気の毒である。丁度敗戦と共に天皇の軍隊が異国に遺棄され戦犯に葬られた時のあの日本兵達の感懐とやゝ似通ったものである。本国の資本家達は植民地を搾取してゐたが、フランス人のこのやうな二世達をも搾取して来たわけで、彼等は堂々孜孜として二十年も本国の富に奉仕して来た結果本国へも容れられず、惨めにつき放されたものである。そのやうな祖国への呪詛の言葉を激しく口にする二人をなだめすかして一時間もつき合ふ。疲れが出て酔も廻り九時半帰宿。

六月八日（金）晴

　珍しく碧空に白雲、雨を見ず。早朝七時ジープに乗って、この兵営町を後にす。全く一万人と人口のない町に兵舎のみ大きく、軍服の人影に比して、殆んど女性の姿を見ぬ殺風景な町ではある。町外れの戦車隊も Ban Me Thuot らしい。Mr.Soudure の運転技術はさすがに巧みで、山道の曲折もかなりのスピードで飛ばし、午後三時 Dalat に着く。渕本氏 Dran へ帰り、一人 Lang Bian に泊る。Délégué の Mme Tu を訪れ一刻。

六月九日（土）晴一時雨

　澄み渡って快く高原の一日、朝渕本氏来る。T.P. を訪ねしが Mr.Ky まだ視察旅行から帰らぬ由、技術部で Danhim 関係の資料綴を借りて、参考になるやうな資料を探す。大方はもうもらってゐて、更に有益なものとてなさそう。一わたり検討して、二・三の図面と報告書を写し、午前中に終る。午後休養、三時過ぎ Mme Tu 来訪、夕方まで話す。夕立の雨一陣、雨景の窓外また佳絶。

六月十日（日）晴

　続いて一日、雨を見ず、浮雲の地らしい、白雲悠々と去来す。午前中手紙も

何本か書きあげる。午後渕本、志賀氏らと連絡、後小さな映画館で西部劇"Le Train sifflera 3 Fois"を見る、日本訳では"真昼の決闘"としてゐたもので、ゲーリー・クーパー主演、グレース・ケリーの初期出演、日本で見落したが、さすがに迫力がある。西部劇映画の一転機をもたらした秀作で、音楽もなつかしい。この山奥では拾ひ物の二時間。ケリーが最近モナコ王女になったニュースもあり、そのスター以前の演技も興あり。夜退屈のあまり町へ出て、ホールへ行く、丁度Saigonの得意先の越南人夫妻が来てゐて席を共にし遅くまで飲み且つ踊る。嘗て戦時中にはこの夫妻共大南に勤めてゐたと云ふ。

六月十一日（月）晴後曇
　雨季と云ふに今日も降らず、涼しい風が吹いてまるで秋のやうなDalatである。午前中渕本氏とMr.Kyを訪ねて、Ban Me Thuotの調査報告やAnkroetの仕事の打合せ、Dalat-Dran-Lien Khangの送電線の件など、いろいろと話合ふ。これで我が出張の任務終了、渕本氏はDranに午後帰り、我が出発は明日の飛行機とて、ホテルで午睡と読書に悠々たる静養。もう避暑客も少なく淋しい。

六月十二日（火）晴一時雨
　午前中渕本氏とT.P.に行って最後の資料調査、昼前Dranに下り、事務所で昼食、午後三時の飛行機でSaigonへ帰る。同乗の客に日本語を話す越南人のマダムあり、昔の大南の連中を知って居り、店は大南の時計部の筋向ひに本屋をやってゐると云ふ。夜渡部、小林氏に伴はれて来る。明日のAFで東京から夫人来着の予定なるため。雑談一刻後皆で"[Au] Chalet"に行って踊る。

六月十三日（水）晴
　留守中の仕事山積しあり、Buldoger [bulldozer]についても運送屋の不注意で、輸送のため舟に積む折、クレーンのケーブルが切れて河中に沈めた由、幸いに我が方のBulは被害少なく、七十二時間目に引揚げて、動くやうであるが、もう一つ米国製十五トンの方は完全に壊れたらしい。借主も相当な損失である。我が不在中のこととて小田君が奔走したらしい。庄司氏そのために帰国が延び、十五日になる。今日その滞在手続などある。夕食我が家で中野君を招待して、彼の送別宴とす。彼もいよいよ明朝Hong Kongに発つと云ふ。今週中には東京の生活に入るわけ、羨しいことではある。夜八時過ぎ渡部夫妻と娘さん来る。思ったより元気な夫人と子供の様子である、自動車でドライブして一通りSaigon-

1956年

Cholonを案内してHotelに送り込む。後小田君と"Van Canh"に遊んで十二時。

六月十四日（木）晴

　メール日とて、留守中にたまった仕事の必要な連絡を一気に片付けて発信、出張報告も書く。沈んだブルドーザはどうやら動き、能力もあまり悪くはないやうで一安心、借主とも話し、円満に話をつけて、今後の協力を期す。夜我が家で庄司氏の送別宴、賑かに盃を交す。

六月十五日（金）晴

　暫く雨が降らぬため、気温が上って暑さはひどい。朝四時起床、皆で飛行場へ行く、中野君と堀丈商店の堀氏がHong Kongへ発つのを見送る。続いて八時出発のAF機で庄司氏帰国、最後まで事件に追はれて苦労した彼氏もやうやく心置きなく発てるので朗色あり。鹿島建設の野沢氏来らる。ビルマで日本工営と組んで仕事してゐるが、今度のDanhimの方の下検分に立寄られたわけ。郵便切手の印刷についてはどうやら日本で取れ、大南で取り扱ふ事に決まりそう。東京へ二回電話す。
　午後T.P.と気象局へ調査事項で出掛ける。夜久し振りに越南料理を食べに行く。後映画、アランラッド主演、南極洋捕鯨もので痛快。

六月十六日（土）晴

　烈しい暑気に体がなまる。
　午前十一時日本人商社懇談会の幹事会が開かれ、副会長の浜崎氏以下、一物、伊藤忠、丸紅、日綿、大南の代表者達で、第一回総会の開催と議案について打合せを行ふ。最近経済大臣のTho氏から日本の大使へ話があった事で、日本人の生活費とL/Cの差額について対策を考へる必要ある旨お互ひに討議す。日本人の遊興が過ぎるため、越南当局もアメリカ側も警告を発してゐると云ふが、原因としては、キャバレーあたりで、ダンサー達に日本人がもてるための嫉妬の感情から来てゐると見られる面が多いやうである。いづれにしても自粛すべき点はあり、それと日本人の滞在延期の問題もこめて、今後の処置を研究すべし。スポーツ部の設立は取敢へず野球と庭球が話題に上る。松下社長の帰貢予定も聞かる。午後大南事務所を二階から階下に引越す。場所が狭くて机の配置に一苦労、果して客に対しての効果は階上よりよいかどうか、疑問。夜Mr.Vu夫妻とMlle Ngocを招待して我家ですき焼き会をやる。御満足の様子。

六月十七日（日）晴
　日中無営にして終日、読書進む。新聞に読む日本の政況も相変らずの非常識、参議院も遂に乱斗国会となりて警官隊出動の醜状、社会党の人気はどうやら落目となる前兆か、日教組あたりの左翼に引づられて、暴力を揮ふに至っては最早やインテリの党とも云へない。

六月十八日（月）晴
　まだ雨が降らず、異常な気候状態である。南方名物の雨季スコールがなくては、何となく物足りない感じ。朝Dranから送って来た砂、砂利を土質研究所へ持って行って試験を依頼す。郵便切手の印刷はどうやら第一物産・三菱をのけて大南で取れる様になりそう。電話連絡で、東京とも話し、大詰めになる。ただあまり儲けのないサービス商売である。社長は月末来る予定とか。夜高木と映画に行く。

六月十九日（火）晴一時雨
　昼頃爽快なスコール一過、涼しい日である。最近ボツボツとライセンスが下り出し、来客も多く、かなり取引がまとまって来た様で張合ひがある。夕食後柳ヶ瀬氏と小田君も共に映画を見に行く、二本立てでかなり疲れる。

六月二十日（水）晴一時雨
　午前中T.P.で資料を探す。電気関係の指令など。午後接客でかなり忙しい。関口氏またBangkokから来貢、Laosでの話などして相変らず元気なもの、大南への代理店問題は依然決めぬ態度で、メーカーのバイヤーへの直結を策するものの如し。夜柳ヶ瀬氏・小田君と"Arc en Ciel"から"[Au] Chalet"で遊ぶ。"[Au] Chalet"に大信の平野氏来合せ、中野君の事でいろいろ愚痴る。中野君の私生活が乱れて、相当例のダンサーに入れあげてゐたと云ふので、かなり感情的になってゐる。DalatのT.P.のMr.Kyも来てゐて立話する。平石君Phnom-Penhより帰る。

六月二十一日（木）晴
　朝柳ヶ瀬氏Dranへ発つ。東京よりの便りで社長三十日のAF機をBOOKした由、いよいよまた現地の仕事に多忙を予想される。しかしやはり社長なくては万事が何となく低調である現在、活を入れられる意味で歓迎。夜関口氏来宅、根本的な方針について話合ひ、一応の諒解はついたやうであるが、まだまだ残され

た点多く、やはり商売の世界も実力を示す以外になしと感ず。義理人情よりも社の利益と云った処か。後は漫談で別る。明日 Manila 経由、帰国の途につく由。

六月二十二日（金）晴後曇

T.P. で道路関係の情報を聞く。一つ一つ専門的なデータを集める中に、かなり有益な知識が得られる。午後四時、関口氏を飛行場に送る、何となく溝の出来た感じである。夕方五時から日本商社懇談会[149]の第一回総会が開かれ、小田君出席。七時からの懇親会食は洞発酒店で五十人程の集会、大使以下館員全員出席で和かな晩餐、大使の演説はサイゴンの日本人にスイス人のやうな態度を望むと云ふ趣旨、即ち彼等は世界中に発展してゐるが、その土地土地で、その国の政治問題に関与しない、その国の人を尊重して礼儀正しく接する、社交を持ってゐる等々で、要するに国際人としての教養やエチケットを希望されたわけ。キャバレーあたりの狼藉は自重すべきであらう。宴終って日綿に誘はれて麻雀に参加、メンバーは大使館の西川二等書記官、小林事務官、日綿の市居氏等で、二戦、後ほど悪くて敗北す。

六月二十三日（土）晴一時雨

昨夜の雀戦が今朝の三時までかゝり、寝不足の出勤。鉄道局で鉄道関係の情報を聞く。昼、三菱の要望で、Viet Nam 号で寄港中の参議院議員の高良とみ女史とその女秘書を我が家の日本料理に招待することになってゐて、船まで迎へに行く。両女史の姿なく、聞けば今朝から誰かが呼びに来て出掛けられた由、止むなく、三菱の井上氏のみを客にして食事。午後休務熟睡。夜 Bao Xuong 一家の招待で、自宅に参上。小田、平石両君は別の招待に行き、東山、鈴木両君と共に出る。客の中に英国人の綿布商があり、元空軍の大尉とか。今でもドイツと日本は余りにも聡明で強い国民だから、我々にとっては危険な存在だと云ふ。誠実な人物の男で、云ふ事も英国人らしく、冗談は少いが共鳴できることが多い。宴後、"大金都" へ皆で繰込み終りまで。

六月二十四日（日）晴後一時雨

昼前約束により、同慶ホテルの陳小薇と近くの何小仙と両嬢を誘ひ、我が家に招いて会食。夜映画二本立てを見る。

---

149 在越日本商社懇話会。会長に松下光広大南公司社長、顧問に小長谷綽大使が就任した。
　　［ヴェトナム通信 21/22:40-41］

六月二十五日（月）晴時々雨
　本格的な雨季の様相、沛然たるスコールが、爽快な涼気をもたらす。中野君の帰国第一報、日本の生活はやはり多忙で窮屈で、南方帰りにはひどくこたえるらしい。Nga嬢によろしく伝えてくれと、帰ってなほ彼女のよさを書いて来るのには、余程心の通ふ相手だったものか。政府の工業化何ヶ年計画案の第一位にDanhimの水力発電があげられて居て、実施は本年九月十五日を開始日と予定してゐる由、この情報は小田君が直接計画局長のDiem氏から得たもので間違ひなし、いよいよ本格的な政治折衝が必要と云ふわけ、社長の帰貢によって、必ず日本側に獲得すべし。要は日本工営の技術的な報告書に対する信用度の問題であるが、何とか日本側の積極策がほしい処である。賠償と云ふ切札なくての交渉は困難が多かるべし。

六月二十六日　（火）　晴時々雨
　郵政省の記念切手はまとまって、大南のネームバリューが、越南でも日本でもかなり高まったことは確かである。次いで更に一般切手から紙幣まで日本で取れれば大成功、他に電話線架設の資材も頼まれ、漸次当国政府の関係に喰ひ込めそう。午後五時から日本商社懇談会の専門委員会。特にパテント問題と値段規正の問題を研究討論す。大体の意向で日本商社間の無理な競争を避け、越南側のライセンス許可値段と実際値段の差をなくする方法として、毎週金属・繊維・化薬品等の値段表を作って、政府に提出する案が提案さる。
　我れ一人反対論を打って一時間論戦す。即ち統制を強化する事の不当、大商社の利益のためになる、越南側に逆に利用されて、結果的には水準価格は最高水準となり、それ以上の売値は出せなくなるのみで、安売競争の幣を除くためのものにならない、等と反論して、七月以降の新措置による自然な推移を見てから対策を樹つべきであると、主張す。大勢は大商社の意見とて、一応越南側へ参考資料を出す意味で、日本商社の代表機関としての値段表を届けることに決定さる。恐らくは永く続かぬし、結果がよいものとはならぬと予想される。商社の連中、案外皆目先きの事しか考へてゐない。

六月二十七日（水）曇時々雨
　夜風が涼しくて、寝冷えしそうな気候である。まるで暑さ知らずの一日、仕事も捗る。次第に商況も活気を呈し始めて、事務が多忙。夕食に蝶理の高木、

1956年

広瀬[150]両君を招待して歓談、日本酒福娘を一本貰ふ。後"Arc en Ciel"に行きしが、ダンサーたちの話では最近客足が頓に減ったと云ふ、やはり此処二ヶ月ばかり商売不振のために一般的な不景気の皺よせらしい。一種のバロメーターとしてホールの盛衰に表れる。

六月二十八日（木）曇一時雨
　涼しい日がつづく。七月七日の記念祭に高台教が主催で宗教団体の集ひがあり、日本から、大本教の出口氏[151]初め五人の参加が決まり、大南で世話する事になったらしい。往復飛行切符の手配やビザの督促など仕事外の仕事がまた増える。読売の飯塚氏が来るので、それもビザの斡旋を頼んで来てゐる。午後鉄道局で技術的な情報を聞く。夜月砂氏来ての話では最近北川産業は解散して、新に資本主が出来、北川の事業を継承続行すると云ふ。イタリヤの沈船引揚げの会社は、引合はぬとかで、T.P.の要請を拒ったと云ふことで、再び日本側が引受ける情勢らしい。ただ北川の残党では仕事が順調に行くか疑問。

六月二十九日（金）曇一時雨
　社長明日の飛行機に乗る事間違ひなしと連絡電あり、仕事も宿舎もその準備をして待つ。当分コンチネンタル・ホテルに部屋を取る。蔡氏も一緒らしいので同慶を予約。出口氏等宗教代表のビザについては奔走するも、時間的に間に合ふかどうか疑問。夜珍しく東山・平石両君と共に映画を観る、西部劇で痛快なもの。

六月三十日（土）曇一時雨
　快絶のスコール、南国の情緒はこれによって極る。ブルドーザの借主来り、作業好調の由、明日家族と現場へ行くに同行を誘はれしが、社長来着のこととて次の機会にゆづる。郵政省の切手注文は更に追加あり、電話線の資材についても見込みある由、天幕も呉大統領の国防次官へ指令したとかで、近く実現化する筈、とにかく朗報と云ふべし。最近多くの日本人が滞在延期を拒否されてゐるらしく、国眼の水越君も遂にあきらめて帰国すると云ふ、鈴木君のも同じくどうも危い。夜小田君と映画を観る。二本立で"Texas"と云ふアメリカ西部劇と"Le Ouest de Zansibal"と云ふ半記録映画、珍しいアフリカの動植物の実態が面白い。

150　広瀬文一。在越日本商社懇話会会員。［ヴェトナム通信 21/22: 41］
151　大本教総長出口伊佐男。☞《事項編》〈大本教とカオダイ教〉

特に魚を使って、亀の背に吸着させ、亀を釣り上げる処は新知識たり。後"[Au] Chalet"から"May Fair"。代ったマダムが仲々魅力のあるフランス人である。

七月一日　曇時々雨

　松下社長を迎えに皆で暁暗の飛行場へ行く。午前四時半、細雨冷涼、昨夜不眠のままで出かける。定時にスーパー・コンストレーション機到着。社長、葵氏を伴って元気に降り立たる。通関に小一時間、東の空の白む頃となる。車を連ねて先づ宿舎に落ち着き、乾盃のシャンパン、Dr.An 夫妻も一緒に賑やかな話題が交はされ、社長のみやげ話は次々尽る処なし。既に朝食の時間となり、日本の蛤の佃煮などなつかしいもので和やかな食卓。後、社長はコンチネンタル・ホテル。蔡氏は同慶ホテルへそれぞれ送り、体をやすめ熟睡に入る。
　昼また一党の賑やかな食事と歓談、それに今後の仕事の打ち合わせあれこれ、社長日本では休養の暇もなかりしとのこと、此処でもまた種々の仕事を頼まれたり、企画したりで、当分多忙がつづきそうである。午後柳ヶ瀬氏来り、社長とDanhimの件で打ち合わせる。五時頃から社長またみやげ物を持って各大臣の自宅を歴訪、挨拶さる。Tho 経済大臣とは特に重要な会話があったらしい。大統領への贈物も多く、東京銀行の両氏挨拶に来られしが社長不在。Dalat の Mme Tu 来訪。明日会ふ事を約す。夜も久しぶりに笑声に楽しい夕餉、雨降りしきる。

七月二日（火）曇後雨

　昼過ぎから降り出した雨が遂に夜までも降りつづいて止まず、日本の梅雨のような肌寒さである。社長の奔走は例によって多方面に活発なもので、大体の越南政府の意向を掴むために大童の態、どうやら最近の越南の動向は日本側の消極策に対して、ひどく不機嫌の様である。Danhim もフランスの工作が相当深く喰入っている模様で楽観は全く出来ない実状である。夕方日本人の滞在延期に対する最近のビザ拒否が問題となって日本人会社の主だった代表者の討議が行われた由、社長出席して打合わせ、小長谷大使にも相談さる。鈴木君もその一人で、滞在拒否され、改めて Danhim 要因たる事と大南が営業登録している点をあげて再申請を出す。夕食前の一刻、Mme Tu を尋ねて、その叔父一家と歓談す。明後日 Dalat へ帰る由。夜食後社長を囲んで雑談十時まで。

七月三日（水）曇一時雨

　涼しい日がつづく。体からあせもがすっかり引いて甚だ快適。今日も一しき

り雨勢が甚しい。新措置以後の輸入は暫く停止状態で事務所に来客の足遠かる。保証金の積立をやったものかどうか、迷って傍観組が多い様子。日本商社では滞在延期不能のために、帰国する者が続出して大混乱。社長も鈴木君のことで奔走、政府要人と社長会談しきり。

七月四日（木）晴後曇一時雨
　久しぶりに朝は青空が見える。陰鬱な日々に少し退屈の頃とて、陽光が何か愉しい。程よい気温である。日本人の滞在拒否問題はやはり解決方法なくて、小長谷大使も苦心の様子ながら、基本的な通商条約もない日越関係とて、手の施しようもないらしい。最近の賠償交渉に対する日本側の乗気ない態度に気を悪くしての一種の牽制策と見るべし。鈴木君のは八月十五日までを何とか取れそうで、後はまたその時に何か手を尽す他なし。午後日本工営から送ってきた扇子を持って T.P. 等の関係官庁へ挨拶に廻る。宗教代表は結局愛善苑の出口氏のみビザ取れる。大統領の意向としても大勢来る要なしとのこと。金光教の代表たる田村氏と云ふのが現在当地にあって、日本からは二人出席するわけ。

七月五日（木）晴一時雨
　快適な一日、夏が却って過ごしやすい南方の気候。日本の湿気の多い暑さよりは数等快い。二日後に迫った大祭典のために街は準備であわただしい。出口氏の飛行切符を買ふのに手こずる。正規の外貨が仲々見つからぬためである。蝶理の広瀬君が持っているポンドの旅行小切手を買ふ事にして、Air France に交渉せるも難色あり。高台教の方ではそこまでは手が廻らず、大南まかせである。夜鈴木君と "Arc en Ciel" で遊ぶ。

七月六日（金）晴後一時雨
　サイゴン大南の経営を本気で考え、皆一致して能動的に働く事を種々の点から研究討議す。パテントの問題など重要な方針の決定は、更に十日程まって、社長が最後的な案を出す事にされ、とにかく次第に日本商社にとって不利な情勢にある現在、大南のみは、せめても日本と越南をつなぐ唯一の架け橋たるべき事を、新たに明記す。明日の呉大統領執政二周年記念日を前に、今日アメリカのニクソン副大統領が飛来、街々にはその歓迎の言葉が掲げられて、午後は大デモ行進が行はる。国会前を中心に、広場から大通りへ旗とプラカードの氾濫である。甚だしく日本の左翼デモに似ているが、軍隊がその中心に加る事が違ふ点である。夜

に入っては提灯と松明を手にしての大行進。青年の団体が次から次へと歓声をあげながら行く。正に盛大な前夜祭である。イルミネーションで夜景に映えるアーチ、興奮の渦巻く支庁前。交通整理を縫いながら"Tropic"に行き、映画を見る。"Les hommes en blanc"と"Le Maitre du gang"の二本。地味なもので好編。

七月七日（土）曇時々雨

　南国らしからぬ湿潤な雨が降ったり止んだり。呉大統領政権把握二周年祝賀祭も、雨のため人出少なく、やや低調。それでも政治業績展覧会などの催物には相当な人気が出ている。何と云っても呉大統領の業績は、此の国にとっては歴史的な優れた事績となるべきものである。特に軍事的な実力掌握と叛軍鎮圧は正に南越南の切札としての呉大統領を裏書きする実績である。憲法原案も出来て、十日頃には発布され、いよいよ独立国越南の体制が固められることとなろうが、大統領の任期は六ヶ年。当分呉大統領の地位と実力は動かぬものと見てよい。慶祝すべき事と云ふべし。

　朝、柳ヶ瀬氏とT.P.へ行き、電気関係の情報を聞く。役所もお祭り気分で、庭に舞台を設け、支那将棋の大きな説明図を作って解説をやっている。ちょうど日本での名人戦の解説のようなもので面白い。事務所は休務とす。昼前着く飛行機で切手の後口が若干着く筈とて、小田君と郵政省の官吏を誘い飛行場へ行って聞くに未着らしい。東山、平石両君は客先の案内でCapへ二日間遊びに行く。夜月砂氏、柳ヶ瀬氏、鈴木君とでショロンへ出掛け、"Arc en Ciel"と大金都で夜更し。

七月八日（日）曇後一時雨

　午前四時着のエール・フランス機で、宗教会議の日本代表として、大本教の出口氏来貢を迎へる。松下社長から当地の情勢について種々話して、同氏の認識に資す。宗教会議とは云へ越南の実状から、平和問題や原水爆禁止問題など、日本あたりで取り上げる運動方針は此処では出さず、反共の立場を考へての言行を希望するわけ。出口氏も日本で一応は研究していて、政治的な微妙な点は充分分かっている様子。ただ言葉の出来ぬための苦労が察せらる。Mr. Lienが案内して、セイロンの代表と共に、午前六時のエール・ベトナム機で会場のツーラン［トゥーラン］へ向ふ。高台教伝教派[152]の本山がツーランにあり、今度新しい

152　カオダイ教伝教聖会 Hội Thánh Cao Đài Truyền Giáo。メコンデルタに広がったカオダイ各分派（明真道、カオダイ先天、カオダイ蓮華総会）により設立された、宗派を

殿堂が建立されたその記念祭とも云ふべき行事である。一日籠居して手紙を書く。夜映画を観に行く。

七月九日（月）曇一時雨

　日本からの連絡書信がどっさりと入って仕事が多い。先月分の東京の取引実績をリストにして来ているのを見るに、約10万弗弱でやや低調の様子。赤字を辛うじて避れたものか。山から渕本、志賀両氏来貢。明朝久保田社長の飛来を迎へて最終的な打ち合わせのため。

七月十日（火）晴

　何日振りかで雨のない一日。南国らしい暑気で、却って気持が落ち着く。早朝三時半に飛行場で久保田社長を迎へる。相変わらずエネルギッシュな風貌で、今後の仕事の打ち合わせもいろいろと忙しい。社長終日つき切りで官庁関係を歴訪。夕方社長の使いで総統官邸でHai秘書官を訪ね。総統への贈物を渡し小田君の事件で奔走してもらったことを謝す。彼は甚だ好意的である。小田君もどうやら話がつきそうで裁判にはならない見通しがつき、ほっと一息。いくらか朗らかさを取り戻した感あり。Mme Anが一人で親切に気を付けて心配してくれるのは本当に有難い。越南人の中では珍しい人である。夜"海底二万里"を観る。デズニイの傑作で、日本では"青い大陸"と以後に評判になった作品である。面白くもまた有益な新知識の獲得である。

七月十一日（水）晴

　雨が降らぬとさすがに暑い。久し振りに汗づく。社長、久保田社長とT.P.関係説得に大活躍。真底のところはやはり日本側にDanhimをやらせる腹ではないかと推測されるが表面上は依然としてむづかしい様子。夜八時半の飛行機で久保田社長Bangkokへ出発さる。

七月十二日（木）晴後一時雨

　猛暑で、身体の調子が変る。山の連中車で早朝出発。午後出口氏帰貢。高台教伝道派の主催となる宗教会議は盛会だったらしいが、もし日本からの代表が

越えた連合布教機関。1938年に成立したダナンの忠誠聖室が中心となり、ベトナム中北部における布教活動を担った。1956年2月、ダナンに新たに忠興宝座が完成し、各国の宗教者を招いて落成式が執り行われた。［高津2012］

参加しなかったら、大へん面目を失ふ処だったらしく、非常な歓迎を受けられた様子である。Tourane、Hue、Quang Ngai と巡って来られ、地方の事情も大分勉強されたものの如く宗教家らしい観察もその話ぶりにうかがひ得る。夕食に我宿舎で松下社長、高台の連絡者 Lien 氏等と今後の方針を打合さる。Tay Ninh の本山から、是非来てほしいとの使者が来てゐるし、Ving［Vinh］Long の Hoa Hao［ホアハオ］教の方からも迎への連絡があったらしい。やはり宗教代表として相当注目されてゐる事は確かで、それだけに政治に巻込まれぬ慎重が必要である。伝教派との関係も微妙で、下手に動くと折角の誠意が無になる処か、ひいては日越間の友好にもひびく重大な点も見逃し得ない。予定より一週間程滞在延びる。

今夜、越南青年商工会議所の主催で、日本大使館も協賛して、日本映画の鑑賞会が催さる。入場料は避難救済などに寄付すると云ふ。場所はノロドム劇場。午後九時から、大南でも今日と明日の二日に分けて、三十枚程度買って、バイヤーにも配り、今夜は社員全員で出掛ける。珍しく社長も一緒。エール・フランスのマン夫人もその主人と共に招待して誘って同行。上演は"桂離宮"と云ふ文化映画の短編と、"修禅寺物語"。天然色で美しい作品ながら、どうした事か劇場の装置悪くトーキーが全然駄目で音楽なしの無言劇、僅かに英語のスーパーインポーズを見ながらのことで興味半減観衆も半数は途中で退場する始末。主催者側の大黒星である。我々日本人としても何とも云へぬ不愉快さである。それに暑い劇場で非常な難行。"修禅寺物語"の最後の迫力も惜しいかな。十二時前に終り、皆で"May Fair"で飲んで帰宅。珍しい十年ぶりに Mme Than に会ふ。熊谷氏のことをいろいろ話してなつかしそうである。

七月十三日（金）晴後一時雨

汗のふき出る暑さ。夕方からのスコールで救はる。出口氏の手続などで奔走。高台教本山派の黎善福[153]氏秘かに出口氏を来訪。Tay Ninh へ勧誘しきり。社長が幹旋して一応伝教派も納得して、明日は行かれる事になる。教主范公則［ファム・コン・タック］の亡命後を予測。高台教が政府に忠誠を誓った時の責任者がこの黎善福氏である。一緒に来てゐる日本語の通訳は、昔我が傘下にありし青年信徒。十年振りの再会でなつかしい。一緒に Tay Ninh へ来てくれと要望されしが、仕事の都合で拒はる。例の和好教の Ba Cut[154] 将軍、先頃捕へられて、特別軍事裁判にかけられてゐたが、遂に死刑決定。今朝執行された由。丁度十三日の金曜日

153　レー・ティエン・フオック。☞《人物編》
154　ホアハオ教派軍人レー・クアン・ヴィン。☞《人物編》

にギロチンの血祭りにあげられたもので、彼の捕へられたのも去る四月の十三日の金曜日だったと云ふ。或る程度、偶然以外の作為がなきにしも非ずである。然しギロチンは少々ひどい。

　日本からの来信に最近東京の各新聞に載った記事の切抜きが送られて来て、事の意外に驚く。我が家として終戦後住みなれた、あの上大崎の大川先生の家の庭から、ピストル四十何挺かが掘出されたと云ふのである。住田が管理者として当局との折衝に苦労してゐる様子が眼に見えるやうである。新聞に伝へられる処では、大した事件にもならずに済むらしいが、大川先生の家だけにニュースバリューはあるらしく、デカデカと取扱はれて、大へんな迷惑である。或いは却って住田には宣伝効果があってプラスかも知れぬが。我が居住当時でなくてよかったと云ふもの。知らぬ事ながら疑はれての家宅捜索は嫌なものであらう。包装もなく、当然隠匿ではなく、遺棄といふことは明白で、終戦当時誰が埋めたかが問題である。然し先生には別に関係はないが。

七月十四日（土）晴後雨

　日本で所謂巴里祭。フランス系の銀行、商社は休業。然し街は平静で何の変りもない。もう全く越南人の国である。出口氏の部屋で高台教の黎善福氏等と会ひ、明日の Tay Ninh 行を約束し、念のために内務省の外人係にその良否を問ふ。別段問題もないらしい。よい機会でもあり、勉強できると云ふもの。午後山のボーリングの連中 Thu Duc[155] に設営の連絡あり。変電所整地のため地耐力検査のためである。夕方、大統領よりの伝令来り、社長六時から会談。二時間にわたりいろいろの話題が論ぜられたらしい。第一に Danhim の事で、相当積極的に社長から申入れを行った模様。其他日本人退去問題や賠償及び経済協力の件など重要な進言をして大統領も熱心に聞いた由。

　大統領の話はアジア諸国の政治的動向について、各々面白い特別な情報を話してくれて大いに有益なものがあったとのこと。カンボジアの対中共及びソ連の態度についても興味深い観察がある。即ちシアヌークは中共との関係で中国人に押しまくられ、困って、ソ連へ中共を抑へるやう泣きつきに行ったと云ふのである。其他参考になる事が多い。日本工営の遊佐氏明朝帰国の別宴。

---

[155] トゥードゥック Thủ Đức。ジャーディン省北部に位置する県。サイゴンから 10 キロ程離れており、器の製造に用いられる良質の土を産出することで知られた。現在はホーチミン市に編入されている。［南洋経済研究所編 1942: 199］

七月十五日（日）晴後一時雨

朝八時過ぎ、高台教の黎善福師が阮有良君を伴ひ、出口氏も共に誘ひに来られ、Tay Ninh の本山へ案内さる。後の車には明理道[156]と南成徳道の各代表も同行。快晴の空、プノンペンへの道を風を切って馳す。約六十粁、Tay Ninh の町に入る。四粁程の地点で右折して高台教の本山に至る。高台教語によれば高台聖座、即ち聖域とか。境内の意か。此処が信徒二百万と号し、一時政府の一大敵国と作し嘗て、反仏運動の拠点たり。後に反共の牙城たりし、新興民族宗教の聖地である。此の聖座を中心に周辺二千五百ヘクタールの地域に約十五万の高台教徒が住んでゐて、依然として大勢力を誇ってゐる。正門に到れば黄・青・赤の三色旗が高台教の象徴たる天眼の図を描いた門柱にひるがへり、教義一行"大道三期普渡"の字が掲げられてゐる。

門を入れば 1942 年から五年間、教主の夢に見た神示の設計に従って信者の手で築いたと云ふ本堂の大殿堂が美々しくその壮姿を表はす。如何にも新興宗教らしい、五色の彩りは些か異国風に奇異な感を与へるが、あのバンコクあたりの仏堂伽藍に比べると余程まだその色彩に華麗さを欠くものであるが、とにかく、屋根の上に聳える大きな竜馬の彫刻が珍しい。それよりも、我等のための歓迎陣に驚かされる。全山あげての歓迎行事を準備してゐるらしく、大へんなお祭騒ぎ。中にカメラを持った外人達の姿も混って珍しい Tay Ninh の風景を撮らんと構へてゐる。案内に従って迎賓館たる一陳に入る。そこで主だった高台教の役員連と挨拶を交はす。護法たる范公則[157]教主なき今その教法をつぐ人[158]は憲法と云ふ役で教主の代理者たり。黎善福師は保世と云ふ職名で次ぎの高位にあり。一般行政・外交を司るものらしい。其他配師、教師、礼生などの位階が決められてゐて、配師と云ふ人達は殆どが老人で、礼生に若い顔が見える。

日本で高台に入信した永渕氏はこの礼生の役名をもらってゐて、とにかく一躍高級信者の端に加へられて優遇されてゐるわけである。ここで儀式的な準備

156　カオダイ教系新興宗教団体の一つ。植民地官吏らによる仏・道・儒三教の研究会が母体となり、1920 年代前半に誕生した。中心人物はアウ・キエット・ラム（Âu Kiệt Lâm, 1896-1941）。1927 年には、宗教活動の中心となる三宗廟が建てられた。主として瑤池金母が祀られ、三宗廟の呼称もこの女神のお告げによるものとしている。[Cơ quan Phổ thông Giáo lý Đại đạo 2005: 466-470]

157　ファム・コン・タック。

158　チュオン・ヒュー・ドゥック (Trương Hữu Đức, 1890-1976)。チョロン出身。カオダイ教の設立に携わった宗教指導者で、ヒエン・ファップ (Hiến Pháp 憲法) という役職にあった。[Đức Nguyên 1981: 207]

1956年

が整へられ、各役員は例の黄・青・赤の道服をまとひ、黎師が主宰して本堂へ行列する。先導には露払ひの役か頭は竜で体は馬の所謂竜馬の形をしたものを獅子舞の如く被った二人が、踊り舞ひながら練り歩く。その後に供物台に一式を飾って二人が持ちながら続く。華々しい儀礼的行進である。その後を黎師と並んで出口氏が主賓よろしく歩く側を我々代表団が行く。沿道にはぎっしりと信徒が並んで送迎するし、楽隊は鐘太鼓を鳴らして宗教的雰囲気を醸す。本堂の階段を上って、靴を脱ぎ内部に入る。此処より上には礼生以上の役員がずらりと送迎してゐる。内部もまた五色の彩りで特に青系統のかかった壁、柱には竜の彫刻が施されてゐて、真中の奥に本尊の座があり、天眼の絵が地球を象った大円体に、星座に囲れて紫雲の中に描かれてゐる。異様な絵で少々気味の悪いものである。その前で厳かに三拝の礼。経文らしきものは別に唱えられなかったが、本式には経を誦して勧行するものらしく、日に四回、役員は夜の十二夜に礼拝をする定めとか。礼拝を終って退く折に、左右に居並ぶ役員に紹介さる。本尊に向って右に男、左に女の役員、位階毎に一段づつ下って居流れる。各宗教区から主な連中が今日を晴れに参じ集ふものと聞けば、何となくてれた気持ちになる。本堂のつき当りに教主の座があり、その座を續って七匹の蛇が彫刻されてゐるのも薄気味悪いがその頭に下から怒、哀、中段に悪、欲、上部に喜、愛、楽の字が一匹づつに刻まれてゐて何かの意味を表はすもの。その背後の衡立の字は気をくずした金文字で大気の貴さを説いたものとか。

　本堂を出て別の福善堂と云ふ一院に入る。此処は本堂の陽に対して陰を祀ると云ひ、本尊は瑶池金母と云ふ金色の女像。丁度キリスト教の生母マリヤ。仏教の観音に当るもので、その功徳は慈善、即ち福善にあり。ここでは婦人役員が主力である。礼拝うやうやしくして退る。次いで高台教の霊廟たる報恩祠、教主の居るべき護法堂、等等を見て一旦元の応接門に帰る。

　十二時に大食堂で役員連約百人程と会食する。全部精進料理である。日本でのゆばのやうなものが肉の役割を果して、まるで本物の鶏料理の如き形と色づけまでした料理が出たりして、その工夫の跡に感心させられる。終って憲法 Truong-Huu-Duc 師が立って今日の歓迎の意を述べ、人類救済の精神的炬火をかかげる基地たる高台の理念を説き、日本の神道との教義的な一致を云ひ、最後に世界平和を念じて結ぶ。通訳は古沢氏とて戦中ビルマから来て、戦後此処 Tay Ninh に残って医者を業とする軍医と云ふ人が行ひしが、あまりむづかしい宗教用語は分らず、苦心の通訳である。

　応へて出口氏が立って挨拶。世界宗教協力協議会、日本宗教協力協議会及び

143

大本教の代表として今度の宗教会議に来た経緯から説き起し大本教の万教同根が高台教の万教一理と等しく、大本の三五の教が高台の三教五枝を一にするのと同理たることを論じて喝采を受け、1935年に大本から筧井［筧］氏[159]が派遣されて、高台教との結びつきが出来た歴史を回顧し、その折今はなき阮玉書[160]師から贈られた文献類は大本教が日本で弾圧に遇ったために警察に押収され、一部返却されたものは彊柢公に預けてゐたが、火災で失はれたことを話し感銘を与ふ。最後に今後の提携協力を約して結語とさる。古沢氏の通訳は不巧くて半分も正確には伝へられないやうであるが、阮有良君も側から助けてどうやら意のある処を伝へ得て、大きな効果あり。わざわざ日本から来られた出口氏としてはその役割を充分に果たされたものと云へる。

　解散後一時間程休憩して、今度は三時のお茶の会。五百人以上の大会同、茶菓で懇談。黎師の挨拶と出口氏の応酬、大拍手の裡に終る。後は車で高台聖座を一周。四通八達した道路を行くに、正に一市街の如く、各所に民家あり、市場あり、孤児院には六十名程が養はれ、病棟には五十人も収容され、一日六百人の施療患者があると云ふ。所謂福善の事業として大いに病療に意を用ひてゐて、例の青年高等会議所から派遣されてゐる中国の医者三人と看護婦四人、中の一人は比島人との事、彼等が此処に居住して大いに協力してゐるらしいが、その医者の一人羅時熙君は若い台湾人で殆んど完全な日本語を話し、非常に気持ちのよい人である。期限切れたのを、此処に居て更に勤務してゐる由。やはり本国よりも気分的によいためか。両親共に家庭では日本語を話してゐると云ふ珍しい生立ちである。持参した文藝春秋の読古しを古沢氏とこの羅君に分け与へて、大いに喜ばれる。其他学校も小・中学あり、約六千人程を教へてゐると云ふし、新しく建築中の市場は相当大きな規模である。又彊柢公の遺骨や維新王など、ゆかりの高貴な人達を祀ってゐる廟堂も新しく建立されてゐる。雨中を約三十分巡廻して大いに高台教の実体について学び得、有益な勉強たり。

　内務部の役所の二階から眺めた風景は又格別で、眼前に交趾支那平原で唯一の山たる黒女山[161]がつっ立ってゐる。頂点は雲に覆れて、何かしら神秘性を持

159　筧清澄。☞《事項編》〈大本教とカオダイ教〉

160　グエン・ゴック・トー（Nguyễn Ngọc Thơ,1873-1950），本名はグエン・ヴァン・トー（Nguyễn Văn Thơ）。ベトナム南部ソクチャン省出身のカオダイ教指導者。商業やゴム・プランテーションの請負業などに従事し、経営者として成功を収めたのち、カオダイ教に入信。1930年、頭師 Đầu Sư に任じられた。［Cơ Quan Phổ Thông Giáo Lý Đại Đạo 2005: 408-411］

161　バーデン山（Núi Bà Đen）。標高は986mで、メコンデルタでは最も高い。もともと

144

1956年

【写真1】タイニン・カオダイ教聖座前の集合写真。最前列右から5番目が出口氏。[西川文書]

ち、標高884mと云ふが呼名にふさわしい姿である。此処には仏寺が中腹にあって参詣人も多く程々の伝説も生んだ名所であるらしいが、高台教軍の一部が反政府行動に出て、此の山を中心に立籠り、過日政府の掃討軍に抵抗した事から、入山の人もなくなり、今は寺院も破壊されてゐると云ふ。反軍は殆んど恭順し、残りはカンボジア境内へ逃れ出たため、今は此のあたりは平静とのこと。然し時々政府の軍隊が来て残党の捜索をやるため、住民が恐がって他へ移住する者も多いとか。この内務部に最高役員会があり、教主以下十二人の要員で構成して、一切の教団運営について決定するものらしい。なほすべての位階は大天封と云って天から命ぜられるものを云ひ、自ら欲して位階につくに非ずと称する。戒律の点は菜食の実行は固く護られてゐて、役員は全く肉食せず、信徒一般も一ヶ月に十日間は肉食を断つ事になってゐて、市場でも肉を売らないと云ふ。其他教義について種々聞く処あり、文献一式をみやげに貰ひ、見ざる、云はざる、

はクメール人の信仰の対象であったが現在ではベトナム由来の女神が祀られており、その肌の色から黒い女神と言われている。

聞かざるの三猿の彫刻を贈られ、少女の捧げる花束も受けて持ち帰る。雨中なれど四時半頃帰途につき、Tay Ninh の街を一廻り見て後 Saigon へ馳す。

　六時過ぎ帰宅。夕食に社長へ詳細報告。各派宗教の協力合同へ動きは積極化する方向にあるも、キリスト教を除外してゐる点が些か心に危惧を持たせられる。それに高台本山と別派の伝道派の感情的対立も今後如何なる推移を見せるか果して出口氏の希望に副ふか否かも疑問である。ただ今日のことで高台本山へ面子は立ったものと云ふべし。夜まだつづいてゐる政府の業績展覧会を見に行く。特に軍隊の部は派手にやってゐる。土木部の Danhim Project も一応解説図が掲げられてゐるが、他に資料もなく、淋しい。やはり立体模型がほしいところである。

七月十六日（月）晴後一時雨

　昨日の高台本山へ、出口氏の出掛けられた事が、かなり反響を呼んで今朝から宗教界の訪客多き様子。特に別派の方は一種の対抗意識で、しきりに昨日の模様を尋ねる由。世界聯邦の Mr.Ng[uyen] Huu も来て接待を申入れる。これは一応拒る。出口氏も仲々慎重な態度である。小長谷大使と会い、共同の垣内氏にも連絡。今日、竜野嬢より来信。依頼された品物を買って、明朝発つ日本工営の矢野氏に托することとす。夜、矢野氏とやはり Phnom-Penh へ発つ蔡氏の送別宴を宿舎で催し、後矢野・柳ヶ瀬両氏と共に "May Fair" から "[Au] Chalet" で飲む。

七月十七日（火）曇後一時雨

　早朝五時起き、六時四十分の飛行機で発つ矢野氏を送りに飛行場へ行く。同時に送電班の有元・片平両氏到着。いよいよ雨中をジャングルに分け入っての抗打にかかるわけで、御苦労千万ではある。夜 Mme Tu 来訪。一緒に映画を見に行く。後、雨に濡れた街を車で廻りながらいろいろ話合ふ。彼女の戦後の苦労話など。新聞情報によれば、最近 Hanoi を訪れた日本の文化使節団、花柳徳兵衛、芥川也寸志、淡徳三郎等六名が胡首席[162] と会見して提携を語り、胡首席は Hanoi 大学に日本語を設けるなどと、しきりに両国の文化交流について語ったとのこと。Saigon の方が気にする筈である。

七月十八日（水）晴後一時雨

　新しい輸入制度で群小業者が鳴りをひそめ、事務所への訪客も著しく減って

---

[162]　ホー・チ・ミン（Hồ Chí Minh, 1890-1969）。

暇なこと、何人もゐるのは気がひける程。平石君は近くラオスへ出張の予定で手続にかかる。日本工営の方の連絡で T.P. 通いは相変らず。夜、送電班の二人と柳ヶ瀬に鈴木君等と映画を観に行く。"Violent Men"シネマコープの西部劇。見応へのある作品。

七月十九日（木）晴
　朝早く飛行場へ小長谷大使と出口氏の出発を送りに行く。飛行機故障して一日延びる由。出口氏の Hong Kong 経由は乗換へを BOAC にしたり連絡電を打ったり大へんなことである。湯浅氏・出口氏と共に "Pagode" で話す。越南の近状についての意見いろいろ。"Cambodge" で日渡氏来談。むづかしい時期に来て、今後の活動が問題である。日本人の過去については小長谷大使不在中に強硬手段は取らぬ筈であるが、好転した様子はなく、賠償問題や日本の対ソ交渉、それに北部越南や中共との接近といった悪材料が揃ってゐて、仲々容易に解決はつかない雲行きである。一般邦人間には小長谷大使無能の声があがりつつあり、当地の統一選挙の日を明日にして何か一種の烈しい気が感ぜられる。夕方コンチネンタルのテラスで湯浅氏・石川氏等と談論しきり。

七月二十日（金）晴
　雨降らず、暑気猛烈。小長谷大使 AF 機で日本に直航。出口氏、昼 Hong Kong 経由の帰途につかれるを送る。ボーリングの志賀氏下山来貢。有元・片平両氏山へ出発。夜 Mme Tu と散歩。街は厳戒体制で警官が要所要所に出張って車をとめいちいち車内捜査と乗客の身体検査までする。実に不愉快なことである。今日は例の統一選挙の日とて、共産党員の暗躍を防ぐためらしいが、少々度が過ぎてゐる感じがする。しかし市中全く平穏無事で何の事件も起こらぬ事予想通り。

七月二十一日（土）晴後曇
　今日も雨は遂に降らず、暑さに苦しむ。仕事の方は新制度以前のライセンスを取得した連中が相当ゐて、件数は多くなって来てゐるが、契約額は少ない。夕食は社長以下全員で Huynh-Thong-Hong の招待で玉蘭亭で会食。ウィスキーをかなり飲む。珍しく社長、小田君と映画"海底二万哩"を見に行かる。柳ヶ瀬氏を誘ひ、残った我々四人、"Arc en Ciel"へ繰込む。例の Lanh、Toan 両嬢を相手に終曲まで遊んで帰る。彼女等から言ひ出して明日の夕方一緒にドライブしようと云ふ事になり、鈴木君と応諾。

七月二十二日（日）晴

　青空にくっきりと白い雲が浮き出て、今日はまた上天気。朝シクローに乗って街へ出る。竜野嬢から依頼のあった、メトロポール・ホテルと金山レストランの全景を撮ったり、街々の風景を寫したりする。昼前、平石君 Vientiane へ向けて出発。午後六時約束により鈴木君と二人で Mlle Lanh の家へ出掛ける。Mlle Toan も来て四人で車を馳って Thu Duc へ行き、プールの側の屋外で食卓を囲む。満月が水面に映じて爽かな景色。越南料理でも食べられると云ふもの。風が出て涼しい夜である。鈴木君は水に入って半時間程泳ぐ。九時前帰り Mlle Lanh の家で雑談して別る。

七月二十三日（月）晴

　全く暑い。仕事の能率は自ら落ちて疲労激し。久沢君 Phnom-Penh から来る。蔡氏も車で帰着。久沢君と共に読売新聞の外報部次長の飯塚氏来貢。久し振りの面会でなつかしい。夜、一同揃って"Arc en Ciel"で飲む。明日また三時に日本から来客あり、寝る暇もなし。

七月二十四日（火）晴後一時雨

　早朝三時起、飛行場へ行きしが、AF 機の気まぐれは計り難く、既に一時間も前に到着。乗客の影なし。引返して Hotel を尋ね、Majestic で千賀氏と新谷氏を見付けて挨拶。七時頃久保田社長も Bangkok から来られ、社長また多忙至極。大使館へ千賀氏等を案内して行き、丁度居合せた JECFE 派遣の医師山名氏[163]と会ひ、よい機会なれば峯木氏の診断を願ふ。明日 Quinhon[164] へ発たれるとかで、今日早速峯木氏の宅まで行って臨床検診。やはり衰弱激しくて到底日本へ行って手術は出来るものではなさそう。喉頭結核との診断である。

　山名氏は先頃までカイサンの難民開拓村にあって一日施療一人で三百人もして来られ、大へんな活動振りで日本の医者として大いに尊敬賞讃されてゐる人。JECFE 派遣の医療使節団各国チームの中で、やはり一段と目立って優秀の折紙がついてゐる由。ただ一つ日本が此の国で行ってゐる善行と云ふべし。

163　山名弘哉。名古屋大学日比野内科医師。1956 年年 3 月より、日本青年会議所の派遣で 6ヶ月間、看護師 3 人とともにサイゴン市を中心に医療活動に従事した。［朝日（朝）560228］

164　中部に位置するビンディン Bình Định 省の省都クイニョン Quy Nhơn 市。

148

1956年

【写真2】ベルヴュの駅［西川文書］

七月二十五日（水）晴一時雨

　漸くスコールがあって涼気をもたらす。明日は Dalat に出張することとなり準備。夜、千賀、新谷両氏にスチュワーデスの中野嬢も入れて、ショロンの生記飯店で招待。面白い話題多く、九時過ぎに終り"May Fair"に行って飲む。

七月二十六日（木）晴一時雨

　朝六時四十五分離陸 AVN 機で Dalat へ。Lien khan［Liên Khang］飛行場に迎えの車あり。Dran に直行。既に Mr.Diem も Saigon から長駆して来て居り、久保田社長、渕本、志賀両技師の案内で実地視察。Dran 在住の T.P. の若い技師二人も同行。先づ、Kron ha［Krong Pha］の発電所地点まで降り、林中の予定地を見て漸次鉄管路を辿りながら Bellevue[165] 付近に至り、調整池の小さなダム予定地を見てDran へ帰る。久保田社長、図上で詳細な説明をして後昼食。日本式な料理もあ

165　ヴェルヴュ。トゥルチャム Tourcham 駅とダラット駅を結んでいた鉄道ダラット線の駅。標高1,000m に位置しており、ここから見えるファンラン Phan Rang 平野と南シナ海の展望が有名であった。［南洋経済研究所編 1942: 22］

り日本に三度も行ったことのある Diem 氏は喜んで食べる始末。かなりの年ながら Saigon から自分で運転してきて、実地を歩き、午後また車を運転して帰ると云ふ強行軍には我等も一寸驚かされるバイタリティーである。質問も当を得てゐて、たしかに此の国では第一流の技術者であり、頭脳のよい人である。

　午後 Dran のダムサイト視察。スコールに見舞われて永くは居られず、三時頃 Mr.Diem 帰る。久保田社長は更に現場を歩いて指図し、夕食も Dran で会食。渕本氏千田君の帰国の別宴でもありビールを挙げて談笑。夜八時半 Dalat へ帰着。Lang Bian Palace で泊まる。九時過ぎに Mme Tu の宅を訪ね、いろいろな話をしながら家庭的雰囲気を喫して帰宿。今朝からの睡眠不足でやや疲れが出る。

七月二十七日（金）晴一時雨

　爽快な朝。陽の当たるテラスの暖いコーヒーで新鮮なバター、ジャムのトーストは大へん美味。久保田社長、柳ヶ瀬氏は朝〔食〕後、直ぐに Dran 廻りで Saigon へ向はる。独居悠々と読書に耽り大いに進む。何の煩しさもなく終日楽しい。夕食後近くの Mme Tu を訊ねて歓談。彼女の夫君パリに留学してゐて、もう五年程になる由。

七月二十八日（土）雨後晴

　朝雨冷然として肌寒い。雨上りに T.P. の Mr.Ky を訪ふ。Saigon から昨日帰った由。中央での空気が変り、Danhim に対してもフランス側の工作がのびて来て、フランスへもって行かれる趨勢は覆ひ難きもののやうで、彼氏も憂慮しあり。彼氏としてはフランス人嫌ひのため、とてもフランス人と一緒には仕事をしたくない気持らしいが、政府の意向が次第にフランスへ傾くのを見て、独り焦慮してゐるとのこと。もう一度政府の方針を変へさせるために運動する必要があると云ひ、九月には此処のポストを辞めて暫く休暇をとることになって居り、その間、一ヶ月程でも日本に旅行して日本のダム工事の実地を見学し、大いに学んで帰りたいと希望を述べあり。T.P. の人事移動はかなり広汎にわたる様で、そんな点でも日本との結びつきは薄くなる模様である。

　昼 Mr.Covassi 夫妻と食事。その令息なども一緒に歓談す。イタリア人ももう少ないらしい。いろいろ終戦後の苦労話を聞く。彼も日本のスパイ嫌疑でフランス人に虐められ、後では越盟の手先として警戒されたり大へんだったらしい。元ファッシストたる彼のこととて当然ながら、生き残って元気に仕事をしてゐるのは嬉しい。何の陰気な反感もなく、昔ながらの朗かさで御馳走してくれ、

家へ案内して談笑したり、イタリア人らしい人のよさである。Mr.Lavinitiは脱出して、其後北阿あたりで商売をしてゐるとか。Mr.Petrocchiは女出入で一人の女にピストルで撃たれ、もう一人の女と一緒に殺されたとか。派手な陽気な彼らしい死様ではある。昔話は盡きせぬもの。午後睡眠充分。

夜退屈しのぎに映画を見る。"The Big Combo"と云ふアメリカのギャング物。土曜日の夜と云ふに季節外れで、街は淋しい。隣のホールで結婚披露の大宴会が催されてゐて、正装の紳士淑女が音楽も楽しげに華かな晩餐会。夜遅くまで賑かに続けらる。

七月二十九日（日）晴一時雨

朝Dranより志賀・大谷・阿部氏等来り、暫らく話して後、十時半AVNのバスで飛行場へ向ふ。十一時四十五分発。白雲重畳の中を飛ぶ。上下動烈しく不快な旅である。昼過ぎSaigon着。社長、小田君と丁度飯塚氏のLaosへ発たれるのを送って飛行場に来られあり。飯塚氏とも別れの挨拶。午後小田、鈴木君と"[Au] Chalet"の娘を二人誘ってThu Ducへ行く。夕暮まで水辺に遊び七時過ぎ帰宅。食後小田君とEDENへ映画を観に行く。例の"ケイン号の叛乱"小説程には面白くないが、さすがに異色のある秀作。

七月三十日（月）晴一時雨

新制度もどうやら実際的に動き出して客足繁く出入り多し。仕事は一段と多忙になる。殆んど外へ出られぬ程に用務あり。時計の件もViet Nam Watchと話は進みものになりそう。Ankroetの問題、久保田社長と松下社長がT.P.のMr.Dinhと折衝をつづけ、何とか獲得せんものと努力さる。もう一押しと云ふ処か。T.P.内部のいろいろの事情から、最近の交渉はどうも捗々しくない。やはり日越間のもっと根本的な問題が解決されねば駄目かも知れない。夜、高木宅を訪ねて雑談して過す。マリーが近くメトロポール・ホテルの附近でバーを開業する由。ローザは日本から帰ったとか。高木もそろそろ引揚げ時期で交代者が若く無力なのをこぼすあり。

七月三十一日（火）晴一時雨

久保田社長、渕本氏、千田君等の帰国はAF機が三十時間も延着とかで今朝は飛ばず、無為に一日。渕本氏は昨日からの熱発をオーレオマイシンで何とか抑えて今日は無理にも帰国のつもりなりしが、遅れて幸ひ。久保田社長は例の性急さで大分焦心の様子。来客立てこんで事務所の忙しさは一入である。夕方、

本格的なスコール沛然として来る。Continental Palace で社長、久保田社長とスチュワーデスの河西、中野両嬢を入れて一杯、爽かな雨にビールも美味。
　夜、小田、鈴木君と映画。二本立で二つとも面白い。"島のならず者"（Le Vagabond des îles）はよい。エジプトがスエズ運河を閉鎖して、中近東の風雲ただならず、先頃のチトー、ネール、ナセル三巨頭会談で、中立主義勢力の一歩左傾が明かとなり、エジプトの対ソ戦略授受から次第に親ソの線を打出す政策に米英仏の自由陣営がかなり強硬な態度を決し、例のアスワン・ダムへの融資の打切りを声明したのに対して、エジプトがスエズを閉めて対抗してゐるわけであるが、その裏には北阿の問題で手を焼いてゐる仏、地中海の防衛に苦心の英、そして石油資源とイスラエルの関係で米国の立場など、要するに戦略的な烈しい主導権の争奪と見るべきである。

八月一日（水）晴一時雨
　午後三時やっと AF 機出発。久保田社長、渕本氏、千田君等一行を飛行場に送る。引きつづき来客多く、プロフォーマ・インボイスによる申請で新しい引合ひが続出。手不足もかこつ状態。夜宿舎へ。新谷氏・千賀氏に中野嬢を招待して、越南料理で会食。九時過ぎに終り。後、千賀氏初め我々一党で"大金都"へ行く。

八月二日（木）晴後一時雨
　事務所終日多忙。さすが頭が疲れる。珍しく Mlle Rosa 来る。日本から帰って来たが、熊木君と話がついて、又三ヶ月程したら日本へ行くと云ふ。先方は離婚して待ってゐるとか。仲々深い真面目なものらしい。夜、華僑の組合のおえら方、洪珠盤、雲昌鎔、王乃義の諸先生の招待で、社長以下一同、玉蘭亭に赴く。宴後"Arc en Ciel"から"Au Chalet"へのす。

八月三日（金）晴後一時雨
　シンガポールかの陳共存氏[166]団長で、経済使節団来貢。かつての Southseas Corp. 時代の若き御大が今や Singapore の名士として乗込んで来るのは悪くない。

166　陳共存（Tan Keong Choon, 1918-）。シンガポール華人。中国厦門の集美生まれ。父親は陳嘉庚の弟陳敬賢。1935年、厦門大学に留学するも日中戦争によりシンガポールに移る。日本のシンガポール占領後、陳一族が抗日華僑として追及を受けると、ベトナムに逃れた。戦後シンガポールに戻り、1948年、ゴム交易を扱うサウスシーズ・コーポレーション（南亜公司）を起こし、成功を収めた。[National Library Board Singapore, 2009, http://eresources.nlb.gov.sg/infopedia/articles/SIP_1494_2009-04-09.html]

社長、飛行場に迎へる。仕事が忙しく神経もいら立つ。夜、気分を直しに映画を観に行くつもりが雨で足止め。

八月四日（土）晴後時時雨
　Proforma Invoice の作成に追れて事務所から一歩も出られぬ有様。午後も休務とせずに勤む。連日の雨、正に本格的なスコールで、豪強沛然たり。Mr.Tan 来るに会ふ。夜、客と"大金都"で遊ぶ。ラオスから平石君今日帰貢。ラオスの情況報告を聞く。まるで未開地たる事は彼も生活に参ったらしく、二度とは出張したくない様子。それに商売も今は動いてゐるが購買力のない実状がら少し品物が入れば直ぐにダボつくものと思はれ、あまり興味はない市場である。それでも東綿の二人他、日本商社の出張員が十人近くゐて、東京銀行も事務所を開いたと云ふ。主として Bangkok から来た連中で Vientiane へは Saigon からよりも Bangkok からの方が万事に便利な様子である。民族的、地理的に理の当然と云ふべし。
　現政府の首相と自由ラオの首領とは兄弟で、最近新に和平交渉が行はれてゐる。そこへタイ国に亡命中の長兄も帰国して両者を斡旋すると云ふことも云はれてゐて、正に統一ラオスの動きが著しい。副首相の Mr.Catay には平石君も挨拶して贈物の人形を届けたが、その私宅は日本なら普通のサラリーマンの住居程度で、ラオス式の床上げした木造屋だったのに驚いたと云ふ。Vientiane も首都とは云へ、日本の田舎町を出でぬもの、その現実を知らねば判断を誤る。

八月五日（日）晴時々雨
　寝冷えする程の涼しさで、日本の夏とは正に逆。日本へ暑中見舞も満更実感なきに非ずか。社長、小田君と陳氏を案内。後、日本人墓地に参詣さる。帰って来ての話に、墓地は荒れて殆んど皆、心なき土民の手によって発かれてゐると云ふ。敗れた国の異郷の魂は悲愁切々たるものあるべし。ただ歴史の流れは帝王の墓石をも留めぬ事あれば、片々たる足跡はまた止むを得ぬ現実とすべきか。いづれにしても日本人の地位はかくの如きものかと観念さる。
　午後 Mme Covassi を訪ねて先日 Dalat での写真を渡す。夜、柳ヶ瀬・大谷の両氏とショロンに日本映画の二本立を観に行く。"女の流行"と"縮図"。中国語のトーキーではあるが、表情動作で筋は察し得る。特に異国で見ると"縮図"のよさは一入で、やはり一流の作品たるに恥じぬものあり。後"Arc en Ciel"で遊ぶ。陳氏と会ふ。彼氏、大南とゴムで協力して大いに仕事する意志あり。今

153

後面白い仕事となるべし。

八月六日（月）晴後一時雨
　Profomaの作成で追はれ、タイピスト一人を増員して暇もなく勤む。午前午後殆んど休みなしで頭が疲れる。夕方約束でMlle Lanhと落合ひ夕食を共にして話す。しみじみと身の上話をしたりして、一時間。車でドライブして別る。

八月七日（火）晴後時々雨
　Proforma作成に追はれて終日。少々頭が疲れて来たやう。つまらぬ作業であるが、とにかく商戦の実態は正に此処にあるわけで、量が質に転換する理である。夜"Arc en Ciel"の食堂で陳氏を招待し林氏、蔡氏、それに社長、小田君と六人会食。ゴムの話、実現を期す。宴後"大金都"。

八月八日（水）晴後時々雨
　まだつづくPro-Invoiceの日々。事務所に籠ったきり。来客の応接で殆ど終日。昼寝が何よりの休憩。夜、乾利行の接待で全員、柳ヶ瀬氏や千賀、新谷両氏も入れて同慶の会食に出る。さすがに乾利の宴会で豪華にして美味な料理である。飲み且つ食ひで総勢二十人余りが和気藹々の会食。十時前終り、乾利の若手社員達と共に"Arc en Ciel"で踊る。

八月九日（木）晴後時々雨
　今日もまた多忙な一日。申請の日が近く、バイヤーも急いでゐるため、休む暇もない。午後、陳氏Singaporeへ帰る。夜、頭の疲れを癒すために映画を観に行く。

八月十日（金）晴後一時雨
　忙しいのも今日まで。朝から夕まで客がたて込んで戦場の如く騒々しさ。どうも大南式ながさついた風が抜けない。親しみやすく、誰でも出入してゐるせいでもあるがやはり昔からの伝統的な荒削りな性格の反映とも云へる。夜も追込みで宿舎でタイプの音が夜中まで。

八月十一日（土）晴後時々雨
　午前中申請の締切前の追込みで多忙。午後も出社して事務整理。十日程絶え

た連絡書類を書いたりする。夜小田、鈴木君と映画を見る。後 "Arc en Ciel" で労を癒す。

八月十二日（日）晴後時々雨
　朝寝して休養充分。久し振りに読書に過す一日。反陽子の世界所謂裏返しの宇宙が発見されたり、今年は火星が三十万年ぶりで接近したり、天文を按ずるのは時に人間の叡智たる気持ちがよく分る。オートメーション時代でヨーロッパで古今東西の地球上の戦争の原因を十六億五千万件も集めてオートメーションによってその原因の順位を出し、戦争をなくすための方法を見出すと云ふ話も面白いが多分無駄な事ながら、そんな話題が退屈を救ってくれるものである。今日は社長 Tho 経済大臣と要談二時間余。大分大臣教育をやったらしい。

八月十三日（月）晴後一時雨
　仕事終って一息入れた処へ、昨日の飛行機で着いた日本からの Pro-invoice が山積、正に後の祭と云ふやつで、兵は巧遅よりも拙早を尊ぶものとその遅延に対して内地へ警告す。内地でも当地でも大へんな苦汁の二週間。二重に骨折りした次第で後れた Invoice は何の役にも立たぬ反故同然。航空郵便料が何万の損か。さはれ客足も去り、手紙など書いて落着いた仕事。夜、月砂氏の新しく買った車で新しく設営中の宿舎を見に行き、後 "おしゃべり岬" で挙盃歓談。鈴木君と更に "Van Canh" で遊ぶ。

八月十四日（火）晴
　一日珍しく雨降らずでさすがに暑い。事務所は閑々。資料、型録の整理や手紙書き。日本工営の方ももう直ぐ終了で最後のしめくくりに社長 17 日に Dalat へ行く予定とか。千賀氏新谷氏の方もやっと目鼻がついて来たらしい。

八月十五日（水）晴
　此の国では Assumption（マリヤ昇天祭）で休日。我々には敗戦の十一年。感慨とてないがよくもこれまでと日本の復興に憶ふ。朝、仕事に出社。午後、休務して読書。夜 Toan Hung の招宴。氷家レストランで社長以下出席会食。貴州省の茅台酒と云ふ高価な酒あり。此の酒は世界の酒コンテストでも屈指のものと云ふ。古びた壺に入れてゐて、かなり強烈。舌に甘く地酒らしい味がある。悪酔はせぬものと云ふが多くは飲めない。正に味ふべき酒と云ふべし。ウイスキー

グラスに一杯だけ馳走となる。Toan Hung 一堂と大南との商売上の提携に関する顔合せの晩餐と云ふ処で、今後の発展と前祝ひす。宴後 "Arc en Ciel" から "大金都" へ。

八月十六日（木）晴
　今日もまだ雨なし。暑さは増して流汗不快。Pro-Invoice の受付が明日まで延期されたとかで、更に間際を利しての申請もあって多用。経団連から千賀・新谷両氏へ腹を据えて談判せよと激励電報来る。まるで日ソ交渉のやうな感じの古風な面白い電文である。二十六日大総統が Danhim Project の現場視察に行かれる由。社長早速久保田社長の来貢を促し準備にかかる。

八月十七日（金）晴
　猛暑。体がだるく物憂い。仕事も閑で気持ちがすっきりしない。月砂氏も机を一つ持つようになり半大南人として出発することになり、社長より心得を説かる。夜、宿舎で垣内氏の送別宴。間渕、柳ヶ瀬氏等の酒豪達が集る。我々大南組三人は外食ショロンでして、後映画 "Désert vivant"（砂漠は生きてゐる）を観る。面白い。

八月十八日（土）晴一時雨
　早朝、社長、小田君、柳ヶ瀬氏、千賀氏、新谷一行 Dalat へ発つ。仕事は全く閑散たるもの。送電班の有元、片平両氏来らる。今は Bien Hoa へ移る処を宿舎の好適なものなくて、Saigon まで伸じ Gia Dinh 辺りの安宿を本據と定め当分其処から仕事に出る由。予定より一ヶ月も短縮し、費用も大分節減出来たらしく、辛いが後、暫らくの辛抱と元気に語って帰らる。夜、独りで食事、後、映画を見に行く。

八月十九日（日）晴後曇一時雨
　午前三時起床。岡本商店から出張して来る堺井氏を迎へに飛行場へ行く。四時前到着。通関も簡単に一先づ宿舎へ帰る。午前中休憩。昼、小田君 Dalat より帰る。午後坂井氏を案内して市内一巡おしゃべり岬で飲んで涼み、いろいろ仕事の打合せもする。後増井氏を訪ねて雑談一刻。夕食は皆でショロンの生記で会食し月砂氏宅に寄って暫時駄舌る。此処へ越して早々の今日もう泥棒に入られて月砂氏些かくさってゐる。坂井氏に托進の竜野嬢のレコード三枚入手。

1956年

八月二十日（月）晴後曇一時雨
　日本より涼しい。坂井氏元気に活動を始む。然し今日は盆の中日、此の国でも大事な仏事、慰霊の日とて午後からは官庁も休務。坂井氏を案内して廻りしが無為。夕方コンチネンタルのテラスで小田君と落合ひ三人で Ng [uyen] Tung 邸を訪ひしが、母堂入院とかで会へず。夜、雑談に過す。

八月二十一日（火）晴
　五日以内に帰国せよと言ひ渡されてゐた鈴木君初め、東山、平石の諸君も元気なく、電報で見込薄と報じて帰国準備してゐた処へ、せっぱ詰まっての大統領の好意の配ひで、特に大南の三人に対して滞在許可六ヶ月を与へるやう内務部へ指示があった由。秘書官の Mr.Hai より連絡あり、ほっと一息して元気を取戻すと共に、急にホームシックの方も感じて、痛し痒しと云ふ有様。
　さはれ大統領に縋っての特別許可とて、他の商社の連中には吹張出来ぬものと云ふべし。この処、日本人商社の連中、皆浮足立って、落着いて仕事も出来ぬ始末。一度あっさりと引揚げるべきか。大使館でも毎日邦人がつめかけてビザ問題で大へんらしい。Transit Visa で居据りを策する不心得な者もあり。甲論乙駁である。元中将の真奈木［馬奈木］[167]氏カンボジア行の途次立寄らる。夜、坂井氏を案内して、皆でミト［ミトー］街道にドライブ、後"大金都"。

八月二十二日（水）晴一時雨
　昨夜の暑さは猛烈。殆んど熟睡せずに朝となる。今日は従って体の調子が悪く、疲労甚し。坂井氏についてバイヤー廻り。大物から順次挨拶に行く。五軒も廻れば時間なし。午後社長帰来。日本商社懇話会の臨時役員会で日本人退去問題の最後の討議が行はれ、社長の奔走に依頼する形は当然の成行。六球のドイツ製ラジオを VN 弗 5,500 で買ひ、今日からやっと日本の海外放送を聞き得て些かの慰めとなる。民謡がなつかしい。日ソ交渉は中断、国論はソ連の強圧的な態度に憤激。重光外相もロンドンのスエズ問題会議から直接帰国すると云ふ。領土問題は何と云っても最も端的に民族感情に影響し、一切の他の諸条件の打算功利に優先する。いづれは臥薪嘗胆して将来の大成を期すべき日本民族の試練か。

167　馬奈木敬信。日本の「仏印処理」時、カンボジア駐屯軍司令官。1956年8月、森林資源、とくにラワン材輸入の可能性を調査するためにカンボジアに派遣された。［只熊 1956: 58］［朝日（夕）560813］　☞《人物編》〈只熊力〉

八月二十三日（木）晴後一時雨
　坂井氏を案内して紙のバイヤー廻り。さすがに専門家だけに熱心でよく知ってゐて、バイヤー説得には好都合である。山から志賀氏来る。T.P. 関係への説明のため。もう仕事は終ったが、次の久保田社長の来貢まで Boring 班は全員待機することになってゐるため、現地で休養中の由。夜、映画 "Phenix City" を観る。迫力のある作品。

八月二十四日（金）晴後一時雨
　例の如くバイヤー廻り。送電班の連中連絡に来る。後、数日で全部の杭のベトン打を完了する予定。昼、坂井氏と社長、小田君等四人でコンチネンタルで会食。郵便切手の新しい政府注文について打合せをする。午後、飛行場近くの Mme Ng［uyen］-Tan-Viet を訪ねしが不在。夕、坂井氏、小田君と三人で Overseas Phurchase［Purchase］へ行き商談。長くかかって夜となる。"May Fair" でカレーライスを特製で食べる。美味。会計係の Marrie 嬢に明日写真のモデルになってくれるやう頼んで OK。後 "Van Canh" から "Au Chalet" へ廻る。

八月二十五日（土）晴後曇
　午前中、志賀氏と T.P. の O.N.D.E.E.[168] に Mr.Tung を訪ねて、Ankroet 報告の説明をする。文の誤りは随所にあり。Mme Viet 来社。差金受取る。いろいろの話しに彼女のよさを知る。去年パリから帰ったばかりで、なほ一種の学生気質と異国情緒があるために、何となく話してゐて面白い。パリ、ロンドン、ヴェニスなどの旅行談にも魅力あり。日本映画の来るたびにパリで見たと云ふ。此の国では珍しい良い女性の一人である。
　午後約束により、坂井氏、小田君と四時過ぎに、先づ、婉華小姐の家へ誘ひに行く。つれ出して、更に大南ホテルの五十四号室に Marrie 嬢を誘ひしが、彼女都合悪くて駄目。車を馳せて埠頭から河向ふ、Nha Be の方へドライブ。夕景の田園を背景に椰子などあしらって写真を撮って帰る。坂井氏はカラー・フィルムを大分持って来たらしく、記念写真に一生懸命。夜、宿舎に来客あり会食。国籍不明の陳氏と云ふ人で、アメリカの機関と関係深く、終戦直後米軍司令部と共に日本に来て、日本政府の要人達と相当密接に往来したらしい口振りで、しきりに大物の名を出して仲々日本の機微に詳しい。言葉は殆んど日本人同様

168　Office National de Rééquipement des Installations de production et de Distribution d'Energie Electrique（電力管理修繕局）の略称。［TTLT2/PBCC&GT/ 7124］

1956 年

に巧みな日本語で、勿論英語もうまい。得態の知れぬ四十才程の紳士。一寸見た処はまるで色白の日本人である。日本酒を賞し、新橋を語り、しきりに日本をなつかしがって盃を重ね、九時半頃帰る。後、皆で映画"世界の末日"を観に行きしが、全くの愚作。

八月二十六日（日）晴後時々雨
　朝八時予定通り小田君運転で Cap へ向ふ。柳ヶ瀬氏、坂井氏、鈴木君同行。快適な郊外の風景と涼気。道路はよくて昼前 Cap に着き、早速写真を撮る。昼食に海老、蟹、魚は美味。元 Cap の砲台があった岬を廻り、岩と白砂と波とを背景にして芸術的な写真を意図する。更に車を返して逆の岬を廻って Cap に戻り、Long Hai ［ロンハイ］[169] へ向ふ。午後三時半着。此処は最近発展した海水浴場。天気が怪しくなって客足は少いが、快適な避暑。二時間程海辺で遊び、皆、波と戯れて、五時過帰途につく。途中雨となり、小田君運転に慎重。八時頃帰宅。

八月二十七日（月）晴後一時雨
　小長谷大使帰任で、社長と打合せも充分に、賠償問題にダニム電源も入れる線で、本腰の交渉が開始される様子。社長も例によって当路の要人を歴訪して、しきりに奔走さる。国防省の方の折衝も原案出来て、どうやらまとまる模様。海軍工廠のことも希望あり。次第に拡げた網に魚のかかる手応へあり。夜、魏兄弟以下中国銀行の連中に招かれて "Arc en Ciel" へ行く。小田君、坂井氏と三人。コニャックの乾杯で小田君かなり酔態あり。坂井氏も参る。十時半解散。二人を送って独りホールで遊ぶ。

八月二十八日（火）晴後一時雨
　T.P. 関係の連絡、坂井氏の案内などで忙しい。生松脂の件で Mr.Nghia を訪ねしが不在。夕方坂井氏と Mr.Ng［uyen］Trung 邸を訪ねて二時間程商談。専門家だけに甚だ熱心である。夜涼しく久し振りに読書。落着いて家に居ると、やはり郷愁耐え難きものがある。

八月二十九日（水）晴後時々雨
　涼しい一日。例によって坂井氏とバイヤー廻り。午後彼氏さすがに疲労出て

169　現バリア・ブンタウ Bà Rịa-Vũng Tàu 省にあるロンハイ Long Hải 市。省都ブンタウ市からは 6 キロほどにある海浜リゾート地。

休む。日本から来て十日もすると、どうしてもバテるらしい。鉱山局から依頼の北部の炭鉱ボーリングの話が決るらしく、早速ボーリング班に機械器材を持って出勤してほしいとの事で、明日はトラックを鉱山局から出してもらふやうに話が決る。夜、宿舎に国防次官初め軍のおえら方三人と経団連の千賀・新谷氏等を呼んですき焼の宴を張る。そのため大南一党は外食する事となり、坂井氏、東山、平石、鈴木の諸君に月砂氏、蔡氏等も共に越南料理を食べに行く。あまり美味くもなく、早く出て、映画を観る。

八月三十日（木）晴後一時雨

　鉱山局から借りたトラックで田崎通訳が同乗して先づ Dran に向ひ、明日鉱山局の技師が Dran に行くのを待って機械器材を積込み、現場へ出発する事となる。塩の話 Cana[170] の方はまとまり、社長嬉しそう。更に Hong Khoi の方も進捗中で大南の大仕事の一つとなりそうである。日本で三菱と組んでゐるが、サイゴンの METECO と見返りの EFAC の輸入で利を得るのが儲けものと云ふわけ。共和国成立記念切手の件で、小田君、坂井氏と共に郵政省と折衝。国防省への技術提供の件、契約原文出来て、千賀氏等帰国を前に、明日 Continental Palace の Salon で要人達を招待して Coctail ［Cocqtail］ Party を開催する事となり、その準備に忙しい。

八月三十一日（金）晴後曇

　午前中、坂井氏を案内してショロンの華商を廻る。アドレスが違ってゐて見つからなかったり、行って見れば長屋式の小さな店で問題にならなかったり、殆ど無駄足である。午後五時から七時まで、千賀、新谷両氏の帰国前の挨拶とて Continental Place でカクテルパーティを催され、手伝ひに行く。国防大臣は急用で来られず、官房長と総務部長、他二人出席。日本側は小長谷大使夫妻、角脇一等書記官夫妻、西川二等書記官夫妻、山下氏の大使館組初め、商社の有力メンバーに JETRO の間渕氏[171]、共同通信の垣内氏等、総勢約四十人の盛会、立食立飲で歓談。三々伍々に話し、七時頃解散。夜、平石君と映画を見る。アメリカ版ゴジラでつまらぬ作品。日本の万花歌劇団とかは明日が初日とのこと。

九月一日（土）晴後時々雨

　秋雨爽涼とも言ふべき、凌ぎよい日である。季感なけれど、やはり九月と云

　　170　Cà Ná。☞《地名編》＜カナ海岸＞。
　　171　間淵直三。在ヴェトナム日本商社懇話会幹事。［ヴェトナム通信 21/22: 46］

160

へば秋を感ずる習ひ。日本の空を想ふ。もう一年になった。ライセンスがまだ下りず、仕事は至って閑散。骨休めと云ふ処である。夜、四人で映画を見に行く。

九月二日（日）晴後時々雨

　千賀、新谷両氏帰国のAF機はまた大いに遅延。早朝が何時発つやも分らぬと云ふので折角の日曜日も見送りのために遠出も出来ずつぶれる。昼前小田君をカンボジアとの国境線まで送る。約70km橋の前に税関と警備隊がゐて通行をチェックするわけで、約五粁程の中間地帯は特別な車かシクローで行かねばならぬ由。丁度フランス人で自家用車を運転してプノンペンまで行く人あり。小田君話して国境から国境まで便乗して行く事となる。プノンペンからの迎への車は先方の国境に十二時に来てゐる旨入電があったため、まるで捕虜交換のやうな国境越境になったわけ。

　帰途田園風景と村落と愛車を要素にして写真を撮ったりしながら郊外のドライブを楽しむ。デルタの田は稲がまだ青いし、水は出てゐない。夜十一時やっとAF機発。社長と共に千賀、新谷氏を迎る。東支那海は台風第十一号で相当荒れてゐるらしく、日本大使館に入った通信では、日本の漁船がツーランへ大分颱風を避けて入港したらしい。それに近くで避難し、SOSが入ってゐるとか、かなりの数の日本人漁夫が浪に呑まれて死んだとか。悲惨なニュースもある様子。

九月三日（月）晴後曇

　午前中、共和国記念切手の件で郵政局長に会ふ。まだ原図出来て居らぬが、数日中に決めて渡すとの事。いづれ来年はDanhimの切手も作りたいとの話あり。夜三菱の一党上村氏以下四人を宿舎に招待。すき焼きとさしみ、日本酒、塩鮭と云った日本料理でもてなす。歓談の裡に協力を約して和気あり。三菱が此の国で他の群小サプライヤーと同じ次元でプロ・インボイスをたたいて商売に専念してゐるやうでは駄目。三菱らしい本格的な仕事に、今から種を蒔くべきだとの社長の意見に皆同感の様子である。

九月四日（火）晴

　雨降らずひどくむし暑い。朝坂井氏と郵政局長に会って切手の件打合せる。Bangkokへ行く途中の芝氏来訪。昔の大南のことなど話はづむ。夕方小田君帰る。坂井氏と明朝Dalatへ飛行機で行く事となる。

九月五日（水）晴後曇
　早朝五時起。坂井氏と Dalat 行のため、六時過ぎ飛行場へ。乗客僅かに四人。飛行機はいつもの DC-3 型ではなく、見るからに不恰好な輸送機である。翼が機体の上部にあるやうで頭部がづんぐりと大きい。実に野暮ったい飛行機。一寸予感がしたものであるが、案の定飛び発ったはよいが一向に上昇せず、三百米程の高度で飛行場附近を一周、急降下して滑走路へ逆戻り、そのまま故障のため一日延期と云ふ。実に馬鹿気てゐるが途中で事故に遇ふよりは幸と云ふもの。九時過ぎに帰宅。明日出直すこととして今日は仕事にかかる。夕方皆で"岬"に憩ひビールを汲む。ボートや水上スキーなどに興ずるフランス人の男女と夕暮空の美しさはサイゴンらしいよさ。

九月六日（木）雨後晴
　煙雨漂渺として濃霧の如く。早朝六時の飛行機で坂井氏と Dalat に発つ。今日は DC－3 型で快調。雲上に出づれば碧空爽か。予定通り一時間で着く。迎への自動車で Dran に行き、志賀氏と打合せる。昼前 Bellevue の眺望を賞して坂井氏に Danhim 電源開発の概要を説明す。志賀氏も同行して Dalat に至る。直ぐに T.P. を訪ねしが Mr.Ky は既に辞任して Saigon に出掛けてゐて会へず。Lang Bian Palace に泊まる。池畔を一巡して写真を撮ったりして過す。秋を思はせる涼気誠に好し。夜、坂井氏を"Croix du sud"[172]に案内。踊って一刻。ダンサーも客少きため媚態甚しい。

九月七日（金）曇時々雨
　坂井氏 color film で撮ると期待しありしが、朝から低雲晴れず、条件悪し。それでも Dalat の風景を記念に撮り歩く。Tran-Quang-Vinh 氏に会ふ。昼前 Dran に下り、志賀氏等と打合せして午後 Saigon へ向ふ。途中雨しきりに車の急行を阻まる。ただ涼しい旅で幸ひ。夜八時半帰宅。

九月八日（土）曇一時雨
　涼気終日。坂井氏郵政省の注文に加へて、新に大蔵省から収入印紙の話があり、実績を挙げて喜ぶ。将来紙幣の印刷も日本で取れれば言ふ事なし。今度の共和国記念切手の図案は竹の図に決り、原図入手して早速日本へ送る。島田硝子の金子社長、中近東の旅を終っての帰途を立寄らる。夜金子、坂井両氏の送別の

172　南十字星という名でも書かれている。

意味で全員ショロンの生記で会食。夜遅く益田隆の劇団のマネージャーと遠東日報の社長等、松下社長を訪ね来り。公演不許可についての善後策の相談あり。当地の実状を説明し、困難な事情を納得させて、一応諦めて出国するやう話さる。

日本人と華僑に対する風当りも強く、越南の非常事態のことも考へてあまり無理はせぬもの。新法令で華僑の営業を十一種と限り、向後六ヶ月乃至一ヶ年で停止することになり[173]、ショロンの華商一般に大恐慌を来し、影響甚大で生活問題にもなり、政治的な波紋を起す。Bangkokの華僑も越南政府のやり方を批判するし、中共は真向から攻撃の宣伝をやり大騒ぎである。勿論生活必需品を対象にする経済を華僑に握られてゐては、独立の実なしとしての民族意識から取上げた新政策であり、前の華僑の国籍を越南に移すことを奨励する新法令と表裏をなす行き方で、その方法によって、実質的には越南人となって華僑が従来の商売をすればよいわけである。

然しその措置の性急にして一方的な事は、新興国家の気負ひを表はして、あまりにも無理押しの感がある。最近越南新聞に載った日本商社駐在員の利益壟断と生活の贅沢さを鋭く衝いた論文とその意図する日本人の退去なども些かヒステリックな動向と云はざるを得ず、越南の韓国化が按［案］ぜられる。或ひは統制経済から独裁政治への道、そして何時か自縄自縛の結果にならねばよいがと憂へざるを得ない。

九月九日（日）曇一時雨

今日も晴れ間なく、折角の休みに坂井氏記念の写真もうまく撮れず腐ってゐたが、とにかく午後植物園に案内して処々をカメラに収め、みやげの若干も買ひ、出発準備を整へる。Nong Son［ノンソン］[174]の探鉱ボーリングの連中、水が出て車が動かず苦心の模様連絡電あり。

九月十日（日）晴後一時雨

今日出国一周年。早や無為にして一年を送りしが光陰の早さを嘆ずるよりも、成果遅きを思ふのみ。午後仕事のことあり、Mme Viet宅を訪ふ。丁度主人も在宅。飛行技師で温厚なパリ帰りの紳士である。一緒に歓談し、写真を撮ったりして

---

173 ☞《事項編》〈華僑国籍問題〉

174 ダナン市の南西60キロ、現クアンナム Quảng Nam 省ノンソン Nông Sơn 県。トゥーボン Thu Bồn 川流域に炭田が存在し、無煙炭を産出した。［南洋経済研究所編 1942: 147］［Đinh Xuân Vịnh 2002: 484］

一刻。夜、高木の案内で東山氏と共に My Tho 街道のレストランに行き、鶏の岩塩で焼いた丸焼や蟹料理でビールを汲む。涼風あり、美味にして快宵。

九月十一日（火）曇時々雨

　豪雨忽ち宿舎の庭を侵して池の如く、外出に難儀を極む。雨量は此れから最高に達する時期である。Nong Son の件で鉱山局に連絡、後続トラックの手配を頼む。中部の山地で河の氾濫はまた急激で、とても此処一ヶ月程トラック運行は無理。途中で水を利して、サンパンで器材を現地へ運ぶ他なしとのこと。夜、益田隆等の万花歌劇団の公演を観る。特に二日間許可されたもので、大南一党は招待さる。郵政局長等も一緒に見る。さすがに益田隆は光ってゐるが、チームとしては前の矢田の方が見応へあり。然し愉しいものである。

九月十二日（水）曇時々雨

　降れば豪雨忽ちにして街は水浸しとなり、車は半輪を浸して水中を行くが如き壮観を呈する始末。我が家はまるで海中の小孤島。夜、日本から久保田社長、千賀氏、来貢。その飛行機で坂井氏 Bangkok に発つ。久保田社長の荷物はトランク十個に上り、車三台を連ねて丁度よき有様。明日からの奔走多忙が想はれる。千賀氏よりはすし等日本の味の数々を戴く。夜、独りで久し振りに "Au Chalet" へ行く。

九月十三日（木）晴後時時雨

　久保田社長内地での政府関係、財界の対越南施策について新しい情報を持参され、社長また裏面工作に奔走。大統領とも会見することとなりそう。Tho 経済大臣とは懇談して、最近の政府の日本商社及び日本人に対する強硬方針の不利を説き、新聞に於ける日本攻撃についても抗議し、あまり虐めぬやう大臣の言質を取る。賠償問題にしてもあまりに強がってゐては蛇蜂取らずになるものと意見を述べらる。アメリカ側の有力者もその点で最近の越南政府の態度を注目してゐる様子で、日本人を虐める事は決して越南のためによい事ではないのは明白である。識者なら分る筈のもの。

九月十四日（金）晴後一時雨

　ライセンスの下りる模様で、医薬品など一部は既に取得した客もあり、商売の動くのを期待する。平石君とブルトーザの貸料や差金の取立に数ヶ処廻る。

1956 年

社長、越南人の商工会議所の連中と会談。例によって日本人に対する認識・態度を改めるやうに要請さる。

九月十五日（土）曇
　明日は大日本セロハンに山田氏が Manila から飛来。また三洋の平形氏等も Phnom-Penh から車で来着の旨それぞれ連絡あり。一応 Radio のバイヤーを廻って三洋の代表者来貢と伝達す。セロファンの方は江商が世話する様子。夜、客先の Viet Loi の招待で社長他全員出席。家庭料理を御馳走になる。

九月十六日（日）晴時時雨
　早朝、大日本セロファンの山田氏飛来。出国時の宴会攻めと旅の疲れで午前中我宿舎で泥のように眠らる。昼前、三洋電機の平形、蛭田両氏が Phnom-Penh から乗合タクシーで来貢。一旦宿舎に落着き皆で会食後、三人共 Continental Hotel に泊る。午後雨で案内できず、仕事の打合せをする。夕方一同 Continental に集合。久保田社長や千賀氏等も合せて総勢十三人、My Tho 街道のレストランに行って宴会。鶏や蟹の料理は皆の気に入り、大いに飲み且つ食べて九時過ぎ散会。帰途、山田、平形、蛭田の三氏を"OSCAR"の歌劇に案内する。日本では見られぬもので却って皆喜ぶ。歌劇団のマネジャーの平田氏より、明日の Bien Hoa の軍隊慰問について相談され、協力を約す。挨拶文の原稿を夜を徹して書き、小田君に翻訳を頼む。事が日本と越南の文化的な問題になるものとて、やはり一肌ぬがざるを得ない。

九月十七日（月）晴後一時雨
　山田氏と平形氏等を手の空いた者で交互に案内してバイヤー廻り。やはりメーカーと一緒に行けばバイヤーの心象もよくて有利である。特にラジオ関係次第に有望である。
　午後、約束によって、万花歌舞団と共に夕暮雨をついて Bien Hoa に向ふ。二十六人の日本女性と総勢四十人程の一団でバスと乗用車に分乗して賑しく繰込み、華々しい歓迎を受ける。此処に今作戦司令官たる梅友春 [Mai Hữu Xuân] 中将は大統領麾下の優秀な将軍で、三十八才の若さながら仲々の貫禄。今八省にわたる作戦を遂行しつつあり、その司令部を Bien Hoa に置いて居るわけで、今日はその慰問公演。省長初め将校連中が集ふ大宴会。八時過ぎから儀式的な歓迎の催しがあり、小さな劇場ながら、つめかけて五百人程の人々は大いに楽

しそうである。花束や贈物が歌舞団に呈上され、祝辞があり、我が原稿により平田氏朗読。小田君通訳の挨拶も録音されて、ラジオ放送されると云ふし、越南の新聞記者も幾人かつめかけ、丁度 Saigon に居た中部日本の伴野記者も映写機担いで駆つけて来て大いに活躍。

　公演は熱狂的な人気を呼び、Saigon では見られない観衆の拍手と賞賛嵐の如く場内外に轟く。狭い舞台で苦心の演技二時間、面目を施し、たしかに日越友好の架け橋たる功を残して終幕。後更に省長官邸で合同大晩餐が開かれ、親善の歓談一時間、写真も数多く撮られる。有意義な慰問公演として、今日この朗かな出来事は特記さるべく、ビザ問題などで暗い気持ちの日本人のために、一つの清新の気を送ったものと云へる。何もせずに小言のみ云ってゐる日本大使館の態度は正に愚なるものと云ふべく、小さい事ではあれ三十名の真剣な公演が残した布石は生かされるものである。

　真夜中の郊外ドライヴ、三人女性を同乗させ、小田君運転、伴野氏も共に帰途。月は十三夜の朧月、柳子の影も異国情趣豊かに夜風颯々。Saigon に入った処でパンク。やむなくタクシーを探すべく暫く徒歩。乙な散策の一ときである。宿舎に送って午前三時、平田氏等とまだ起きてゐるそば屋でビールとそば。帰宅したらもう明の四時。さすがに疲る。

九月十八日（火）晴後一時雨

　早朝久保田社長帰国を送って小田君その足で千賀氏と Phnom-Penh 出張。疲労覆ひ難く気の毒。我また一日何となく疲れてゐて不快。午前中は山田氏につき、午後は平形、蛭田氏と歩く。久保田社長の AF 機故障で引返して来た由。夜、山田氏宿舎に泊る。平形氏等を連れ出して"大金都"伊藤忠、東綿、日綿等来てゐて相変らずの遊興振り。一考を要する。

九月十九日（水）晴後雨

　中秋名月を賞する日。月餅を売る店に華かな文字が掲げられて、何となく行人の心を煽るなつかしい十五夜の儀式は東洋的雰囲気と情緒を持って床しい。不幸にして夜は雨、月は姿を見せず、何の風情もなし。久保田社長、朝出発、AF 機一日遅れのため、山田氏 Bangkok 行は明日に延びる。夜、宿舎で会食歓談。

九月二十日（木）晴後一時雨

　山田氏の飛行機遅れて今日も発たぬ由。植物園など案内して暇をつぶす。午

後タクシーの中で山田氏写真機を置き忘れあわてる。羽田で自分のを盗られ、今また東山氏より借りたのもやられて大いに腐る。三洋の両氏五時頃のPAA機でSingaporeに向ふ。夜、小田君と"Victory"から"Au Chalet"。

九月二十一日（金）晴後一時雨

午前五時、山田氏出発。此の処、殆ど連日の睡眠不足で疲労烈しひが今日で一段落である。午睡の寝起きの辛いこと一入。鉱山局へ行ってNong Sonの件で打合せる。夜、高木を誘ひに行く。不在、マリーを連れ出して"大金都"へ。JCI（青年商業会議所）の主催で寄附募集の催物があり、大へんな盛会。ぎっしりと満員のホールに紳士淑女が服装も華かに卓を囲み、一種異った雰囲気が漲ってゐる。ショーは越南、中国、フィリピンとそれぞれの風俗を表した古典舞踊につづいて真打ちは日本の万花歌舞団の特別出演で人気あり。十二時過ぎに終る。マリーを送って"Van Canh"に寄った処へ歌舞団の連中、平田氏に連れられて来る。一緒の席で暫らく歓談して帰る。

九月二十二日（土）晴後一時雨

午前中、柳ヶ瀬氏と鉱山局に行ってNong Sonの件で折衝。午後も事務所に出る。夜、労働会談のピンポン試合を見に行く。日本からプロの藤井と林が来てゐて大活躍。香港も男女一人づつ参加。地元の越南の選手と対戦。やはり技術的にも力に於ても遠征の日本、香港の方が格段に優れてゐて全戦楽勝。特に藤井の巧妙な技と林の真摯な力斗が目立つ。香港の女子選手は一寸した美人で人気が湧く。面白い二時間。後柳ヶ瀬氏と"Au Chalet"で遊ぶ。

九月二十三日（日）晴後一時雨

秋分、ここでは季節感なけれど、日本ではもう涼風が立ちそめて秋色野に満つる頃。そぞろに郷愁を覚ゆ。終日籠居して読書。夜、外出。歌劇団の女性一人病気とかで平田氏に頼まれ、伊藤忠の宿舎にゐる日本人の医師を迎ひに行く。待つ間伊藤忠の連中と雑談。間渕、早瀬、原田の諸氏。後、映画"ダイヤルM"を観る。ヒッチコックの探偵物でスリルあり。ケリーの好演もよし。

九月二十四日（月）晴一時雨

陳興道祭とて休日。国家的英雄を記念する日。朝、快晴が昼近く雨。皆で外出写真を撮る。平石君とCatinaへ出てPagodeに憩ふ。歌劇団の連中三々伍々歩

くに遇ふ。Continental のテラスで社長、小田君、中野嬢等と一刻。夜、中野嬢と千賀氏を招待して My Tho 街道のレストラン "Pento [Pentho]" で会食の筈が、社長は Tho 大臣との会見結果と小長谷大使に報ずるため来られず千賀氏また酔つぶれて欠席。Phnom-Penh から帰りの伴野記者を入れて総勢八人の宴会後、伴野記者、小田君と共に東銀の宿舎へ送り、そこで又山名医師とも一緒になり、更に "Bristol Bar" へ押出し "Van Canh" へ伸す。其処で十二時頃まで遊んで帰る。さすがタフな伴野記者も疲れ気味である。

九月二十五日（火）晴

　久し振りに雨なき一日。暑いが気持がよい。早朝久保田社長飛来。五時過ぎまた伴野記者の帰国を送る。午前中 Mme Viet 訪問。雑談一刻。彼女にパリ時代の思い出のアルバムを見せらる。パリのセーヌ河畔の風物。ロンドンの景色。イタリアのヴェニス・フローレンス等の名所。スイスの風光と実に床しく楽しげな写真多し。思はず見入って長居する。明後日 "OSCAR" を約して辞す。午後鉱山局等。夜、東山、平石両君と共に "OSCAR" に行き、平田氏と明日、明後日と歌舞団全員を招待するについて打合せる。後、観劇。歌姫のエト邦枝女史急の帰国で穴があいた感じは覆ひ難い。新しいものも入ってゐるが総じてやはりだれ気味。暑さによる疲労が出て来るためか。丸紅の連中盛んに拍手してまるでサクラの役目は御苦労なこと。

九月二十六日（水）晴後一時雨

　志賀氏飛来、Nong Son の件で鉱山局へ行き打合せる。既に作業は開始せるも、例によって契約書のサインもまだとれず、従って前渡金もない始末。越南政府との仕事は骨が折れる。久保田社長、最終報告提出。夜の飛行機で Bangkok、Rangoon へ出発さる。午後四時から宿舎に萬花歌劇団の連中を招いて、おはぎや日本食を振舞ふ。今日は女性六人と男優二人のみで、大分残り、もって帰ってもらったり、夜芝居のはねた後にまた招んだりする。その芝居の終るのを待つ間の暇つぶしに、越南人の客とショロンで会食後 "Van Canh" "Au Chalet" に遊ぶ。十二時に連中男ばかりで来宅。大いに飲み話して小田君また二時頃まで "May Fair" につき合ふ。

九月二十七日（木）晴後一時雨

　明日が祭日、ついでに土曜を休んで日曜日迄三日間の連休と云ふ。銀行も閉

1956 年

めるとかで商社もそれに従ふ。今日はそのため仕事の整理で手紙を書くのに大へん。午後昨日の如く歌劇団の連中を招待。今日はしること日本食、昨日感じが好かったためか今日は総勢二十人程で来ての大宴会。賑かに飲食して楽しい一刻。Phnom-Penh の久沢君もやって来て大いに悦ぶ。夜九時の部に皆でまた観覧。約束の Ng [uyen] -Tan-Viet 夫妻も来て、一緒に見る。夫妻とも大いに喜ぶ。皆でしきりに拍手して景気をつける。終って後千賀氏、月砂氏、鈴木君等と"大金都"から"Van Canh"。"Van Canh"で新顔のダンサーあり、インド人と越南人の混血児と云ふが、英、仏語は駄目で顔立ちはヨーロッパ系、実に妙な気がする。仲々愛嬌があって面白い娘である。片言の日本語を覚えたりしてゐる。

九月二十八日（金）晴時々雨

孔子祭とのこと。キリスト教は勿論、仏教も儒教も此の国には国教とも云ふべく、民衆に深く結びついてゐるためであらうか。各々休日となるわけ。おまけに一般的風習や物の考へ方には道教の影響も多く、そんなことから高台教と云った混合宗教が出来る基盤となったものか。

とにかく三日の連休、Dalat 行と決めて、午前八時八人乗 Taxi を借切って出掛ける。日本工営の柳ヶ瀬、志賀の両氏と東京銀行の菅野氏も同行、昨夜の不眠で車中殆んど眠りながら行く。時々雨と冷気に目覚めながら、午後四時 Dalat 着。ホテル満員でやっと Hotel de Parc に二室予約されあり。菅野氏と泊る。柳ヶ瀬氏等は Dran へ帰らる。夕食まで寝る。夜、町へ出て夕食後、"南十字星"で遊ぶ。マダムはかつて Hanoi の"Takara"に居た女性で大南公司をよく知って居て昔話に興ず。"Takara"時代の話もなつかしげにする。大統領官房秘書室の Mr. Ng[uyen] -Van-Nguyet に会ふ。新しい制度の件で山岳地区代表部が廃止されて、新しく市庁を設ける事となり、その仕事で来たとのこと。何処にでも居る、よく動く男ではある。其の他にも大分知った顔に行遇ふ。Saigon の紳商連多くは暇を Dalat に過ごしてゐる様子。

九月二十九日（土）晴一時雨

八時起き出て Lang Bian Palace で朝食。九時 Dran から柳ヶ瀬氏迎へに来て、同行で Dam 現場を見るため Dran に下る。峠から一望に Danhim を俯瞰して菅野氏に計画の概要説明。Dran から阿部氏の案内で更に Damsite や鉄営路なども現場を案内する。昼食 Dran、午後三時帰宿。一睡して夜は Lang Bian で葡萄酒を汲みながら夕餐。暫らく町を散策。早く帰って読書に耽る。秋気身にしむ。夜更

【写真3】グーガの滝［西川文書］

けてまた菅野氏と外出。Night Club で一刻。フランス人の一団が大分賑かにやってゐる。最近 Saigon から来たと云ふダンサーで小綺麗なのがゐて興あり。

九月三十日　雨後晴
朝から山雨蕭々たり。池畔に情緒あり。八時頃朝食、九時柳ヶ瀬氏来り、車で附近の滝を見物。霧雨に濡れて撮影。十時頃から Gugha[Gougha]の滝[175]を見に行き、その足で飛行場へ行く。十一時半離陸。帰途雨を追ひ抜いて晴天を快翔す。十二時半 Saigon 着。月砂氏迎へあり。大南一族、社長以下 My Tho へドライブ。夕刻帰る。夜小田君、久沢君等と映画 "L'Honme de la Plaine"（日本訳　ラクミーから来た男）を観る。珍しく地味で重厚な西部劇。後 "Au Chalet" で一刻。かくて九月も過ぎ帰国の日は未し。社長は来月帰国の予定とかで取残されるわけか。

十月一日（月）晴後時々雨
日本の秋を思はせる涼しさ、雨はまた梅雨の如く降りつぐ。三日連休でたまった仕事をさばくに多忙。朝社長の部屋で全員の業務打合せ会を行ひ、新しい方

175　グーガの滝 Thác Gougah。現ラムドン省ドゥックチョン Đức Trọng 県に位置する滝。ダラット市の中心部より40キロほど南西に位置する。

針として、越南政府の考えてゐる輸入統制に対応する体制を整へるための諸問題を検討す。少なくとも実績に於ては此の市場に対する大南のそれは一流であり、他の大手筋に伍し得る自信も実力もあるが、資本力と特に繊維、鉄鋼、セメント等の大物取引に於けるメーカーとの関係では、所謂五綿二社などの敵ではなく、若し越南政府が日本のサプライヤーを指定商社に限定するとせば甚だ不利な立場に立たされる事は明かで、それが対策を早く練って置く必要があるわけ。

　社長としては中小商社の利益代表の形にもなり、一応自由経済の立前で独占的な大手筋のやり方を批判すると共に、ビザ問題に於ける大乗的な立場での奔走の事情も説いて、少くとも大南の地盤を失ふことのないやうに努力するが、時代の流れでもあり、政府の方針は変へられぬとすれば、やがては一種の公団組織による政府の買付けが実現し、それに対して、日本側の窓口商社も限られたものに絞られるのは必至と見られる故、その時のために、何処か有力な大商社と結んで、早くその地位を確立することも考へるべききものと云ふわけで、三菱の提携希望や大阪からの書信による、丸紅、江商あたりとの関係、日綿との間柄なども検討すべきものとす。何れにしても大南の従来の地盤と信用の上に楽居する事は許されぬ情勢で、真剣に活路を開くべき時と思はれる。久沢君のPhnom-Penhの商況説明と将来の見透しについて意見開陳があり、一時間程の会。夜、萬花歌舞団を観る。後"大金都"。

十月二日（火）曇時々雨

　朝、使ひの中国人から、昨夜十時頃、峯木氏が遂に死去された旨、伝へらる。衰弱甚しく、もう余命幾ばくもなしとは思はれたが、急な訃報に驚く。大南としてのなすべき事に万全を期すべく、花輪や通達など手分けして盡力。韓国人会の金谷会長[176]にも報じ置く。棺はCholonの病院の屍体置場に飾付して安置。燭を点じ、線香を立てて弔ふのは日本と共通の儀式。夜、皆で赴き通夜の一刻。霊前に在りし日は偲んで語り合ふ。韓国の人達もかなり弔問あり。戦時中は大南でも異例に抜擢され朝鮮人ながら社長の信用厚く、Hai Phong[177]の支店長たり。得意の時代も過せしが戦後の彷徨、死と飢におびえつつ、中国に入り、また脱し、苦難の数年に老躯遂に不治の病を得られたものか。診断は癌か結核か。疑問なほあれども、今年二月頃から衰亡の一途なりし。定命如何ともなし難く、

　176　金谷善次郎（日本名）。朝鮮名は金泰成。新興洋行社長。［読売（朝）590716］
　177　現ハイフォン Hải Phòng 市。ハノイより東に100キロほど離れている。

ただ静かに降る雨に、一入粛然として深く哀悼の情を以て坐す。

十月三日（水）晴
　雨季明ける頃の久し振りの上天気で、ひどくむし暑い。峯木氏の葬儀は午前十時頃行はれ、東山、鈴木両君参列。午前中、千賀氏と共に海軍工廠見学に行く。Le-Quaug-My 司令官不在で会へず、日時を決めてもらふことにして帰る。今は全部越南海軍に譲渡されて、フランス水兵の影もなく、港にフランス軍艦の姿なし。かつて極東に於ける重要なる根拠地として、設備の優秀を誇り、常時重量級の軍艦が碇泊してゐたものが、あの華かな三色旗と共に消え去って、港湾に一抹の淋しさは覆ひ難い。昼過ぎ社長、久沢君と Phnom-Penh へ出発。彼地の大南の基礎を固めるためと、日本への輸出を更に拡大する工作が主な目的である。夜、東山、平石両君とショロンに映画を見に行く。日本映画の二本立。時間遅くて"母子之間"一つを見る。所謂母もの映画である。

十月四日（木）曇後雨
　故郷の母から久し振りの便り。この秋に一家水入らずで六甲あたりに行楽の一日を過す約束なりしを、また今年も日本の紅葉狩りは出来ぬ始末。外地勤務の辛さではある。高木、明日帰国の途につくのにみやげ物を托することとす。手紙も方々へ書く。仕事は殆どない現状。

十月五日（金）晴後一時雨
　朝八時、Tan Son Nhat に高木の帰国を送り Hong Kong で一週間ほど過して帰国とのこと。飛行機は日本行きの AF 機が遅れてゐて、かなり混んでゐるが通関も事なく、八時半、別れて帰る。九時、千賀氏と Arsenal に行く。工廠長は海軍司令官 Le-Quaug-My と兼任らしく、その下の Captain Dinh と二人で我々に会ってくれ、来週火曜日の見学を許可さる。小田君も今朝早く Phnom-Penh に発って社長と彼地で協力。Saigon の事務所は閑散。夜 METECO の連中十時頃に宿舎へ大勢で来訪。ビールをのみ歓談一刻、Mr.Nha 等と "大金都" に遊ぶ。

十月六日（土）晴
　雨降らずむし暑い。朝、切手の件で P.T.T へ行く。まだ友愛切手の方の色指定決らず。Mme Viet 訪問。アルミ板の件で用事あり。夕餐を誘はれ、日時を要す。午後 Phnom-Penh にある Duchateau 氏のアパートの一室で最近大南が借りる事に

した部屋に行き、ゆっくり読書で夕方まで過す。案外にひっきりなしのエンジン音が騒しく、とても昼寝など出来る場合ではない。やはり宿舎の方がよい事を知る。然し夜は利用し得るべし。夜、東山、平石両君と映画を見る。"黒騎士"と西部劇の二本立。後独りで"Au Chalet"で遊ぶ。

十月七日（日）晴後一時雨
　目を覚したら既に十一時、一週間分の睡眠不足を一挙に清算したやうなもので快い。午後読書に過し、アパートに籠る。柳ヶ瀬氏 Nong Son より帰る。現地の様子を聞くに、まだまだ小規模な石炭山で、騒ぐ程のものではないらしい。ボーリングの方はもう二十本程進んでゐる由。志賀氏が当分残ることとなって、資材の到着待ち。陸路輸送は浸水でいよいよ駄目らしい。夜、独りでまた"Arc en Ciel"へ出掛ける。

十月八日（月）晴後一時雨
　ブルドーザの賃貸料やっと三分の二だけ入金。取敢へず三菱へ入れる分はそれから三ヶ月分支払ひ、ほっと責任を果した感じあり。更に機械の売買について借主と交渉す。先方の事情もまた聞けば、酌量の余地あるもので、希望通りには行かぬ事ではある。夕方、社長、小田君と帰貢。飛行場で他の商社の連中から Tho 経済大臣の父堂逝去と聞き、他社の代表者連が車を馳せて Tho 大臣の故郷たる Long Xuyen までわざわざ弔問に行ったとの情報に社長もまた明朝三時に出発し丸紅の升田氏と同行で現地へ行く事とさる。夜、柳ヶ瀬、月砂の両氏と共に "Van Canh" から "大金都"。

十月九日（火）晴後一時雨
　午前三時社長、東山氏を伴って Long Xuyen へ出発さる。午前九時、千賀、柳ヶ瀬、日渡の諸氏と小田君も共に同勢五名約束の Arsenal を見学する。先づ Dinh 大尉との会談で、アメリカ側の調書の出来てゐる事を知り、その Copy を貰ふこととする。同大尉の案内で工廠内一巡、丁寧に見る時間も根気もなくて、大体の処を見るのみでも一時間半を要し、全員かなり疲労を覚える。日射強くてこたえた様子。昼過ぎ社長帰着さる。かなり疲労の色が表はれてゐる。三菱の代表者から社長へ大南との提携について具体案の提示があった由。根本的に検討して態度決する必要あり。社長より皆に相談さる仕事の面での互ひの面子もあり、実績を残すための名儀の問題もあり、急に簡単には決め難い事ではあるが、時機を失してもまた仲々まとめ難い事とて、本格的に方針を樹てて将来のため

173

に手を打つべきではある。ただ三菱と云ふ大財閥と結んで、大南の独自性を残し得ることが可能かどうか。最初の一歩が遂に大南自滅の道たらねばよいが。

十月十日（水）晴後一時雨
　中国国慶日。所謂双十節で華商は休業、客足は殆んどなし。三菱から繊維関係に於ける提携問題で熱心な説得を受く。些か自己中心の独占意欲が感ぜられ、頭で考へた理論はよいが、現実面無視の傾向もあり慎重に対処すべきものと思はれる。ただ半原綿を輸入して日本で委託加工し、当地へ入れると云ふ構想には新味があって研究すべきものあり。夜、月砂氏、小田君等と"Van Canh"で遊ぶ。

十月十一日（木）晴後一時雨
　第四期の輸入割当の発表があり。ライセンス申請のためのプロフォーマ・インボイスの作成で急にまた多忙となる。制度上では今後は＄5000以上の申請については、予めアメリカへ申請書を送り、本国ICA当局の審査を受けることになり、又一つ手続が面倒になったわけである。前回第三期分のライセンスが下りぬのに次の申請をするのではバイヤー連も気乗薄で以前程の活気は出てゐない。三菱から更に具体案の提出があり、打合せとなす。夜、柳ヶ瀬氏と東京銀行の社宅に招かれて夕餐後麻雀に興ず。東銀の菅野、佐々両氏共に仲々の打手で日頃の慣れもあり、我等三人完敗して深更に辞す。疲労を感ず。

十月十二日（金）晴後一時雨
　プロ・インボイスの作成と連絡に追はれて多忙。マリー、ローザ姉妹来訪。マリーの"Bar Texas"は開店した由。夜、千賀氏を誘ひ、小田君と月砂氏も共にTexasへ行く。まだ整備充分でなくサービスも不馴れで良好とは云へないが、一応気楽に飲める。恐らく今後忽ちの間に日本人のクラブと化す事であらう。客はすべて日本人で見知った顔ばかり。暫らくするともう知った同志の顔つき合せで面白味がなくなるかも知れぬ。

十月十三日（土）晴後一時雨
　Nong Son関係で鉱山局へ行って打合せをなす。日本人用宿舎の件、其の他。午後Cholonにある当地唯一のレコード製作工場を見る。日本へも行ってコロンビアと関係があると主人は云ってゐるが、古いながらも仲々によくやって居て、吹込所も設けられてゐる。最近の越南の歌謡曲を数枚もらって帰る。袋紙のラ

イセンスは取れる様子。夜、Mr. と Mme Viet 来宅。一緒に同慶ホテルで食事。後 Olympic。映画 "Le cri de la Victoire" と云ふのを観る。アメリカの海兵隊の太平洋歴戦記録。シネマスコープで仲々秀抜な作品。ガダルカナル、サイパン等も出て来て感新にす。

十月十四日（日）晴後一時雨
　快い風に秋気を含んだ朝。南国とは云へやはり肌に感ずる暑さは季節を伴ふ。もう苦しい程の炎熱はない。身体の方もすっかり慣れてか、適応性が増したやうである。日曜日はしかし、何となく静養に過すことになって、外出する気も起らない。読書一日。午後爽かに雨降りしきる。夕食後社長を囲んで前の鈴木君と METECO の EFAC の件、徹底的に問題を検討す。夜、小田君、鈴木君、蔡氏等と Bar Texas。

十月十五日（月）晴後曇
　雨なけれど暑さもひどからず。Proforma の客を応接。少し忙しいが、以前程の大騒ぎはなく、華商は殆んど投げやりで本気に商売をする客は減少の一途を辿る。財産逃避と共に此の国から逃げ出すことを考へてゐる大物達も多いらしい。このインフレは止度もなく、来年此の国の経済的危機は明かである。然も華僑に対する圧力は日々に強化される実状は否めない。午後ショロン廻り、あまり商談なし。日本工営の片平氏明朝帰国とて夕食に呼ぶ。夜映画二本立てを見る。

十月十六日（火）晴後一時雨
　早朝アジア協会の東南亜経済使節団一行到着。顔触れは賀屋元蔵相、永野富士製鉄社長、本位田アジア協会専務理事に外務省の白幡アジア三課長、かなり重要なメンバーで、社長も小田君をつれて出迎へらる。午前八時発の東京行で日本工営の片平氏帰国。飛行機二時間延びて十時頃発つ。探鉱ボーリングの契約書全部のサイン終って有効となる。午後プロ・インボイス作りに多忙。

十月十七日（水）晴後曇
　海軍工廠の方が早く決まりさうで、千賀氏一安心の態。今日もプロ・インボイスで終日。夜、日本商社懇談会の主催でショロンの亜東大酒楼で経済使節団一行の歓迎会が行はる。商社員約五十名参会して盛会となる。丁度よく帰国途

次立寄られた東大の那須皓農学博士も同席さる。各名士より東南アジア問題、越南問題でそれぞれ有益な高説を聞く。戦犯で貫禄のついた賀屋氏の若々しさ、永野氏の選挙演説調、本位田氏の道義国家説、那須博士の農業政策と新興国家の工業化計画とのアンバランを衝いた講演が最も有益。午後十一時前まで宴がつづき有意義なりし。

十月十八日（木）晴

　雨なく暑い。社長は永野氏と会談したり多用。小田君は昨夕到着の木工機械使節団の通訳案内につきっきり。この使節団は八人で、秋田木材の谷尻氏も居り、世話係を引受けざるを得ぬもの。東山氏は Huynh-Thong-Hong の母堂逝去で葬儀に列したりする。午後埠頭へ行き、永山丸で船長托送の味噌・醤油を受取る。夜 Bar Texas。

　新聞に来る二十六日の国慶日に、呉大統領が越南の官吏一般に越南服着用を命じたとの記事あり。国家意識の高揚は遂に此処まで来たかと感慨深し。日本の戦時中は和服までは行かなかったが国民服が国家意識の象徴の如く着られたものであるが、新興国家の辿る道は余りにも復古的で排他的で、何となく滑稽なものを感ぜさせる。その真面目さが、却ってあまりにも狭い稚拙なものであるために不自然な強がりに見えるわけである。越南服は女性のものとして残ってゐるが、それでよいではないか。敢へて一般の男までが今更旧時代的衣装で国家を表現することもなからうが。呉大統領の聡明を以てしても、なほ第三者の眼からは不思議な後進性を国家的な自主性と考へるのは実に奇妙なことで、アジアの抜き難いインフェリオリティ・コンプレックスの一つの型ではないかと思はれる。日本人の通った道であるが故に妙に哀しい。

十月十九日（金）晴後一時雨

　プロ・インボイスも今日あたりでやっと一段落。社長、朝、大統領の呼出しで会談し、大統領より近くに迫った二十六日の共和国記念日、憲法発布の日の大統領の演説内容について相談を受け、明夕までに参考的なものを提案する事を約して来らる。日本の教育勅語が最も適当なものとして、サイゴン中を探し、各自が記憶を辿っても仲々全文が出来ず一苦労。大使館の連中頭を集めての結果、我が記憶に数行を加へて、漸く全文らしきものが出来る。これを骨子として越南国民に与へる指針なるものを作るわけである。他に軍人勅諭や戦陣訓等、旧日本の精神的な規範が丁度新興国には殆んど通用するやうである。日本で死

した明治以後の富国強兵が、今アジアの新しい国々で再認識され真似られると云ふのは当然とも云へるがまた皮肉な事でもある。然し嘗ての新興日本が世界の進運に向って真剣に生き抜いた道は決して捨て得ざる歴史の輝しい事蹟であり、アジアの国々が範とするに足るべきものではある。呉大統領にして此処に思当ったのは良い着眼と云ふべく、松下社長の心中もまた欣喜躍進たるものであらう。日本の魂が此の国で蘇えんとしあるものとて午後社長と METECO の連中の案内で郊外 20km にある、煉瓦工場を見る。近くハードボードの工場企画しあり。

十月二十日（土）晴後曇

　昨日大統領より頼れた演説原稿の資料として教育勅語、五ヶ条の御誓文などまとめ、前言としての一文を草して社長に提出す。午前中 Mme Viet 訪問、雑談一刻。ベニス辺の風景を撮ったカラーフィルムなど持出して来て話はづむ。夜、鈴木君と METECO の Mr.Duy、Mr.Nghia 等と共に "Bar Texas" から "Arc en Ciel" で遊ぶ。

十月二十一日（日）晴一時雨

　手紙多数一挙に書く。後読書で過す。夕方 Catinat へ出て "Pagode" で一刻。夜、小田君と映画 "L'inconnu du Nord-Express" を観る。ヒッチコックのスリラー物で迫力あり面白い。

十月二十二日（月）晴

　秋らしい冷気が感ぜられ、日没が早い。雨季はもう終わりに近く、空の色が美しい。ライセンスが下り出して、今日だけで紙のライセンスを約五万弗も持込まれ、やや景気づく。然し商況は低調不振、米価も暴落するし、政府の取締強化が因で、その苛烈さに商人の非難高し。特に華僑は最早や商売は出来ぬと投げやりで、卸問屋連中が一斉に不買体制をとり、輸入した品物の売捌きが困難で市場混乱、越南商社など大手筋でも大損害らしい。一種の華僑合法的抵抗と見るべきものであらうか。とにかく新興国家の余りにも意識過剰な統制政策は油の切れた機械の如く、経済組織が壊されることになる。当分は無理が続いても、早晩破綻するものと予測される。大南としても取引に慎重を要す。

　夜、宿舎で General Minh 夫妻に Mme Mr.An 夫妻等招待。社長と小田君が接待で、他の皆で千賀氏と共に "Orient" へ食事に行く。例によって鶏と蟹と鍋。

十月二十三日（火）晴
　二日雨降らず、暑気が烈しい。街々のアーチも出来て、イルミネーションも美しく、来るべき国慶日に備へて用意万端成る。人々ももうお祭り気分で、仕事は閑散。竹の絵の記念切手到着。その日に売出されるわけ。大統領の贈物用のアルバムも来着。仲々よい物である。大蔵省の収入印紙の印刷も受注出来さうで、次々と仕事が続くのも楽しみである。十一月には又記念切手が発表される予定。大南の特徴ある文化的仕事となりつつあるわけ。

十月二十四日（水）晴一時雨
　午前中、社長、柳ヶ瀬氏とT.P.のDinh局長に会ひ、Ankroetの件で折衝。フランス側が越南人請負会社を立てて日本案に反対の立場で相当運動してゐるらしく、Dinh局長もいろいろ心配しあり。日本の技術的優秀性に信頼して既定方針は変へぬつもりだが、攻撃材料を与へぬやうに注意してほしいとの事。慎重を期すべし。DalatのMr.Kyが辞めさせられた裏にもフランス人の勢力をMr.Kyが根絶しにした為め反感を買って足元を掬はれたものらしい。フランス側の勢力もやはりかなり残存してゐる模様である。AnkroetはDanhimのテストケースとて何とか成果を挙げたいもの。
　休み前で仕事は閑散。夜着いたAF機で中野嬢に托送の勅語や軍隊操典類到着。藤原氏の骨折りで集めたものらしい。夜"Bar Texas"。

十月二十五日（木）晴後一時雨
　午前鉱山局。午後、鈴木君と蔡氏の案内でショロン郊外の製陶工場を見に行き内部の設備、製品など写真に撮る。夜、東山、平石君等と日本映画"亡命記"を観る。越南語のトーキー、国際結婚のテーマで日本女性のよさを見せるものとて人気あり。後独り"大金都"街はお祭前夜の賑ひでイルミネーションの美しさは何となく華やか。

十月二十六日（金）晴後曇
　此の国の共和国として発足して一年。憲法も成り、名実漸く備はった。独立の民主国家を祝して挙国今日の大典に参ず。大通りに作られた幾つもの大門は古式の中国的な赤門を想はせるもので、昔の王城の望楼と云った型、その下を分列行進する陸の精鋭をTran Hung Dao大通りで呉大統領が閲兵すると云ふ。
　社長には招待状が来て、一日の公式なスケジュールが刷られてゐる。空には

1956年

【写真4】「ベトナム共和国憲法万歳」のアーチ。1956年10月撮影か？［西川文書］

　越南空軍の編隊に加へて、中国機も何台か参加し、シンガポールからは英空軍のジェット機数機が特派された由で凄じい爆音と共に急上昇して回転の敏速な銀翼は正に目をみはらせるものがある。更にサイゴン港には満艦飾の艦艇が並んで大統領の観艦に応え、アメリカの第七艦隊から派遣された洋艦など数隻も甞て三色旗をはためかせてその威風を誇ったフランス極東艦隊に代って堂々とあたりを圧する。礼砲発射で式典は高潮に達し、更に一日休みなく行事が続けられる。
　大南で始めた記念切手、竹の絵のものが発売され、仲々よく出来てゐて好評。昨日呈上した大統領用アルバムも満足を与へたらしい。夜、社長以下全員越南人の客先に招待され、越南料理の晩餐、先頃夫婦で日本へ旅し、夫人は隆鼻手術を受けて来たと云ふ。その好意の佳肴に満腹して九時頃辞去。街は蜒々たる提灯と蝋燭の行列に、山車が幾台も出て賑ひは一入である。各々趣好をこらし

ての飾付で自動車を覆ひ、一寸花電車を思はせる。空には花火が続々と打ち上げられて色彩の美しい絵模様を描き、日本の夏の祭を想はせる。この賑ひは恐らく此の国の最大のものであらう。そしてやはり平和を謳歌してゐる姿でもあらう。後鈴木君と Texas。

十月二十七日（土）晴後曇

　凉風に秋気を感ず。昨日のお祭り騒ぎが済んで後の街は一種の疲れた寂しさが漂ってゐる。まだ祭典は終幕ではなく、今日も埠頭で行事があり、スポーツ大会を催されてゐると云ふが、もう左程の賑はいはない。久し振りに一日中読書で過し、大いに日本的な思考を取り戻さんと努む。夜、東山、平石、鈴木の諸君と映画"地球の将来"を観る。科学的空想冒険映画で子供向けの興味本位なもので前篇のみ。退屈はせずに見る。後"大金都"に寄って帰る。日本の新聞で日ソ交渉の経緯を読み、共同宣言の内容を知る。問題の領土については、ハボマイ、シコタンは平和条約締結の日に帰る事になるが、エトロフ、クナシリの問題は最早や論外のやうに文面から消えてゐる始末。然し日本として精一ぱいの交渉結果と云ふべきか。

十月二十八日（日）晴後曇

　早朝三時起床。ホテルに社長、柳ヶ瀬氏と落合ひ、四時着の AF 機を迎へに飛行場へ行く。久保田社長来着。最終報告の残余も持参され、日越間の輸出入銀行による経済援助問題に対する日本側の案も持ち来られ、明日からまた高等政策による社長の活躍に入るわけ。午前中、写真を撮りに街へ出る。三日間の国祭の名残を写す。埠頭の軍艦も撮る。

十月二十九日（月）晴後曇

　雨降らず暑気日毎に増す。雨季明けの湿気の多い蒸し暑さには閉口する。休日三日の間にやはり仕事がたまってゐて忙しい。日本からの連絡も山積してゐる。社長、久保田社長と経済大臣初め T.P. 関係の偉方歴訪、工作に活動著しい。Dran の大谷氏連絡に来貢。二、三日して Nong Son の事務責任者として一ヶ月ほど中部へ入る予定。御苦労千万である。小田君、千賀氏と Dalat より帰る。社長の夫人いよいよ退院の報あり。社長も真情こもる長文の祝電を打たる。夜、停電で、明朝も三時おきとて早くより寝に就く。

1956 年

十月三十日（火）晴
　暑い日がつづくため汗もに悩まされ始める。久保田社長の Bangkok 行と渕本氏の来貢を送迎のため、早朝三時起で飛行場へ赴く。渕本氏の方は定時より少し遅れて到着。その飛行機が故障で西行せず、久保田社長の方は午後八時まで延びる。同じ機に日本から派遣されてイランのユーフラテス河畔へ調査に出掛ける一行あり。久保田社長の知合ひが居て、Saigon 案内することになる。

十月三十一日（水）晴後一時雨
　午前中 Nong Son 探鉱ボーリングの器材の通関手続に奔走。午後取れる見込みがまた訂正事項のために駄目で遅れる。大谷氏は明朝 Tourane に発つ事とす。最近世界的な動乱の季節で遂にイスラエル軍がエジプト国境を侵して戦闘状態に入り、英仏軍はスエズ運河地帯に作戦する形勢で風雲正に急である。先の香港九竜の暴動事件以来、西にポーランド、ハンガリーに於ける対ソ抗争の実力行使が続き、東にシンガポールの独立運動団体の反乱が起り、両陣営共に些か狼狽の態である。その底流をなすものは、やはり民族主義的な独立意識と云ふべきである。

十一月一日（木）晴後曇
　六枚綴りのカレンダーの最後の一枚。日本の雪景色が描かれていて、郷愁をつのらせるものである。統制経済の強化で火の消えたような商況。全く仕事にならない。果たしてよくこの丁重な情勢に耐えて、越南が新しい国民経済を振興し得るか甚だ疑問と云ふべし。米の生産もまるで帰らず、中小工業の不振も加わり、生活水準は購買力と共に下る一方。このまま統制を押進めるなら、北部と同じく社会主義的な政策を徹底させる他はなかろう。来年は越南の危機一つの岐路となるべし。憲法を読むとかなり強い大統領の独裁的地位が認められていて、一種の不安がある。今日はカトリックの Toussaint‐万聖節で午前中休務。万聖節とは一年三百六十五日の中、三百六十四人の聖人があるが、今日一日だけは全部を祀る日とか。
　午前中は読書、午後出勤。夜、東山・平石両君と日本映画"神州天雲峡"なるものを見に行く。子供向けの娯楽映画で人気があり拍手も起る始末。後"Texas"で千賀氏に会ひ、Rosa も居て、一緒に Baccara で飲み踊り、三時まで付き合ふ。丸紅の沢村氏明日 Bangkok 経由帰国の由。挨拶に来る。

十一月二日（金）晴
　今日も Trépassé、死者の日とて宗教的なカトリックの儀式に従って午前中休務と云ふ。誠に休日祭日に恵まれた国ではある。別に仕事の忙しい時ではなく、半日また読書に過し、午後出勤。あまり用事もない。夜も燈火に親んで禁酒籠居。スエズの風雲はエジプトの対英仏国交断絶で更に急を告げているが、米ソ両大国が動かず、先づは局地戦争に止まる見込みで、日本にとっては経済的発展のチャンスと云えるわけ。ひいては Danhim 電源もフランスより日本に有利となるか。他人の不幸が有効に利用されること国際間の現在の常識。戦争はまだ儲けの種と云ふことか。

十一月三日（土）晴
　日本では菊の節、文化祭とて芸術的な一流作品が勢揃いして、絢爛と近代の美を競い、粋をあつめるわけで、此処の精神的索寞が強く思ひ比べられる。社長ホテルを引払って新しくアパートの部屋に移らる。冷房装置で、三間附で八千比弗は安い。東綿から仕事の協力について話があり、屑鉄一万屯の買付を現地で大南に委せると云ふのである。些か棚ボタで怪しいが、とんだ儲け口、やって見る事にする。夜平石君と映画 "Sea Chase" を観る。

十一月四日（日）晴後一時雨
　朝十時過ぎに Mr.Nghia から誘ひに来て、鈴木君と三人でドライブ。Thu Duc の近くのレストランで越南料理を食べる。郊外の椰子を池の面に写して一寸面白い造りのレストランである。午後ゆっくり寝て後は読書。夜 Danhim 関係の新聞記事の翻訳をする。

十一月五日（月）晴後曇
　午前中社長と鉱山局へ行き Nong Son の件で折衝。ライセンスが下り出し、特に紙の注文はやうやく多忙となる。コーリン商事の長沼氏、Phnom-Penh から来貢。今週中滞在の由。我が社宅へ泊らる。ニュースではスエズ事件、遂に英仏軍はエジプトへの上陸作戦を宣した様子。ハンガリーの内乱はソ連の武力に屈し、徹底残虐な叛軍討伐が行われて、恐怖政治が行われているらしく、正に二十五時的現実。

1956 年

十一月六日（火）晴後曇

急に決まって、木下商店の賀川、杉井[178] 両氏と共に Hong [Hon] Khoi 塩[179] の視察に行くこととなり、案内の Mr.Trung も一緒に午後七時発の列車で夜行出発。ESACO の Mr.Nam も木下商店との関係で同乗、Mr.Trung 関係の書記も一人、総勢六名となる。Nha Trang まで約 400km と十二時間かかっての汽車旅行、寝台ながら些か疲れる。暫く食堂車で飲みながら雑談に暇をつぶし、早くからすることもなくて寝台につく。ガタガタと恐ろしく揺れる前世紀的な列車ではある。

十一月七日（水）曇時々雨

　朝七時過ぎ Nha Trang に到着。煙雨趣あり、海岸通りの Hotel Beau Rival と云ふのに室を取り、コーヒーとパンで朝食。前景はるかに海の拡がり、雨に水平線も定かならず。打ち寄せる波頭のみ白い。砂浜に椰子の生え揃って古ながらの好ましい風景である。かつて日本人の老婦人が経営せし Grand Hotel は軍に接収されているとか。もう十年以上にもなる。昔の思ひ出がほのかに胸底を温める。中野源助君が療養にいた頃、熊谷氏田村氏等一党が飛行場建設をやっていた当時。皆なつかしい Nha Trang の往時である。
　九時頃車を駆って現場 Hon Khoi に向ふ。塩の組合長の Mr.Tuong が同行案内してくれる。約 50km 国道より分れて海岸近く、塩田打つづく道を Hon Khoi に着く。一村塩のためにある部落で、皆塩のための労働力たる人々である。三千人も居ると云ふ。湾になっていて本船は約 2km の沖まで入る由、船 60 隻で本船へ積み込みに行くわけ。さて税関管区内の塩の山を観る。1953 年度の約 4 万トンの山から 1954、55、56 まで各年度の塩が三角形の家の如く規格正しく積まれていて、上には藁の屋根が覆っていて雨を防ぐ。全量で十二万トン程になると云ふが、見事な眺めである。この資源を積んだまま放置する国も珍しい。安くても多いに輸出を計るべきであろう。年々放置すれば硝化作用で損失が増えるものを。杉井氏と協力して念入りに見本取りを行ふ。なれた苦力に上・中・下三段に分けて各所から Sampling。約一時間ほどの作業、幸ひ雨の切れ目で難なし。後、岬の方まで歩いて湾内の船の航路など研究し、本船積に対しての打ち合わせもなす。一日七百トンを裁定積込量とすることは確認さる。ただ日本人の責任者が現場で指揮監督せねばなるまいと考へられる。食事抜きで作業をしたため疲れを覚える。

178　杉井利也。[ヴェトナム通信 21/22: 46]
179　☞《地名編》〈ニャチャン〉

午後三時 Nha Trang に帰り食事。後、水族館を見る。美しい熱帯魚類の珍しいものがいて興味あり。今夜の夜行でまた Saigon へ帰途につくため急いで夕食をして六時半駅に駆けつける。さすがに疲れて早くから寝につく。然し旅らしい旅で、仕事もし、見学も出来て久しぶりに退屈せず、気持ちがよい。

十一月八日（木）晴後一時雨
　午前七時頃 Saigon 着。帰宅一睡、十時に出勤。小田君 Phnom-Penh 行、仕事は溜まっていて忙しい。紙の取引活発である。夕食社長と木下商店の賀川、杉井両氏とコンチネンタルに招待会食す。Bion Rose と葡萄酒が大へん美味。塩の話も木下側はやる腹あり。其の他沈船、屑鉄などの問題が出る。木下としては屑鉄はよいが、沈船はあまり意欲なき模様。賀川氏は有名な国学者だったかで賀川景樹と云ふ人の後裔とかで毛並はよいらしい。家に歌麿の本物が揃っているとか。仲々にその方の通である。アメリカの大統領選挙、案の定アイゼンハウアーの再任となる。

十一月九日（金）晴後一時雨
　越南共和国国会の第一回開会。記念に半日休務、午前八時にサイレン高らかに開会式。何か新興国の気負い立った雰囲気が感ぜられる。

十一月十日（土）晴後一時雨
　今日マニラからの AF 機で、大蔵省印刷局の人二人と大川紙研究所の大川氏も来貢。大南のお客として御世話する。大川氏とは三年前に会っているが、ハード・ボードのプラントがマニラでは二ヶ所まとまって、どうやら念願の海外進出を実現されたものである。当地でも METECO 関係で話は早くつきそう。大川氏マニラでボイラーの故障による大火傷を受け、両足、右手が不自由で大へん不便のやうである。正に壮烈な技術者の姿。夜 TEXAS で印刷局の御両人、千賀、柳ヶ瀬の日綿連など大勢で飲み、談笑深更まで。千賀氏の Dry 礼讃論一くさり、かつてジャーナリストなりし氏の論理仲々元気なものである。

十一月十一日（日）曇時々雨
　珍しく降ったり止んだりの細雨が終日。朝鈴木君と大川氏を案内してショロンを廻る。精米所のさびれ切った様子など興深し。市場でハードボードの原料となるココ椰子殻を見たり、田園で雀の野生を見たり、紙、パルプの専門家だ

1956 年

けに観察は鋭く、新知識を得ること多し。昼コンチネンタルで社長も一緒に会食。小田君は印刷局の両氏と Thu Duc へ行く。午後また車を駆って平石君と共に大川氏と Thu Dau Mot に案内。Tran Ha の漆絵の本店を見る。さすがによい絵もあるが高くて買気出ずに帰る。河畔で一刻、夕暮 Saigon に帰着。

十一月十二日（月）雨一時雨

　T.P. の Mr.Truong と Mr.Hue に同行して Dalat へ行く事となり、朝飛行場へ九時に行きしが雨烈しく、Dalat 方面の天候不良とて飛行機は午後の離陸となる。改めて午後二時発つ。途中濃霧にも似た雨雲の中を再三通過、全く灰色の別世界に入ったやうで、些か不安を感ぜさせらる。暫く山岳地帯で雲の切れ目から山林を俯瞰してはっとする始末。無事三時過ぎ Dalat に着く。渕本、有元両氏の迎へあり。一緒に T.P. に赴き、仕事の打ち合わせをなす。新しい主任技師の Mr.Nam は仲々貫禄のある人物、下の Mr.Lanh が一切を仕切って、万事 Ankroet 関係の采配を振っている。器材の更地検査はあすにして、書類の上で下調査をなし、夕方辞す。Lang Bian Palace に泊る。夜 Mr.Truong、Mr.Hue 来り、会食。

十一月十三日（火）晴

　澄然と晴れ上がって絶好の日和。早朝 Dran から有元氏来り、渕本氏と三人で T.P. へ行き、昨日の二人と Mr.Lanh の案内で先づ Ankroet 発電所へ向ふ。何時来ても風景の佳い処である。Ankroet 現地の器材を見、更に湖畔を廻って奥の小ダムも見る。後 Dalat に帰って T.P. の資材部の置場で器材調査。午前中で現物調べを終り、午後は休憩。サイレンを鳴して物々しい車の行列。今日はウ・ヌ元ビルマ首相が国賓としてきているので呉大統領が案内して Dalat に来たらしい。元のフランス総督の別邸[180]に滞在している由。午後 Dran から阿部氏が来ての話では、今日大統領一行は Dran の辺を通過したらしく、電源開発現場を見たものと推測される。ビルマでも同じ久保田社長がバルーチャン[181]の電源開発をやって居る事とて、話も出たものと思はれる。夜 T.P. のガレーヂをやっている越南人で金持らしい人の招待で、彼氏経営の映画館へ皆で出掛け、西部劇を見る。クーパーの活躍するもので面白い。後 T.P. の両氏をキャバレー"南十字星"に案内し、終りまで遊ぶ。

180　インドシナ総督のダラット別荘。バオダイ帝の別荘と同じくポール・ヴェイセイールによりほぼ同時期に設計・建設された。［Jennings 2011: 122］
181　現ミャンマーにある水力発電所。☞《人物編》〈久保田豊〉

185

十一月十四日（水）晴後曇

　午前中好天。六時起床で Lien Khang 飛行場へ大川氏を迎へに行く。午前は T.P. の両人を案内して大川氏も一緒に Dran へ下る。途中の松林で大川氏しきりに撮影資料集めに専念。Dran で工営の事務所へ行きダムの説明と現場案内を渕本氏がさる。両人先発。午後大川氏と Dalat に帰り、林野局を訪ね、主任の Hiep の説明を聞き、資料を貰ふ。先ごろ日本に行った人で、親日家と云ふ処、いろいろ話して得る処多く、大川氏の製紙プラントの構想も次第に具体的にまとまるやう。此の地帯の松林は大へんなもので無盡とも云へる資源で、パルプ材として垂涎ものである。もし日本にこれだけのものがあれば、実に大した価値である。大体 800m 以上の高地では松葉が三本の種類でパルプに好適。800m 以下の処のものは二本葉で松脂を取るに適している由。従って Dalat-Dran 地区のはパルプ、Fimnon[182]-Djiring 辺のは松脂採取と云ふことになるわけ。明朝 Mr.Hiep の下の Mr.Phuc の案内で森林地帯へ入り、象の道もたづねる事とす。夜 T.P. の両氏と Hotel で会食。

十一月十五日（木）曇後晴

　午前九時、Mr.Phuc の案内で、大川氏と共に林野局のランドローバーを駆って出発。先づ Dalat-Dran 間の道路を南へ入るピストをたどって松林に入る。海抜約 1600m で Dalat と同じくらいの処である。従って全山三本葉の松、所謂学名 Pinus Kesiya で覆われている。大宝庫である。約 20km も難路を分け入り、小さな池のある地点まで行く。その辺でピスト尽きる。並行してもう一本のピストは象の道と言われていて、此の辺は野獣が多い。虎、鹿、象がいて狩場にもなる。竹に虎ではなくて松に虎の取り合わせと云ふわけである。雷による火事で焼けて立枯れている部分もあり、密生し過ぎて樹が細い処もあり、成程山林行政のまだ出来ていない事がよく分る。それにしても大へんな眠れる資源と云ふべく、コストにしても日本の三分の一程度で絶好のパルプの原料が得られる計算になり、工業化の必要を痛感される。電源、苛性ソーダ工業等と並行してパルプなど紙の製造は正に有望地点としては、電気・輸送・水量・労力等の立地条件から推して、やはり Dran が最適地のように思はれる。日産 30ton の工場は適当なものである。

　昼食は所長の Mr.Hiep の宅に招待されて、所長と皆で六人。越南料理で大いに

182　現在のフィーノム Phi Nôm（ラムドン省所属）。

1956年

談ず。経済協力による開発の問題でMr.Hiepも意見を述べ、互ひに協力を約す。彼氏が日本で、北は北海道、南は九州まで隈なく歩いて、日本の山林行政を研究して来たことは大きな此の国のプラスである。彼氏先日二週間もまだ何の調査も行われていないDalatの北部山岳地帯をCampしながら歩いて来た由。Lang Bian山系2160mの高山があり[183]、松林が大体20,000ヘクタールある由。午後またMr.Phuc同行のランドローバーでFimnon附近へ赴く。途中、Dalat郊外の瀟洒な邸宅で越南の映画のロケが行はれていて、丁度その家がMr.Phucの知人で、この辺で大製材所を経営している金持のPhuc-Thanh家なるため、足を止めて見学。この邸宅は庭広く花が一面に栽培されていて、色とりどりに咲き誇り、五色の彩りに取巻かれている感じ。誠に撮影に好適。監督しているのがMr.Thongで旧知の人。久し振りに彼の姿を見て、暫く立ち話に聞く処では、Technicolorsで撮っている由で旧正月に封切する予定とか。女優一人の動作を映しているが、まもなく本番になって終る。此処を撮ってまた暫く各地でロケをして、十二月にはまた日本へ行くとのこと。

　Fimnon辺で松脂の工場を見る。例のMr.Nghiaのやっている工場である。唯一の松脂精製工場とて、政府が新たに監督することになるらしい。技術的にはまだ夾雑物を除く工程が不十分との大川氏の判断である。原料松脂はよい品質らしい近くの松林に行き、採取現場を見る。この松は学名Pinus Meskusiiと称する二本葉の松で、日本のと似ている。乱暴に取るため枯死が早く、政府が保護に乗り出す事となり、新しい法規が出るらしい。そしてこの二本葉の松の伐採は禁止され、計画的に松脂採取を行ふものらしい。更にPhuc-Thanhの製材所を見る。ストックが立木のものと合わせて5,000m³もあり、8,000,000ピアストルを注ぎ込んでいると云ふ。これは林野局役人やフランス人が電源開発を目当てで今から松林の買占めを勧めたものらしく、あまり金を入れすぎて、経営主は一寸困惑の形である。Danhimについて、いろいろ聞かる。製材所としては仲々よく出来ていて、将来は有望な工場と云へる。いづれDanhimの工事が始まれば恐らく大儲けする処ではある。夕暮六時にDalatへ帰着。一日乗り通しでやはり疲れる。夜外出して中華料理を食べ、映画を見る。

十一月十六日（金）晴

　爽やかな高原の青空、誠に快適である。仕事を終った後の心のゆとりもあり、

---

[183] 現ラムドンLâm Đồng省に位置するランビアンLang Biang山。標高2167m。

悠々閑々たる休養。散歩して秋を満喫したり、読書に耽ったり、無為にして午後三時まで。四時の飛行機で渕本氏も一緒にSaigonへ帰る。事務所へ寄ると留守中の仕事が山積しあり。主として紙の件。

十一月十七日（土）晴
　もうすっかり秋。涼しさが朝夕に爽やかな季節となる。午前中、時計の組立工場を見る。元副首相のHoac氏[184]の甥と云ふ男のやっているもので、小規模ながら新しく、日本の技術と機械を入れたいと云ふ。後、社長大川氏等とショロンの当地唯一の機械による製紙工場を見に行く。古い機械で四十年も昔のもの。非能率で製品もまるで落ちるが。とにかく日産6ton程の原紙を製造して居て、原料は紙屑である。詳細を聞いて参考資料とす。大川氏の技術的な忠告により、大南との協力を希望する。機械も入れる由。午後も出勤してたまった手紙を書く。夜"Texas"後"大金都"。

十一月十八日（日）晴
　涼しい一日。籠居して終日読書に過す。時に日本的な緻密な論理に接すると頭の刺激になってよい。大川氏は先日のDalatの松に関する意見書作成に余念なし。社長明日Phnom-Penhへ赴かる。

十一月十九日（月）晴
　少し朝夕が涼し過ぎ、肌寒さを覚える。シャワーを浴びるのも些か億劫になる。此の間のAnkroet関係の器材調査。続きとして、例のO.N.D.E.E.のMr.TruongとMr.Hue両氏と共に渕本氏、T.P.のGia Dinhにある資材部の倉庫へ赴く。本家本元の資材置場だけにかなり豊富な内容で、希望する機械類の大半を確認し得て終了。午後新に建設部長に栄転したMr.Thanhを訪ねて雑談一刻。さすが政府要人としての貫禄を備へて来た様子がうかがえる。大川氏METECOに招待され、製紙プラントに関する結論を述べらる。夜映画を見る。

十一月二十日（火）晴
　朝大川氏と林野局のChuong技師を訪ね、パルプ及び紙のことで会談。特に先方はバクテリヤ法によるパルプ製造について聞きたいとのことで、一応説明し、

184　レー・ヴァン・ホアック。☞《人物編》〈レー・ヴァン・ホアック〉

1956年

日本は寒くて不成功であるが、当地ならば適当である旨考へ、デルタの藁を原料にして小規模の実験的企業は可能なるも、まだ大々的には難しいと話す。むしろこの国としては藁や竹を原料とするハード・ボード製造から始め、山岳部は勿論松材からのパルプと紙の工場を作るべしとの結論になる。午前十一時遅れた AF 機日本向出発。大川氏マニラへ発つ。今日 Bangkok から社会党の稲村隆一代議士[185]が来られ、三日間滞在の由。社長の親友とて御世話する。ビルマの社会党大会に出席しての帰途で、ビルマの話あり。ウ・ヌーが引いてウ・チョウネン、ウ・バスエ[186]の時代となりつつある様子も分る。同氏の説では日本の鳩山総理引退後の公認は、本命岸とするのは素人で、本当は松村謙三か、正力松太郎だと云ふ。些か穿ち過ぎているようであるが、政界の裏面では、そのような説もあるものか。午後鉱山局。夕方六時 Rosa と会ひ、"Coliburi" でイタリヤ料理を食べ、映画もイタリヤ物を見て、後ホールに一刻。山田からの手紙では、彼来年早々二ヶ年の予定で Bangkok に発つ由。

十一月二十一日（水）晴後一時雨

午前十一時社長 Phnom-Penh より帰貢。稲村代議士と昼食の時、いろいろ打合わせあり。大統領との会談は小長谷大使が、当地の社会党に対する政府の毛嫌ひを話して、暗に合はぬやう希望した由にて、社長も敢へて会談を斡旋せぬ事とさる。然し本来なら社会党の代議士ならばこそ却って多いに意見を交えるべきものを。元 "Au Chalet" に居た Mlle Hao が事務所の近くのレストランに会計係をしているのに偶然会ふ。よい場所が出来たわけ。夜ヤンマー・ディーゼルの山岡氏の子息夫妻パリ行の途次を空港で迎へて一刻話す。夫人は久保田社長の娘さんで、社長、柳ヶ瀬氏も一緒に行く。託送の大統領へ呈上する Danhim Report 一部を受取る。仲々立派な装丁である。最近北部越南で農地改革の失敗から内乱的な騒ぎが起きて居り、Ghe An［Nghe An］[187]附近ではひどいらしい。党書

185　当時衆議院議員。1898-1990。

186　48年に独立したビルマでは与党内部での争いが続いていた。首相ウー・ヌと、ウー・バスエ、チョオ・ニェインらの対立は政治的空白をもたらし、58年ウー・ヌは軍人であるネイウィンに政権を譲ることになる。［根本・斎藤 1994：222-225］

187　ゲアン Nghê An 省。ベトナム中部に位置しており、独立の父であるホーチミンをはじめ、多くの政治家を排出している。この当時、地主制度の廃止が推進されていたが、北部ではこの方針が画一的に適用された結果、地主ではない富農や、既存の党組織が「特権階級」と見なされ解体されるなど混乱を招いた。56年、国は誤りを認め、書記長チュオンチンは辞職を余儀なくされた。［古田 1995: 159-160］

記長の実力者 Truong Thinh [Chinh] も辞職した由[188]。スターリン主義の清算から尾を引いているものと見るべきか。ハンガリー的な民族意識によるものか。とにかく問題である。カンボジアでは周恩来中共副主席を迎へるのに大騒ぎの様子であるが、余りに華僑の歓迎が目立ち過ぎるためか、遂に中共旗の市販を禁ずる政令を出す始末。将来ともカンボジアは赤い勢力を抜き難くなる事は明白で、シアヌークの失政となるかも知れぬ。

十一月二十二日（木）晴

　朝夕は二十度以下で快適だが、日中はやはり三十度あたりまで上り、暑苦しい。千賀氏の技術協力も契約前の追込みに入り、連日の連絡会議で懸命の様。給料のベースは有利に決って一安堵と云ふ処である。この仕事が動き出すと、今後の日本の技術輸入の道が開拓される可能性がある。千賀氏元気を取戻し、帰国も近い事とて、多いに朗らかに飲み談じ、且つ踊られる様子。誠に楽しげである。夜鈴木君と"大金都"。久我氏、千賀氏と会ふ。オリンピック・メルボルン大会開幕。

十一月二十三日（金）晴

　久保田社長 Bangkok より来着。稲村代議士、早朝 Phnom-Penh へ出発さる。事務所の仕事も終日忙しく、ライセンス状況やや活発。日本のメーカーの値上げで、大抵の品が売り難く、貿易商としては全くやり難い、利の薄い、嫌な此頃の商況ではある。午後 Mlle Hao のレストランで一刻、アメリカ式のパチンコや野球遊びの機械が置いてあって暇つぶしには甚だもってよし。夜"Texas"で一刻。後 Le Loi 館で映画"Red Reset"を見る。連合軍落下傘舞台を描いて秀作である。

十一月二十四日（土）晴後一時雨

　午前中、社長、久保田社長と T.P. 大臣に会見。Danhim 関係で折衝さる。千賀氏の技術協力の方はだいたい今日で原案検討を終る。午後ゆっくり休み、夕方平石君と Catinat へ出て後 Mlle Hao のレストランへ寄って一刻。夜珍しい雨沛然。月砂氏と洞発酒店で中国料理の火爐を食べ、後"Texas"。

---

[188] チュオン・チン（Trường Chinh,1907-1988）。本名ダン・スアン・クー Đặng Xuân Khu。革命家、作家として活動。41年にインドシナ共産党書記長に就任、56年に解任された後も数々の要職を務め、86年7月より党書記長に就任、ドイモイ（刷新）政策を推進した。[桜井・桃木 1999: 214]［Tucker 1998b: 703-705]

1956 年

十一月二十五日（日）晴後曇
　朝皆で三星［三ツ星］調帯の出張員を案内して植物園に遊ぶ。颯快の秋気。樹々の清澄、実に爽かな散策。写真にもよい。
　午後、稲村代議士 Phnom-Penh より帰られ、中村氏の遺児を招待して我が家で歓談。中村氏と稲村代議士は旧友の間で、戦時中も当地で一緒だったらしく、出国に際してその遺児の様子を見て来てほしいと家族に頼まれて来られた由。遺児は姉弟二人、姉は信子と云ひ日本語も忘れず、頭もよく父が獄中に仏人の虐待で自殺した後、やはり仏人の強制的な尋問に非常な苦労をした人で、今はシクロー五十台の女主人をして経済的に心配ないが、悲運にその青春を失ったように、見るからに苦労の跡を残した、痩せた体が痛々しい。話すことは仲々淑やかで、良い日本語であるのも一層いぢらしさを感ぜられる。弟の方は当時まだ幼少で日本語は全く話さず、おとなしい青年学生である。日本の没落を身を以て体験した二人の将来に幸あれかしと祈るのみ。我が家で会食に日本料理も喜んで食べ、大使館の河原氏やマリー等と一緒に帰って行く。
　稲村氏はカンボジアで丁度周恩来副主席が来ていて、Angkor Vat［アンコール・ワット］[189] でその一行に会った話や Angkor Vat の壮麗に感嘆したこと、キリロム高原都市の実現についての抱負などをしきりに語られ、有益な旅だったと満足の態である。

十一月二十六日（月）晴
　涼しい気候、如何にも南国の秋らしく、蘇生の思ひをもたらす快よさ。最良の季節と云ふところ。久保田社長は公共事業相や大統領とも会談、Danhim 問題も大詰めである。稲村代議士も経済大臣に会ひ、賠償問題で意見を交はされた由。然し二億五千万弗は法外で先方の理屈は全く理論的に問題外なりと嘆じ、当分打つ手もなしと判断された様子。越南のあまりに偏狭な独立意識を裏付けていた賠償要求は、結局蛇蜂取らずに、日本との国交を冷却させるのみとなる。日本は熱意が足らず、越南には情味が薄いと云ふ感がする。然し Danhim にしても滞在問題にしても、これが根本になる事とて、何とか早急に打開したいものである。
　夜大南で小長谷大使夫妻、久保田社長、稲村代議士、千賀氏等を招待して、郊外の一亭 Pentho で会食。涼気満ちて野趣あり。例の鍋物に蟹の焼いたの、鶏

　189　著者によるアンコール・ワット訪問については、☞［日記 570201］

の塩蒸しなど変った佳肴で、皆機嫌良く歓談さる。大使から稲村氏へは例の賠償問題の解決に超党派で力を尽してほしいと依頼され、和気満ちた宴となって九時半まで。時にはこのような会食が有益である。

十一月二十七日（火）晴
　久保田社長、稲村代議士帰国さる。社長もほっと一息つかれた形。Ankroet 関係で渕本氏と T.P. の O.N.D.E.E で折衝。フランス側は自責で修理工事をやる由にて、日本側へ寄せるかどうか甚だ疑問となりあり。午後 Singapor［Singapore］より、味の素の佐伯取締役、喜多村貿易第二課長来貢。ほぼ大南で代理店を取れそう。夜宿舎で会食後、ショロン方面を案内す。手間がら、食料品店を数軒見て歩き、調味料や値段を尋ねたりさる。後"岬"で一刻、肌寒さを感ずる涼しさである。期待されたオリンピックの三段跳も遂にダ・シルバーに名をなさしめ、16m38 の新記録の由。日本の小掛選手不調で終わったらしい。

十一月二十八日（水）晴
　小田君帰国前の業務引継に、切手関係の郵政局長、印紙関係の税務局長等に会ひ、今後の打合せをなす。ライセンスの下りた件数では今の処日綿が第一位で、大南は二位にあり、些か名に恥ぢると云ふわけ。然し今後のライセンスもあり、最終的には大南が第一位を得る自信はあるが、今の処多くは繊維等で、二位もまだ止むなし。社長、国防省の連中や千賀氏等と会食。

十一月二十九日（木）晴
　新しいライセンスの発表されたリストによれば、今度こそ大南が圧倒的に多く、総合件数では日綿を抜き、どうやら第一位に立つ。主として金属であるが、次の紙でも恐らく伸びている筈とて、最早や大南の地盤強固なること明白、ただ全体の三割獲得を目標に、今後の商戦に臨すべし。千賀氏明日帰国を前に国防省関係もやっと仮調印となる。千賀氏の三ヶ月にわたる忍耐力は相当なもので、此の技術協力が今後の日越間の多くの問題に寄与することは明白である。夜、三菱と合同会食で、千賀氏、味の素の御両所を招待して送別宴。例のサイゴンの椿山荘と社長の命名になる Pentho で催す。後、三菱一党と "Texas" から "大金都"。

十一月三十日（金）晴
　朝千賀氏帰国を送る。ドライを自称しながら、やはり日本の風物情緒にひかれ

て帰国正に矢の如く、喜悦満面で発たる。午後味の素の佐伯貿易部長、北村課長PAAでマニラへ向はる。METECOの塩とからんで味の素をEFACで入れる話、なほ最終決定を見ず、些か不満の態であるが大南へAgentを委す意向はあるらしい。小田君出発前の連絡事項あれど、彼仲々忙しくて打合せる暇もなし。それに再入国ビザが難しく、国防省の証明書やT.P.の証明を取ってやっと二ヶ月間再入国のビザを取った由。日本人の滞在延期ビザの問題もまた事情悪化してきた様子で、Chau[190]総統府長官は日本経由コロンボ会議に出掛けて不在なれど、新しい申請に対して、既にビザ期限の切れた者は、それを受け付けないとか噂がある。社長はもうこれ以上奔走することもないので、大使に委せるつもりになり、無用の消耗を避けるとのこと。もっともな話である。日本の駐越大使は近く吉岡カンボジア大使に代わるらしく、小長谷大使は南米行とかの噂があるが、真実らしい。

十二月一日（土）晴後曇
　小田君明日帰国のため、事務の引継ぎや打合せで種々多忙。託送して歳暮の贈り物もせねばならず、買物若干、べっ甲製品は大分値上がりしているし、香水などもひどく高い。適当な土産が次第に無くなるようである。夕食後社長を囲んで全員で打合せ会を催す。

十二月二日（日）晴後一時雨
　快晴の空、午前九時半の出発が遅れて昼前になりしが、小田君元気で帰国の途につく。彼に先を越されて、我が帰国の日はまた暫く延びるわけ。独り者は結局同情なきためか。ただ日本の真冬の辛さは身にしみて経験して居ることとて、来年春を待つべし。ショロンの貸部屋を二ヶ所見しが、適当でなく心を決めかねる。当分今の住居で過すこととなるべし。夜、柳ヶ瀬氏と"Texas"から"Arc en Ciel"更に"Au Chalet"と廻り歩く。何処も退屈。

十二月三日（月）晴後一時雨
　細雨が音もなく降り注いで、まるで日本の秋を思はせる風情。小田君の残している仕事などを片付け、やや忙しい一日。日本からの来客が暫く絶えて社長は漸く暇あり。

190　グエン・ヒュー・チャウ官房長官兼内相。☞［日記570114］の脚注

十二月四日（火）曇
　雨気が残って曇天。南国には希な感じ。日本人の滞在ビザの問題、また悪化し出した模様で、十二、三人を限り、他は皆強制的に帰されるらしいなどと噂あり。商社の連中、浮足立つ。大南としても経費の膨張もあり、来年早々には人員を減らすことにするべきか。月に三十万比弗は大きく、内地でも負担に耐えぬことになりそうである。ライセンス状態が現状では縮小策も止むを得ぬものと云ふべし。

十二月五日（水）晴後曇
　午前中社長と先づ税務局で収入印紙の件を折衝。後 New Viet Nam Watch の時計組立工場を見に行く。更に同じく Viet Long Watch の方も見て、大南として何の工場に力を注ぐか大体の案を出す基礎調査をなす。いずれも精工舎を組ませるには、まだまだ実力の点も将来の見透しもはっきりしたものではない。敢へて性急にプラントを持ち込んでやる程の事もない模様である。やはり確実に伸びているのは、最初から話のある Viet Nam Watch である。ライセンス下付されて仕事やや多忙。

十二月六日（木）晴
　日本工営の技師連中残留組の滞在延期も拒絶されて、最近のビザ問題の効果を裏付けられる。社長また早速大使と打合せ、対策に奔走さる。Ankroet 問題に対するフランス側の工作も要は Danhim 獲得への前哨戦として、政治的なものである事は明白。一方日本側は何の為す処もなく、ビザ問題でさえ解決出来ぬ始末とは、全く憂慮の外なし。紙のライセンス取ったはよいが、現品少なくて閉口。仕事は次第に難しくなる。夜オリンピックの実況放送で、今日の平泳二百米決勝で、日本のホープ古川が一着、二着も日本の吉村と云ふ大勝を聞く。さすがに君が代の演奏を聞くのは感慨深いものがある。月砂氏と映画"Shortgun"を見る。西部劇。

十二月七日（金）晴
　元サイゴン駐在の海軍に軍属で来ていた伊藤信介氏が来貢。社長にエールフランスの切符販売所のやうなものを、特に日本人向に作ることを勧め、今日エールフランスの支配人を同道して来談。日本人のみ限られたのでは些か利も少ないと思はれるが、裏の便宜もある仕事で社長やや乗気のやう。引つづきライセンスの下付されたリストでは件数で大南が断然トップに立つ。夜オリンピック

実況放送を聞く。千五百自由形で山中健闘して第二位。

十二月八日（土）晴後時時雨

経済大臣と鉱山局長の Nong Son 現場視察旅行に、社長も同行する予定なりしも、飛行機の都合悪くて中止さる。ライセンスの取得状況リストにとって見れば大南断然トップ。内地からは最近の商況不振を理由に経費の節約を迫って来るが、今後この地位を維持するに機構を縮小し、人員を減じてよいかどうか疑問。今は辛抱して更に地盤を固め、商戦に打勝つ事を考へるべきであらうに。午後静かな雨降る故、静かに読書す。夜 Rosa に会ひ、柳ヶ瀬氏と三人で EDEN の映画、サーカスを背景にして喜劇もの。色とテンポと仲々面白い。今日オリンピック・メルボルン大会終幕。日本の獲た金メダルは、レスリングの池田と笹原、体操の小野、水泳の古川と四個。銀・銅総計して十九個は、悪い成績ではない。

十二月九日（日）曇後一時雨

日本の冬至にも似た天候で、午後細雨降る。夜は少し涼し過ぎる程である。一日中家にこもって読書に耽る。昼、社長、伊藤氏を伴って来られ会食。エールフランスとの提携について社長ひどく乗気で、本当に事務所も改造する気持らしい。仲々有利な仕事ではあるらしい。夜、平石君と映画を見に行く。西部物。上衣を着て歩く程、肌寒い雨後の街。

十二月十日（月）曇一時雨

涼雨なほ残りて潜々たり。朝、社長と共に Air France に行き、社長の Mr.Nicol と会ふ。先日来の提携問題について打合せをなす。小田君居らず雑用さすがに多し。歳暮迫ると思へば、自ずから感慨あり。夜 "Texas" で一刻。

十二月十一日（火）曇時々雨

小雨時々降る。日本ならば氷雨そぼ降ると云ふところか。涼しい一日である。日本の船一隻埠頭にあり。水産講習生の実地教練で来たものらしい。大使邸でパーティが催された由。午前午後とも多忙。社長のカンボジア行準備成る。

十二月十二日（水）曇

社長意を決して大統領に対し Danhim 工事決定を早くするやう意見具申書を作成、小長谷大使に諮しが、大使は提出するのを暫く待ってほしいとのこと。要

するに大使の権威を侵すものとしての不快があるのか、或いはその強引を避けるためか、とにかく全面的に賛成されず、社長も止むなく大使に原稿を預けて引取らる。放置すればAnkroetもDanhimもフランス側に取られるものを。

　フランス側は最近かつての首相で外相でもあった大物のピネーを招いて裏面工作をやるらしく、日本側の政治的拙劣では到底この大事業も物に出来ぬように思はれ、社長は独り躍起になって奔走されるわけ。フランス側は金に糸目をつけずに、将来のために権益確保を図るに対して、日本側の無為無策は何とも云ひ訳の仕様もない実状である。それにアメリカの援助資金は来年度分からその第一目標たる Saigon - Ban Me Thuot - Hue の中央縦断大戦略道路の建設に優先的に投入されることになったらしく、その計画では Sai Gon - Bien Hoa は幅20mの大道路、後は幅8mのもので、軍隊の輸送を作戦上の要求から、第一目的としたものである。それに要するに金が大体2,500万弗、三ヶ年計画と云ふ。そうなればDanhimへ米援助資金を期待する事は出来ず、いよいよ日本の賠償問題が切札となるわけである。それに対してフランス側の条件がよいとすれば、越南政府としても、フランス案を採らざるを得ず。又国会もあたりでも、民族主義だけでは通らず、フランスの味方をする議員も出て来て、経済的な見地から、大勢を引づる可能がある。社長焦心の所以である。T.P. Mr.Dinh も社長にその点を強調して、政治的な積極的解決を希望している。硝子工場無理。陶器工場技術者、Bangkokへ発ち、近く来貢の予定。夜"Texas"で豊川夫妻と話す。

十二月十三日（木）曇後一時雨

　早朝 Air Viet Nam 機で社長 Phnom-Penh へ発たる。Nong Son ボーリング用器材の通関で鉱山局へ折衝。伸鉄工場の件で Mr.Tien と話す。宮地汽船との話が進んでいて、中森氏と東都製鋼の方へ社長の面子がないこともよく分っているらしいが、宮地の機械出資による合弁事業たる点が魅力らしい。宮地も仲々の曲者で一抹の不安あれど日本人同士の競争も不可なればそれは秘す。時計工場の件も大分急いでいるらしく、最終的な返事を催促される。New Viet Nam と一応組むことにするとして、精工舎の意図を聞く。

　ラジオで日本の政界異変を聞く。自由党の後任総裁は結局公選をやって本命岸が、決選投票の三回目に石橋－石井の連携に僅か七票の差で敗れ、遂に次期総裁は石橋湛山と決し、近く石橋内閣が成立することとなった由。多分自由党内の派閥争いは今後も深刻に残るし、人事問題で、例の実力者河野の存在をめぐって一波瀾あろうし。仲々簡単な事ではない。石橋経済策は少し派手で、新

味はあるが、それだけに一国を負って他国と重要な折衝の場合に一抹の軽さが考へられる。然し新しい日本の政治家の型を打出すのは悪くない。人身また一新の気運を喜ぶべし。越南の賠償問題も或いは一進歩あるか。

十二月十四日（金）晴後曇一時雨
　十二月半ばにもなれば、やはり此処でも歳末のあわただしさが感ぜられ、仕事も何となく浮きだった忙しさである。特に年末の船積で来年一月来の旧正月前に着荷するやうに督促されるものが多い。追い立てられるやうな気持のする仕事が増すわけ。

十二月十五日（土）晴後曇
　社長、経済大臣と会談の際、Danhim 問題で大統領に会ふつもりと話せる処、先方はフランス側の強力な工作に対して一日も早く大統領に膝詰談判すべきであるとの意向で、建白書を出すよりも先づ会ふようにと勧告され、早速会見を申込む。実際フランス側の裏面工作は相当に進んでいるらしく、安心出来ぬ状勢である。その点、小長谷大使の不活発な動きは些か憤懣を感ずる。プロトコールがどうのこうのと云って逡巡している場合でなく、正に日本の国家的な利害、勝利の重大な問題である以上は、大いに活動奔走してよからうに、慎重と云ふよりは些か無能の誇を免れ得ないものがある。社長独り躍起。

十二月十六日（日）晴後一時雨
　何処に出る興味もなく、日曜日は寝る事と本を読むことで過す習慣になる。昼食に社長来られて雑談いろいろ。Phnom-Penh の話も聞く。夜、月砂氏来る。鈴木君と三人で映画を見る。アメリカの幼児誘拐事件を扱かったもので地味だが迫力のある佳作 "Ransom" と題す。緑園で暫く憩ふ。

十一月十七日（月）晴後時々雨
　まるで雨季のやうな雨の日がつづく。今日は昼から土砂降りで、少し気象が狂ったやうである。社長Danhim問題などでしきりに奔走さる。Bangkok より入電。例の陶器の専門家西村氏明朝来貢の由。

十二月十八日（火）晴後曇
　朝、西村氏来着。早速陶器工場を視察、一見しての話では、トンネル窯など作っ

て膨大な費用をかけているが、生産力から云っても、技術的にもとても採算の取れる工場でないとの事で、計画は根本的に考え直す要あり。やはり専門家の意見は聞くべきもので、下手に金をつぎ込んだら、泥沼に陥るやうなものである。西村氏宿舎に泊らる。

十二月十九日（水）晴
　西村氏今日もショロンの華僑のやっている陶器工場を見に行き、これまた明治時代の日本の工場と同じ程の旧式さで、協力も何も問題外とのこと。むしろ新しく大南独自で工場を作る方が余程有利との結論で、その線にそって計画し、実現を図るべし。社長午後大統領と会談。Danhim の問題で喰い下がり、かなり効果のあった模様で機嫌よし。今まで小長谷大使を通じての話は、大統領には全くのみ込めていなかったらしく、今日、社長の説明で二千万弗程度の融資の件も理解されたらしい。その他故彊柢公の顕彰祭も行ふらしく、遺児の日本行についても、大統領から幾何か贈金とのこと。社長より勧めて、応諾の由。とにかくまだ大統領の腹は日本にとって有望なものがあるものと思はれ、希望が湧く。夜"Texas"で一刻。日本へクリスマスカード書く。ラジオで日本の国連加入満場一致で承認された旨を聞く。参加七十九ヶ国中出席は七十七ヶ国で、全員賛成と云ふのは国連始って以来最初の事であり、日本の面目大いに揚ったわけ。日本は従って第八十番目の加盟国となったもので、いよいよ国際舞台へ正式に復帰。世界各国にその主張を唱へる場を持ったわけ。代表へ重光外相が、原子兵器の禁止を呼びかけ、アジア・アフリカ諸国への接近を云ひ、日本の立場を説いた演説あり。

十二月二十日（木）晴後一時雨
　歳末らしいあわただしさが急に加はり、忙しい一日。その間にカレンダー配布などに気も配らねばならぬありさまで甚だしく疲れる。故彊柢公その遺児の兄弟近く日本行について、社長へ相談に来らる。聞りば彊柢公顕彰の大祭[191]が一月に盛大に Hue で催されるために、遺骨一部は高台教から既に Hue へ移し、日本の分骨も今度取って来る由。急に呉大統領としても彊柢公の遺徳を顕彰することになったらしい。然るべき事である。夜 Rosa と万梅園で食事。彼女来週日本へ行く事にした由。

191　☞［日記570109、570110］

1956 年

十二月二十一日（金）晴後曇
　官庁関係、日本工営のカレンダー配りで廻る。Colombo 会議から計画局長の Diem 氏も帰って来て、Danhim 問題もいよいよ本格的に検討審議の段階で、アメリカ人技師も新に日本案とフランス案を専門的に検討するため来貢らしい。大使館でカンボジア行の手続をする。西村氏等 Bien Hoa、Thu Dau Mot 辺の陶器［工］場を視察。夜 "Texas" で一刻。

十二月二十二日（土）晴
　むし暑い陽気。来週からはもう仕事にならず今日は半日中忙しい。午後も出勤。Air France の Mme Manh 来訪。Xmas に招待さる。Dran の渕本、阿部両氏来貢。夜 "Texas" で過す。

十二月二十三日（日）晴
　日本の真夏の気温である。早朝平石君、西村氏を案内して Dalat へ出発。花崗岩の採掘状況視察のためである。午前中読書、午後日本工営の柳ヶ瀬、阿部両氏を誘って Thu Duc へ行く。プールは満員。月砂、鈴木の両君も来合せて一刻。六時過ぎ Tourane から来着の大谷氏を飛行場へ迎へに行く。遅れて七時前到着。宿舎で日本工営の三氏を招待し、後一緒に出て "Texas" で飲み、Cholon 郊外をドライブして "Au Chalet" に落着き、一日早くクリスマス気分を味って飲み且つ踊る。石橋新内閣が難行の末漸く成立。自由党内部の派閥争いを表徴した論功行賞的閣僚の振割りで、全閣僚が更迭新任されたが、敢へて強力とは云ひ難いやうである。岸外相は官僚から外交を奪った点、面白い。

十二月二十四日（月）晴
　クリスマスのお祭り気分で街は賑はひ、商店は華かに。日本の歳末売出しに似た感じがする。フランスの奥さん達が、クリスマス・ツリーを買ひに来て、あれこれ物色している姿もシャルネーの花売店の辺りでほほえましく繰展げられている。会社・銀行・官庁と云った所は一般に休務。事務所でも仕事にならない。然し残務整理などで一日勤める。夜クリスマス・イヴの大狂乱が各所に出現。キャバレーのかせぎ時は日本と同じこと。宿舎に日本工営の連中、月砂氏も来て先づ飲み、八時頃から、招かれていたマリー宅のパーティに行く。鈴木君はショロンの華僑と会食に、後の一党は大金都へのす。マリーの家のパーティ仲々盛大。仏・米・越・日と各国人の集いでレコードでダンス。且つ飲み

199

且つ食べ、談笑と踊りに夜を徹す。途中 Mme Manh の家へも顔を出し、一族の間で楽しい雰囲気のクリスマス。宝探しでコップを貰ったりして一刻。マリーの家のパーティは一時過ぎに終り、ローザを送る。彼女例によって大いに酒盃を重ね、遂に酔ってグロッキー。子供達が母を責めるのを見ていると、やはり親子の情愛を感ず。我またかなりの酒量に疲労を覚ゆ。

十二月二十五日（火）晴
　早朝起出でて、山岡夫妻を迎へに飛行場へ。社長、柳ヶ瀬、大谷、阿部の諸氏と。阿部氏は日本に帰る。ローマから着いた山岡夫人、行きの頃とは一段とニュールック。パリー仕込みのお洒落れ振りである。昨夜の寝不足で、午後はずっと眠る。

十二月二十六日（水）晴後曇
　もう後数日の歳末迫って、多忙に追はれる。官庁廻り、来客の応接、山岡夫妻の案内など、寸暇なき有様。そこえ、今日午後問題の機械見本展示船日昌丸が入港。東南アジア諸国巡廻の最初の船足をとめて、二十七日から三日間一般に公開するわけ。前人気は凄く、既に招待券六千枚は配布しつくしてなほ足りぬと云ふ。各商社関係の展示者側、乗船員の接待も華々しく、時ならぬ日本ブーム。埠頭に横づけの八千屯の日本船を見るのはやはり楽しいものではある。東山氏担当で大奔走。

十二月二十七日（木）晴
　午前中、山岡夫妻の滞在ビザとフィリッピンの Transit Visa を取るために奔走。久保田社長、山岡夫妻、柳ヶ瀬氏等 Dalat へ急行。国連の審査員[192]との折衝に当って、Dalat で越年の予定。午後日昌丸の展示を一巡して、大南関係のメーカーの展示場を写真に撮る。代理店として大南の看板を掲げた処が八ヶ所、それだけでも大南の宣伝になる事必定。今日の役目は受付要員で、埠頭の船側階段下に机を置き一物、三菱、東綿の連中に大使館の山下、小林両氏等と居並び政府関係、外交団などの来賓の応接。午後四時から八時まで立づめ。飲まず食はずの重労働には、さすがに疲労烈し。今日の招待客が約四百名。日の落ちた頃から続々つめかけて盛況を呈す。明日の一般客の来場が混雑する事は明らかである。経済大臣 Tho 氏以下顔見知りの要人連中、有力者が相当多く、受付役の甲斐あ

192　久保田豊のダニムダム建設計画案とフランス側の提出した設計書案の審査にあたった国連の技術委員三名を指す。［久保田・山口 1967: 49］☞《事項編》〈ダニムダム〉

り。社長は船上接待で、船長と共に大いに活躍の態。六時半船上でカクテルパーティ。場外の広場で八時から映画もあり楽しい Fair 気分が漂って、白い船体に蛍光灯の映え輝くのも美しく、大いに人気あり。毎日の水本記者しきりに活動。大南で便宜を図る。

十二月二十八日（金）晴
　巡回船第二日。一般公開が始まり、大へんな人出。案の定、整理出来ぬ程につめかけて混乱す。大南からも船内整理要員に四人もつめかけ協力。夜に入っていよいよ多勢の見物客。遂にタラップを揚げて入場を中止する始末。後近くの"岬"で涼風を賞しながら飲む。

十二月二十九日（土）晴後曇
　昨日にこりて今日は日昌丸の観客整理に万全を期し、日本人商社の連中も殆ど総掛かりで出役。成果あがり、非常に順調に客を捌き、見事なもの。大南も書記を動員して大いに協力。夜十時まで勤む。日本工営の電気技師斎藤氏来着。飛行場に迎へる。明朝直ちに Dalat へ発つこととなる。大谷氏は又 Tourane へ明早朝出発。

十二月三十日（日）雨後晴
　朝八時に斎藤氏を Dalat に送る。後、社長と飛行場へ赴き、彊柢公の遺児壮烈、壮喜の両氏[193]渡日を送る。大統領から餞別二千米弗ももらい、日本では小松・石田両氏と相談して遺骨持帰り、旧正月前に慰霊祭も行はれる由。午前一時日昌丸出帆を見送る。ドラが鳴り、五色のテープが投げられ、次第に離れ行く白い船。互ひに呼び交わし、手を振る船上船下の人々の姿。やはり船の別れは哀愁と共になつかしいものである。三日間 Saigon の市民をお祭気分にしたその盛況、多忙なりしが楽しい思ひ出ではある。大使以下皆埠頭に集ってその出港を華やかに送る。
　問題の経済大臣阮玉書［グエン・ゴック・トー］氏が遂に副大統領に任命され、国会の賛成を得。社長祝ひの言葉を述べに行かる。対日賠償について一つの推進力たるべし。小長谷大使も社長へ賠償問題について協力方依頼さる。いよい

193　クオンデの遺児壮烈・壮喜の二人は、1944年8月、日本軍によってフエからバンコクに移送・保護されたが、要請したのはゴー・ディン・ジエムであったという。［白石 1984: 37］

よ社長の政治折衝に期待される処が大きい。只熊氏[194]より、山玉誠［ソン・ゴク・タン］氏を呉大統領に被［庇］護してもらうやう、社長へ依頼状あり。社長としては当地の微妙な政治情勢もあり、一応アメリカ側の支持を受ける必要ありとして、藤原氏[195]、田中清玄氏の線でその工作を日本でやることを提案し、更に山氏の親書に反共の点を明記して、呉大統領へ呈出する事を只熊氏宛に要望さる。山氏の盤谷［バンコク］に於ける窮状が察せらる。

夕食宿舎へ富士銀行の佐藤氏招待。

十二月三十一日（月）晴

事務所は何の変哲もなく、歳末の最後の一日を相変わらずの忙しさで送る。此の国では、旧正月が本式で、まだ大晦日の感慨も何もないらしい。カレンダー配布に半日を費す。夕方社長を中心に新年を迎へてのサイゴン大南としての業務打合せを行ふ。当分は人員縮小もせず頑張る事となる。大阪からは経費の面でやかましく云って来るが、今現地出張員を削減したら当地での大南の地盤はとても固められず、他社に食込まれるのは必定である。夜、年越しそばを食べ、明日のために鏡餅を飾ったり、卓子を綺麗に準備したりする。

一九五六年、その過ぎ去る事の早かりき。依然として無為を恥づるのみである。世界情勢はスターリン主義の批判からヨーロッパの反ソ動乱まで、新しい時代の動きが見える。そして日本も日ソ交渉から、鳩山内閣退陣、石橋新内閣へと大きく旋回して来たし、国連への加盟で漸く国際的地位を獲得し、いよいよ真の自主外交の舞台に上るわけ。正に一段落の年であり、新しい進展への地ならしの年ではあった。静かに思ふこと多し。

194　只熊力。☞《人物編》〈只熊力〉
195　藤原岩市。☞《人物編》〈藤原岩市〉

西貢日誌
―1957 年―

1957年

一月一日（火）晴
　三年も故郷の迎春、その団欒を見ず。無風流な南国暑中の新年。感慨もなく、情趣もなく、ただ暦改まるを送迎するのみ。年頭の所感、覚悟など従って取立てて思考する処なし。依然としてただ仕事の継続のみである。それでもコックの Hai が手造りの鏡餅にみかんをのせて卓上に置き、内地から送り来れる数の子などの正月用品取揃へ、頭つきの大魚に海老なども華かに食卓に盛り、日本酒の一升瓶を開けて盃を挙げ、ぞうにを祝って形ばかりの新年の朝餉に社員一同、社長を中心に歓談会食、現地の書記連中も祝ひに来て賑かに。その後も日本人や現地の知己連次々と挨拶やら何やら、集ひ来ては終日客足絶えず。
　昼は三菱の一党来りて会食。夜は大使公邸に日本人全員顔を合せてのガーデン・パーティ。豆電球に樹立を飾り芝生の上に立食乾杯。去年よりも増えた人数は約百名。大使の年頭の辞に君が代斉唱、万才を唱へて、宴開始。シャンペンに日本酒にビールに洋酒、とりどりを飲み合せて三々伍々に談笑一刻、八時頃解散。

一月二日（水）晴
　松の内などと云ふこともなく、今日からもう相も変らぬ商売客の応接である。新しいライセンス申請受付前でやや動きが烈しくなって来てゐる。
　夕方山岡夫妻、柳ヶ瀬氏帰着。久保田社長は更に数日 Dalat に滞在の由。Dalat では国連の審査員[196]とかなり親密に交際して成果が挙がったらしく、又技術的にも日本案が断然フランス案よりも優勢なものであることが明かにされつつある模様で、どうやら期待出来そうな雲行きである。たゞ問題は賠償に対する日本側の積極的な態度の表明にある。新内閣に希望をかけてゐるが、当地の政府も Tho 新副大統領の所轄事項としてその解決に強力な政治折衝を期してゐるらしい。此の二カ月内に解決の見透しがつかねば、越南と日本の間の経済問題は永久に悪化するであらうとの Tho 氏の託宣である。それは日本の対中共貿易、対ソ接近から必然に現はれる対北部越南関係の進展によって、南越南としても些か焦燥の感があるものと云へる。
　Danhim も結局はこの日本の対越南政策にかゝってゐるわけで、この二ヶ月間の政治的交渉期間は重大な意義がある。日本側の方針が岸首相によって官僚的臭味を脱すれば新人事によって何事かの活路が見られるやも知れず、局面転換

196 ☞ ［日記561227］脚注

の機を待つわけである。

　夜山岡夫妻等を招待して会食。久し振りの日本食にぞうにもあり、永い旅行のこととて夫妻とも大いに喜ばる。話はづみ面白い。

一月三日（木）晴

　大統領の誕生日で、祝賀気分あり。官庁街は飾りつけなどしてゐる。朝日本工営の技師の滞在延期問題で内務省外人統制課へ行き交渉するに、課長の言では内務大臣の許可なき限り、ビザの切れた者は可及的速かに帰ってほしいと云ふ強硬な通達で、処置なし。技術者まで追出すのは些か血迷った処置と云ふべし。何とか保留してもらふ事にして辞す。他の日本人も今度は強制退去させられる形勢である。

　夕方 Phnom-Penh から渡辺夫妻来るを迎へ "Hotel Majestic" に行く。

　午後八時から小長谷大使に呼ばれ、公邸で夕餐の馳走にあづかる。渡辺夫妻と小林夫妻が一緒。二時間程いろいろ話はづむ。渡辺のカンボジア情勢、面白い話題あり。キリロムの高原都市建設については、カンボジア側は、それよりも手近な中小工業に日本の援助を希望してゐるらしく、日本のアジア協会や大使館側が一寸困った立場にあるらしい。当初から考へられた事であるが、高原都市などと云ふ非現実的構想は些かおかしいものである。高台教主でカンボジアに亡命せるファム・コン・タックの動向、中共系の宣伝、南越南の治安不良の誇大な報道など、小国ながらカンボジアは一種の中立地帯として両陣営の確執の場となってゐる。大使の話に北川の問題や南北の問題など興味ある話題あり。十時辞去す。

一月四日（金）晴後曇

　午後九時半の Air France 機を送る。山岡夫妻、渡辺夫人、Rosa など皆一緒に賑かに送る。

　社長大統領へ日本人からの贈物たる鎧兜を献上。緋おどしの立派なもので、大統領も喜んだらしい。黒皮おどしのは副大統領に贈る予定。大統領 Ban Me Thuot 地帯を視察して来てその開拓について大いに話された由。

　夜渡辺、小林氏、河原氏等と "Arc en Ciel" で会食し、後 "Texas" から "大金都"。ありふれた Saigon の夜の案内である。

一月五日（土）晴

　三日毎に一日くらいひどく暑い日がある。日本で云ふ三寒四温と同様な現象

1957年

【写真5】鎧兜を贈呈されるゴー・ディン・ジエム［西川文書］

である。今日はその暑い一日。

　午後志賀氏 Tourane から来られ、Nong Son の様子を聞く。その苦労察すべし。Tourane に今戦後残留の日本人が七人居る由。工藤氏と云ふのが出世頭で自称医師でよく流行しているらしい。小日山氏と云ふ実直な鍛冶工は、大本教徒になったらしく、出口氏[197]から紹介のあった人。例外に一人、元飛行隊に居た兵隊で、フランス軍に投獄され、出て来た時に唖になってゐて、狂人のやうに街を彷徨してゐる人がゐる由。自らの出身地も分らず、日本語を忘失してゐるらしい。気の毒とも悲惨とも云ひようのない犠牲者である。志賀氏何とかしたいとしき

197　大本、人類愛善会会長出口伊佐男（既出）。「現地人を妻に子供も～私を待っていた元日本兵」『人類愛善新聞』昭和31年8月上旬号に、元日本軍人が4人おり、小日山氏がリーダー格とある。

りに同情してゐる。

夜志賀氏とPenthoへ行って食事。後"Casino"で映画を観る。西部劇。Son-ngoc-Tanh［ソン・ゴク・タン Son Ngoc Thanh］氏の事で只熊氏へ手紙を書き藤原氏に相談する事を勧む。

一月六日（日）晴

年末年始の疲労を癒すべく、眠れるだけ眠ることにして朝寝午睡。ただ休養につとむ。雑誌も新年号が種々来てゐて当分の友である。

夕方Dalatから久保田社長初め渕本、斉藤、柳ヶ瀬の諸氏来着。志賀氏も合せて全員宿舎に招待して新年宴会。本年度の日本工営の運営についても話題となり、大いに討議あり。

九時から"Olympic"で映画を見る。イタリヤ物で"La Strada"。評判通りの名作。子役が上手で哀調漂ふ。

一月七日（月）晴

日本からの賀状続々。今日は故郷から元日の寄せ書が来る。母の句を中心に兄弟妹の一族が皆それぞれの言葉を連ねて、且つは祝ひ且つは我が労をねぎらひ、帰国の日を待つと云ふ。感一入。新年度の輸入割当の申請受付が発表になり、また一しきり戦場の忙しさとなりそう。旧正前に仕事をあげるため恐らく月半ばから大へんなことと思はれる。

志賀氏と鉱山局へ行き、技師のMr.Datと現場の状況、今後の方針など種々話し合ふ。

一月八日（火）晴

釈迦得道日と云ふので国祭休日。キリスト教の休みが多く、孔子の日も国祭日になってゐることとて釣合ひの上からも仏教が加はるわけか。

午前中事務所へ出てみたが仕事なし。午後休養と読書に過す。夜映画を見る。西部劇の退屈凌ぎ。Saigonの退屈さはどうにもならぬものである。

一月九日（水）晴

第一期輸入割当の公表でバイヤー達の来訪頻繁となり、事務所は活況を呈す。久保田社長はフランス案に対する技術的な反駁書を草するため、終日没頭。社長は沈船入札の件で日本海事興業の顧問として活躍多忙。

1957年

夜日本工営で例の国連審査員三名を招待。Penthoで会食。皆夫婦で出席、技術者だけに真面目な連中である。中でもインド人は人なつっこい。野趣満ちたPenthoの料理を喜んで乾盃を重ぬ。十時前帰る。

社長今夕、彊柢公の遺骨を持ち帰国の壮烈、壮喜両氏を飛行場に出迎へに行かれ、日本での様子を聞かる。

一月十日（木）晴

昨夜帰れる彊柢公の遺骨と前に高台教の彊柢公納骨堂にありし分骨と合せて今日市庁舎に於て、改めて政府の主催せる慰霊祭が行はれ、呉大統領も親しく霊前に参じて荘厳なる追悼の儀式があげらる。遺骨六年の歳月と異郷にありしが、今祖国にその直臣の手により而も祖国独立の日にその新しき国主の手なれば、若し霊魂の此処にあれば、安かに冥するを得たるべし。先駆者の悲運と嶮難を尽く身に負ひて独り異国の土となりし Prince Cuong De 若き世代には最早や忘れ去られんとする人なれど、歴史は何時かこの人の地位を越南独立運動の英雄と記する事なるべし。それと共に日本の貢献もまた正しく再認識される日があらう。今彊柢公はその民族の許に帰り着き、安住の地を得たものと云ふべく、今日からその歴史的足跡が、越南人の魂に蘇るものと思はれる。

今度の遺骨返国の事について、日本では社長の意の如く、小松[198]、石田両氏の斡旋で護国寺の法要も行はれた由なるも、一部の人達が、中村新八郎氏[199]等を中心に反撥し、例の越南人 Niep [Hiep] も文句を云って面倒な事だったらしい。然し先づは無事にこの行事の終へた事は喜ぶべきものである。社長の人知れぬ奔走は両国ために感謝されてよいものである。儀仗兵の居並ぶ市庁舎前広場に群集の集ひ、一種の静粛な厳しさがただよふのを見て、感慨新たに、かの公の最後の頃、あの1951年4月初めの東京を想ひ出す[200]。かの淋しかりし雨の日を。社長は今日の儀式にも参列して霊前に三拝して御別れを云ったとのこと。明後日生地Hueに帰り、手厚く葬られる事になるらしい。そしてその墓所も見事に建てられることであらう。かくて彊柢公と社長そして我等との風雪の過去は心にかゝるものもなく、終幕のわけである。事務所は一日多忙に過ぎる。

夜また Cholon に出て映画。西部劇を見るつもりが日本映画の看板が出てゐて西村氏、平石君の希望で、場末の小さな館に入る。"死戦沖縄島"と云ふので、

198　小松清。

199　クオンデと関わった日本人の一人。☞《人物編》〈中村新八郎〉

200　1951年4月12日、豊島区の護国寺でクオンデの告別式が行われたことを指す。

中国語のトーキー。沖縄戦で沖縄師範の生徒が従軍して最後まで戦ひ、その大半を失ふ悲劇を描いて迫力あり。

一月十一日（金）晴
　当国の収入印紙の印刷を引受け、例によって大蔵省印刷局でやる事になって、今は 56,000,000 枚分 L/C24,000- 余りを開設。今度は大南の儲けもかなりある仕事とて、有難たし。最近とみに来客多し。日本商社間の競争も従って激化す。
　肥料で東棉から、セメントは住友と、カンボジアの米では丸紅、カナ塩で三菱と、大手筋とそれぞれに協力提携の話あり。大南としても今後の競争に耐えるための資本的バックを必要とすべし。
　夜映画を見る。"Wimdinta"　西部劇で秀作。

一月十二日（土）晴後曇
　西村氏帰国を明日に控えて陶器工場の件で最後的な打合せをなす。当局の許可問題や L/C の開設など手間がかゝることを見込んで四月から五月の間に仕事を始める予想である。決まれば彼氏一家を挙げて工具も夫婦連れで数組、何年も住むつもりで来ることとなる。大南の現地自活の一石として有効な事業ではある。みやげ物を買ったりしてさすが彼氏も帰心矢の如きものあり。大塚、山田へ香水を贈ることとして託す。夜"岬"で涼む。

一月十三日（日）晴
　朝飛行場に西村氏を送る。日本が冬の最中なるためか今日の日が十三日なるためか乗客は至って少なく、五、六人しかない様である。後終日読書に過す。社長は久保田社長等工営の技師達と Thu Duc の第三変電所の位置を見に行かる。風は涼しいが、気温高く真夏の暑さである。
　夜東山・平石・月砂の諸君と映画。ゲーリークーパーのもので面白い。後"岬"で涼む。隣りに三菱の一党四人も卓を囲んで飲む。

一月十四日（月）晴
　社長、内務大臣 Chau[201] と会談。日本工営関係で久保田社長も同道、いろいろ

201　グエン・ヒュー・チャウ（Nguyễn Hửu Châu, 1920- ?）。サイゴン出身。ハノイ法律学校卒、弁護士。1955 年より官房長官兼内相。チャン・ヴァン・チュオンの娘婿。[VCA/TTU Douglas Pike Collection: 2321507014]［Lan Pham 1999: 89］

1957 年

　重要な話があったらしく、賠償問題[202] も話題に上り、Mr.Chau の曰く、日本は賠償と考へず、越南を買ふと思って出せばよいではないかと。面白い表現で仲々頭のよさを表してゐる。或ひはそう云ふ見方から、日本側が一飛躍して経済的な一石を投じてもよいのではないかと思はれる。日本工営関係の Visa も了承。万事に好結果だったらしい。後社長沈船問題で副大統領 Mr.Tho にも会談、新興あたりの裏面工作もかなり進んでゐるらしいが、社長の奔走も相当活溌である。
　小松氏[203] ハンガリア行きの途次を AF 機で当地通過。飛行場に迎へて待合室で約一時間話す。新内閣の内幕や賠償問題の見通し、石橋総理仲々積極的で、岸外相も話が分り、越南の問題も希望がある様子。それに田代元公使[204] が岸外相の同級生で、いろいろ好都合との事である。先日の彊㡳公の遺骨問題、法事の盛況なりし事も聞く。中村一家の横槍や犬養氏等の文句もあり、かなり内紛はあったが、最後は円満に且つ華かに大きく幕を引き得たことを喜ふべし。
　小松氏ハンガリア慰問旅行はフランス滞在も合せて三ケ月の予定とか。行動文学の大家正に行動的で、張切って発たる。久保田社長も Bangkok まで一緒。日本人の見送りも多数で賑はしく。同乗の客も仏教団体が約 20 名。ビルマに赴くとかでまた非常な賑ひである。遅れて九時半発つ。帰途 "Texas" で一刻。

一月十五日（火）晴

　本年度第一期のライセンス申請で、いよいよ忙しくなる。インボイス作成に大童。日本の薬品が到着。その授与式が明日行はれるについて、商社代表者に参列するやう大使館から要請あり。この件は社長の奔走によって成ったもので、大本教からの寄贈も含まれてゐるが、元来日本商社の連中には無関係のものである。然し越南側に渡すについてはやはり日本人の総意と云ふ事にせねばならぬためか。工営の渕本、斉藤両氏早朝 Dran へ発つ。T.P. より Ankroet の件で技師派遣の通知もあり、現地で渕本氏に説明等連絡す。
　夜東山、平石両君と社長の宅を訪ねて種々に打合せをなす。小田君の金銭上のだらしなさも指摘して社長の認識に供す。何時までも放置すべき事柄にあらねば。

---

202 《事項編》〈沈船引揚・賠償問題〉
203 小松清。
204 田代重徳 (1896 ～ 1970)。1933 年、松井石根を会頭として設立された「大亜細亜協会」に理事として名を連ねた。1942 年 11 月より特命全権公使として仏印・広東に赴任。46 年 6 月帰国。[田代秀徳編 1971]

一月十六日（水）晴
　もう三十度を越す日々の気温である。午前中役所廻り、午後 Profoma Invoice 作成。忙しい。
　夜日本より小田君帰来。久々になつかしい日本の味や香りをもたらす。鯖ずしは美味。丁度社長、間渕、久後の両氏を伴ひ来られて談はづみ、コニャックの盃を重ね、小田君の話も聞きながら十時半頃まで宿舎で賑かな宴会。後小田君から仕事の上の連絡や社内事情を聞き、種々打合せをなす。東京大南の内紛と混乱は収拾のつかぬ実状らしい。そのまゝでは仕事の甲斐もなき模様で、久我社長も投げた形。正に断ずべきは時期と云ふべし。

一月十七日（木）晴
　小田君日本から持参のみやげ物。果物籠は大統領へ。その他要人へもそれぞれあり配って廻るに終日。昨日税関で抑へられたテープレコーダー二台と写真機二個税金を払って引取る。テープレコーダーは西倉のもので仲々優秀。早速皆集って日本で録音して来た大南の連中の生の声を聞く。忘年会らしく、藤原氏初め皆それぞれにくせのある声援で、現地を激励しあり、まるで戦士に送る言葉の如く些か悲壮感の漂ふものである。むしろなつかしい三味の音でも入れて送るべきを。"あかばね"のマダム等のは面白い。
　夜日本工営の連中五人招待、明日斉藤氏帰国の送別と、今度また遊佐氏の歓迎宴を兼ねたもの。山から Dran[205] の有元氏、Tourane の大谷氏も来てゐて、皆都会の灯がなつかしい連中。食後三人を案内して "Texas" から "Au Chalet" に行き、深更まで。
　昼、Air France の狭川・山口両氏と会食。

一月十八日（金）晴
　朝工営の斉藤氏の帰国を飛行場に送る。送ることのみ多し。工営のボーリング用器材通関して来る。荷姿が大きくて搬送に不便。
　午後小田君と The New Viet Nam の時計工場へ行き、精工舎との提携問題でいろいろ打合せをする。
　夜日本人の新年宴会に商社懇談会の総会もかねて "Arc en Ciel" で会食。約五十人程集まって盛宴となり、七時頃から十一時頃まで飲み談じの賑かさ。帰

205　ドラン。☞[日記551109] 脚注

1957年

宅してまたテープレコーダーで吹込をやって自分の声を自分で聞いて興あり。

一月十九日（土）晴
　午前午後仕事が忙しく、少々疲れる。有元氏は Dran に帰り、大谷、遊佐両氏も明早朝空路 Tourane へ向ふこととす。社長と小田君は技術協力会社[206]の方の連絡や打合せに奔走。それに沈船引揚の開札日近く、上部工作も最後の追込みで、政府に睨みの利く Nhun [Nhu] 夫妻に会ふことに腹を決めてその連絡もあり仲々忙しい。
　夜、大谷・遊佐両氏と共に映画 "Return of Jack Slade" を見る。実に面白い西部劇で退屈せず。

一月二十日（日）晴
　午前十時から蘭の展示会の開催日とて招待券を持って出掛ける。今を時めく Mr.Ngo-Dinh-Nhu 夫妻[207]の主催とて、名士達の参観多く、小長谷大使夫妻も来られあり。招待日とて限られた人々ながら会場は満員の盛況。国産の蘭と外国物とがあり、さすがに名品秀作の幾つかが並んでゐて仲々見事なものである。写真を撮って目ぼしい花を記念とす。丁度日本の生花に於ける懸崖の如く、壁に掛けた額からその葉が正に生花的に優雅と幽遂の趣を漂よはしてゐるのは一種の寂びたよさがあり、その額に書かれた詩や句がまた中国人らしい風懐を記して興あり。ただ、蘭は高貴の花。その値も手の出る程のものはなく、またこの南国の仮住居でこの花を賞づる程の余裕もない。
　然し一種の目学問、趣味としての見物には有益。Nhu 夫妻が取巻きの中に独壇場に見えそのまだ若い年の夫人の些か矯慢な風は、やはり噂に違はず越南の宋美齢と云ふべき観あり。左程の美人ではないが、陳文仲[208]一家の美人系ではある。その血統から云へば保大廃帝につながる旧貴族で、もし彼女が現大統領の弟たる Mr.Nhu と結婚してゐなければ、当然この一家は保大と共にフランス亡命生活に入ってゐるべき人達である。人の運命は知らず、彼らが今日までは好運と云ふべし。
　午後読書に過す。夜無為退屈のまゝにまた映画を見る。"Attila" なるイタリヤ

206　☞《事項編》〈日本技術協力会社〉
207　ゴー・ディン・ニュー夫妻。☞《人物編》〈ゴー・ディン・ニュー〉〈チャン・レー・スアン〉
208　チャン・ヴァン・チュオン。☞《人物編》〈チャン・ヴァン・チュオン〉

物。Sophia Rolen［Loren］が出てゐる古代劇。

一月二十一日（月）晴
　朝鉱山局、内務省など廻り、午後はバイヤー廻りなどと多忙な一日である。故彊柢公の長子の壮烈来れるを案内して小長谷大使を訪ね、先日の渡日とその後の遺骨納めにお世話になった礼を述べ、歓談一刻、ユエのことなど話題に出る。壮烈氏は目下ユエ城内の観光局に勤めあり。大使も明日日本に発ち、二週間程して帰来の後、近くユエを訪ねたい旨話あり。
　夜宿舎で社長を中心に打合せ会を開く。社長より例によって訓示。少し悲壮な心事の吐露。後社長は宮地氏を迎へるため出掛けられ、後で一同事務上の諸問題について打合せ座談会をテープレコーダーに入れる。かなり有益な現地の声が生のまゝ内地へ伝へられるわけである。十一時頃までかゝる。

一月二十二日（火）晴
　社長早朝六時の軍用特別機で丸紅の升田氏、JETROの間渕氏と共にNha Trangの附近の避難民村へ出発。日本から送られた難民への寄贈鉛筆の授与式の代表として出席されるためである。日帰り。小長谷大使、東南アジア公館長会議に出席のため日本へ向はる。東山、鈴木両君と共に旧正にAngkor Vatへ行くことと決め、カンボジアへの出入国手続きをとる。
　夜柳ヶ瀬氏と出掛け、先づ"Texas"で一杯。後"Au Chalet"からTabarinへ廻る。ダンスホールも相変わらずで退屈凌ぎにもならぬ。

一月二十三日（水）晴
　涼しい風が吹いて快適。仕事も捗り、客廻りも楽で能率あがる。日本海事興業の宮地氏と沈船の件で社長奔走。自転［車］輸出組合の村瀬氏に関西ペイントの矢上氏が日本塗料輸出振興会社から出張して来られたり。Air Franceの下田氏等来客また多し。夜皆で今後の申請に対する作戦を練り打合せる。

一月二十四日（木）晴
　プロフォーマ・インボイスの作成で事務所から一歩も動けない。正しく商戦と云ふに相応しい多忙と緊張の日々である。
　夜矢上氏と下田氏をPenthoに接待して涼風の中で晩餐。
　後映画"Ganpoint"を観る。地味な西部劇。終って"Texas"で一刻。杯を挙げ

1957年

て送別の宴とす。明朝の飛行機で矢上氏は Hong Kong へ。下田氏は東京へ帰る筈。南極観測船の宗谷、遂に着岸上陸に成功の報あり。健斗を祈る。

一月二十五日（金）晴
　旧正前の追込みでますます多忙。ひどく疲れを覚える。後数日の頑張りとて押切るべし。越南式算盤の件で Mr.Thanh に会ふ。今度の見本は気に入ったらしく、早速経済大臣に会って話し一万個程注文すると云ふ。
　夜 Mr.Thanh の接待で玉蘭亭へ赴く。約百人程の大宴会、所謂忘年会と云ふべし。飲食充分に、十時頃まで。

一月二十六日（土）
　大概の商店が今日で店終ひとするため、あわただしい気分と共に何か大晦日らしい雰囲気をもたらす。
　午後も休まず、専らプロ・インボイス作成に過す。夜柳ヶ瀬氏と"Texas"で会ひ映画を見る。"Les Heros sont fatiguées"と云ふフランス物で北アフリカの灼熱とダイヤの密輸とドイツの三航空将校、それに原住民の独立意識などを折込んだ迫力のある作品で秀逸。後"Au Chalet"。
　最近老齢ではあるが一流人の死去が次々と報ぜられる。植物の牧野博士も九十何歳かで遂に逝かれ詩壇の尾上柴舟氏と財界の巨星小林一三氏、理学の志賀潔博士、そして今日は前外相重光葵氏の急逝が伝へらる。日本の近世の歴史をその立場で作って行った人々の名である。

一月二十七日（日）晴
　朝寝して、新聞と本を読み、また午睡して四時頃から柳ヶ瀬氏、鈴木君等と共にThu Duc へ行く。涼しい水辺にビールを飲み、夕暮の紅に染まりゆく雲を見て過す。社長が小田君と来られ、初めてらしくしきりに感心して四囲の風物を賞さる。夜我家で社長を囲んですき焼。後柳ヶ瀬氏と"Texas"。　柳ヶ瀬氏の希望でマリーの持っている部屋を見に行き早速明日からでも柳ヶ瀬氏が借りる事に決め、月五千比弗で、前払金四ヶ月となる事で諾す。直ぐにまとまって今月中に引越すこととなる。Hotelよりは安くなるので柳ヶ瀬氏もいよいよサイゴンの住人となるわけ。

一月二十八日（月）晴
　カンボジア行のビザ手続完了。明後日空路出発と定む。越南商社は殆んど仕

事をしないが、中国人はやはり商売熱心で、押迫ってもなほ出入り多し。更に引合を受けてインボイス作りに多忙。
　夜になれば涼しい風が吹いて肌寒さを感ずる程の正にサイゴンの冬である。籠居して卓を囲み皆で雑談して夜を過すと丁度日本の秋のやうである。大相撲初場所は横綱千代山の全勝優勝。

一月二十九日（火）晴

　師走の街は人の波と自動車の洪水。あわただしく奔走する人々の群である。交通整理のために却って混乱して車で行くと時間がかゝる。Nguyen Hue と Le Loi の大通りには花屋が並んで菊花爛漫、丁度日本の秋を思はせてなつかしい。露店も立並び、市場の辺りは買物の人出で大へんな雑沓を呈してゐる。夜ともなれば一層賑やかな歳末風景。気の早い連中が爆竹を仕掛けて正月気分である。会社は今日で終る。銀行官庁皆最後の一日。午後まで仕事してプロ・インボイスの追込みをかけ、ほっと一息。
　夜柳ヶ瀬氏と Cholon へ出掛けレストランで飲み、その後"大金都"へ入る。相変らず日本人が多い。今夜の余興はスペイン人らしい女性の独唱。仲々上手な歌手で、メゾ・ソプラノが美しい。越南人の声量のない歌手にあきてゐることとて珍しく楽しい。十二時頃まで遊んで帰る。

一月三十日（水）晴

　午後二時半に Air Viet Nam で Cambodge へ発つ東山。鈴木両君同行。快晴一翔。三時半に Phnom-Penh の飛行場につく。久沢君迎へに来て居らず、バスで街へ入り、London Hotel へ行く。部屋は予約してあり、落着く。久沢君来たり一緒にバイヤーへ挨拶に廻り、夕食は朱潮豊の番頭氏の宅で会食。日本から送って来たレコードが多く、なつかしく聞く。
　食後西日本の樋口記者も入れて皆でチェコスロバキアから来てゐる歌舞団の公演を見に行く。珍しい民俗舞踊で日本でも一寸見られぬもの。カンボジアと文化協定が出来、使節団も派遣されて来てゐるので、その記念にやって来たらしく共産圏友好を深めつゝあるカンボジアの近況を反映したものである。一般に素朴純情な歌と踊りで、東欧の農民的風情をよく表はしてゐる。仲々に好感のもてる一座であるが演ずるものに変化が乏しくただ飛んで跳ねての楽しい踊りではある。面白いのはその服装で、色彩綾なる女性のチヨッキとスカートにエプロンは華かで昔風な情緒がある。長靴や踵のない靴を履いてゐて、よく映

1957年

画で見る東欧の民俗である。あまり美人は居ないが、中には驚くほど東洋的な風貌もあり、二、三人の女性は可憐で美しい。バンドはバイオリンを主として優雅。独唱の歌手も男女共に声量豊かに巧い。民族的な歌に独特な楽器として丁度日本の横笛を縦にして吹くのや尺八の化物のやうな長さ一米半もある竹笛を上の方から五十糎程下った処に口を当てて吹くのは興あり、音は日本の笛、尺八に似てゐる。舞踊で笑劇をやったのは秀逸で浮気な男がその妻に見つかってとっちめられる処を演じて喝采を博す。二時間余の公演。今度の旅の一つの収穫となりしものではある。

　後メコンの支流でトンレサップ湖に注ぐ河のほとりのレストランで涼んで飲む。一旦ホテルに引揚げ久沢、鈴木両君と出直し。ダンスホール"Cambodge"と"Eve"を廻る。ダンサーは殆んどSaigonから流れて来てゐる越南人と中国人。然しSaigonよりは少しサービスがよいやうな気もする。一種の旅情がそう云う感じを持たせるものかも知れぬが。徹宵して三時半帰宿。

一月三十一日（木）曇
　早朝東山氏客の車に便乗して先行Angkor Vatへ発つ。午前中、久沢君の案内で朱潮豊の本宅へ。新年の挨拶に行きシャンパンで乾杯、大使館へ行って渡部に会ひ富張氏や館員の人達と話して一刻。
　後一流のバイヤーCao-Bun-Sonに挨拶に行く。婦人がカンボジア人で、主人は中国人ながら半分カンボジア化した有力者である。シャンパンで雑談して辞す。
　昼食渡部とフランス料理、午後車を雇って樋口記者、鈴木君と三人でAngkor Vatへ向ふ。坦々たる原野を走ること150km、Kompong Thomで六時過ぎとなり、日全く没す。夜道は車も速からず運転手も疲れSiem Reapに着いて宿舎の心配もあり、今夜はKompong Thom泊りと決しバンガローに落着く。旅らしい気分が味えてよいと記者も喜び、明早朝出発を期して早く寝につく。今日は旧正の元日で、田舎町ながら映画館に人が群れ越南人らしい一組がバンガローの前庭で酒宴を張ってゐる。カンボジア人には仏教の祝祭が大切で、日本の花祭りと云ふ釈迦祭[209]が正月にも比すべき大祭とて何の変わった様子もなく、元日を祝ってゐるのは越南人と華僑であるが、彼等がカンボジアの土地に根を生やしてゐる姿がこの田舎町の賑ひに偲ばれる。

209　ヴィサック・ボーチァ（仏陀生誕記念日）のこと。［石井監修 1993:57］

二月一日（金）晴

　早朝四時起床、五時に出発して Siem Reap へ向ふ。朝爽の原野を走って三時間八時頃 Siem Reap の町に入る。早速ホテルに至り部屋を申込みしが勿論全く無いとの返事。先行の東山氏と会へず、やむなく鈴木君と樋口記者を案内して直ぐに Angkor Vat の遺跡見物に出掛ける。ホテルから約十粁並木路を行くと、大遺跡の南面の濠に出る。此の建物は西方浄土に対して正面に居るもので、幅約 1.5 粁、奥行はやゝ短く 1.2 粁の四角な地を画して、周囲は濠がめぐらされてゐて青い水が不変の面無心にこの遺跡の俤を映じてゐる。正面に廻って石橋を渡り、第一の門を入る。更に東門まで広［さ］約十五米程の大石道。正に驚くべき石造建築である。この大石岩盤は何処からきり出し、如何にして運びしものかは。疑ふべく解き得ぬ謎の如きものがある。附近に一望全く山形を見ぬ原野と密林の中に忽然として建つこの大建築[210]、八百年の古、クメール王朝の大事業として幾万の人民が苦役した事であらうか。史実によれば石工は支那人を使ひしとか。そして約 60 年の歳月をその完成に費してゐるとか。遥かに望む本堂の屋根はその高さ何米か、聳え立てる姿は宛然大戦艦の如きものがある。色は岩石の茶色を帯びた古色、全てが石造とて何の装飾的な色彩もなく、ただ附近の芝草や椰子の緑の中に恰も海の青に浮ぶ黒鉄の艦の如く、傲然と毅然と而して泰然として座してゐる姿は一種の強力な迫力を以て胸底に感動を催せしめる。それは人間の意志の強烈を表はしてゐる。かつて王位にありし者[211]の祈願の表現として永世不変の望みを托してゐる。正に自然の転変に対する人間の挑戦であり、支配でもあらうか。木造では風雨に堪え得ぬ事を思ひ、断乎としてこの大石造建築を完遂したものであらう。そしてその大業のために或ひは却ってその王朝は亡び、歴史は消滅したのかも知れぬが、残るべきものは遂に八百年の星霜を経て此処に現存してゐるのである。一旦の浮沈では論じ得ぬ歴史の秘密と云ふべきか。存在そのものが感動を起こさせる超芸術的な作品としてその烈しく重量感に溢れた Ankor Vat に足を踏み入れて一種の素朴な人間に還つた心持がしたものである。石門をくぐり、東堂の中央から内部に入る。岩窟の中に入った時の特有のひやりとした感触と蝙蝠の糞臭、そしてかすかに仏教の国らしい線香の香りが

210　アンコールの北約 40ｋｍのところにあるプノン・クレーン丘陵はヒマラヤの霊峰に、そこから流れ出るシェムリアップ川はガンジス川の聖水と見なされた。アンコール都城は理想の都アヨーディアとされた。［石澤 2013: 671］

211　アンコール・ワットの建立者は、スーリヤヴァルマン 2 世（1113-1150?)、「最高神ヴィシュヌ神の冥界へ行った王」との法名を持つ。［石澤 2013: 553］

1957 年

流れてくる。

　参詣人も今日は多くて賑かな話声も聞えるが、上層に至り、奥に進むに従って別世界の如く静寂が支配してまるで無人の廃墟にある感じがする。四方同型の均勢［整］ある建物廻廊の壁画は釈迦現世の歴史を彫って蜒々［蜿蜒］して精密に描かれてゐるのには改めてその偉業に驚かされる。一柱一基に至るまで総てに諸仏の像が彫られ高所に至るまで同じやうに彫刻されてゐる見事さは最早や嘆ずる言葉を知らぬものである。建築様式には、かのギリシヤ、ローマの古代石造建築に通ずるものがあり、西方より漸進して来たものであらうか。それがアジアの寺院建築にとり入れられた名残が歴然と見られる。そして仏教文字、インド式な古代文化の影響を受けた彫刻による絵画芸術、それが支那人の手によって作られてゐると云ふ混合の所産である。かつて日本人達が三百年の昔に此処を仏教の聖地、祇園精舎と思ひ込んで参詣の足を留めたのも宜哉である。水戸の彰考館にその見取図[212]が現存してゐると云ふが、これ丈けの大建築は当時のアジア諸国に広く喧伝されてゐた事であらうし、各国の参ずる者ひきも切らぬ光景が偲ばれる。今でも遠いカンボジアの奥深く、宗教的な信念なればこそ、信者なれば苦行艱難を踏破したものであらう。歴史に遺らぬクメール民族の隆盛はただこの遺蹟の偉大壮麗を想ふ事によってのみ回顧される。加藤清正の臣森本儀太夫の一子右近…と、墨痕鮮かに記して去りし、青年武士の気概も今更ながらに彷彿として迫る。日本人町の人達が王都ウドンからも幾人となく来てゐた事でもあらう。鎖国なかりせばの感慨はまた新たなるものがある。この Angkor Vat が宗教的なクメール氏族の中心たりしに対し、この附近一帯の地域が嘗て Angkor Thom［アンコール・トム］と称された王城[213]の蹟である。方何里になるか、広大な一帯に遺蹟が散在してゐる。城壁の址らしきものが大きな仏陀の顔を彫った石門を中央に左右へ伸びて四囲をめぐってゐる。その中に車を入れて、一帯に点在せる遺蹟を歴訪す。王宮など日常の住居は木造たりしものか、今は影形もないが、残ってゐる石造建築はすべて仏堂伽藍や祭霊の墓塔である。

　先づ王宮内の本院らしき最大のものから見る。Vat の壮大を見た後とてその規模は問題にならぬが、Vat とは違った様式の建物で、当時の石工、建築家達もそれぞれに苦心したものであらう。特に此処の彫刻は仏面の大に特色があり、廻

212　「祇園精舎図」寛永 9 年（1632）。長崎通辞島野兼了の作といわれるが、森本右近太夫一房の作。［石澤 2013: 639-640］

213　アンコール・トム。ジャヤヴァルマン 7 世（1181 - 1218 年頃）の造営になる。［石沢 2013：660,671］

廊の壁画は Vat の戦争画に比して日常の民の生活や農耕狩猟の姿を描いてゐるのも面白い。樹間に憩ふ農夫の様子が想像されるのは面白いものである。恐らく石造建築の形としては、Vat よりもこの Thom の方が秀作であるかも知れない。人の云ふ処では、更に奥の約 30 粁も行った処に在るバンテアイ・スレイ[214]と云ふ遺蹟が最も完成された美しさを以て見事に残ってゐるとのことである。その距離が遠く、時間なきために遂に見ずに終ったが、写真等で見るところでは恐らくこの Thom の様式に似たものらしい。此処では彫刻の仏像は殆んどその頭部が削り取られて、失はれてゐるのは、フランス時代に各地の博物館用に持去られたものか、初期の頃に外人遊客が記念に盗み去ったものか、惜しい事ではある。此処を去り次々と遺蹟を訪ねて車を馳すに、優に二時間を要す。その間、静閑の森林に鳥の啼く音が太古の如く純粋に聞え、四囲の風物と調和して久し振りに自然の中に融け込んだ感じである。或ひは凄しい廃墟に大木の根が石を割って地上に降り、地下にめり込んでゐる遺蹟あり、奇怪な獣物の彫刻が一基の大岩石によって作られてゐたり、色の変った褐色の石材によって建てられてゐる寺院があったり、祭壇らしきものが池のやうな真四角の区画の只中にあり、周囲は石段が作られてゐて、恰も大昔のローマ辺りの円形劇場を正方形にしたやうな場所が遺つてゐたり、想像の翼を広げれば尽ることのない世界が展開する。

　もし日本にスケールの大きな小説家があって、此の大遺蹟を舞台にして大ロマンを書けば如何。かのアンドレ・マルローの王道も恐らくはこの遺蹟の圧倒的な感激から生れた作品であればこそ、その文が読者の魂に強い迫力を持つものなのであらう。そしてもし又黒沢明級の演出家が現地ロケによって、この一帯の大遺蹟を背景にしてスケールの大きい大作映画をものしたら如何。あのエジプトを舞台にしたピラミッドやスフィンクスによるクレオパトラ時代のものに匹敵する傑作も生れることであらう。もっと何日も滞在して詳細に各処の芸術的価値を賞したり、文献上の調査をするも良いし、一瞬にしてその偉大に驚嘆して深く感慨を刻み、人間と自然と歴史の問題を真剣に考へて去るのもまた可なるべし。

　さすがに四時間の巡歴に疲れて、ホテルへ帰った時は皆空腹で参る。丁度よく東山氏ホテルにあり、皆のために昨夜来ベッド四台を獲得してゐたとの事で

214　バンテアイ・スレイ (Banteay Srei) は、シェムリアップから北北東に車で約 1 時間の距離にある赤い砂岩で作られた「女の砦」という意味の 967 年建設のヒンドゥー教寺院。967 年に王師ヤジュニャヴァラーハとその弟により創建され、ジャヤバルマン 5 世（在位 968－1001）時代に完工したとみられる。[内田 2011: 121-124] [『新潮世界美術辞典』1985:1184]

1957 年

部屋ではなく、地下室にカーテンで仕切った合宿所。それでもベッドが取れたのは上出来で、やっと身体を横へて午睡に疲労を回復す。Bangkok から来てゐる紅商の連中も隣の仕切りに居る。後は皆フランス人の客で満員。上の部屋の方は全部一ヶ月も前からの予約とか。正月連休の時ではやむを得ぬ次第。午後また東山氏と樋口記者と三人でもう一度車を馳せて一巡す。今度は主な処を写真に撮るのが目的で、殆んど内部には至らず二時間程で一周す。夕暮迫り、紫雲遥かに赤陽を包む頃、夕空に Vat の偉容が一入雄壮な姿に見える。見飽きぬ眺である。夜のホテルは、客で賑ひ、談笑の声で賑ふ。

二月二日（土）晴

　午前八時涼風と共に出発、帰途につく。町でみやげ物を若干買って Siem Reap を去る。車は快調で時速七、八十粁。原野の只中をひた走る。昔は象に注意と立札のあった程な原始密林が続いてゐたが、今では処々に人家のあり、畑や作物が見えるのはやはり開化されたものである。十時頃から炎熱加はり、車体焼けて蒸風呂の中にある如く旅の苦しさを味ふ。Kompong Thom で休み昼食にそばを食べ、又喉をうるほす。睡眠も充分にとれず、揺れのひどい車で疲労甚だし。午後二時半渡場に至りほっと一息。三時半 Phnom-Penh に帰着、ホテルで一睡して夕方渡部を訪ね、日本のラジオを聞き、夕食を野外レストランで食べ、九時から映画 "Trapèse" を観る。満員の人波、ロロブリジーダとランカスターの共演で迫力もあり筋も色彩もよく佳作。終って樋口記者、鈴木君、久沢君等も一緒にホールへ行く。

　アトラクションに黒人の楽団が出演、ホットジャズで刺戟強し。その後金髪の白人女性のストリップショー。先日のチェコの歌舞団の一党も来てゐたが、彼等の国の現況から、かゝる様子を何と見たことか、中立国に於ける両陣営の交流の実際的な心理的影響は大きいものであらう。やはり一種の自由への憧憬、享楽への羨望は胸底に刻まれるのではないかと、想像される。先日のチェコの踊りの素朴さと、このストリップの堕落とが、二つの人間の本質的なものと云ふべく、何れか一つに限られる事が問題なのである。

二月三日（日）晴

　朝十時頃から樋口記者と外出、カラーフィルムで王宮のあたりを撮り、許可を得て王宮内を見学、案内人に従ってその説明を聞きながら先づ王室博物館を観覧す。種々の珍宝稀物が並べられてゐて、仲々興味あり。古くはナポレオン

三世の贈ったダイヤの散ばめた宝石函から、初代シソワット王の冠ったダイヤの 25 カラットの輝いた帽子、三百年昔の陶器類や七人の工人が六カ月かゝって彫ったと云ふ精緻な象牙細工、誰が贈ったのか三つ葉葵の定紋入りの日本刀と黄金作りの太刀、鍔の作りの好さから見てもかなりの名作である。下ってはカンボジア独立の記念に国民の名に於てシアヌーク王に贈った純金の指環やサンフランシスコ対日講和条約にカンボジア代表の S.E.Neal Pikleng 駐米公使がサインした時に用いたパーカーの万年筆、最近ではブルガーニン元帥の青大理石の函、周恩来副主席のメノウの器物、ネール首相の象牙の函とインドの刀剣と云った共産系とシャムの王室からの宝石函やイスラエルの古代壺などまで一堂に相会して居並ぶ面白さは、各々の時代の各々の歴史を秘め、政治を語り、カンボジアの動きを如実に表はしてゐて、尽ざる感慨を催せしめる。

　次の殿堂には王が即位式の時に着用する服装が飾られてあり、最初に王位の座に着く時の金の王冠、次いで剣を佩いて立つ時の金冠、第三番が馬に乗って出る時の帽子、最後に象に座す時の帽子と四種の違ひが服装と共に分れてゐるのも王室の儀式らしい趣がある。その他に六百年前の剣とか日本から伝えられて来た木調や刀剣類などもあり、その昔の日本人町の歴史が想起される。かつてこのカンボジア王室のために親衛隊を編成して外敵にあたった日本人達のことが実話としてはっきり考へられる。次いで王宮内の仏教寺院、祭祀儀典の中心たる、銀の寺に参る。靴を脱いで本堂に入れば、床は総て銀張り、50 屯程の銀が使ってあるとか。本尊の仏の坐像は青い透明な広東産の硬石で作られてゐて、約五十糎程のもので、光々しい。その前後左右に居並んだ立像、坐像の仏像は大小皆それぞれに金色燦然たり。眼や顔や胸など到る処に宝石がはめ込まれてゐて美事な輝を発してゐる。そして周囲の壁は泰国の場合と同じく釈迦の縁起と極彩色に描いて絵巻をなしてゐる。聞けば共産党の地方に蜂起した連中が各処で奪った仏像も漸次回収されて、此処に合祭安置されてゐるとのことである。

　昼前まで見物して辞去す。昼食は渡部と大使館の富張氏を誘ひ中華料理を食べる。午睡して四時半に飛行場へ向ひ、五時半離陸、多忙にして有益な旅行を終へて Saigon へ帰る。夕暮の空を飛び、燈火美しい夜、Saigon に着く。夜小田君と映画"ラス・ベガスで逢ひませう"を見る。歌と踊りが美しい秀作。楽しい映画である。アトラクションの越南人の笑劇は言葉が分らず演技がまづくて退屈する。

1957年

二月四日（月）晴
　今日から業務開始、官庁・銀行は始ったが大半の商社店舗はまだ休務で正月気分が去らず街にも祭日の雰囲気が一種の長閑な静かさをもたらしてゐる。車の数も少なく、埃がたたぬだけでも何となく気持が落着いてよい。人人の表情も和いで笑顔が多いし、商売よりも先づはあいさつで談笑と云ふ処。まだ本格的な仕事にはならない。それでも郵便物が配達されると内地からの連絡が山積して用事は多く、第一期申請の受付開始と共に忙しくなる模様である。三菱の塩の専門家の児玉氏来貢、CanaとHong Khoiの塩を実地視察の予定で三菱としては越南の塩を一手に抑へる腹は決まってゐる様子でその場合の大南の立場を確立することも最高方針で定められてゐるらしい。沈船の入札結果はまだ分らないが、あっさり宮地・北川の日本海事に落ちるとは考へられない。
　久我氏来社、いろいろ話す。沈船の事もあるが、久我氏としてはそろそろ新興から足を洗って新しい仕事を始めたい希望を真面目に述べられる。内地では東亜企業の線で何かと口をかけられたらしいがもっと本筋をねらって大芝居を打ちたいもののやう。夜明に帰国の日本工営のボーリング技手の杉谷氏に托送品をあづける。後METECOの番頭の中国人の私宅へ招かれて鈴木君月砂氏と共に食べ飲み話し、"大金都"へ行って一時頃まで遊ぶ。アトラクションのスペインの歌姫は珍しい美人で歌もよい。

二月五日（火）晴
　日増しに暑気の加はる感じがする。鉱山局や土木局などの仕事もあり、得意先の連中も来社多く、多忙に過す。先日の旅の疲れか少々皆体が弱ってゐる様である。今夕小長谷大使帰任。東南アジア公館長会議は大分日本の新聞でも大きく取り上げられてゐるが、その結果が見ものである。岸経済主眼外交の線が如何に打出されるか、賠償問題の取扱ひ、大使の更迭など、一しきり何かの動きがあるものと思はれる。アジア協会も大分活発になり、組織変へをやって技術協力に重点を置くことになったらしいが、越南関係はどう扱はれるか、千賀氏の例の技術協力の件は国防省はよいがアメリカのMAAG[215]の方でまだ決定をしぶってゐて横からフランスあたりが日本人の武器製造などと野次り、日本側でも"死の商人"と云った悪口が出て、仲々進行せぬ実状に些か焦慮される。
　今日の社長の聞かれた情報では問題のDanhimも日本側に全部をやらせるかど

215　Military Assistance Advisory Group（軍事援助顧問団）の略。☞《事項編》〈MAAG〉

うか分らず、一部はたしかに日本側にやるなどと Diem の言だとのことである。やはり政府内部に根を下してゐるフランス的な技術者グループがどうしてもフランスとの縁を切り得ぬ様に推測される。それにフランス側の裏面工作も実利を以てかなり深く行はれてゐることは明白に予想出来る。夜、イタリヤ映画"Deux nuits avec Cleopatra"を観る。ソフィヤ・ローレンは良いが愚作と云ふべく色彩の幼稚さも正に期待外れの作品。

二月六日（水）晴

　午前中鉱山局で Nong Son 関係の交渉。第二次契約についても Mr.Dat は心配無用と云ふ。ライセンス申請で一きは多忙。夜、柳ヶ瀬氏、小田君と"Texas"で飲み、"May Fair"に延す。"May Fair"の本当のマダムが帰って来て雰囲気が大分上品になったのは好い。マダムはフランス人で、先頃日本に旅行したためかひどく日本をほめて仲々気持のよい人である。

　西日本の樋口記者 Phnom-Penh より来る。

二月七日（木）晴

　中野君東京大南に入社した旨通知あり。彼の第一信も到着。その人望と実力に期待する。昼宿舎に樋口記者を招待。午後市中を案内して公園で写真を撮ったり博物館を見たり、行を共にす。彼氏夜は小長谷大使に招かれて会食の由。何気なく見た彼氏の書簡の宛名が石橋湛山首相になってゐるのも記者らしいが、滅多にその関係など口にせず、一寸地味過ぎる人格である。年は我々と同じで西歳の三十六歳。福岡出身で戦時中は満州北支の野に在ったらしい。経済記者らしくハッタリのない真面目に見聞する型。少しのんびりし過ぎる感がある程。

　社長 Cana 及び Hong Khoi の塩の視察に夜行列車で出発さる。三菱の連中や METECO の Mr.Dy 等それに華僑関係など多勢の旅行である。夜小田君と"Majestic"のフランス映画を見る。

二月八日（金）晴

　ライセンス申請のプロ・インボイス作成で多忙を極む。樋口記者に日本工営関係の仕事を説明。明日電源現場を見るため同行して Dalat へ行くこととす。夕食に樋口記者、柳ヶ瀬氏を招待。後皆で"Holiday on Ice"なるアイス・スケートショーを見に行く。エール・フランスの Mme Manh とその従妹も誘ふ。五年程前に日本で大々的に興行したもので、後楽園で見たことのあるショー。その

時と比べると小規模で総勢三十人程度のもの。舞台も仮設、照明も不充分で充分な絢爛さを演出し得ないのはやむなし。然し雪も氷もなき此の南国の人達は珍しくて大騒ぎ。観衆は満座で人気あり。主なメンバーの中に日本の加藤礼子も出てゐて、他にも四人程日本人が混ってゐるやう。加藤嬢の独演もありしが、やはり日本人らしい物腰の硬さが目立ち、他のアメリカの女性達に比して肢態、身のこなしにやゝ劣る。二時間の公演退屈せず、野外のリングとて涼しく、一夜を楽しむ。終って樋口記者と"Texas"。

二月九日（土）晴一時雨

午前六時十五分離陸のAVN機で樋口記者とDalatへ向ふ。快適に時間通り着く。日本工営への連絡電報が遅れたためか迎への車なし。バスでDalatへ行く。例によってLang Biang Palaceに止宿す。日本の秋そっくりな感じがして樋口記者大喜びである。日本の軽井沢に優ると彼も云ってゐる。午前中、休養して、午後車でDalatを一巡。写真を撮る。何時来ても来てよかったと思ふ処は、日本でも少ないが、此のDalatのよさは尽きせぬものがある。日本式な温泉でもあれば正に申し分なかるべし。部屋で書籍を読んでゐる丈けで沈み沈みした楽しさを味ひ得る。連休に一ぱいだった客達も去り、閑静なホテルにそぼ降る小雨の音を聞きながら暮色迫る松林や湖畔の煙るが如き風景を見てゐると、何の心を煩はす事もなく、ただ自然に坐して退屈を感じない。

二月十日（日）晴

午前十時。樋口記者を案内してタクシーでAnkroetへドライブ。途中の重疊せる芝山は、丁度芝を焼く季節で黒化粧。ダム地点で一刻。週末の遊客がかなり多い。昼前にDalatへ帰り、午後Dranへ下る。茶畑が段々に山腹を覆い、緑の絨壇［緞］の如く打つづく風景は快いものである。最近日本から農林省の西村技師がコロンボプランで派遣されて来て、Djiring辺りでこの国の茶の栽培を指導してゐるとの事であるが、良案と云ふべし。Danhimのダムサイトを腑瞰しながら説明し、Dranから山越しに鉄管路の辺も現場を見てもらひ、彼の技術面の質問はDranの事務所で渕本氏が詳しく応へる。午後三時半出発、飛行場の近くのGough［Gougha］の滝を見て午後五時十五分のAVN機に乗る。疲労を憶えて機上熟睡。Tan Son Nhut飛行場では、今夕到着せる名古屋の商工使節団の人達を迎へて邦人多し。

225

二月十一日（月）晴
　名古屋の商工使節団。大分赤毛布振りを発揮してゐるらしく、大使館も手を焼き商社の連中もそっぽを向く始末。個人的には皆善良な人達で一応会社の社長や重役級であるが、団体ともなれば全く小学生の修学旅行に似た騒がしさ、てんでばらばらで困ったものらしい。社長は一同を連れて副大統領と会談、午後既に連中はPhnom-Penhへ出発と云ふあわただしさで、何の使節か何の視察か全く意味をなさぬ物見遊山的一行である。大南に関係ある河本ポンプの重役の河本氏のみは世話して、短日時ながら幾らか得る処もありし模様。柳ヶ瀬氏今日から食事を我々と一緒にする事に決める。夜Mr.Manhに誘はれて"Eden"で映画を観る。グレース・ケリー主演の"白鳥"で面白く秀作。

二月十二日（火）晴
　大阪からの通信によれば、昨年度は大概大南も遂に何百万円かの赤字となり、海外出張費の負担の膨大に耐えられぬやうな意味で現地自活を要望してゐる。余りにも虫の好い言ひ分ではある。今の経費で、もし現地を縮少したら、恐らく取引額が激減して更に赤字を増す事とならうに。要は内地の拡張が経費を多くしてゐる事で、むしろ逆に内地の大南の一本化や統制整備が先決とさるべし。
　兵站を断たれては前線の戦士、闘志を失ふ事必定で、最近とみに全員の意気が衰えつつあるを感ず。早急に解決すべき根本問題である。社長は沈船の問題が決するまで今暫らく我慢せよとの意向。日本の新聞で、去る一月三十日南極観測隊が遂にオングル島に上陸、昭和基地と命名して設営に着手した旨読んで感慨一入。かつて白瀬大尉が今よりも話にならぬ程なボロ船と装備で日章旗を樹てた史実もさりながら、日本人がとにかく世界の精鋭に伍して行く姿は頼しくも尊い。

二月十三日（水）晴
　昨夜から気温下り、今朝は上衣がほしい程の涼しさ。気象異変と云ふべし。社長樋口記者を伴ひTho副大統領と会談一時間余。記者も賠償問題や電源問題などかなりつっ込んだ話を出して具体的な質問をしたらしいが、副大統領も之に応へて有意義なインターヴューだった由。記者大いに喜びあり。夜柳ヶ瀬氏と樋口記者を誘ひ"おしゃべり岬"で飲む。日本の新聞で前に当地へ来た福永一臣代議士も遂に運輸政務次官になった旨読む。彼氏にして次官級なら、恐らく社長など大臣級と云ふべきか。やはり褒賞人事とは云へ、国家の人材が質的

1957年

に落ちてゐる事は否めない。

二月十四日（木）晴
　川崎商事の石本重役と川鉄の原課長が来貢。一応各商社皆飛行場へ迎へたが、大南で世話することとなりあり、コンチネンタルへ泊める。鉄鋼メーカーともなれば、さすがに大名旅行で、先日の東銀の重役級来着の時に次いでの歓迎とか。午後樋口記者を案内して買物。べつ甲のハンドバックを買ふ。夕食後柳ヶ瀬氏、樋口記者と三人で"[Au] Chalet"の招待に出席。ガーデン・パーティでカクテルを飲み、歌を聞きながら涼風に雑談一刻。後映画を見る。Eden の "Michel Strogoff"、ツアー時代のロシアのシベリア叛乱を背景にした一大尉の特務工作を描き、大規模なセットとロケでフランス映画には珍しい金のかけやうである。二時間にわたる長いもので面白い。

二月十五日（金）晴
　昨日に引づつき今日も涼気終日、絶好の気候である。仕事は忙しい。川鉄の連中について小田君が案内。樋口記者も最後の日とてサイゴンの記事の構想をまとめるべく種々聞かる。沈船問題は入札発表後なほ決定せず社長も焦心あり。日本海事と新興洋行の競合ひとか、まさか朝鮮系に取らせる事はないと思ふが、名うての連中とて裏面工作が盛んらしい[216]。その他英、米、伊、仏などの資本でバックされた越南商社がかなり参加してゐる由。政府の工業五カ年計画は近く公表されるらしいが、Danhim の水力発電、Nong Son の石炭開発を基幹事業として実施し、工場としては紡績、織布、製紙、精糖、セメントを五大工業として設立するとのこと。原料の国内に産するものから先づ大規模に工業化する計画は自然のものと云ふべし。
　又別に向ふ三ヶ年に第一号公路及び第十四号公路を拡張整備してサイゴンからユエを結ぶ海岸線と山岳地帯の二本の鉄道を完成する事も既にアメリカ系会

216　沈船スクラップとバーターで銃器工場の建設をもくろむ「ベトナム共和国」政府から受注を獲得すべく各商社が競いあっていたことを指す。結局、同政府は当時サイゴンに本社を置いていた新興洋行に日本の銃器メーカーとの仲介を依頼し、1957年2月、トン当り35ドル（1万2600円）で4万トン（140万ドル、5億400万円）を払い下げる見返りとして日本からのプラント輸出により銃弾工場を建設する契約を結んだ。朝鮮特需が終了し、経営の悪化していた東洋精機がこれを引き受け工場を建設したが、「ベトナム共和国」側は研究所・試射場の併設を求め、日本人技術者の出国を禁止し一時抑留するという異例の措置をとり、国会の外務委員会でもとりあげられた。［読売（朝）590720］

社と契約した旨発表されあり。この道路の完成は軍事的にも産業的にも重要なものである。鉄道も今年中にはサイゴンから十七度線国境まで再開の予定で工事中と云ふし此の国の経済建設も軌道に乗って来た感じがする。今日文部省から依頼されて、政府官吏に日本語を教へる日本語学校の開校式あり、大使館の小林氏、北川の内海嬢と共に小田君が先生として参加する事になり、その式に臨む。いづれ近く正式に日本から教師が赴任するまでとのこと。

二月十六日（土）晴
　朝樋口記者を送る。エール・フランス機で九時発。Hong Kong に向ふ。前に当地で社長の斡旋で Tho 副大統領に会見し、その記事で大分副大統領を批判したと云ふので今後毎日新聞は当地に入れないと想ってゐる由を聞いてゐることとて、樋口記者には間違ひないやうに念を押す。一般的な疑問、批判はよいとして個人攻撃にわたる事は慎しむべく、特に社長の面子も考へるべきことで、多分、前の日昌丸の水本記者であらうが、その記者的軽率は責めらるべし。
　午後社長、小田君、川鉄の連中を案内して Long Hai に赴く。海辺で一夜を静養に過す計画。却って疲れなければよいが。夜平石君と映画"Quentin Durward"を見る。

二月十七日（日）晴
　朝ゆっくり起きて食事後、カラーフィルムで撮りに出掛け、サイゴンの名所と云ふべき建物を写す。大統領官邸、市庁、中央教会、コンチネンタル、そして埠頭附近、単なる風景写真で面白味はないが、とにかくサイゴンを紹介するためのもの。午後読書に過す。石橋首相の人物論は一個明治的な骨の太さがあって面白い。野人にして学深き信念の人を偲ばせる。

二月十八日（月）晴
　懸案の Ankroet 発電所修理工事からやっと日本工営の案に決定した旨。今日 T.P. の担当官から通告あり。半分諦めてゐた事とて意外の新展開に驚く。フランス側の無料修理に対して、技術面は優位に立つとは云へ、弗を要する日本案は殆んど希望なしと思はれてゐたのが逆に此方へ落ちて来たのは、政府当局の好意もさることながら、やはりフランス側の技術に対する不信の念と云ふべく、Danhim 電源開発の前哨戦として重視されるだけに、大いに意を強くするに足るものがある。当然その後に起る送電線の施設もあり、今後の Danhim への具体的

な足がかりも出来るわけである。
　ただ、弗で六万五千弗と云ふ僅かな額で仕事としての利益は僅少である。Nong Sonの川鉄の両氏、今夕Bangkokへ出発。技術協力の清水氏来貢。この方の話も大体決定し調印の運びになる筈。

二月十九日（火）　晴
　清水元海軍中将飛来で、技術協力会社の方の仕事も何とか早急に契約調印までもって行く必要があり社長奔走。更にAnkroet関係の契約、外貨措置の話、沈船の問題など全く席の暖まる暇なき模様である。
　朝久我氏、江原両氏来社。一緒に"Pagode"で話す。沈船の話で新興洋行としてもViet Nam Overseas、大南に次いで三番札とて大いに裏面工作をやってゐるらしいが、久我氏の話を表面上そのまゝ受取れば彼氏も近く新興を出て、独立して何か違った事業をやりたいとの事。そして松下社長との協力を希望してゐることなど殊勝な事である。辻元大佐[217]が代議士として何かの視察で二十二日に来貢する由にて久我氏もその取扱ひをいろいろ考へられあり。呉大統領と会談させたものか否かが問題である。
　午後Mme Tu来訪。今度のBan Me Thuotの博覧会に役員として準備のため来貢、明朝の飛行機で現地へ赴く由。二時間程附近のレストランで話す。"おとなしい"アメリカ人[218]のことや更に人生問題など興味ある越南女性の考へ方も知り得て時を忘れる。夜会社の帰り、皆で社長室に行きコニヤックで話し合ふ。

二月廿日（水）晴
　朝、時計のPlantの件でThe New Viet Nam Watchに廻り、精工舎との交渉について更に一歩進め、大南を中にしての代理権契約について話す。漸次実現の途を辿りあり。蔡夫人と久し振りに会ひBangkokのことを聞き、種々話す。漁業の件で増井氏来社、協力を期し、打合せをなす。午後Mr.Cuと国会に行き、事務長と会ってDanhim Projectのパンフレット配布について依頼す。その時機などは一考を要することではある。久沢君飛来。
　夜皆でおしゃべり岬で歓談。後"大金都"。

217　辻政信。
218　1950年代前半のベトナムを舞台としたグレアム・グリーンの小説。☞《人物編》〈グレアム・グリーン〉

二月廿一日（木）晴
　全く寸暇もなき忙しさで事務所を動けず、些か疲れる。東山氏　久沢君の応援に来週 Phnom-Penh へ出張と決まり、準備す。三菱の児玉氏明後日帰宅に対し、社長塩の件で副大統領と会談したり八方奔走さる。夜、柳ヶ瀬、大谷の両氏と"Texas"で飲み後 OSCAR 劇場でアメリカ映画"The Land of Pharaohs"を観る。ピラミッド秘史とも云ふべき筋で、現地ロケの大規模なこと驚くべきものがある。映画そのものは悲劇的なもので暗く地味なものだが、その風物や歴史的考証の苦心の跡を賞すべし。久し振りに津野女より手紙あり。夫君と共に近く東南アジアを廻る事となり、Saigon へ来月十日頃に来ると云ふ。楽しみではある。既に母となりし彼女を見るもよし。

二月二十二日（金）晴
　早朝久沢君 Phnom-Penh へ帰る。東山氏加勢のため明日追って彼地に赴く事となる。新しい入札の開始や問題の事務所の処理などに多忙らしい。Saigon 大南の経営白書の作文にかかる。このまま放置すれば金詰りで動きがとれなくなるため、根本方針の確立が必要である。その基礎資料として実状を伝へることとす。

二月二十三日（土）晴
　朝柳ヶ瀬氏と Ankroet の件で O.N.D.E.E. へ行き打ち合わせをなす。鉱山局では支払いの請求。午後社長と経理問題について話す。社長はかなり感情的に大阪のやり方を憤慨されある心情察するに余りあり。夜大谷氏送別の意味で日本工営の三氏と宿舎で会食。後大谷氏とアイス・スケートショーを見に行く。群衆にもまれて、見事に万年筆二本を胸からすられる始末。とにかくショーは大へんな人気で満員。今日 Ban Me Thuot の博覧会開催に呉大統領現地へ乗込みしが、開会式場で狙撃され身代りに農林開発局長が銃創を負ふ事件[219]があった由。同行の小長谷大使より社長へ話があり、大統領には別条なくて幸ひなりしが、相当反響を呼ぶ事件たるべし。犯人は即座に逮捕された由にていづれ真相の発表はあらうが、その動機と背後関係が注目される。単なる共産側のテロ行為として片付けられるものかどうか。何かその底に違った手が動いている様に感じられる。狙撃したのは護衛に当たってゐた兵士の一人なりしと云ふが、反政府運動が軍隊内に潜行組織されているのであらうか。

219　☞《事項編》〈大統領狙撃事件〉

1957 年

　日本からのラジオ放送で、石橋首相は遂に総理大臣を辞め、内閣は瓦解して、岸首相が実現するらしい形勢を伝ふ。二ヶ月の短命なりし石橋内閣、よく清新の気を湛えて政界の浄化を期し得たものを、些か惜しい気がする。然し嘗ての浜口首相の如く、病身を無理に議会に登り、遂に死期を早めた歴史もあること。敢へてその座に恋々たる人柄でもなき石橋氏としては、静養第一は当然の処置と云ふべし。

　二月二十四日（日）晴れ
　午前九時半の AF 機で大谷氏休暇の帰国、Tan Son Nhut に送る。朝経営白書かなり進む。昼、社長来宅会食。午後夕方まで白書を綴る。蔡夫人に誘はれしが、鈴木君に代わってもらひ行かず。
　昨日の大統領狙撃事件は大統領府の公式発表はあったが、原因動機などについてはまだ調査中とて全然発表なく、その取扱ひは慎重で、三面の一小記事程度で済ませてゐる。遂に日本から久保田氏が電報で見舞文を寄せるなど、相当反響があるらしい。

　二月二十五日（月）晴れ
　大統領狙撃事件の背後関係が少しづつ明るみに出されつつある。どうやら高台教徒の地下組織で、大統領暗殺計画があるらしい。その更に後に北部の秘密工作の手が動いてゐるかも知れぬが、教主が追放されて Phnom-Penh から秘かに部下の決死の士を操って事を謀んでゐると云ふのである。大統領の敵は宗教的な立場で、国内にまだかなり存在することは確かである。かの Hoa Hao 教団にしてもバーカット将軍[220]をギロチンにかけてゐるだけに、なほ恨を残してゐることでもあらう。何れにしても流血事件は更に起こる可能性がある。日本の新聞記事の扱ひ方が見たいものである。岸内閣は石橋内閣の閣員を踏襲して成立。ただ石井副総理が新たに加わったのみで、解散せずに予算を成立させるらしい。
　夜経営白書を続ける。

　二月二十六日（火）晴
　技術協力会社の清水氏、朝の AF 機で Hong Kong 経由帰宅の途につかる。日本からの通信に中堂氏[221]から社長へ連絡あり。山玉誠氏が Bangkok より日本に

220　レー・クアン・ヴィン。☞《人物編》〈レー・クアン・ヴィン〉
221　中堂観恵。☞《人物編》〈中堂観恵〉

渡り、大南を訪ねられたらしく、只熊氏が行動を共にして住所を秘してゐる由、それをカンボジア大使館で探知して本国へ通報したらしいと云ふ事である。若し山氏と大南の関係が明るみに出ると、社長に対するカンボジア政府の圧迫も考えられ、Phnom-Penh 大南の地位にも関はる故、些か憂慮されるが、日本に亡命せる山氏と藤原氏の間にまだ連絡がとれてゐないとすれば些かまづいので、社長より中堂氏へ手紙を出される事となる。

　中堂氏がその性格の謀略好きで、事を面倒にされる可能性があり些か心配である。更に最近久保田社長の線で、永野護氏[222]も漸次当地の問題で新興洋行と手を握った非を反省され、松下社長へ協力の意に傾きある様子が報じられ、大いに意を強くする処あり。岸内閣の顧問となられた賀屋氏や永野氏の線で賠償問題も一歩を進め得るやも知れず、必要なら社長内地に飛んで工作されるも可なるべし。

二月二十七日（水）晴

　午前鉱山局、Nong Son のボーリングの 100m 以上の料金改訂について認可あり。Ankroet の発電所修理工事の件、O.N.D.E.E. の要求により契約原案作成。大阪大南のやり方が余りに自己中心で排他的のためマイナス面顕著。社長も本気で憤慨されあり。最後的な断を下すと激昂さる。沈船の宮地汽船の専務来貢。夜 Mme Manh を訪ねて話し込む。南部交趾支那人の北部東京人に対する感情は甚だ悪く、正に理論抜きの嫌悪。丁度日本人の朝鮮民族に対するに似てゐる。その狡猾非道を挙げて徹底的である。裏返せば北部人の活動性を表はすもの。何れにしてもこの人心は南北統一問題の大切なポイントであり、越南国の内包する将来の難事とも思はれる。

二月二十八日（木）晴

　昨夜、宮地汽船の専務来着。今日から沈船問題で社長また奔走。デマは乱舞してゐるが、まだ最終決定に至ってはゐないらしい。国家革命運動党[223]から党費献金四条件で申入れがあったり、Mme Nhu の線を通すべきだと云ふ説があった

222　永野護（1890-1970）は、戦後そろって政経済界で活躍した「永野七兄弟」の長兄で、渋澤栄一の秘書をつとめる。衆議院議員を 2 期務め、1956 年からは参議院議員［朝日新聞社編 1990：1166］。吉田首相のもとで東南アジア開発特使としてフィリピンを訪問、以後フィリピン賠償問題にかかわった。アジア協会副会長。［朝日（朝）540408、540410］。

223　☞《事項編》〈国家革命運動党〉

り、麻の乱れに似てゐる。日本からの電々公社及び有名電線メーカーの使節団の一向飛来。Danhim の現場を見るとか。宿舎の立退を Dr.Ke-An[224] から宣告されてゐて、早速八方に移転先を探す。一つ適当なものあり、小田君と見に行く。Tan Son Nhut 飛行場の近くで余りにも市街から遠いが田園風景と共に涼風あり、二階に五間と下に三間、庭もあって、丁度もってこいと云ふ家である。家賃は一万比弗で高くはなく、一応これに引越すことを決める。夜遊びには不便であるが、生活の拠点としてはよい。

　ニュースで聞けば流氷に閉ぢ込められて身動きできず、立ち往生の観測船"宗谷丸"の悲壮な様子にやはり深く感動を覚える。アメリカもソ連も砕氷船を派遣して宗谷丸を救出せんと現場に急行しあるは、時ならぬ人道的な両陣営の競争を現出してゐるが、そこには冷戦的意義を超えた真実なもののある事を信じたいものである。やがて宗谷は救はれて祖国に帰りつくであらうが、南極に残った十一人の越冬隊と、この宗谷の冒険譚は新しい日本の若人の胸を打つ話題とならう。

三月一日（金）晴

　日中の温度がもう日本の真夏以上である。これからまたサイゴンの最悪なる季節が来る。何となく疲れ、食欲が減退して、能率が低下するのを自覚する。夜の風のみなほ涼然。

　只熊氏より連絡あり。それには山玉誠氏はまだ日本に来たとは書いて居らず、中堂氏の書信と違ふやうである。中堂氏が例によっての独占欲で、自分を通して連絡せよなどと只熊氏に云ってゐるらしいが、やはり社長は藤原氏に此の件を依頼する事とさる。志賀氏来貢。鉱山局に行って打合せをなす。東山氏 Phnom-Penh から帰る。彼地の事務所問題は依然悪く、家主との間は戦斗的状態で、一騒動あった由、手がつけられず、無条件に放棄して、新たに仕事の段取りを考へ直すべき時機のやうである。夜、例の経営白書を書き上げる。丁度五十枚で終る。

三月二日（土）晴

　午後読書に過ごす。月砂氏の話では、今日午後新興洋行の事務所でヘンリー出渕が、口論から、久我氏を殴打昏倒させた由、口論の因は久我氏が出渕の戦

224　チュオン・ケー・アン。☞《人物編》〈チュオン・ケー・アン〉

中戦後の態度を非難したのにあるらしい。かなりの傷で流血の惨と云ふが、久我氏の無念が察せられる。

三月三日（日）晴
　日本は桃の節句、春を前に華かに賑ふことであらう。ここではただ睡また睡、夢遊に日を終る。夕方柳ヶ瀬、志賀両氏と共に"Pento"［Pentho］へ出掛けて食事、田園の夜風はさすがに涼しく、コニャックを飲んでも酔を発しない。冗舌を弄して一刻。後"Texas"でまた一時駄弁る。
　新聞にタイ国の政変を報じあり、今度の総選挙で、ピブン元帥[225]の率ゐる自由党が圧倒的な勝利を収めたのは当然であるが、昨日反政府の大規模なデモがチュラロンコン大学生二千名を中心に行はれ、それを機会に、政府は戒厳令を発して、軍を出動させ、Bangkok 市内は戦車で警戒する非常事態を現じてゐる由[226]、然も警視総監で、タイ国の実力者たりしパオ大将を拘留したと云ふ。結局ピブン元帥の下にサリット大将を中心とする陸軍が、その対立者たりし警察を完全に抑へたもので、もう何年も前から秘かに伝へられてゐた変政団の内部抗争が激化したものと見える。先頃陸軍の圧力によって、警察隊の有してゐた軍隊同様の装備たる戦車や大砲を剥奪された時に、この二大勢力の勝負は終ってゐたわけで、総選挙を好機として、更に一歩を進め、反パオ行動を徹底させたものと云へる。嘗て事実上のタイ国の支配者と呼ばれたパオ大将も遂にその身を鉄窓に曝すと云ふのか、正に栄枯の激しさを物語る、後進国家の劇的な一幕ではある。後は軍の独裁あるのみか。

三月四日（月）晴
　今の宿舎を Dr.Ke-An へ返すこととなり、早急に新居を決すべく、先日見に行った飛行場附近の家の家主たる第一警察署長 Mr.Phi に面談、原則的な条件を聞く、家賃月一万比弗で家具付は安い方。志賀氏早朝空路 Nong Son へ帰らる。只熊氏に宛て山玉誠氏の件は内地では一切藤原氏の線一本で運動するやうに連絡。社長から藤原氏へも一翰。中堂氏の策動を封ずる事とす。夕方 Nguyen-Van-Ba と漁業の件で打合せる。夜独りで映画"First Texas"を観る。

225　ピブーン（1897-1964）。タイの軍人政治家。1932 年の立憲革命から 1957 年の失脚までタイ政界をリードし、「永遠の宰相」の異名を取った。[『世界大百科』1988]

226　サリット元帥によるクーデタ。☞《事項編》〈タイ政変〉

1957年

三月五日（火）晴
　暑熱急に増す。35°程度か。午睡の後で寝覚めの気持ちが悪い。小田君 Phnom-Penh より帰る。すっかり金詰りになり、サイゴン大南の存立危い。給料はまだ先月分が払へず、全ての支払ひを殆んど停止してゐる始末で、皆甚だ苦労、闘志自から低下す。

三月六日（水）晴
　午前中、鉱山局と経済相、貿易次長の Mr.Xuan は嘗て駐日越南大使館に居た頃に知ってゐる人、これもまた出世したものである。一般輸入ライセンスを握っている実力者らしい。夜久保田社長飛来、社長また一しきり多忙となる。
　氷海に立往生の宗谷はソ連の砕氷船オビ号に救出さる。

三月七日（木）晴
　徴女王記念日と云ふ国祭で、正式には半休日。午前中も夫人団体のデモがあって街頭賑はう。建国当時の英雄的女王姉妹を祀る日らしいが、現在の英雄的女王とも云ふべき Mme Nhu[227] が先頭に立っての婦人大会とは面白い。午後休務してゆっくり読書に過す。

三月八日（金）晴
　転宅のことまだ決まらず、他に種々話もあり、いかにも遠い例の飛行場近くの家の方は、皆出来るだけ止めたい気持である。然し適当な家と云ふものは適当な家賃では仲々見つからぬものである。今日も経済省の一官吏の入ってゐる家を見に行きしに、間取が如何にも悪くて気に入らず。大洋漁業の当地での仕事がひどく喧伝されて大儲けのやうに云はれてゐるが、実情はやはり越南人の卸屋などに売掛金を焦付せて、深間にはまり込み、ひどく苦しいもののやうである。単に技術面のみで販売権は全部越南側に握られてゐるため、帳面で儲けても現金が入らぬと云ふ真相らしい。
　提携とか協力とか、名前は美しく謳ってみても、合弁事業の将来は危険千万なものである。大南の活路を事業面に見出すにしてもこの点を余程注意せねば、騙されて終ることは十中八九までであろう。越南人の信用が商業道徳上に確認される日は、当分は来そうにないと思はれる。

227　チャン・レー・スアン。☞《人物編》〈チャン・レー・スアン〉

三月九日（土）曇
　日本なら花曇りと云ふ天気、終日雲低く垂れ南陽の烈はなし。日中は一入むし暑い。EFACの件で先日来奔走してゐるが、METECOも内部で仲間割れがあり、仲々スムーズに行かず。鈴木君一苦労、やっと目鼻がつき大儲けの目算が立つ、やはり日本と違って、何処かにまだ甘い汁が残ってゐるものではある。日本工営の新井氏杉谷氏来着。夜日本映画を見に行く、サイゴンの上映館は皆満員の盛況、切符売切れで、やむなくショロンへ行って見る。金色夜叉で大映カラーの大作越南語のトーキーが艶消しであるが、色彩はよく胸をしめつけられるやうななつかしい場面もあり、些か郷愁を覚えて感慨深し。紅葉原作を少し改作してゐるが、出来は上級と云ふべく、現地の好評も当然である。

三月十日（日）雨後曇
　寝苦しく暑苦しい夜があけて、朝沛然たる雨来る。誠に颯快の雨勢である。これを初雨とでも云ふか。今年否乾季に入って最初の、何カ月振り目かの雨である。些か気候の異変と云ふべし。落着いた気持で午前中読書と手紙書き。午後雨上りに街へ出る。Catinat通りの角で"Arc en Ciel"の例の得態の知れぬダンサーに会ひ、一緒にレストランでアイスクリームを食べて一刻。

三月十一日（月）雨後晴
　朝また雨降る、上がった後のむし暑さはひどい、いよいよサイゴンの最悪の季節が来るらしい。小長谷大使から連絡があり、久保田・松下両社長と懇談の内容はどうやらDanhimは日本案に落着する公算大で、賠償問題が解決すれば、もう一も二もないらしい。第一期三千万弗はほぼ確定的と云ふ。それに沈船も此処数日に決まる様子である。一挙両得なら大南も我が世の春であるが。夜Puraluの主人帰ると云ふので飛行場へ迎へに行くつもりが、Air Franceまた遅れて止める。

三月十二日（火）
　今朝越南政府の使節団一向渡日、実力者Ngo-Dinh-Nhu夫婦を初め、Diem計画局長、[Vu Van] Thai米援助資金局長、Hanh国立銀行総裁[228]等錚々たる連中で、

228　グエン・ヒュー・ハイン Nguyễn Hữu Hanh。1923年フエ生まれ。フランスの「高等商業学校Hautes Études Commerciales」及び「国立行政学院École Nationale d'Administration」に学ぶ。1954年ベトナムに帰国し、インドシナ中央銀行に勤務。ジエムの求めによ

1957年

いよいよ賠償問題の本格的な交渉に入るらしい。岸首相の東南アジアに対する積極策に呼応して、遂に解決への一歩を踏出すものか、Danhim の電源も、沈船引揚も日本で一挙に決する公算が多く、大南にとっては向背を岐けるものと云ふべし。飛行場で見送りの松下社長に Hai 大統領秘書が語った処では、略沈船の件は内定してゐて、松下社長へ全部でなくとも半分はやる事になったとの事で、社長大いに悦ばれあり。電源も共に明るい見透しである。

三月十三日（水）晴

　鉱山局の Nong Son ボーリングの第二次分に対する保証額も決定し、正式書類近日交付される由、Ankroet 発電所修理工事請負の契約草案を O.N.D.E.E に提出。

　Saigon Motor を訪ねて機械モーター類の売込みについて有望な話合ひをする、彼は特に "Yanmer [Yanmar]" の代理権を所望しあり。夜久保田社長、積水科学の福本取締役等、Bangkok 向発たれる筈が例によって Air France 機マニラで故障停滞、遂に飛ばず、明日に延びる。

三月十四日（木）晴

　久保田社長今日 Rangoon へ出発、今度 Air France で週一回 Rangoon にも下りる事となりその初航行とて、日本から、新聞記者達招待者が乗込んで賑はしく Rangoon へ向ふ、当地でも飛行場でその通過の途次を、Air France 主催のレセプションで祝いあり。当地の日本人代表者十五名程も招待さる。午後 Ankroet の件で O.N.D.E.E. へ柳ヶ瀬氏、渕本氏と共に赴き、細部にわたる打合せを行ふ。契約草案を此方で起案する事となる。夜小田君渕本氏と越南技術会館での Danhim Project に対する演説会に出席、Diem 計画局長不在とて、Mr. Nhan が代読説明して、日本案とフランス案を述べた由、模型も双方のものが並べられあり、日本工営のものの方が好かったとの事。柳ヶ瀬宅で日本酒や日本の味覚で雑談。

三月十五日（金）晴

　転宅を明日と決めてゐたが、やはり例の家はあまりに遠過ぎるとして、もう暫く見合せて、別に探してみる事となる、適当な家は滅多に見付からぬものではあるが。あわてて後悔することもない。午後日本の関口俊吉画伯の個展が開かれ、その初日を鑑賞に行く。戦時中、インドシナに居て、主に北部の風景を美しい

り経済・財政顧問（1955-1962）、後に国立銀行総裁（1955-1962）に就任。自伝に、*Câu chuyện đời tôi*『わが時代の物語』2004 年、がある。[Nguyễn Hữu Hanh 2004]

水彩画で描いたものが大半である。なつかしい。Hanoi、Hai Phong、Hongay[229]、Bac Ninh、Hue の当時を偲ばせる絵に暫く佇立して昔を想ふ。数枚パリの街を描いたものもあり、仲々優れたもの。値段は大抵一枚 VN 弗 3,000- で一寸高くて手が出ない。大使夫妻初め日、仏、越の名士が参集して盛会。後関口画伯のフランス語の講演会が市庁舎で行はれた由。夜 Rosa と食事、"Texas" から "岬" へ。彼女日本からソフト・クリーム製作機を十式持ち帰りあり、その製法を研究中と云ふ。

三月十六日（土）晴

猛烈な暑熱で疲労甚しい。Dalat が恋しくなる季節である。Nong Son より森永氏来る、来週 Dran の有元氏も一緒に帰国の予定である。

今夕角脇一等書記官のお別れパーティーが同氏邸で開催され、在留邦人多数集る。大南からも社長以下四人出る。我は行かず。

最近のインドネシア情勢はその動揺頂点に達し、遂にスカルノ大統領は戒厳令を布いて収集を計ると云ふ。前にスマトラで、更にセレベスでも軍隊が反政府勢力となって自治を要求し、本国離反の形勢にあったが、今度ははっきりと反スカルノ色で全土に反乱が起りつつある模様である。要するに回教徒のマシュミ党を中心とするものが、最近のスカルノ大統領の容共政策に反対して一種の政治革命運動を起したわけである。スカルノ大統領は議会以外に新に国政審議会を創設し、職域代表を以て政治の諮問機関とする構想を発表し、著しく中共に近づく政策を執りつつあるが、今度共産党からの入閣を認める新措置を行はんとしたため、遂に回教を中心とする諸派の反抗をかったわけである。此処に注目されるのはスカルノ大統領に対して反対を唱へて辞職したハッタ副大統領と軍部の繋がりである、東南アジアの新興国家の内部的な安定は、当分困難な実状を見せられる一例、卓球世界選手権に日本、五種目全部に優勝、ストックホルムに輝かしい記録を遺す。

三月十七日（日）晴後一時雨

休日ただ睡眠と読書で終日、むし暑い午後一雨ありて清涼一陣。昼食に社長

229　ホンガイ Hồng Gai。鴻基とも記す。ベトナム北東部の港湾都市。トンキン湾のハロン湾に面し、北西のホンガイ炭田で産出される良質な無煙炭の積み出し港であり、また炭鉱労働者の海浜保養地でもあった。現在はハロン Hạ Long 市と改称され、ハロン湾観光の拠点となっている。［桜井・桃木編 1999: 272］

来宿、昨日副大統領と会っての顛末を話さる。沈船問題はやはり Nhu 夫妻が実権を握ってゐる模様で、新興の久我氏の線がなかなか強いらしい。その日本行で、久我氏が日本へ飛んでゐるのも相手に分がある。社長も些か不安の様子、副大統領もこの問題は避けてゐるらしく、後は呉大統領の意志に懸ってゐるわけ。悪あがきをせずに信じて待つのみか。最近の中堂氏の連絡で、山玉誠氏の件で中堂氏は馬奈木元中将や飯田元領事等と策動して居る模様で、山氏を日本へ呼び、種々連絡の由、そのアメリカ側への提案として、タイ国内ウボン近辺に開拓地を指定し山氏麾下の約二・三千人を集合従事させ、アメリカ側の武器一万人分を支給してもらって軍隊に仕立て、反共軍を組織して、カンボジアへ侵入すると云ふ、些か誇大妄想的な時代錯誤のものである。このやうな老人連中の頭脳が支那で事を起した浪人達と手を握ってゐた軍部の謀略家達のその当時の域を出てゐない事は明かで甚だ醜いものである。こんな事で大切な日本と南方の新しい時代の結びつきを根底から狂はせる事は正に罪悪と云ふべし。社長に中堂氏の暗躍抑制を進言す。一方社長の委任により只熊氏と連絡せる藤原氏は、例の林氏の線で、呉大統領へ直接打診の手紙を出すと云ふ、これまた林氏の術策に陥るもので、呉大統領を誤らす事になることを憂ふ。社長一応先手を打って副大統領に打明け、大統領へ付言さる。今後の動きは注目すべきものであらう。微妙な問題である。

　夜柳ヶ瀬氏と"Texas"で飲み、"岬"へのす。月は十六夜か、雲間に一きは冴えて美しく、埠頭に泊る船の灯が情緒をそえて一入妙。時に一女性あり、"大金都"の売娘の伊人小姐、独り卓にあるを誘って盃を挙ぐ、英語は Hong Kong 仕込みで巧み、生れは Singapore と云ふ、二十六才怜悧な女性である。話のあわせ方も面白く愛すべし、伴って三人で"Croix des Sud"に行き、十二時まで踊る。

三月十八日（月）晴
　昨日フィリッピンのマグサイサイ大統領が P47 で墜落したと報ぜられ、その死亡が確認さる。新興国家のワンマン的存在なりしこととて、その死はかなり大きな衝撃を与へたことであらう。近く大統領選挙の時期でもあり、国内的な混乱は予想される。代るべき実力者がない事もフィリッピンにとっては不幸な事故と云ふべし。内地よりの会報第二号によれば、奥田がビルマの在日賠償使節団の団長補佐役で活動してゐる由、五島氏等の線もそれに結びつかむと友田が奔走の様子、先づは連中も処を得たものか。

三月十九日（火）晴
　Nong Son 関係の資材通関にひどく手間取り、大いに矛盾を感ず、即ち越南政府との契約によって持込む資材を越南政府の税関が仲々その通関を許さないのは、官僚の通弊とは云へ全く不合理な事ではある。所謂無為替によるもので免税措置となり、作業終了後持帰る機械器材を含むために面倒な手続となるわけではあるが。無駄な時間の消費で厭気がさす。而も聞く処ではこの Nong Son 炭鉱は既にアメリカの資金でアメリカの会社が大々的に開発計画を樹てて居り、現在の探鉱ボーリングのみ越南政府の資金でやってゐる由で、基礎調査を終へたら、すっかり USOM[230] の実施計画にのせられると云ふ事で、日本工営は後の果実は与へられないわけである。外貨も貰らはずに全くのサービスを提供したやうなものと云ふべし。

三月二十日（水）晴
　猛暑と云ふべく、一日の勤務でひどく体が疲れる。日中、暫らく外廻りすれば、特にその度が激しい。
　大阪商工会議所の連中のお別れパーティー、夜 Bangkok へ出発。Diem 計画局長帰着、社長飛行場へ迎へに行かれ、日本での様子を聞かる。賠償問題でかなり具体的な話合いがあった模様で、Danhim の件も有望らしい。夜 Rosa にソフト・クリームの機械の説明書を訳して聞かせ、後涼みに行く。

三月二十一日（木）晴後一時雨
　朝社長宅で全員集合、業務打合せを行ふ。大阪と東京の二本建の非能率不合理を何とか解消せむものと意見を開陳、討議す。やはり内地での組織的な編成の仕方が問題で、メーカーとの結びつきを明確確固にしてはっきり系統を作ることも必要。現地はまだやりやすいが、内地では仲々むづかしい事ではある。先日の経営白書に対する反響はかなり大きく、久我社長より方針について、かなり具体的な手紙も来て、経費三千弗の枠も認めらる。一人一部屋の借家についても OK、経営上の重点指向的問題も指図があり、明白な線が出て、今後の現地の在り方が規定されたのは結構である。午後街上で安藤信一氏に会ふ、湯浅氏、中宮氏等と一緒、またサイゴンで一仕事のつもりであらうが、昔のやうには行

230　United States Operations Missions（アメリカ経済援助使節団）の略。アメリカ大使館内に設けられ、農村開発援助等を含めアメリカの南ベトナムへの経済援助を監督した。[Miller 2013: 370]

かぬこと明かである。夜日本工営の帰国組、有元、森永両氏の送別宴で、柳ヶ瀬、新井氏等と共に Pentho へ行って会食。

三月二十二日（金）晴
　朝有元、森永両氏の帰国を送る。森山女へのみやげ物を託す。我が順番までなほ二ヶ月余を要すべし。午後家探しに廻れど仲々気に入ったものに当らず無為。Ankroet の Supervision 契約書原案英文で出来上る。Nong Son の器材通関進捗せず。頭を悩ます。鉱山局の紹介により通関業者が来訪打合せる。社長昨夜呉大統領と会談二時間に及び、主として沈船の件で説明、山玉誠氏の件は大統領慎重な態度で諾否を決せず。無理からぬ処ではあるが、大統領のシアヌーク首相を嫌ふ事は甚しければ有望。

三月二十三日（土）晴
　猛烈な暑さでさすがに午後は外出する気にもならず休養す。柳ヶ瀬氏連絡にDran へ行き部屋不在のため、留守番代りに一夜を過す。六時過ぎ丸紅の村上氏帰国送別パーティーに顔を出す、商社の連中、三十人程集って雑談しきり、半時間程居て辞す。

三月二十四日（日）晴
　部屋にゐても汗が流れて体がうだるやうである、東山氏さすがに参って、夜も寝られぬとこぼす。新聞・雑誌、たまってゐるのを一挙に読み終へる。総評指揮下の春季斗争とか、国鉄も騒いでさながらゼネストの様相、遂に社会党が斡旋して治まったとは、政府の黒星と云ふべく、左翼陣営は益々力を自負し、誇示することになるが、それでよいかどうか。夜月砂氏、鈴木君等と映画を観る、西部劇。

三月二十五日（月）晴
　もう頸筋に汗もが出来てネクタイは辛い。当然開襟、半袖の季節であるが、此処でも戦後の落着さからか、官庁関係へは一応行儀良くして行かねばならず厄介ではあるが、毎日ネクタイ姿で出勤するわけ。柳ヶ瀬氏山から帰られ、Ankroet 契約案文に多少の訂正あり。今年第一期申請分のライセンスぽつぽつ下附され、紙で約十万弗程大南のものあり。幸先良好と謂ふべし。

三月二十六日（火）晴
　午前中、柳ヶ瀬氏と計画局及び鉱山局へ行って打合せ。Nong Son用器材の通関がまだ出来ず全く困ったものである。社長いよいよ来月初め帰国と決め、手続開始、カンボジアの吉岡大使来貢、社長以下主な邦人で招待宴。

三月二十七日（水）晴
　猛暑いよいよつのる。仕事は閑散でひどく退屈な気持である。昨年十月から後この三月までの半年間の東京大南扱ひの契約実態を統計にし、東京大南の経営面の基礎資料とすべく、調査書を作成。最早や赤字にはならぬ筈である。

三月二十八日（木）晴
　デマが飛んで、三菱と大南が経済警察に帳簿書類を押収されたと云ふ、全く無根の風説が流布されてゐる。日本人商社から出た噂だと云ふが、もし本当なら嫌なことである。最近の三菱・大南の結びつきと、実績の上昇を妬んでのことか、陰険な神経戦術ではある。
　夜角脇一等書記官帰国の送別宴が、亜東大酒楼で催され参加者約六十名、盛況である。十時閉会。後"Texas"へ行く。

三月二十九日（金）晴
　社長が得た情報では、先頃日本政府が戦時インドシナの特別円勘定をフランスに決済する協定に調印[231]した事が、当地政府を刺激し、ひどく対日感情を害してゐる由、電源も沈船も見込みなしと云ふので些か沈滞した気持になる。もし当政府がそれで対日政策を悪化させるなら、最早や此の政府も見込みはない、政治を知らぬものと云ふべし。逆手があるものを。
　夕方ために社長宅で一同盃を交はして憤懣を慰す。
　例の山玉誠氏の件で、内地の林氏から藤原氏を通じて、呉大統領への書簡を社長へ托し来る、内容はあまり良いものではなく、迫力も卓見も見られぬ通り

231　日本軍は1940年に仏印進駐を果たしたが、それに伴う軍費や物資の買い付け経費については、1941年6月及び1943年1月、当時の仏ヴィシー政府と金融協定を結び、インドシナ銀行に特別円勘定を設けて処理したが、終戦時、約13億円、米ドル48万ドルが債務として残った。フランスはその返還を求め、1957年3月日本側は13億2億円を加算し、これに米ドル勘定48万ドルを加えて総額16億7000万円を支払うことで妥結し、同月27日日仏間に議定書が調印され、即日発効した。いまだ日越間の賠償が決着していない時点での頭越しの話なので、ベトナム政府は感情を害したものと思われる。［朝日（朝）570324、（夕）570327］

1957年

一辺のもの。藤原氏の手紙によれば、只熊氏は其後藤原氏へ連絡せず、多分中堂氏や馬奈木氏の線で深入りして、山玉誠氏の滞在もあり、藤原氏へ連絡出来ぬ実状にあるものと判断される。些かに心配な成行きではある。かつて孫文を被護［庇護］せし頭山[232]一派を気取って老将軍連が大いにアジアの志士的言動をほしいままにする様子が目に見えるやうではあるが、見識と実力に欠けた野心の人々が、徒に策を弄して、山玉誠氏の清潔な人格と信念とを汚すことなきやうに念じてやまない。時代は最早やかの浪人の右翼によって前進させられる時ではなく、巨万の富を賭ける情熱の資本家も存在せず、誰が責任を以て事に当り得るか、ただこれを種に一儲けを企む人達でなければよいが。

三月三十日（土）晴

一週間勤めると体が疲れて、今日半休となればほっとする気持で、午睡に一週間分の疲労を癒やす思ひ、所謂夏勤務としての連日半休にしてもよい程である。午後ゆっくり起きて読書に過す。

夕方それぞれ招待に出掛け、独り居するにDiem計画局長が突然訪ね来りて日本製録音器の扱ひ方を聞かる、説明書で教へ、試験してみて良く、喜んで帰る。

三月三十一日（日）晴

昨夜遅く、今朝は陽中天にあるを知らず、十一時頃まで寝る。午後もまた一睡、後読書。夕方社長宅へ一同六時に集合久し振りに皆が揃ってPenthoへ食事に行く。涼風に吹かれながら、日本酒"富久娘"の缶詰をあけて乾盃、冗談口も自から、滑かに和気藹々として一入楽し、豆腐鍋に鶏の塩蒸しに蟹の焼物、例によって此処の名物を一通り食べる、つい食過ぎるほど美味い。酔心持もよく、田園の夜風もよし。九時頃帰る。

四月一日（月）晴

既にして四月、日本は桜だよりで華やかに賑ふ、此処サイゴンはまた猛暑日に加はりて苦しい。午前柳ヶ瀬氏とO.N.D.E.E.に行き、Ankroetの件、当局と打合せる。先方はSupervisionではなく日本工営が請負でやってくれとの事で、また出発点に戻った形、彼等に自信も経験もなく、責任を日本工営に転嫁する意図は甚だ明白、此方としてはむしろ進んで一切を引受け、Danhimの前哨戦とし

---

232 頭山満(1855-1944)のこと。明治から昭和初期にかけて活躍した民間のアジア主義者の巨頭。玄洋社総帥。［朝日新聞社編 1991:1091］

て、現地 Dalat に実力を築き信用を固め、次の大工事への基盤とする積極的意気を以て当るべし。ただフランス側の息のかかった連中が部内でもまた Dalat の現地でも相当多く、何かに障害たることは予想されるが、人気は仕事に従ふもの、大いに日本技術の実績を挙げんことを期す。むしろ自由に仕事ができて好都合。

　鉱山局で Nong Son 斜掘の件、打合せる。午後鈴木君と Cana 塩輸出の見返りの EFAC 買付について、計算を検討、METECO の利益は概算で VN 弗 3,300,000 出る見込み、大南の儲けは VN 弗 800,000 とす。Cana 塩の積出は第一船は完了、目下第二船荷役の由、その金融面で METECO は行詰って、社長に銀行工作を頼って来てゐる始末で、やはり実力なき越南商社の内状が暴露された形である。背後にある九人の資本家達に対して、社長の Mr.Dy の威令行はれず、皆が勝手に振るまってゐる有様は見苦しい。EFAC はすべて華商の金力によって左右されてゐるもののやうである。

四月二日（火）晴後曇

　朝湯浅氏の事務所へ行き、湯浅、安藤、中宮の諸氏と議論、安藤氏の Phnom-Penh の話題からは興味あるものを聞く、シアヌーク政策の打算的な八方美人主義が現実ではかなり成功を収めてゐることは明かで、アメリカの道路もフランスの港湾も結局十年でカンボジアのものになると云ふし、中共側もソ連も病院を建てたり工場を作ったり、まるで愛人に奉仕する金持息子の如きものがある。然しこの甘やかされたカンボジアが何時まで冷厳な国際政治の舞台に踊り得るものか、いづれは相応の反動がなければならぬ。もっともアメリカとしては、インドシナに対しては、戦略的観点以外の何もない事は明白ではあるが。

　夜柳ヶ瀬氏と映画 "Horizone Lointaine" を見る。

四月三日（水）晴後時々雨

　午前中に仕事を片付け、午後平石君と共に陶器工場の現場を見るため Dalat へ出張、Mr.Vinh Thuong 同行、同氏の自動車はプリモスの新型で、乗心地よく百粁程度で疾走しても殆んど動揺なく、三百粁の道程疲労少なく、丁度五時間で Dalat に至る。途中山岳地区に入ってから、雨屢々来り、既に雨季近きを思はせる。"Lang Biang" に泊る。アジア反共会議[233] の連中が泊り合せてゐて、警備兵がホテルに屯して賑かなこと。各国の代表者達の醸す民族色が面白い。夜平石君と"ナイト・

233　アジア民族反共連盟（The Asian People Anti-communist League）。☞《事項編》〈アジア民族反共連盟〉

244

1957年

クラブ"へ行く。混血娘のアンが居る。

四月四日（木）晴後雨

　朝颯快の好天、九時頃からMr.Vinh Thuongとその従弟と云ふ人等四人でDranへ行き、渕本氏に会って一応の図面で陶器工場の現場を説明し、一緒に其処へ来て貰ふ。Dalatから約10粁、Fimnon寄りの地点で、小さな滝[234]があり、その滝を利用して発電する事と水力タービンで動力を得る事について、渕本氏に調べてもらふためである。成程自家発電に適した地形であるが、陶器工場のために、それだけの工事費、約二百万比弗に上るものをかけるのは些か勿体ない事と判断される。工場の位置から滝まで約五百米も水路を作ったりするのも簡単な仕事ではない。やはり当初はディーゼル発電で経営すべきものと思はれる。後日Ankroet発電所の修理が出来て、高圧線が通る事になれば、動力線を50kw引込む事を考へた方がよいかも知れない。単に陶器工場のためなら敢て水力発電のために資金を投下する必要はないと結論さる。

　一旦Dalatに帰り、昼食を共にして午後AnkroetのダムとDankiaのダムを見に行く。雨猛然と来り、Dankia[235]で暫らく雨宿りをする。この辺は野生蘭の産地で色々株にして売ってゐるが、あまり感心したものはない。午後四時帰宿一睡。　突然柳ヶ瀬氏来る。大鵬建設の人を案内しての由。明日やはりSaigonへ帰る予定とか。夕方一緒に飲み、話はづむ、大鵬の吉村氏はバラ作りの専門家。夜平石君とMr.Vinh Thuongの別荘で招待されて会食。後Mme.Tuの宅を訪ねる。Mr.Vinh Thuongの従弟氏が大へんな蘭の蒐集家で家中蘭が種々取揃へて置かれてあり、甚だ壮観。

四月五日（金）

　清明節で半休とのこと、役所関係を午後歴訪するため、Mr.Vinh Thuongは出発を遅らすと云ふ。平石君と車を駆ってDranへ行き、柳ヶ瀬、吉村両氏のSaigonへ帰る車に便乗、昼食後帰途につく。山雨を追抜いて疾走、午後五時過ぎSaigon着、さすがに疲労を覚える。

234　ダラットの南南東フィーノムPhi Nôm寄り10kmの地にフレン滝Thác Frenがある。[Tập Bản Đồ Giao Thông 2009: 50]

235　ザン・キアDan Kiaは、ダラットの北東10kmに位置する。[Tập Bản Đồ Giao Thông ibid.]。

四月六日（土）晴後曇
　Saigonの暑さはいよいよ凄まじい、暑さのために昼寝も出来ぬ程で、体がひどく弱る気がする。雨雲あれども清雨来らず。留守中の仕事たまってゐて片附けるに大童、志賀氏来られ、鉱山局に赴いて打合せをなす。斜掘の件は六月頃に開始の見込み。内地では去る一日より東京大南は事務所を神田の三井不動産のビルの一室に移転、前より倍も広くて働き易いらしいが、家賃は三倍と云ふ。
　夜柳ヶ瀬、志賀氏等と柳ヶ瀬氏の部屋ですき焼を囲む、後映画"Aventure à Berlin"を見る。スリルがあって面白く、迫力ある作品。内地から送って来た新聞で春の選抜高校野球に母校八幡商高が出場してゐて、第一日目に苫小牧高校を3対0で見事に破ってゐる。虎若投手が仲々よいらしいが、楽しみなことである。プロ野球も始まって日本の春は華かに賑はふか。

四月七日（日）晴後曇
　朝埠頭の辺で大洋漁業の漁船など写真に撮り、後、先日来開催の自由中国商品展示会へ行く、旧シャルネー百貨店の一階を会場としてゐて、外部の飾りつけは中国らしい派手なものである。日曜日とて参観の人多し。商品は雑貨が主で、ビニール、プラスチック、ポリエチレン等の近代製品もあり、織物や肥料や硝子工業はかなり盛んのやうで、たしかに一応の日曜必需品は自国産で或程度間に合う事が分る。同じく他国の植民地たりし七十年の歴史ながらフランスの越南と日本の台湾とではその開発に百里の懸隔が見られ、日本としてはまた以て冥（瞑）すべきものと云ふべきか。中国伝統の書画には仲々の名品があり、日本画に影響した画法が偲ばれる。重工業については殆んど未発達の模様。
　午後読書、後公園散策。夜社長以下他の連中、皆で会食に出掛け独り残って、日本工営の諸氏、柳ヶ瀬、渕本、志賀の三氏と会食。

四月八日（月）晴後一時雨
　第二期の輸入割当の発表があり、又月末から五月一ぱいは申請用プロフォーマ・インボイスの作成や来客の応接で多忙を覚悟せねばならぬ。最も暑い時に最も忙しいこととて正に骨を削る苦しみと云ふやつである。先日来特別円問題で日本がフランスと闇取引して、フランスへ約十六億円を支払ったため、かねてこの問題を牽制してゐた越南側は一層対日感情を悪化せし由で、賠償問題も行詰り、米の買付も日本があまり話に乗らず、更に北部越南とも交易しある実状から、いよい

よ日本に対しては最も強硬な政策を執るらしい気配である。噂としてはICA資金の買付枠を日本製に対してはずっと縮少するとの事である。又在留邦人に対し、ビザの切れた者の強制退去も執行される雲行と云ふ。正に越南の怒りも当然と云ふべし。

夜千賀氏来貢、カラチへ出張の途次。例の越南の賠償問題については、先日Mr.Nhuが来て岸総理に会ひ、外務省で中川局長、植村甲午郎氏等が会談した時、日本側が五千万弗の線を出し、相手側は一億五千万で物別れに終った模様を千賀氏から詳しく社長へ伝へらる。もう一歩双方が歩み寄れば恐らく一億弗で手が打てるものと観測さる。

沈船問題で社長建設大臣と会はれた際、この問題はMr.Nhu最高顧問が帰国するまで決定せぬ由、話があったとの事、無冠の大夫Mr.Nhuの権力を如実に知り得る話である。正に側近黒幕政治の弊が顕著で、副大統領も各大臣達も、殆んど木偶に等しいわけである。過渡期の強力政治のためには、或程度独裁的な側近政治も必要ではあるが、少々度が過ぎる感がないでもない。越南のために漸くマイナス面が出つつある。社長もなす術なく、帰心矢の如きものあり、ただ時機を待つ以外になし。

四月九日（火）晴

いよいよ商戦の幕が切って落され、プロ・インボイス作成に忙しい。大部分の日本人が追出されるとすれば大南にとっては誠に有利な事ではあるが、若し割当が日本製品に少なくなれば、大南に影響する処は甚大、今度の商戦が一つのやまとなるかも知れぬ。鉱山局へ打合せに行く。斜掘の件は六月開始の予定。今度角脇氏の代りに来られた大使館の小川参事官[236]は公正取引委員会に居られた人で、高瀬［侍郎］先生の友人、社長へと我がもとへ高瀬先生より紹介状あり。Ankroet関係は日渡氏を起用すべく、柳ヶ瀬氏に紹介し打合せる。夜社長等大阪商船の船が入ってその甲板でのパーティーに出席さる。大使館、邦人の御歴々にバイヤーの主だった面々も集って盛況らしい。

今日の新聞で母校八幡商高が第二回戦で強豪新宮高を2-1で破り、勝ち進んでゐる。かの若原時代の再現ともゐふべき勢である。

236　小川清四郎（1907-1981）。1957年10月よりベトナム代理大使。植村甲午郎とともに、ベトナム賠償政府代表に任命された。後、駐ビルマ大使、海外建設協会顧問。［ヴェトナム通信 25/26: 8-9］

四月十日（水）晴
　昨夜六時十分、中一洋行のマダム、Rosa の母堂、死去の由聞く、先日脳溢血で倒れ、入院して一時小康を得てゐたが、やはり老躯耐え得ずに逝ったもの、当地の韓国人中では出色の人で、性格、言語日本人と変らず、評判のよい人であったが、気の毒。葬儀は明後日の由。大南でも花輪を贈る。
　夜柳ヶ瀬氏と皆で映画"メルボルン大会"を見る。フランス製の色彩物で美しいが、日本選手の活躍は出てゐない。

四月十一日（木）晴
　来客多し、今日共和ゴムの一行三人を迎へ、更に日本工営の山口技師ニューデリーからの帰途寄らる、彼地で久保田社長と共に国連の審査員達の質問に対して、詳細な報告書作成をやって、かなり疲れられたらしい。久保田社長は明日、中村君も Bangkok から Phnom-Penh に寄り、明日 Saigon へ来る由、日本行の飛行機の座席を取るのが少々難儀な様子である。社長は十七日と予定す。平石君も十九日には発つ予定、中一洋行の不幸に対し、大南名義で花輪を贈り、更に社長名義で香典を持って夕方仏前に冥福を祈る。

四月十二日（金）晴
　久保田社長飛来、Diem 計画局長に会はれての話では、国連技師から手紙があり、日本案を推して来てゐる由。夕方中村来着 Bangkok から Phnom-Penh に入り、かなり仕事を手伝はされたらしい。Saigon は十日程で帰国の予定。夕、ショロンの金記で共和ゴムの三人も共に宴会。宿舎では社長久保田社長、千賀氏に大統領秘書の Hai 夫妻を招待して夕食。

四月十三日（土）晴後曇
　久保田社長を中心に打合せの結局、Ankroet の仕事は大体三割増で、日本工営が請負ってやる事に方針決まる。社長帰国十七日と予定し、Tho 副大統領と、種々重要問題を懇談さる。共和ゴムの山中氏 Hong Kong へ発たる。中村午後バイヤー廻りと買物、夜蔡氏が招待。久し振りに Rosa に会ふ。母堂の死でさすがに悄然たり、慰めたり励したりする。

四月十四日（日）晴後曇
　朝八時に公園で、Mme Manh とその子供達と女中、等の一行と落合ひ、涼し

1957年

い木陰を散歩して一巡、写真を撮ったりして時を過し、昼頃まで遊ぶ。動物達を見て歩いたりして子供につき合って童心あり。昼食時に社長を中心として業務打合せ会、丁度滞在中の中村から Bangkok 市場の報告もあり、大南の営業方針について討議す、社長の帰国は約一カ月程度の予定、五月末から重要な事業関係の仕事があって、社長が不在ではこまるわけ。呉大統領の訪米に Diem 計画局長が随行し、その帰国の頃に Danhim も決定を見ることと判断さる。

昨日越南政府より、大南の旧資産の一つたる cho quan[237] の旧製材所の徴用令が来て、政府で借料を支払ふ旨明記これあり、懸案の旧資産返還の希望が湧く、即ち大南の所有権が政府によって政府によって正式に認められた一例で、これを証左として旧資産全部に対し、同様の手続が申請出来れば、現地大南の財政的な独立は期して待つべく、正に一流の商社としての実力を持ち得るものである。その吉報を喜ぶと共に対策を練る。

四月十五日（月）晴

Air France は例によって遅れに遅れて、遂に今日は飛ばず、久保田社長、山口氏は明朝となる。飛行機運の悪い人と云ふのがあるもので、久保田社長の時はどうも事故が多い。

共和ゴムの佐川・斎藤の両氏は昼前予定通り PAA で Singapore へ出発さる。共和ゴムは当地の代理店は大南と決定して、今後の有力な展開を期す。ほっと一息した処へ、青年商業会議所の集会に代表で来てゐる "丹頂" の化粧品会社の専務とか云ふ人が来貢。これまた因縁深いメーカーとて世話せねばならず、全く接待に疲れる。社長出発前に日本商社懇談会の総会が開かれ会長選挙が行はる、文句なしに社長が再選さる。

後、小川参事官の歓迎宴が "Arc en Ciel" で催された由。

四月十六日（火）晴

二十四時間遅れて AF 機今朝出発、久保田社長、山口技師の帰国を送る、新井氏も AF 機の Hong Kong 行で発つ。社長明日帰国されるに対し、来客踵を接して終日多忙、事業関係の目鼻も次第について来て現地自活の道もどうやら開かれる見込みあり。今度の社長の帰国はそれを一層強化するつもりのもの、又期して待つべきものあり。夕方最後の打合せ会を行ふ。

---

237 同様の地名は幾つかあるため、正確な場所は不明。かつてチョロンに存在したチョークアン Chợ Quán 地区（現ホーチミン市5区内）と思われる。

四月十七日（水）晴
　社長午前九時半発 AF 機で帰宅さる。飛行場に見送りの客多数。社長を送って何となく一段落の感あり。対日輸入ライセンスを半減すると。経済大臣の方針で、報復的措置が執られたためか、客足もやゝ減少し、引合は少し低調である。商売の不振が思はれる。特に夏枯れ時期に入って、買気も落下の模様である。午後ナショナル・バッテリーの問題で ESACO へ東山・中村両君と共に出掛けて抗議と談合、大南名義のライセンスを切換へた事を相手に認識させ大南の立場が何とか立つやうに処置方を申入れる。相手も否とは云へず応諾す。
　Ankroet の件で O.N.D.E.E. へ柳ヶ瀬・渕本両氏と共に出向き、請負でやる旨を伝へ、打合せをなす。十日間で最終的な見積書を作成する事として辞す。

四月十八日（木）晴
　昼は三十七、八度、夜間も三十度を下らぬ暑さが連日、睡眠も不足し勝ちで体が衰弱する事一入である。
　仕事は第二期申請前で忙しく休務は出来ず、些か辛い。夜 Rosa と韓国芸術使節団と称する一行の公演をショロンの大光戯院で観る。楽団は海軍々楽隊の連中で、踊りは古典舞踏ばかり。五、六名の女性たちで演ぜられるが、素人芸の域を出ぬやうである。背景もなく、演出も稚拙で同巧異曲の単調緩慢な踊りばかりでは些か退屈する。昔風の衣装が興味あり、独唱の古歌民謡中、やはりアリランの唄は感深し。

四月十九日（金）晴後一時雨
　Ankroet の請負工事に関する最終見積の作成に渕本氏、暑い Saigon を避けて Dran へ帰らる。Southseas Corp. の出張者来貢、ゴムの方の仕事に努力、ただ当地では Singapore 向のゴムは等外品しか出さず、仲々取引にならぬ様子である。自由貿易地たる Singapore の性格から、共産圏へゴムが流され［る］のを防止するための当地政府の措置らしい。午後午睡の夢を破り沛然たる豪雨あり、雨季型の雨で、例年より早く来る。陶器工場の契約原案作成、日本人技術者達の権利擁護に意を用いた余り、会社としての立場及び大南の立場がかなり弱いものになってゐるが、相手の Vinh Thung に対してのものとして一応了解。

四月二十日（土）晴後一時雨
　朝事務所へ小川参事官、西川二等書記官と共に来られ、越南の経済事情につ

250

いて種々尋ねらる。角脇氏の時代と打って変り、小川参事官は仲々積極性に富んでゐる様子が見られ、些か頼しく、さすがにかつて外務省内白鳥派[238]の一人たる面目が偲ばれる。大使が何と云ってもやるだけはやる腹と聞く、特に大南の松下社長と万事に協力する気持は充分にうかがはれる。午後中村をつれて買物に歩き、カチナ辺でベッ甲細工など買ふ。豪雨一陣。

夜月砂氏の招待で全員 Pento [Pentho] に行き、中村・平石両名の帰国送別宴を催す。後柳ヶ瀬氏、小田・中村の諸君と"大金都"に遊ぶ、アトラクションに印度舞踊あり、例の手首の柔軟さ、手指のしなやかさ、珍しい踊りである。

四月二十一日（日）晴

暑熱は正に頂上か、ひどい高温。朝から車で柳ヶ瀬氏、小田、中村、本山の諸君と Bien Hoa へ行く、社長依頼の焼物のみやげものを買ふためである。例の美術学校直営の店で三千比弗程のものを買ふ。

後河畔の料亭"La Plage"でフランス料理の昼食、魚のフライが美味しい。柳ヶ瀬氏や小田君は釣竿持参して来てゐて、早速糸を垂れる。仲々かからず、一時間程で小魚が一匹釣れただけ。昼は魚も寝る時間か。午後帰途を Thu Duc のプールに寄り一刻。三時過ぎ帰宅。一睡、夜平石君と最後の打合せをする。

四月二十二日（月）晴

復活祭で一般に休務、実際この焦熱では時々の休日は能率を維持するに必要である。朝平石・中村両君の帰国を送る。皆少々郷愁にとりつかれる。午前中、日本人スタッフのみ仕事をして午後は休む。

四月二十三日（火）晴

早朝小田君 Phnom-Penh へ出張、今日マレイ海軍の練習艦入港、儀礼的な祝砲や軍楽隊の吹奏と、海軍埠頭の辺はお祭り騒ぎ、暫時歩を止めてその様子を見る、玩具のやうな砲艦程度のものながら、青いスカートをつけた軍楽隊は英国式のもので仲々に訓練されてゐる。塩の件で三菱と交渉。

商工銀行の頭取の Mr.Trang-Khac-Tri 来訪、今度の国際見本市に日本側は何故越南の商工業の代表を招待せぬかとのこと、フランスで五月二十五日から催される見本市には政府の招待により当地の有力者が経済ミッションを組織して十五

238　戦前の外務省革新派。対外強硬派であり非主流派。白鳥敏夫を担いだため白鳥派と呼ばれた。［戸部良一 2010］

名程赴くことになつてゐるが、丁度時期が同じ頃だから、日本の見本市へも廻つてから行くやうにしたいとの申入れである。社長不在で動きやうなく、一応大使館にその趣旨を伝へ社長には連絡する。夜大谷氏到着。日本の味覚持参さる。

四月二十四日（水）晴
　大谷氏持参の品物の中に、鉱山局長への薬品や会計課長への贈物などあり、早速鉱山局へ行つて届ける、Nong Son のボーリングについて折衝、主任技師の Mr.Dat は建設省へ転勤になる由で、Nong Son 関係の仕事は新任の技師が当るらしい。日本大使館に赴き小川参事官に会ひ、Nong Son 鉱山の状況を説明、昨日の見本市招待の件も一応話す。
　社長からの来信によれば、帰国後、直ぐに永野護氏から招待を受け日越間の問題について大いに談じ、将来の協力を語られた由で、Tho 副大統領と Nhu 顧問へ、永野氏の伝言を伝へるやうに指示あり、岸首相の東南アジア訪問については、今度は時間がなく、インドシナ三国は除外されてゐるが、今秋あたり、ゆつくり暇をかけて廻るとの事である。社長も近く岸首相に面会するとも書かれあり、相当政府方面に工作奔走されある模様である。

四月二十五日（木）晴
　Hon Khoi 塩遂に三菱と Southsea の間で契約調印、先づ一万屯がまとまる。社長奔走の甲斐もあり、面子も立つたわけである。屑鉄の件では東綿と組んで、Hong Kong の有力華僑の資本を背景に話が進みあり有望。
　鈴木君と硝子壜の件で Diem 計画局長に会ひに行きしが不在、Mr.Nhan に頼んで帰る。フランス側が硝子工場建設にからませて横槍を入れてゐて話がまとらぬためである。小田君帰る。Phnom-Penh の輸入申請は三度も申請が取消しになつたりして、大騒ぎの甲斐もなく骨折り損で疲れ切つてゐるらしい。夜三菱の市河重役来着、塩の件を担当されて現地三菱強化のためらしい。迎へる。明後日移転のため、準備に入る。

四月二十六日（金）晴
　突然山王誠氏来訪、Bangkok 以来の奇遇である。元気に若い青年を一人伴つて、相変らずの早口で、斗志満々たる様子。松下社長不在で甚だ失望の気持は察するに余りあり、同氏の依頼は滞在許可を取りたいとのことである。小田君と相談して、Tho 副大統領に午後小田君が会つて、社長からの来信を渡すと共に、山

1957年

氏の件を話す。副大統領の意見はもう半年も早く来てゐれば何とか出来たが、今では遅過ぎるから、特別許可は出来ぬとのこと、非情なやうであるが、万一の露見を恐れるためか要するに慎重論のやうである。

亡命政客に対する冷たさは何れの国でも政府としては止むを得ぬものかも知れぬが、愉快なことではない。社長が居れば直接大統領へも持込めるが、今の処手の打ちやうもない。本人に伝へるのは苦しいことである。夜引越の荷造り。案外に荷物の多いことである。

四月二十七日（土）晴

朝から移転作業、トラック一台と苦力二人に、事務所のボーイ、宿舎のボーイ等も動員して、午前中に片付けるべく大車輪、久し振りの力仕事にすっかり疲れる。午後新宅の整理にかかる、籤運よく我が部屋が最良の部屋に当る。新宅は各自独立の部屋があり、階上には他の応接間と食堂にテラスがついてゐて、住むには甚だ適してゐる、階下にも部屋多し。ベップ[239]、ボーイ等も喜びあり、郊外で涼風吹き抜けて淋しく、夕食後のテラスの憩ひは快い。ただSaigonの中心まで六粁はいかにも遠く、足代が相当にかかる見込み。

山玉誠世を偲ぶ名をLam Nhu、氏に頼まれて、社長帰られるまで、我が家に住居してもらふ事とす。若し不幸にしてカンボジア側にこの事が分れば、我が大南公司のPhnom-Penhの地位は危ふくなることであらうが、やはり窮鳥を追ふ気持にはなれず、被[庇]護することと決し、皆と諮って小田君の部屋に居てもらふこととなる。さすがに彼氏の態度は人の頭に立つ器量があって、すがすがしく、悪びれず、見事なものである。夜皆でCholonの新陶園で夕食。

後Rosaと日本映画"千姫"を見る、何時もながらトーキーを越南語でやってゐるのが感じを殺ぐが、仲々の良作、観衆もその哀調興愁に圧せられた様子。次第に当地で日本映画の人気が上昇しつつあることが分る。

当地の新聞に発表されたNgo-Dinh-Nhu顧問の帰国談によれば、対日感情は余りよくないが、余程日本での折衝に失望したためと思はれる。この日越間のしこりはかなり深く、永く残るべし。

四月二十八日（日）晴

新居は前の宿舎に比してやはり大分涼しくて広々とした感じと、風景に緑が

239　ベップBếpは、調理場や料理人の意味［川本2011:95］。

溢れて気持がよい。朝公園へ行き、Mme Manhとその女児と共に散策、写真を撮ったり、樹蔭に憩んだりして二時間。午後ゆっくり午睡に疲れを休める。

四月二十九日（月）晴
　天長節とて大使公邸で日本人集ひて祝盃を挙げると云ふに仕事に追れて出席出来ず、小田君のみ参加す。日本商社は皆休務らしい。
　社長へ山玉誠の件、漁業の件、陶器工場の件など報告を書く。
　郊外六粁からの通勤は思った程悪くはない。朝田園らしい風景を少しでも見て行くのはよいものである。

四月三十日（火）晴
　大阪の中央繊維の二人組と東洋ゴムの出張員が来貢、応接に暇なき有様である。新居にもなれて生活に落着きが出来る。当分動かぬことになりそう。暑さも頂上で、来月に入れば雨が降り出していくらか凌ぎやすかるべしと、汗もの蔓延に苦しみながらも頑張る。暑さのせいでもあるがバイヤーの来訪も激減、第二期輸入申請は非常に低調である。市場の不信は関税の引上げで、輸入商が買気を出さぬのが主因となってゐる。オーバー・ストック気味でもあるが。

五月一日（水）晴
　労働祭が国祭日と云ふのは、自由陣営では珍しいと云ふべし。街はデモの人波。久し振りにゆっくり読書。

五月二日（木）晴一時雨
　やっと待望の雨降る、涼風暑気を一気に払って快然。どうやら猛暑も凌ぎ得る雨季の前触が。商況は甚だしく不振のやうで客足まるで少い。
　古川電気の人二人来る。
　夜珍しく籠居読書。

五月三日（金）晴時々雨
　将に雨季来らんとするか、今日も午前午後に爽快な豪雨が降る。
　社長からの手紙で、内地の奔走活躍を知らさる。岸首相初め、政財界の大物とも懇談して、日越間の問題、特に賠償問題の解決に大活動の様子。Tho副大統領への手紙原稿として送らる。永野氏の線より、やはり越南、カンボジア問題

1957年

では植村氏の線が本筋らしいとの事である。次第に乱麻もほぐれて近くは日越間には曙光を見ることなるべし。日本の米の飯は美味いと社長の文が結ばれあり、やはり日本に落着いた気持のゆとりが表はれてゐる。

五月四日（土）晴後一時雨

Ankroetの請負工事の最終見積書をT.P.のO.N.D.E.E.当局に提出、OKとなれば契約に入るわけであるが金額 VN\$8,800,000、工事開始は雨季明けの十月とす。

今日もまた華僑の青年達が中国公使館を取巻いてデモをやり、警官が出動して附近を交通止めにして検挙する事件があり、現地出生華僑の国籍問題[240]は益々波紋を呼ぶ。越南政府が従地主義を採用して、越南生れの華僑の国籍を中国から越南に移させる事を実施せんとし、一方中国人の営業を十三種目に限って禁止してその経済面からこの方策を裏付けて行くに対する、華僑二世の憤懣が、本国公使の無能弱腰に向って爆発したわけである。その裏には越南政府の発表した新しい徴兵制に対する抵抗の意味もあり、放置すればこれらの青年を心理的に共産陣営へ向はせる因となるべし。

又華僑に云はせれば公使館が越南政府と共謀してこの移籍を決定したと云ふのである。やはり中国人としては越南人よりも国家として上位にあると云ふ優越感を抱いてゐることとて、その反抗の気運は察するに難くないものである。越南の国策としての同化政策もまた経済的に政治的に必要な要素があり、この問題は今後も解決のむづかしい、而もこの国では将来に影響することの大きな問題と云へる。越南国としては乗出した船、後へは退けぬことである、一気に押切る方針であらう。

夜柳ヶ瀬氏と"岬"で飲む。鈴木君合流、"大金都"へ行って遊ぶ、深更一時を過ぎるまで。商況不振を映して幾分低調。

五月五日（日）晴後一時雨

午前九時半、小田君とMajestic Hotelに小川参事官を訪ね、案内してMy Thoへドライブ、デルタの田園風景は野趣ありて賞すべし。ファン・ボアヤンの真赤な花咲きで緑の中に燃え出て美しい。My Thoのメコン河畔で昼食、コロンボプランの技師二人も原田氏等と来られあり。帰途は道をGo Congにとってメコンに沿って走り、一周してSaigonへ帰る。渡河の渡し船も面白い風物。雨来らず、

240　☞《事項編》〈華僑国籍問題〉

午後の日射は猛烈に暑い。三時半 Saigon 着。
　夕食に小川参事官宿舎へ来られ雑談種々、山王誠氏も紹介する。日越問題について、小川氏の意向も聞き得、我々の意見も伝へる。何れにしても Mr.Nhu の面子を立てるやうにすること、内地では大蔵省を説得すること、電源は中間賠償で日本側からあっさり持出すことなど肝要である。夜独り久し振りに "Texas" で飲む。

五月六日（月）晴一時雨
　華僑の国籍問題は遂に今朝に至って一種の暴動的な様相を呈し、移籍を拒否して、台湾へ帰る証明書を貰ふために多数の青年が公使館へ押寄せ、公使館員の怠慢を憤って公使館を占拠して気勢を挙げ、約三百人が館内で居据り、越南警官隊の包囲に抗して頑張ってゐるため、警官隊は威嚇射撃を行い、一歩公使館を出る者は容赦なく逮捕護送する圧迫手段をとって終日、対立がつづき、解決を見ず、附近は交通止めで物々しい非常警戒線が張られる。他人事ではあるが、華僑の青年の言ひ分も分るし、越南の立場も推し得る。新しい越南の徴兵令に対し、華僑青年が越南国の兵たらんよりは、本国に帰って中国の兵たらんと云ふ気持も一応もっともであり、その親達も秘かに青年達の血気な行動を黙認し、中には若い者が血を流さねば事態は変はらないと、犠牲を説く者もゐて、問題は容易には治まらぬやうである。
　考へるに中国は越南の同盟国、これと国際的な紛争にまでなるやうな事を構へて越南のプラスになることはあるまいにあまりに性急で強がりな越南政府の態度も反省の余地がある、大局を見透して処理すべきも、あまりに近視眼的な自己主張はやがて孤立への道たるべし。華僑を利用し懐柔せんとする中共の思ふ壺にはまった形で、よい宣伝材料となるべし。米国側か、越南側か将又中国側自からの発案か。とにかくこの問題は平地に波乱を呼ぶものと云ふ他はない。ビンスエン、ホアハオの内乱を討伐一本で片付け、高台教本山の勢力を叩いて[241]強気な越南政府として、その面子にかけても華僑を屈服させんとする方針は理解出来るが、些か単純で偏狭と云はざるを得ない。今までは国内問題で、強硬手段で押切れたが、今度は国際的な問題として取上げられるものである。本質的な相違を認識してゐないかと疑はれるが、この調子で外人一般の滞在許可問題も強硬にやるつもりにならねばよいが。アジア・アフリカに共通した民族意

241　☞《事項編》〈ゴー・ディン・ジエム政権の成立過程〉〈カオダイ教〉

識の過剰現象とも云へるが、過渡期の必然的な現象かも知れない。籠城の青年達に公使館が食糧を持込んでゐる由。

五月七日（火）晴後曇

　仏教の祭日も休日となる。朝一応出社して来客に応じ、書簡を書いたりする。昼小田君と冷房のあるレストランで食事、社長より Mr.Nhu 宛の手紙原稿送られ、小田君翻訳、問題の鍵たる Mr.Nhu に対する工作に当ることとす。

五月八日（水）晴

　昨夕到着の名古屋の陶器視察団十一人の一行、今日は附近の窯業実態調査に出掛ける。この一行の中に大南関係のメーカーで山津陶器の社長塚本氏が居られ、小田君案内す。夕食に宿舎へ招じ、食後その旅行談や陶器に関する話を聞く。この種視察団の共通した欠点は常に統制を欠き、団中に反感不満が渦巻いてゐて醜い事である。今度の一行も御多分に洩れず、団長の鹿島の社長などに風当りは強い模様。

五月九日（木）晴

　雨降らず炎熱の日射。一同体がかなり弱ってゐる模様で、東山氏も元気なし。新宿舎水は出るやうになったが、蚊の多いのには閉口する。朝、陶器視察団一行 Hong Kong 経由帰国の途につく。夕広島ゴムの出張員来る、全く毎週来客で応接に暇なし。Vinh Thuong の主人明日日本へ発つに託して、社長宛に政治的な報告を書く。

五月十日（金）晴

　朝 Vinh Thuong の主人渡日を送る。小田君三菱の市川氏を副大統領に紹介のため同行、その時副大統領より、賠償問題を早く再交渉するため日本から全権を持った有力な人を派遣してほしい旨社長の奔走の結果を心待ちにしてゐるとの伝言あり。また小田君が国立銀行総裁の Mr.Hanh に会った時の話、米人 USOM 次長の Mr.Haroldson との話、などより推察するに Mr.Nhu の言動を非難する声がかなり有力筋から出て来て居り、Mr.Nhu の政治的権力と云ふものは案外少ない様子である。要するに賠償問題や対日貿易であまりに強硬政策を唱へる事の不利は、心ある連中の常識となってゐるらしい。Mr.Nhu の評価と、副大統領の実力、そのバランスを慎重に計って手を打つ要あり。

小川参事官は Bangkok に急行して、同地で十三日到着の植村甲午郎氏と賠償問題で懇談される由。工業化五カ年計画案に副った役務賠償方式で、早急に日本から新提案を出すのが最善の方法らしいが、今秋岸首相が越南訪問の予定と云はれ、それまでに何とか問題の片附く目鼻を立てねばならぬこととて急を要す。

五月十一日（土）晴

雨が降らず暑さは猛烈なものとなる。背中一面に汗もが出来て不愉快千万。華僑関係の低調で商況とみに不振、現地大南の金融面の逼迫もひどい。皆従って意気甚だ挙がらぬ始末。

五月十二日（日）晴

朝から Rosa とその子供達も共に Thu Duc へ行く。越南料理の昼食、プールで子供達を遊ばせて一杯、ホテルで午睡、後 Rosa の友人の越南人の宅へ行く、医師、陸軍大尉、情報省検閲官等の夫妻相集ひ、一応中流の上に属する連中の社交会、飲み踊って夕刻に至る。付近をドライブし、ドリヤンを連中は食べて楽しそう、勧められたが匂ひが堪えられず駄目。

夜帰貢、また映画を見に行く、やはりスリラー物。

五月十三日（月）晴

午前中柳ヶ瀬氏と役所廻り、O.N.D.E.E. で例の Ankroet 工事契約原案について折衝、大体通る見込みがつく。計画局、鉱山局へも廻り、内地から来た京扇子を暑中見舞のやうにして配る。

雨なほ降らず、暑さは酷い。

五月十四日（火）晴

朝鉱山局長と会談、Nong Son ボーリングの器材通関の件やうやく大蔵省側と話がついて無税通関の許可ありし由、其他昨日経済大臣宛に直訴せる手紙が効いてか一気呵成に懸案を片附けらる。役所仕事の通弊で、結局上部へ話さねば問題が片附かぬ実例である。先づは一段落と云ふべし。

五月十五日（水）晴

午前十一時半、TAC 機で橋爪 Phnom-Penh より到着、出国よりもう十カ月にもなるが、アジアの各地アフリカの辺まで、諸国二十ヶ処を廻って市場開拓に努

めて来た彼の旅姿はさすがに一種の疲労感がある。インドで入院手術までしてなほ体はあまり無理は出来ぬらしいが、押しての活動は気の毒でもあり、悲壮なものでもある。持前の斗志と熱心さで、とにかく一途に努める姿は頼もしい。アラビアの辺境で、たった一人の日本人として活躍してゐる原田の話も聞いて、感慨新たなるものあり。諸国の事情や市場の様子など、参考になるもの多し。ただ大南としては重点的に駐在員を置く場所の選定はなほ難しいと思はれる。やはりインドシナを中心に生きる他なき大南の運命と云ふべきか。
　夜彼のための歓迎会に、"岬"から"大金都"へのす。

五月十六日（木）晴

　待望すれども雨来らず、暑さは耐え難い、帰国を二十四日と決し、飛行機の座席を予約す。注射証明書も取り、出発準備怠りなし。仕事に段落をつけて引継ぐべく整理に入る。今日から紙類の申請受付に入り、少しは引合活況を呈し来る。午後七時AF機で久保田社長Bangkok行途次を飛行場で柳ヶ瀨氏迎へに連絡、森永君再来。

五月十七日（金）晴一時雨

　幾日振り、遂に雨ぞ降る。豪雨激雷と伴に沛然と来り去る。暑気一挙に地を払ふ感あり、雨後の緑は生々として活況を呈す。陶器工場の設立に関する販売の問題で、橋爪の専門的意見を中心に種々検討す。製品を作ることは技術と資本によって容易だが、肝心の売ること、即ち儲けることが、余程よく華商を把握せねば、金融的に又販売網の点で難儀となること明白である。橋爪も二の足を踏むと云ふ。簡単な経営ではないやう。

五月十八日（土）晴一時雨

　早朝東山、橋爪両君Dalatへ発つ。陶器工場現場視察のためである。第二期申請は正に悲観的なもので、客足甚だ乏しい。社長の来信によれば、日本の屑鉄相場大暴落で、沈船入札は決まれば日本海事は大損をするらしい。結局前の入札を取消して新たにやり直す他ないが、越南政府としてはあたら問題を遷延して高値をふいにしたわけである。鉄の相場は昇降烈しく、またどう変化するやも計られず、むづかしいことではある。雨季に入ったことは確かで、今日も午後轟然たる雷と共に豪雨一陣、夜も涼しい。

五月十九日（日）晴一時雨後曇
　朝 Rosa と写真を撮りに出掛ける。午後烈しい雨と雷、籠居して身辺の整理と読書に過す。Dalat より東山、橋爪両君帰る、疲労の色覆ひ難し。

五月二十日（月）晴一時雨
　Ankroet 関係の契約原案未だ出来ず後一週間待つこととなる。Nong Son のボーリング器材も今日中はまだ引取り不能。内地から我が帰国要請に対して今暫らく頑張って、東京の取引確保に努めよ、後任中村を直ぐ手続きさせるとの電報来る。後任者の入国ビザに三カ月も要するものを、待つわけにゆかず、丁度商況低調で暇の好機に、日本工営関係も用事なき時とて、押して帰国を決し、更に電報で特に承認されたしと打つ。中野君の手紙で、初台に三畳と六畳に台所、便所つきの借家を見付けてくれた由、家賃七千円は少々高いが決めることとする。帰って適当な家を探すべし。二十四日帰国の予定は一応延して二十七日か二十九日とする。

五月二十一日（火）晴後曇
　午前中、鉱山局の Mr.Luong に来てもらい問題の Nong Son 器材、空送分の通関を終る。午後 Tourane から志賀・大谷両氏来る。志賀氏は二十四日の飛行機で帰国の予定。Nong Son の現場主任技師が無知無能で問題にならず、種々不満があるが、あまり強く云ふのも考へもので、日本側は技術的良心に従ってやる丈けの事をやる他なし。
　夕方小田君と大使館に小川参事官を訪ねて、明日副大統領から、大使に会見申入れがありし旨を伝へ、大使の都合を聞く。厚生大臣との会見の予約なりしを、大使はより重大として副大統領との会談を応諾さる。千賀氏、Bangkok より到着。

五月二十二日（水）晴一時雨
　社長よりの来電で一応帰国を月末まで延期す。社長月末に帰西の予定と云ふことである。今日小長谷大使と副大統領の会談は予定時間を越えて二時間にわたる。かなり詳細な意見交換が行はれた模様で大使も甚だ喜ばれあり、賠償問題解決へ一歩前進したことになる。要は越南の経済建設が一年遅れればその損害とも云ふべきもの莫大で、例えば Danhim の電源開発が一年延びれば、約一千万弗の損失と計算されるなど、越南としては賠償にこだわってゐるより、現金を止めて、技術協力の線で、早急に日本と妥協すべきである。

1957年

五月二十三日（木）晴
　雨降らず、暑さ烈しい。
　今朝大統領帰る沿道の歓迎アーチなど、賑かな行事あり。帰国声明には、経済的独立の語が特に強調されてゐて、今後の方針がうかがはれる。仕事は全く閑散、橋爪陶器工場を見学に歩き、得意廻りもして活動しきり。映画"White X'mas"を見る。明日志賀氏、帰国に託送書信を書く。

五月二十四日（金）晴
　商況著しく悪化、華商の不買ひによって越南商社で倒産の危機に瀕するもの多く、一流大手筋が、特に食料品の輸入でひどく打撃を蒙り、Hoang Kinh Quy の如き越南の代表的商社も破産を免れないと云ふ、その主人は毒をあふったとかの噂もある。結局政府の対華僑圧迫策がひどい反発に会ったわけで、経済的な底の浅い越南商社の実力的敗北は明かで、自らの手で首をしめた形である。経済大臣への風当りはかなり強くなるものと予想される。朝志賀氏を飛行場に送る。三菱の社長や山下書記官の帰国などで、空港に日本人の姿多し。夜千賀氏が国防省官房長を招待、小田君も一緒に"May [Fair]"で会食、久し振りに美味いフランス料理で十時まで歓談。若いが仲々出来た人物で珍しい。

五月二十五日（土）晴
　ひどい暑さのために、体が弱ったか、次々と腹を悪くして、元気なし。我独り無事なるも疲労は覆ひ難い。今日も遂に雨来らず熱風のみが吹きつのる。午後小田君は小川参事官と千賀氏を Long Hai に案内に行く。夜林氏に招待されて、Pentho で会食、橋爪、鈴木両君も一緒、宴後"大金都"へ行く、今夜のショーは眼の美人コンクールとか、十二時半、型通りの舞台花道を設け、審査員が並んで、脚光眩しく、約十人の美女が一人づつ二回花道を往復する。皆なじみ深いダンサーや街の姫君たちで、さらに新鮮味なし。越南女性は特にかかるコンクールのポーズを知らず、第一肌を見せることがないために、この種の催しは発達せぬもののやうである。

五月二十六日（日）晴
　朝高台教別派[242]の連絡者来訪。大南で作って輸出した例の釣鐘はツーランの本

242　カオダイ教伝教聖会 Hội Thánh Cao Đài Truyền Giáo のこと。☞ ［日記 560708］脚注

部に掛けられ、朝夕その梵鐘の音を街中に響かせてゐる由、あの辺は昔から日本人町が栄え、種々日本人の遺跡があるに加へて、何時の日、この鐘もまた一つの歴史たるか。午後身辺整理、夕方 Long Hai から小川参事官、千賀氏、小田君等帰り、宿舎で会食、酒盃を汲む。

五月二十七日（月）晴一時雨
　もう殆んど仕事もなく、午後 Rosa と Bien Hoa へ行き、河辺のレストランで遅い昼食、雨爽然として来り去る。河風に涼気一入。名物の焼物をみやげに買つて夕方帰貢。

五月二十八日（火）晴
　Ankroet の契約原案、O.N.D.E.E. でまだ仕上がらず、又一週間程待つ他なし。Diem 計画局長の予定を聞きに行きしが、まだ Bangkok に居る由、久保田社長とは同地で会つてゐることと思はれ、Danhim の進展も来月に入つてからか。Bangkok では ECAFE のメコン開発問題で会議中、経済的な危機は去らず、経済政策の失敗が叫ばれて、政府もかなり慌てて真剣にこの解決を考へてゐるらしい。

五月二十九日（水）晴後一時雨
　帰国を更に来月五日に延期す。暇にまかせて読み残した本を読んだり、Saigon Dainan の給与規定等を作つたりする。夜 Rosa とその友達のスイス人と中国人の混血児の Mr.Louis と Mme Helene の兄妹と共に踊りに行く。"Kim Son" で二時まで。

五月三十日（木）晴
　キリスト教の聖礼祭 "Fete [Fête] de Dieu" と云ふので休日、役所は午前休務となつてゐるが一般は全休、仕事もない暑い頃とて皆歓迎。昨夜遅く疲れた体を昼まで床にあり、午後読書。

五月三十一日（金）晴
　千賀氏今朝出発のところ、出国ビザの手続を忘れてゐたため乗れず、幸いにも AF 機東京行が悪天候の故で途中から引返し、一日遅れることとなつたので、明朝出発するを得。飛行機を引とめる運の強さに大笑ひ。柳ヶ瀬氏と Diem 計画局長に会ひ、国連技師 Mr.Handa の予定を聞くに、来月二日頃来貢の由、久保田社長へ早速打電連絡す。社長の帰来も従つて、我が帰国と略同じ頃の五、六日

1957 年

となるか。Danhim の折衝が本格化するのは今秋のこと。Ankroet 発電所でまた地摺［地滑り］か何かで故障が起ったらしく、O.N.D.E.E. の Mr.Hue からあわてて電話あり、Dran の渕本氏に検分してもらふこととし、柳ヶ瀬氏明朝 Dran へ発たる。修理工事を T.P. が急ぐ筈である。先日北海道知事の一行来り、今日また広川弘禅[243] 氏等の国会議員の一行到着、大名旅行の接待で大使館は大騒ぎらしい。広川氏一行は Dalat へ行き、電源現場を視察する由。夜出国準備の荷物整理。

六月一日（土）晴後一時雨

　日本なら春三ヶ月の絶好の季節を、此処では雨季前の焦熱の時期で三、四、五月を悪魔の季節とする。その期間も漸く過ぎて、今日あたり雨気を含んだ風が朝から暑気を払ひ、午後一陣の慈雨となる。月改まり候また更まると云ふものか。一日遅れの AF 機で千賀氏帰国。柳ヶ瀬氏国会議員広川氏一行の電源現場視察を迎へるため、Ankroet の破損現場検分も兼ねて Dalat へ発たる。内地よりの電報で、社長の出発は、数次往復旅券の手続が遅れてゐて、なほ五・六日を要する模様である。我が帰国は予定通り五日として、準備に入る。
　夜橋爪君をサイゴンの夜に案内。Rosa を誘ひ "May Fair" を振出しに、九時半から Cinema EDEN で "La Haute Société" を観る、音楽映画。
　後 "Croix du Sud" で踊り、更に Baccara に行って午前二時半まで。女形のバレーなどのショーがあり、例によってパリ的雰囲気に満つ。

六月二日（日）晴後雨

　午後降り出した雨が緩急の変化はあれど夕方まで止むことなし。時に強く時に潜かに、風もまた時に烈しく時に静かに、珍しい天候である。昨夜飲み疲れた体を殆んど終日床上に養ふ。二年に垂んとするサイゴンの生活とて帰国となれば整理するもの多し。写真なども手紙と共にあまり要なきフィルムは焼く。あれこれとみやげを持ち帰るべき人々を数へて、それぞれ適当なものを当てるなど、半日種々雑考す。

六月三日（月）晴後一時雨

　今日でサイゴンの仕事は打切るべく、引継など事務的な整理をなす。日本工

243　広川弘禅 (1902-1967)。政治家。福島県生まれ。戦前から当選 6 回の衆議院議員。吉田茂の側近として活躍し、民主自由党幹事長、第 3・第 4 次吉田内閣の農相などを歴任。1953 年以降吉田と対立し鳩山新党に合流した。［朝日新聞社 1991: 1368］

263

営関係も一段落とす。Diem 計画局長に Mr.Handa の予定を聞きしが不明。十日頃になるらしい。久保田社長も松下社長も来貢はその頃か。小松氏[244]ヨーロッパよりの帰途に寄られ、一週間程滞在とか。ヨーロッパの話を種々聞く。西ドイツの強さは正に素晴しいものらしい。スペインの貧困、内部的苦悩、イタリヤやフランスの情勢など有益な話多し。

六月四日（火）晴後一時雨

　雨季は本格的で連日雨勢烈し。朝 Puralu で連絡事項打合せる。それで仕事は一応終了。午後荷物作り。

六月五日（水）晴後雨

　飛行機は一時間遅れ、飛行場のレストランで会社の連中皆と最後の打合せをなす。さすがに皆も帰心覆ひ難い模様である。九時頃乗込み、離陸無事、一翔して快適に午後二時マニラ着。時差二時間を日本時間に早め、更に長駆一番風雨にも遭はず予定通り午後十時半東京着。夜空から大東京の金砂を散ばめたやうな美しい景色に機中の乗客皆感嘆の声あり。羽田空港も堂々たるもので、正に東南アジアから帰ると祖国の偉容に心打たれる。大南一党の出迎へ盛ん。中野君と深更まで話合ひ、東京大南の空気を知り得る。東京は夜もすがら、むせるが如き細雨しきり。

　244　小松清。☞《人物編》〈小松清〉

補注

《事項編》
(テーマ順)

1 ゴー・ディン・ジエム政権の成立過程

【「バオダイ・ベトナム国」下の首相就任】
　1946年12月ベトナム民主共和国とフランスが全面戦争となると、フランスはバオダイを和平交渉の相手とする「バオダイ解決策」を模索した。バオダイは1945年8月に退位して民主共和国顧問に就任したが、後に離脱して香港に滞在していた。香港では中国国民党、ベトナム国民党、ベトナム革命同盟会がバオダイを支援し、チャン・チョン・キムも出国してこれに合流した。1947年1月からフランスとバオダイ、キムが交渉を開始し、1948年3月、フランスとバオダイ、コーチシナ共和国のグエン・ヴァン・スアン首相との間にハロン湾協定が締結され、ベトナムの独立を規定したが、フランスはこれを履行しなかった。フランスとバオダイの交渉は継続し、1949年3月エリゼ協定が締結、ベトナム国がフランス連合内での独立を承認され、バオダイが元首に就任した。しかし、ベトナム国は軍事・外交・法制・幣制においてフランスの監督権が認められ、真の独立には程遠いものであった。
　ゴー・ディン・ジエムはバオダイとフランスの交渉に批判的であり、ベトナム国首相就任の依頼も断った。しかし、1954年5月ディエンビエンフーの戦いでフランスが敗れると、バオダイは再びジエムに首相就任を依頼し、1954年7月ジエムは首相となった。

【国軍創出】
　首相に就任したジエムがまず目指したのは真の意味でのベトナム国軍の創設であった。それまでのコーチシナ共和国やバオダイ「ベトナム国」時代にも確かに軍は存在したが、その指導者はグエン・ヴァン・タム首相の息子グエン・ヴァン・ヒンのようにフランス国籍を保持したままで、必ずしもベトナムの利益をしていない親仏勢力によって占められていた。ジエムはナショナリズム色の強いカオダイやホアハオなどの宗教勢力を入閣させることで、1954年11月頃にはこうした親仏派軍人層の影響力を排除することに成功した。

【"封建三勢力"の排除】
　次にジエムが着手したのは、一時協力関係にあったカオダイ教・ホアハオ教・ビンスエン軍団、いわゆる"封建三勢力"の諸権力を削減することであった。ジエムはこれらの勢力が各地で保持していた徴税権を剥奪するとともに、1955年1月にはビンスエン軍団の資金源ともなっていたチョロンの賭博場「大世界」を閉鎖し、2月には国家による私兵維持費用の支出を打ち切った。これに対して、三勢力側では反撃に出た。1955年2月にフランスにいたバオダイの求めに応ずるかたちで、3月4日、カオダイ教教主ファム・コン・タックが統一戦線結成を呼びかけ、ビンスエン指導者レー・ヴァン・ヴィエン（Lê Văn Viễn, 1904-1970)、通称バイ・ヴィエン（Bảy Viễn）がこれに加わった。統一戦線の最高指導者にはタックが就任し、必要な際にはホアハオ教徒のバー・クットが軍事司令官になるとされた。同じカオダイ教勢力に属しながらチン・ミン・テー（Trinh Minh Thế, 1920-1955)は呼び掛けに応じず、ジエムへの帰順を選択し所属部隊は国軍に編入された。
　3月29日にはビンスエンの「公安突撃隊」がサイゴン警察と参謀本部、独立宮殿を攻撃し、これに対してジエム派のサイゴン警察と空挺部隊が応戦し内戦の様相を呈した。翌日にはフランスの介入で停戦が実現し、31日にはカオダイ教軍のグエン・タイン・フオンがジエムに帰順し、43人のカオダイ軍将官とともに帰順式典が独立宮殿でおこなわれた。
　しかし、4月28日には公安突撃隊が再び警察署、参謀本部、独立宮殿を襲い、戦闘が始まった。ジエムとバオダイとの間で事態収拾のための綱引きが行われたが、アメリカはジエム支持を宣言。5月10日、最後の公安突撃隊の詰所が降伏し、レー・ヴァン・ヴィエンはサイゴン・チョロンを脱出後、フランスに亡命し、ビンスエン軍団は瓦解した。さらに国軍はズオン・ヴァン・ミン（Dương Văn Minh）の指揮の下「ホアンジウ作戦」を展開してビンスエン残存勢力を掃討し、日記にあるように11月6日サイゴンで凱旋パレードをおこなった。
　ホアハオ教に対して国軍は1955年6月以降「丁先皇作戦」（「丁部領作戦」とも）を展開し、1956年チャン・ヴァン・ソアイを降伏させ、バー・クットを逮捕・処刑した。かくしてジエムは"封建三勢力"の政治的軍事的影響力を排除し権力基盤を固めることに成功した。（宮沢）

〔参考〕[Đoàn Thêm 1966: 156-200] [Miller 2013: 116-117, 120-121, 126-127] [Blagov 2002: 102-107] [浦部 1956: 112-119] ☞《事項編》〈ビンスエン〉、《人物編》〈レー・クアン・ヴィン〉

補注

2 いわゆる"封建三勢力"

(1) カオダイ教

　Đạo Cao Đài またはĐại Đạo Tam Kỳ Phổ Độ．1920年代後半のベトナム南部に登場した新興政治宗教団体。至高神カオダイ（高台）を信仰する。1920年から1925年にかけて、チョロン出身のベトナム人下級官吏で中国の民衆宗教の影響を受けつつ扶鸞と呼ばれる降霊術を実践していたゴー・ヴァン・チエウ (Ngô Văn Chiêu, 1878-1932)、さらにフランスの神霊術から降霊術を学んでいた税関職員ファム・コン・タック（Phạm Công Tắc）など、カオダイの啓示を受けたと称するグループが複数登場した。仏領期のコーチシナ諮問委員会メンバーでもあった富裕な名望家レー・ヴァン・チュン（Lê Văn Trung, 1875-1934）のもとで、これらのグループの組織化が図られ、1926年、サイゴンより西北に115キロほど離れたタイニンを本部として、カオダイ教が創立された。教義は「人類には3次にわたる救済が予定されており、3次目の救済はカオダイにより担われる」とする。ゆえにカオダイ教は「大道三期普度 (Đại Đạo Tam Kỳ Phổ Độ)」とも呼ばれる。また儒教・道教・仏教・キリスト教を総合した宗教であるとし、ジャンヌ・ダルクやヴィクトル・ユーゴー、孫文を聖人として崇拝する。レー・ヴァン・チュンの死後、1930年代半ばにはファム・コン・タックが事実上の教祖となり、総本山のタイニンで権力を握ったが、タックと教義上の解釈や人間関係や教団運営をめぐって対立した人々は次々とタイニンを去って、別派を樹立した。

　タックは、フランスが没落し日本が興隆するというお告げを著わすようになり、日本亡命中のクオンデが1939年に日本の後押しでベトナム復国同盟会を結成するとこれを支持して献金した。日本の「南部仏印進駐」を契機として、1940年末、共産党を中心に反仏武装蜂起、いわゆる南圻起義が起こったが、これに参加したカオダイ教徒も少なくなかった。これを受けてフランスはタイニンを襲ってタックを逮捕し、マダガスカルに流刑に処した。

　その後に宗教的・軍事的指導者になったチャン・クアン・ヴィン (Trần Quang Vinh) は日本軍との連携を進めて協力関係を築き、カオダイ教徒は日南商船で働くと同時に日本軍に軍事訓練を受け、内応義軍などの青年部隊が組織された。1945年3月9日の「仏印処理」に際しては、カオダイ義勇軍神道実践団が日本軍と行動を共にし、フランス軍の武装解除や掃討作戦に従事した。また米軍のインドシナ上陸に備えて、日本軍とカオダイ教は協力関係を結んだが、これを

269

まとめたのが本日記の著者西川であったという。

　1954年5月19日、カオダイ軍のベトナム国軍への編入協定が結ばれたが、一部を除いて進まなかった。ジエムは1955年7月に首相になると、反ジエム勢力打倒に乗り出した。1956年2月19日にタックはタイニンを放棄し、国軍がタイニンを占拠、2月25日、タックはカンボジアへ逃れた。1956年3月2日ビンタン協定が締結されると、3月18日に式典が開催され、1926年時の教団創設者の一人であるカオ・ホアイ・サン（Cao Hoài Sang）がジエムにより最高指導者に任命された。

　国軍に編入されたカオダイ兵はジエムにより訓練センターに送られたが、試験で不合格となり、武装解除される者も少なくなかった。これを嫌ったチン・ミン・テー指揮下のカオダイ連盟軍の残党は再びジエムに反旗を翻した。

　1956年から58年の間にジエムに逮捕された信徒の数は3400人余りに上り、獄中で死んだ者もいた。1956年末に至ってもカオダイ軍は国軍に対し攻撃をしかけた。ジエム政権に抵抗を続けるカオダイの中にはベトミンに加わる者もいた。（宮沢）

　〔参考〕〔『みんなみ』2000：15〕〔大岩 1942：260-282〕〔Trần Quang Vinh 1997(1946)：204,208〕〔Werner 1976: 459,674-679〕〔Blagov 2002: 108〕〔Đoàn Thêm 1966: 191〕

(2) ホアハオ教

　Phật giáo Hòa Hảo（ホアハオ派仏教）またはđạo Hòa Hảo（ホアハオ教）．漢字表記は"和好教"。1939年、フイン・フー・ソー（Huỳnh Phú Sổ, 1920-47）により創始された仏教系新宗教。19世紀半ば、西部メコンデルタで起こった宝山奇香系仏教の流れを汲む。ホアハオはソーの出身地であるアンザン省の村落名にちなむ。病弱であったソーは、幼少期を霊山での療養生活に過ごしており、この時に仏法に接し精神的な探究に傾倒し始める。やがて霊的預言を発するようになった彼は、仏教思想に基づいた理想郷の建設を目指し、メコンデルタ西部を中心に急速に勢力を拡大していった。同時期に誕生したカオダイ教とは異なり、組織・儀礼・寄付を要求しない在家主義の集団であり、信者だけでなく幹部も農民出身の者が多い。1940年以降は民族主義的主張を強めたことからフランスの警戒を招き、ソーは監視下に置かれ、教団活動も制限される。しかし翌41年、南部仏印に進駐した日本軍によりソーは解放され、その庇護下に置かれる事となった。またこの間、ホアハオ教は自衛団を組織するなど、政治・軍事的な傾向を強めていく。

補注

　第二次大戦後のソーは、ベトナムの独立・人民の平等・社会保障の充実を唱え、46年にはベトナム民主社会党の結党を宣言する。しかしながらマルクス主義には否定的であったことからベトミンとの関係は悪く、その幹部は暗殺の標的となっていった。

　活動を拡大させるホアハオ教であったが、47年4月にベトミンとの会談に赴いたフイン・フー・ソーが暗殺（ベトミンの犯行という説が一般的）された後、方針の違いから大きく4つの集団に分裂する。それぞれはメコンデルタ各地に軍閥を形成し、その利害関係からフランス・ベトミンらと複雑な同盟・敵対関係を展開した。その影響力は無視できるものではなく、54年9月に組閣されたゴー・ディン・ジエム内閣にも、軍閥の中で最大勢力を誇ったチャン・ヴァン・ソアイ（Trần Văn Soái）の他、ホアハオ教から3人が閣僚として招かれている。

　しかしアメリカおよびジエムは、宗教団体が私兵を有する状況を良しとせず、次第に軍事・経済的な圧迫をかけ始める。窮したホアハオ軍はメコンデルタ各地で略奪を行うようになり、やがて政府軍との間で緊張が高まっていった。55年3月にはカオダイ・ビンスエンらと連合してジエムに敵対するも、ビンスエンは4月末に敗北し、ホアハオも5月からの断続的な攻撃を受け勢力を弱めていった。56年に軍閥の長の1人であるレー・クアン・ヴィンが捕えられ、チャン・ヴァン・ソアイを始めとする他の将軍たちも降伏したことで、ホアハオ軍は解体され国軍に編入された。もっとも、教団自体は今日まで存続しており、メコンデルタを中心に約200万人の信徒を有している。（北澤）

　　〔参考〕〔Nguyễn Long Thành Nam: 81-82〕〔Keesing's Research Report 1970: 11〕〔Tucker 1998a: 293〕〔Hill 1971: 336〕

(3) ビンスエン

　Bình Xuyên（平川）．バオダイを元首とする「ベトナム国」時代にサイゴン・チョロン地区を中心に勢力を持った秘密結社。ビンスエンは彼らがしばしば集まりを持ったサイゴン近郊の村名に由来する。北部の紅河デルタの黒旗軍の流れを汲むとの説もあるが、1920年代初期、マングローブに覆われ、容易に入り込めないサイゴン川河口にあるズンサット（Rừng Sát）の湿地帯を拠点に、過酷なゴム園労働から逃れた労働者を吸収しつつ発展した水上ギャング集団が起源であるとされる。チョロンの船着き場に向かうジャンク船から保護費を徴収し、時にはチョロンに乗り込んで富裕な中国人商人を誘拐するなどの匪賊活動を行う存

在に過ぎなかった。

　戦時期、日本と協力関係を深めるなかで、しだいに政治集団としての意識に目覚め、1945年にはサイゴンのフランス人を攻撃するなど反仏指向を強めた。指導者となったのは、潮州系の華人の父とベトナム人の母との間に生まれたいわゆるミンフオン（明郷）の出身であったレー・ヴァン・ヴィエンであった。ヴィエンは、南ベトナム臨時執行委員会に加わるなど、一時期ベトミンに協力したこともあるが、ビンスエン部隊への統制を強めるベトミンとの対立が表面化し、1948年6月にはフランス軍及びバオダイ政府の傘下に入った。その見返りにサイゴン・チョロンの警察権、北部フモン（苗族）地域からのアヘン輸入・麻薬売買、賭博・売春等の諸権利を与えられた。1954年には、賭博場の"大世界"を経営し、サイゴン最大の百貨店"Noveautes Catinat"などを傘下に収め、5000ないし8000の警察、2500名の私兵を抱えるまでに発展した。ゴー・ディン・ジエムが"封建三勢力"の一掃に乗りだすと、ビンスエンはホアハオ教やカオダイ教など武装した宗教団体とともに反抗を試みたが、最終的には敗れ、指導者レー・ヴァン・ヴィエンはフランスに亡命した。（武内）

　　［参考］［McCoy 1972: 110-112, 116］［The Pentagon Papers vol.1 1971: 293］［Savani 1955: 100-105］［Nguyên Hùng 2004: 9］

3　選挙

(1) 国民投票

　trưng cầu dân ý（民意を求める）. 国家主席を選出するために、1955年10月23日に実施された国民投票。投票用紙には、バオダイの写真と「私はバオダイの廃位を認めず、ゴー首相が民主的政府樹立のため国家主席となることを認めません」の文言、及びゴー・ディン・ジエムの写真と「私はバオダイ主席を廃してゴー首相が民主的政府樹立のため主席となることを認めます」の文言が印刷され、投票者はいずれかを切り取り、投票する形式で行われた。バオダイは緑色の用紙であったのに対し、ゴー・ディン・ジエムの方は強さを象徴する紅色が用いられた。バオダイ自身は依然としてフランスに滞在したままであり、選挙で自ら支持を訴えることもなかった。この投票用紙に示されているように、バオダイ支配の正統性を最終的に否認することがこの投票の目的であった。強力な反バオダイキャンペーンが張られたこともあり、情報省が10月25日に発表

したところでは、投票総数 582 万 8907 票のうち、ゴー・ディン・ジエム支持は572 万 1735 票、98％を占める大勝利を収め、バオダイ支持は 6 万 3017 票にとどまった。投票の三日後、ジエムはベトナム共和国の建国を宣言した。これに対し、日本はただちにゴー・ディン・ジエムの主席就任を承認した。しかし有権者数533 万余に対し投票数が 578 万票を越えるなど、多くの不正が行われたことが指摘されている。(武内)

〔参考〕〔朝日（朝）551023〕〔朝日（朝）551026〕〔Corfield 2013: 95-96〕

(2) 制憲議会選挙

bầu cử quốc hội．憲法制定の任務をもつ代表 123 名を選出するために、1956 年3 月 4 日に実施された選挙。ゴー・ディン・ジエム大統領を支持する国民革命運動党が 66 議席を得て第一党となった。その後に市民集会（18 議席）、労働党及び同系候補（10 議席）、自由防衛運動（7 議席）、社会民主党（ホア・ハオ運動支持）（2 名）、ダイ・ヴィエット（1 名）、無所属（19 名）の各党派が続いた。しかし、選挙にあたって憲法草案そのものも提示されず、また、制憲議会自体に修正権限も認められていなかった。選挙においては言論・集会の自由も保証されず、1000 名を越える立候補のほとんどがゴー・ディン・ジエム支持者であった。選挙当日の四日には、ハノイで、選挙の反対とジュネーヴ会議再開を呼びかける 5 万人デモが開かれた。(武内)

〔参考〕〔朝日（朝）560302〕〔朝日（夕）560305〕〔朝日（朝）560310〕
☞《事項編》〈政党〉

(3) 統一選挙

Tổng tuyển cử thống nhất. 1954 年 7 月のジュネーヴ協定では、北緯 17 度線を暫定的軍事境界線としてベトナムは南北に分割されることとなった。またジュネーヴ会議の最終宣言では 1956 年 7 月に全土統一選挙が行われることが謳われた。しかし当時のバオダイ・ベトナム国とアメリカは協定に調印しなかった。

1955 年 7 月に当時首相であったゴー・ディン・ジエムは、「ジュネーヴ協定には調印しない。ベトナム全国民の意志に反して締結された協定には拘束されない」「北で完全な自由選挙が行われるなら選挙施行を受諾する用意があるが、共産党が圧政を敷いている北では投票の自由はない」として拒否した。(宮沢)

〔参考〕〔霞関会 1956: 11〕〔Hội Đồng Chỉ Đạo Biên Soạn Lịch Sử Nam Bộ Kháng Chiến 2012: 518-519〕〔桜井・桃木編 1999: 163〕

4 政党

（1）革命委員会

Ủy Ban Cách Mạng Quốc Gia. 1955年4月29日、国軍がビンスエン軍団を攻撃した翌日に成立したジエム支持急進派。メンバーとしてはむしろチン・ミン・テー、グエン・タイン・フオンらカオダイ教徒、グエン・ザック・ゴ (Nguyễn Giác Ngộ) らホアハオ教徒など反ジエム運動から離脱して帰順した南部出身者が主力である。国軍内でジエムに対するクーデタを画策していたグエン・ヴァン・ヒン (Nguyễn Văn Hinh) やグエン・ヴァン・ヴィ (Nguyễn Văn Vỹ) らを排除したが、その影響力を恐れたジエムは国家革命運動党を通じて革命委員会の活動を抑え込んだ。1956年の制憲議員選挙で革命委員会側は選挙ボイコットを訴えたが、フオンは逮捕されその他のメンバーも亡命し、活動は停止した。(宮沢)

〔参考〕〔Miller 2013:127-145〕

（2）国家革命運動党

Phong Trào Quốc Gia Cách Mạng. 1954年10月にゴー・ディン・ニューが結成した親ジエムの政党。日刊紙『国家革命』を発刊するほか、社会悪（アルコール、売春、アヘン、賭博）追放、共産分子告発などのプロパガンダや大衆運動をおこなった。1956年3月4日の制憲議会選挙では定数123のうち66議席を獲得した。選挙当時の党首チャン・チャイン・タイン (Trần Chánh Thành) 情報及び心理戦争相はベトミンからの離脱者で、革命勤労人格党の創始者の一人であった。制憲議会では次第に革命勤労人格党に主導権を奪われて勢力は衰退した。(宮沢)

〔参考〕〔Miller 2013: 130-148〕〔Hội Đồng Chỉ Đạo Biên Soạn Lịch Sử Nam Bộ Kháng Chiến 2012: 518-519〕.

（3）革命勤労人格党

Cần Lao Nhân Vị Cách Mạng Đảng. ゴー・ディン・ニューが結成した親ジエム政党。フランス人ムーニエが唱えたペルソナリズムに影響されたニューは反共

274

産主義、反リベラリズム、反植民地主義を標榜する人格主義を提唱し、ジエムが海外にいた1953年に組織を立ち上げジエム帰国の地ならしを行い、1954年に党名を決定した。公務員や政府高官となるには入党せねばならず、その際ジエムに絶対的忠誠を誓い、ひざまずいてジエムの肖像にキスする儀式が行われたという。また国軍内でも勢力を拡大した。ジエムとニュー暗殺後、主要なメンバーは投獄されて勢いを失った。(宮沢)

〔参考〕〔Miller 2013: 41-48,518-519〕〔David Lam Pham 2001: 63-64〕

(4) ダイ・ベト国民党

Đại Việt Quốc Dân Đảng (大越国民党、通称ダイ・ベト党)。1930年代末、共産主義や資本主義とは異なる第三の道を目指して登場した民族主義団体の一つ。チュオン・トゥー・アイン (Trương Tư Anh, 1914-1946?) らによって設立された。アインは、1930年代のイタリア・ファシズムや孫文の三民主義を参考に"民族生存"説を主張し、750年前の「大越（ダイ・ベト）」帝国を理想として掲げた。しかし、反共・反仏を掲げる非妥協な大越国民党はしだいにベトミンとの対立を深め、ベトナム民主共和国時代は非合法化された。

南部における「大越国民党」の指導者となったのは、グエン・トン・ホアン（Nguyễn Tôn Hoàn,1917-2001）であった。南部タイニン出身のホアンは、ハノイ医学校で学ぶうちに、民族運動に参加、大越国民党の支持者となった。1947年、ベトミンとの衝突がはじまると中国に亡命した。その後、バオダイ擁立運動に加わり、同年、サイゴンに帰還、南部における最初の大越国民党の指導者となる。1949年、バオダイが帰国し「ベトナム国」を発足させると、青年・スポーツ担当相に就任したが、完全独立を求める大越の立場は棄てず、1953年になると、ゴー・ディン・ニューとともに、フランスからの完全独立・フランス連合からの脱退を求め、"大団結と平和のための運動"を起こした。しかし、ゴー一族により、大越系の民族主義者は次々と排除され、機関誌が停刊に追い込まれたほか、グエン・トン・ホアン自身、1955年より1963年までフランスに亡命を余儀なくされた。(武内)

〔参考〕〔Guillemot 2009〕〔Guillemot 2012〕〔Goscha 2012: 190〕

(5) 民社党

Việt Nam Dân Chủ Xã Hội Đảng. ベトナム民主社会党(略称"民社党")。1946年9月、

日本の「仏印進駐」期にクオンデを盟主に戴くベトナム復国同盟会員として活動したチャン・ヴァン・アン (Trần Văn Ân, 1903-2002) や同じくクオンデ支持の立場に立つベトナム国家独立党を率いたグエン・ヴァン・サム (Nguyễn Văn Sâm, ?-1947) らによって創設された反共・反仏を掲げる政治団体。フイン・フー・ソー率いるホアハオ教と同盟関係を結んだ。綱領として、南部・中部・北部三地域の連合、民主共和政府の樹立、民主的自由（集会・結社・デモの自由）の実践をスローガンに掲げた。階級闘争否定の立場に立つが、慈悲博愛大同主義をとなえ、「弱い階級の功果を強い階級が奪ってはならない」、として大土地所有制限論を展開した。（武内）

〔参考〕〔Goscha 2012: 461〕〔Savani 1951: Appendice〕〔今井 1994〕．
☞《事項編》〈ホアハオ教〉、《人物編》〈クオンデ〉

5　機構・公共施設

(1) 独立宮殿

Dinh Độc Lập.「ベトナム共和国」時代の大統領官邸。フランスはベトナム南部を植民地とすると、ただちに行政庁舎の建設を進め、1873 年に完成させた。設計は、香港市庁舎の建物で知られるフランス人建築家エルミット Hermitte, A.A. (1840-1869)。この庁舎は、1887 年までコーチシナ総督府官邸、1945 年 3 月 9 日までインドシナ総督府官邸、戦後フランス軍の復帰後はフランス高等弁務官官邸として使用され、通称ノロドム宮殿と呼ばれた。1954 年 9 月になってようやくフランス側から正式にバオダイを首班とする「ベトナム国」に移管され、ゴー・ディン・ジエム政権のもとで「独立宮殿」と改称された。

1962 年 2 月 27 日、ジエムの殺害を狙った空軍兵士による爆撃を受け大破すると、ジエムは弟のゴー・ディン・ニューとともに、迎賓館として利用されていたザロン宮殿 (Dinh Gia Long, 現ホーチミン市博物館) に居を移して政務を執る一方、ローマ大賞を受賞した著名なベトナム人建築家ゴー・ヴィエト・トゥ- (Ngô Viết Thụ, 1926-2000) に設計を依頼し改築工事を進めたが、1965 年の完成を待たずにジエム及びニューは暗殺された。1975 年まで大統領官邸として使用され、現在は統一会堂 (Hội trường Thống Nhất) として、一般に公開されている。（武内）

〔参考〕〔Corfield 2013: 111〕〔Le Brusq & de Selva 2011: 52-55〕〔朝日（朝）540914〕

補注

【写真1】ノロドム宮殿時代(『越南大観』1936年所収)

【写真2】再建後の独立宮殿(現在の統一会堂、2013年3月撮影)

【写真3】仏領期、博物館の前にたたずむ松下光広［西川文書］

(2) 国会

Quốc Hội. 1956年3月4日の制憲議会選挙を受けて成立した一院制議会。同年10月、「国民議会」と改称された。議事堂は、仏領期、カティナ通り（現、ドンコイ通り）に建てられた建築家フェリックス・オリヴィエ（Félix Olivier, 1863- ?）の設計による市民劇場(1897年着工)を改造し、1975年まで使用された。現在は再びホーチミン市大劇場（Nhà hát lớn Thành phố Hồ Chí Minh）として使用されている。（武内）

〔参考〕〔Corfield 2013: 224-226〕

(3) 公共事業・交通省

Bộ Công chánh và Giao thong. ゴー・ディン・ジエム政権期に設けられていた土木公共事業・交通部門を管轄する中央省庁の一つ。もともと仏領期には工務局（Service des Travaux Publics）がおかれ、道路、潅漑、河川、運河、港湾、鉄道建設、等の建設・保全等の事業を担当した。日記に頻繁に登場する T.P. は Travaux Publics の略称である。南部においては 1948 年に工務局に相当する役割を担う行政機関として、工作・計画省が設立され、1954 年より公共事業・交通省（Bộ Công chánh và Giao thông）と呼ばれるようになった。建物はパスツール通り 55 号に置かれた。（武内）

〔参考〕〔東亜経済調査局 1943: 217〕〔Sách Chi Dẫn 2007: 325〕〔Sales 1974: 189〕

(4) 博物館

1929 年に開館。仏領期には、1926 年から 29 年までコーチシナ長官の名を冠してブランシャール・ドラ・ブロッセ博物館（Musée Blanchard de la Brossé）と呼ばれた（設計者はデラヴァル）。独立後、「ベトナム国立博物館」と改称された。現在はベトナム歴史博物館 Viện Bảo tàng Lịch sử Việt Nam となっている。（武内）

〔参照〕〔Corfield 2013: 176〕〔Le Brusq & de Selva 2011: 84〕

6 社会・文化・事件

(1) カトリック避難民

ジュネーヴ協定以後、ベトナム北部のカトリック信者約 150 万人のうち 90 万人程度が南部に逃れた。これらの避難民を保護・救済するために、ゴー・ディン・ジエム政権は避難民監督署（COMIGAL）を設置した。COMIGAL は USOM（アメリカ経済援助使節団）の支援を得て、1954 年以降、日に 4000 〜 5000 人の規模でふくれあがる難民に食糧や生活物資・居住村落を提供するなどの活動を行なった（Caisan 計画と呼ばれる）。1957 年半ば頃には 319 のカトリック難民村落を創設し、難民問題は解決したとして COMIGAL を解散した。しかし、ジエムのカトリック優遇政策ともあいまって、仏教徒とカトリック教徒との対立を生み出す要因ともなったともいわれる。（武内）

〔参考〕［Jacobs 2006: 53-56］

(2) 国祭日

　ゴー・ディン・ジエム政権時代、祝祭日はほぼ以下のように決められていた（1956年10月23日政令59号、及び補足4号による）。祭日は以下のとおり（漢数字は旧暦の日付を示す）。〈　〉内はそれぞれベトナム習俗、仏教、カトリック、儒教に由来する祭日であることを示している。ゴー・ディン・ジエムがカトリック教徒であったことを反映してカトリックの祭日が国祭日に多く取り入れられているのがわかる。（武内）

1月
新暦元旦（1月1日）
〈越〉旧暦新年（1月27日〜30日）
3月
〈越〉ハイバーチュン記念日（徴氏姉妹）（二月初六日）
4月
〈越〉清明節（三月十日）
5月
労働記念日（労働節）
〈仏〉釈迦生誕（仏祖誕生日）（四月初八日）
〈カ〉イエスの昇天（耶蘇昇天）
8月
〈カ〉聖母の被昇天（瞻禮節）
〈越〉中元節（七月十五日）
9月
〈儒〉孔子生誕日（9月28日）
〈越〉チャン・フン・ダオ命日（陳興道元帥）（八月二十日）
10月
〈越〉越南国慶日（10月26日）
11月
〈カ〉諸聖人の日（諸聖節）（11月1日）
〈カ〉死者の日（亡人節）（11月3日）

12月
〈カ〉キリスト生誕（聖誕日）（12月25日）

〔参考〕［郭寿華編 1970: 176］

（3）大統領狙撃事件

　1957年2月22日、ゴー・ディン・ジエム大統領が襲撃された事件。バンメトートで開かれていた経済フェスティバルにおいて、スピーチを行おうとしたジエムは群集の中から狙撃された。しかし銃弾はジエムの横にいた閣僚に当たり、ジエム本人は無傷、犯人ハー・ミン・チー（Hà Minh Trí）は取り押さえられ式典は続行された。その後の供述において、チーは自らがカオダイ教の信者であること、ジエム政権による宗教弾圧に抗議した旨を主張し、裁判の結果コンダオ島に流刑となった。しかし事件直後であっても政府・教団内において彼の逮捕が取り沙汰されていない事から、当時から本件にカオダイ教が関与していたとは考えられてはいなかったものと思われる。チーは2012年の時点で存命であり、今日では彼の言により「解放勢力（ベトミン）のスパイとして、カオダイに送り込まれた」という説が一般的である。（北澤）

〔参考〕［Miller 2013:185］［The Times of Viet Nam 570223］

7　ジエム政権とベトナム民主共和国

（1）ベトナム民主共和国

　Việt Nam Dân Chủ Cộng Hòa. 1945年8月に日本が降伏すると、ホー・チ・ミン率いるベトミンは八月革命を起こし、各地で政権を奪取した。9月2日、ホー・チ・ミンはハノイのバーディン広場で独立を宣言した。最初の内閣にはチャン・チョン・キム内閣の閣僚や国民党員も含まれた。1946年末からフランスに対して抗戦した。1954年のディエンビエンフーの戦いに勝利するが、ジュネーヴ協定ではベトナムの統一をかちとることはできなかった。アメリカとゴー・ディン・ジエムは調印を拒否し、統一選挙も拒否されてベトナムの分断は固定化した。このような状況下で労働党は農業集団化や商工業の国営化などの社会主義政策を推進した。
　抗米戦争中は南ベトナム民族解放戦線を労働党が指導する一方、パリ会談で

和平が模索された。1975年4月にサイゴンを陥落させ、1976年ベトナム社会主義共和国に引き継がれた。(宮沢)

〔参考〕〔桜井・桃木編 1999:306-307〕

(2) ベトナム独立同盟会

Việt Nam Độc Lập Động Mình Hội。略称"ベトミン"(Việt Minh)．1941年5月カオバン省パクボで開かれたインドシナ共産党第8回中央委員会決議に伴い、ホー・チ・ミンの指導の下でフランス及び日本の支配からの独立を目的とする民族運動組織。本部から村レベルまでの執行委員会と、労働者・農民・女性・老人を組織した救国会から成る。インドシナ共産党の指導を受けてはいたが、階級闘争路線を弱めて広範な支持層を獲得しようとした。軍事部門としてベトナム解放宣伝隊があった。1945年3月の「仏印処理」後は日本軍に遊撃戦を仕掛け、北部山岳地帯で解放区を設立した。八月革命で主導的な役割を果たした。ベトナム民主共和国の政治をめぐっては、ベトナム国民党と激しく主導権を争った。1946年、より広範な支持層を糾合するためリエンベト（ベトナム国民連合会）が結成され、両者は1955年にベトナム祖国戦線に統合された。(宮沢)

〔参考〕〔池端 2008:405〕〔桜井・桃木編 1999:309〕[Goscha 2012: 485]

8 国際関係

(1) アメリカ

a. ICA 資金

International Cooperation Administration Funds。1955年より1961年まで行われたアメリカ国際協力局による援助プログラム。1955年10月、アメリカ国際協力局は、南ベトナム向けの諸産品を調達するための資金として、非鉄金属鉱物260万ドル、鉄及び鋼材125万ドルなど、計720万ドルを支出する決定を行った。ちなみに同時期の資金提供はカンボジア向け190万ドル、タイ国向け4万ドル、インド向け2万4000ドルであった。いかにベトナムの経済建設を重視していたかがわかる。

〔参考〕〔朝日（朝）551020〕

補注

b. MAAG

the Military Assistance and Advisory Group（アメリカ軍事顧問団）．1950年、植民地を維持しようとしたフランスを支援する目的で創設されたが、ベトナム軍への訓練・指導はなされず、その役割は限定的なものであった。ディエンビエンフーの敗北を受けてフランスがベトナムから撤退する1955年には700名、ゴー・ディン・ジエムの暗殺された1963年には1万6000名に増強された。（武内）

〔参考〕〔Jacobs 2006: 8〕

(2) 中華民国

a. 華僑国籍問題

中華民国（台湾）政府は、1955年10月26日、ゴー・ディン・ジエムが大統領に就任すると祝電を送り、ただちに「ベトナム共和国」を承認した。同年12月17日にはサイゴン・台北に双方が公使館を設置することで合意し、57年7月には大使館に格上げされた。

台湾中華民国政府と「ベトナム共和国」間の最大の外交問題となったのはゴー政権の採用したベトナム化政策に付随して発生した華僑国籍問題であった。ゴー政権は、1955年12月に国籍法を公布したが、翌年8月21日に同法第16条に修正を加え、ベトナムで出生した華僑を一律にベトナム国籍とすることとした。加えて同年8月31日には52号法令を公布し、姓名表記をベトナム語とすることを義務づけた。その結果、従来、属人主義に基づき中国籍が与えられていた明郷（ミンフォン）と呼ばれる華人系人士の中国籍取得は一切認められなくなった。

とくに華人の激しい反発を招いたのは、雑貨・燃料・質屋・精米・運輸・仲買など11種の商業活動に従事することを禁じた53号法令（1956年9月26日公布）であった。これにより20万に及ぶ華僑が失業する事態となった。1957年5月3日には、中華民国公使袁子健とベトナム共和国副大統領グエン・ゴック・トーとの間でベトナム籍取得を希望しない者の台湾送還を取り決めた協定が結ばれた。その結果、サイゴンの中華民国大使館に台湾移住を申請した者4万人及び香港等他地域への移住を希望した者1万人を除く、ベトナム土着華人11万人余はベトナム籍を取得せざるをえなくなったとされる。その後施行が緩和され、華人の自由意志に基づく国籍取得の道が開かれたが、土地・建物の売却が制限されるようになった。（武内）

283

〔参考〕［郭壽華 1970：144］［陳鴻瑜 2004：277-293］

b. ファム・コン・タックの台湾・日本訪問

　カオダイ教タイニン派の最高指導者ファム・コン・タックの一行11名は、1954年8月29日、中華民国の招聘により台湾を訪問した。反共の立場に立ち、300万の信徒と2万の武装力を擁するベトナム南部最大の軍事・宗教勢力の指導者として台湾側は歓迎し、迎賓館にあたる台北賓館への宿泊が認められ、9月10日には蔣介石総統の歓迎宴が設けられるなど国賓級の待遇を受けた。孔廟を訪問し、世界紅卍字会台湾分会とも交流を持つ一方、中華民国の提供する専用機で、ファム・コン・タック一行は、9月22日に韓国を、27日には東京を訪れた。東京滞在中は松下光広らの歓待を受け、10月2日に51年に東京で客死したクオンデの遺骨の一部を受け取った後、帰国の途に就いた。（武内・北澤）

〔参考〕［国史館、禮賓司、0130/0091］［Nhựt ký cuộc Á du của Đức Hộ Pháp］
☞《人物編》〈クオンデ〉

(3) カンボジア

a. クメール・イサラク

　1945年10月フランスがカンボジアに復帰すると、ソン・ゴク・タン派や共和派はプノンペンを離れ、西北諸州や南部地方に根拠地を作り、「クメール・イサラク（自由カンボジア）」を自称した。ダップチュオンは1947年に「自由カンボジア政府」を、48年にクメール人民解放委員会を結成したが、この政府と委員会は統一的な実体を持った組織ではなく、数人の指導者がそれぞれゲリラ活動を行っているにすぎなかった。1951年に帰国したソン・ゴク・タンは1952年に北部のクメール・イサラク派に合流した。彼らは反仏・反国王のゲリラ活動を展開した。しかし、シハヌークが完全独立のためにいわゆる十字軍的な行動に出て成果を挙げると、クメール・イサラク派は名分を失って次々と投降した。ソン・ゴク・タンも1954年に投降し、シハヌークに忠誠のメッセージを送ったが許されずタイに亡命した。こうしてクメール・イサラクの活動は終息した。（宮沢）

〔参考〕［桜井・石澤　1977: 309-310］

補注

b. 民主党

議会制民主主義を目指す官吏や知識人に支持されたカンボジアの政党でシソワット・ユットボン殿下を指導者とする。1946年の制憲議会で政権を握り憲法を制定するが、シハヌーク国王と対立を続けた。1955年の選挙では1議席も獲得できず、人民社会主義共同体（サンクム）に吸収された。（宮沢）

〔参考〕〔桜井・石澤　1977: 298,319〕

c. 農業移民

1954年頃、シハヌーク国王によって構想された日本人農業移民入植案。人口の少ないベトナム・タイ国境地帯に優れた農業技術を持つ日本の農民の移民を奨励し、農業開発に役立てようとするもの。1955年12月、シハヌークは首相として来日し、日本と友好条約を締結したが、「各条約国は、自国の領域へ移住することを希望する他方締約国の国民に対し、その移住が両国の共通の利益をもたらすと認めたときは、できる限りの便宜を供与することに努力するものとする」（第5条）との条項が盛り込まれた。友好条約締結時、カンボジア側では、1年間に1万人、5年間で5万人ぐらいの移民を希望していた。入植条件として、①農業労働者を中心とする、②20%は女性でもよい、③入植者には土地その他の便宜を与える、等が提示され、1956年には事務レベルの交渉を経て、入植費用を日本側が負担し、カンボジア側は移住者一人あたり5ないし10ヘクタールの土地を提供し、土地の半分を耕せば所有権を与える、などの点で合意した。しかし、移民候補地が治安上不安のあるベトナム国境や飲料水・衛生面で問題のある土地であることがしだいに明らかになり、実現には至らなかった。（武内）

〔参考〕〔朝日（朝）551210〕〔読売（朝）551210, 560305, 560727〕

d. キリロム高原都市

1955年12月9日に東京で調印された日本カンボジア友好条約と同時に発表された共同コミュニケで明らかにされた高原都市開発計画。プノンペンの西南約120キロ、海港コンポンソムより20キロに位置し、標高700メートル前後の高原地帯に日本の資本、技術を入れ、住宅、道路、上下水道、電気、ガスなどを整備し、政府機関の避暑地たる高原都市を建設しようというもの。1956年3月、アジア協会副会長岩田喜雄を団長とする「キリロム都市計画調査団」による調

査が一ヶ月にわたって実施され、費用30億円の予算で3〜5年の間に完成させるというプランが発表された。(高津・武内)

〔参考〕〔朝日（朝）551210〕〔朝日（夕）560511〕〔読売（夕）560311〕
☞《人物編》〈シハヌーク〉

(4) タイ

a. ゴー政権とタイ

　反共を掲げるゴー・ディン・ジエムは西側諸国との関係を重視しており、その中にはアジアの国々も含まれている。反共を掲げるタイも南ベトナムを重視しており、55年10月26日には、共和国樹立とともに大統領に就任したジエムを即日承認している。また、タイはジエムが大統領として初めて公式訪問したアジアの国である。一行は1957年8月15日から19日にかけ、首都バンコクでラーマ9世王やピブーン首相らと会談した他、軍施設や大学といった近代施設を見学した。ジエムはこの訪問に際し、両国の政治・経済的な連帯を強めるだけでなくアジア圏の建設をも目標に掲げており、古都アユッタヤーを訪問した際には、古くから続くベトナム-タイ関係に感慨を示している。(北澤)

〔参考〕[The Times of Viet Nam 570810, 570824]〔朝日 551027〕

b. タイ政変

　1957年9月18日、タイの政情が不安定となるなか、サリット元帥（当時）により発動されたクーデタ。それまで約15年にわたりタイ首相の任にあったピブーンは、警察と陸軍の勢力均衡を保つことで政権を安定させ、国家権力を強化することに努めてきた。しかし警察長官のパオと陸軍司令官のサリットとが対立を深め、その基盤は不安定なものになり始めていた。
　こうしたなか、ピブーンは政党を核とした政権基盤の強化を目指し、自らセーリー・マナンカシラー党を創設してその党首となり、57年2月に総選挙を実施した。選挙では圧勝したが、不正が明らかになるにつれ市民や学生を中心に反体制運動が盛り上がりをみせた。サリットはこうした世論のたかまりを見て、汚職を理由にクーデタを決行し、パオは失脚、ピブーンは日本への亡命をよぎなくされた。(北澤)

補注

〔参考〕〔石井・桜井 1999：439、493-494〕〔矢野 1968: 232〕〔日本タイ学会編 2009: 154、314、332〕

(5) 韓国
a. アジア民族反共連盟

The Asian People Anti-communist League. 韓国・中華民国によって提唱されたアジア民族反共統一戦線。1949年2月、フィリピンのキリノ大統領は NATO を模した集団安全保障体制の構築を目指し「太平洋同盟」の結成を呼びかけ、李承晩韓国大統領・蒋介石中華民国総統がこれに賛意を示したが、アメリカは同調せず、実現されなかった。

李承晩は、南北朝鮮半島の分断が決定的となるなか、1953年から54年にかけて使節団を東南アジアに派遣し、再び反共統一戦線の構築を呼びかけた。54年6月には韓国で「アジア民族反共大会」を開催し、自由アジア諸国を連ねる反共機構として「アジア民族反共連盟」を設立することを採択した。この会議にはグエン・ヴァン・タム前首相が「ベトナム国」代表として参加した。しかし、蒋介石は日本排除を主張する李承晩側としだいに距離を置き、台湾での大会開催に同意を与えなかったため、第二回はマニラ（56年3月）で、さらに第三回はサイゴン（1957年3月）で開催されることとなった。

以上のように、「アジア民族反共連盟」は韓国と中華民国の対立をはらみ、またアメリカの消極的姿勢とあいまって集団安全保障体制の樹立にはほど遠いものであったが、韓国がサイゴン政権に接近する契機となった。1955年10月26日、ゴー・ディン・ジエムが「ベトナム共和国」の樹立を宣言した翌日には新政府を承認し、翌年の5月にはサイゴンに韓国公使館を設置した。李承晩は「韓国・ベトナム軍事同盟」の樹立を目指したが、アメリカ・ベトナムともに賛成せず、外交関係の強化にとどまった。（武内）

〔参考〕〔松田 2011〕

9　日本・南ベトナム関係

(1) 大使館開設

1951年、サンフランシスコ講和条約を受けて日本はバオダイ率いるベトナム国政府と外交交渉を開始したが、ベトナム側は賠償問題未解決を理由に、1954

年まで外交使節の交換に応じなかった。サイゴンに公使館が設置されたのはバオダイ政府を引き継いだゴー・ディン・ジエム政権成立以降のことである。1955年5月19日、ベトナム側は大使館に昇格させた。大使館は、ファン・ディン・フン（旧リショー）通り147番に置かれた。（武内）

〔参考〕〔平野 2001:105-107〕〔USOM 1958: 39〕〔朝日（朝）55520〕
　　　☞《人物編》〈小長谷緯〉

(2) 沈船引揚・賠償問題

　賠償交渉に先だち、アジア・太平洋戦争中にインドシナ沿海地域、特にサイゴン～カップ・サンジャック（現ブンタウ）沖に沈没し、航行の支障を来していた日本の軍船・商船の引揚交渉が、日本と「ベトナム国」との間で進められ、1953年、日本側が225万ドルを負担することで基本合意し仮協定が結ばれ、実際の引揚事業は日本の北川産業が担うこととなった。しかし、1956年3月、ゴー・ディン・ジエム政府は改めて賠償問題の解決を求め、沈船引揚事業は頓挫した。
　サンフランシスコ平和条約に基づき、ベトナムは戦争により多大の被害を受けたとして戦後賠償を求め、沈船引揚事業とは別個に、1953年より日本と南ベトナムとの間で交渉が開始していたが、多くの曲折を経ながらも、1959年5月13日、賠償協定および借款協定の締結を見た。この協定により、日本は資本財として3900万ドル、経済協力のための借款1660万ドルをベトナム共和国に供与することとなった。このベトナム賠償に対しては社会党を中心に多くの反対運動が起こった。（武内）

〔参考〕〔外務省外交史料館 1992: 67〕〔朝日（夕）521128、530917〕〔朝日（朝）560304〕

(3) 経済・技術協力
　a. アジア協会
　経済・技術協力の窓口として吉田内閣時代に設立された民間のアジア研究機関。賠償問題研究のために外務省内に設けられたアジア経済懇談会を母体とし、各種アジア関係団体を統合するかたちで、松永安左エ門ら財界人も加わり、1954年に設立された。初代会長には藤山愛一郎（南洋協会会長、後外相）が就任した。機関誌に『アジア問題』がある。タイや旧インドシナ地域に各種使節団を派遣し、日本との経済関係強化を目指した。（武内）

補注

〔参考〕〔平川 2013: 114〕

b. 日本技術協力株式会社

　日本の経済界はゴー・ディン・ジエム政権が成立すると積極的に経済使節団を南ベトナムに送り込んだ。1956年3月から4月にかけて、経済団体連合会は植村甲午郎・千賀鉄也両使節団を派遣したのを皮切りに、同年8月には車輌修理・造船・通信・兵器関係の技術顧問数十名を南ベトナムに派遣した。

　さらに、1956年9月17日には、東南アジア諸国との技術協力の実務機関として、関連企業が連合し日本技術協力株式会社を発足させた。資本金は1500万円、取締役には、植村とともに南ベトナムを訪問した河合良成・千賀鉄也・土光敏夫、顧問に同じく植村使節団のメンバーであった新谷述史、さらに大南公司社長の松下光広、兵器工業会副会長管晴次が名を連ねた。千賀や管が関わっていたことに現れているように、技術協力の関心は南ベトナムの兵器産業や補修事業等に向けられていた。（武内）

〔参考〕〔朝日（朝）560712〕〔読売（朝）560918〕

c. ダニムダム

　Nhà máy thủy điện Đa Nhim. 日本の戦後賠償によりダニム川流域に建設されたダム及び発電所。ダニム川は、サイゴンの北東250キロに位置するダラットの東方に北から南へ流れ、サイゴン川に合流する河川で、流域面積は800平方キロに及ぶ。この流域へのダム建設についてはフランス経済技術援助協会による設計が進んでいたが、日本工営の久保田豊は、1955年夏のエカフェ（国連アジア・極東経済委員会）総会で戦時中より抱いていたダニムダム構想を発表した。すなわち、標高1020メートルの地点にダムを設け、長さ1450メートル、高さ40メートルの土堰堤を築くことで、容積350万平方メートル、有効貯水量1億5000万立方メートルを確保し、第一発電所のみで、最大出力16万キロワットの電力を得る。さらに、そこで得られる電力を需要の多いサイゴン地区に送るだけでなく、カムラン湾にも振り向け同地の豊富で上質な塩・硅砂を利用し重化学工業を起こす、という壮大なものであった。

　会議に出席しこの報告に強い関心を抱いたベトナムの公共事業相は久保田をベトナムに招聘した。ベトナムでの現地調査及びゴー・ディン・ジエム大統領

との正式会見を経て、同年 11 月、久保田はゴー・ディン・ジエム政権のチャン・ヴァン・メオ公共事業相との間でダニム地点にダムを設立するための調査設計契約を結んだ。

　いっぽうフランス側も久保田案に刺激され、急遽計画を具体化させ設計書をベトナム側に提出した。二つの開発設計書を手にした南ベトナム政府はどちらの案を採用すべきかの検討を国連に依頼した。国連から選出された技術委員三名は、約一年間の審査を経て、1957 年春、久保田案の採用を最終決定した。

　当初、建設資金は日本輸出入銀行をつうじた南ベトナム政府への融資という形をとることが構想されたが、日本政府と南ベトナム政府との賠償交渉がはじまると、ダニム開発事業を賠償金によってまかない、工事の管理・監督を日本工営に委ねることで交渉が進み、賠償問題の解決を俟って本格的な工事が開始し、1963 年に完成した。（武内）

　　〔参考〕〔日本工営 1981: 83-88〕〔久保田・山口 1967: 47-53〕〔朝日 551119〕
　　☞《事項編》〈沈船引揚・賠償問題〉、《人物編》〈久保田豊〉

（4）大本教とカオダイ教

　日本の大本教とカオダイ教との関係は戦前にまで溯る。1935 年、シャムで布教にあたっていた人類愛善会の筧清澄がインドシナを訪れ、タイニンのカオダイ教本部を訪問している。しかしまもなく第二次大本教事件が起こったために、両者の関係は深められることはなかった。

　戦後になると、平凡社社長下中弥三郎、大本教などの提唱で、1955 年 8 月、世界各宗教の協力提携の促進・世界平和をかかげ、第一回宗教世界会議が東京で開催された。この会議にはベトナムからカオダイ教・仏教・カトリック各界の代表 14 名が参加し、カオダイ教からはレー・ティエン・フオックが派遣された。この大会により第二次大本事件で中断されていたカオダイ教と大本との友好関係が復活した。1956 年、カオダイ教「伝教聖会」の招聘を受けて大本教側は出口伊佐男総長をベトナムに派遣し、7 月 8 日から 21 日にかけて、トゥーランのカオダイ教殉教者除幕式、フエのベトナム宗教代表者会議等に出席し、タイニンのカオダイ教本部を訪問、交流を深めた。日越賠償問題のこじれから他の教団には査証が下りず、ベトナムに入国できたのは大本教総長の一行のみであったという。出口総長一行は大南公司に訪問の手配を依頼した。（武内）

〔参考〕［大本七十年史編纂会 1967（下）: 282, 1151-1162］
☞《事項編》〈カオダイ教〉、《人物編》〈レー・ティエン・フオック〉

（5）東亜経済調査局附属研究所

　通称大川塾。1938年4月、「亜細亜調査の要員の育成」を目的として、満鉄・外務省・陸軍省よりそれぞれ5万円、総額15万円の援助を得て設立された。「毎年全国中等学校四年終了者より二十名を選抜し、二年間基礎的教育を施して南方及び西南亜細亜各地に派遣し、何等かの実務に就きながら、先づ十年間を期して、夫々の任地に於けるエクスパートたらしめん」とすることが目指されたという。東亜経済研究局の附属研究所を標榜したが、実際は大川周明の主宰する「大川塾」そのものであった。そこでは、(1) 日本精神、(2) 国史・東洋史、(3) 政治学、(4) 国際政治経済学、(5) 南方事情、(6) 民族学、(7) 回教概論、(8) 礼法、(9) 語学、(10) 体育などの授業が開設され、大川自身が植民史やアジア民族運動について講義をした。当初鷺ノ宮に設けられたが、開所の翌年目黒台に移り、1944年の春、空襲をうけて灰燼に帰すと、萩平に移転し、そこで終戦を迎えた。
（武内）

〔参考〕［原覚天 1984：460-461］［玉居子 2012: 20-69］☞《人物編》〈原田俊明〉

《人物編》
（アイウエオ順）

石田昌男

　元駐フエ日本領事館書記生。フエ駐在時代、ベトナム独立運動に関する情報収集を担当し、ゴー・ディン・ジエムを知る。1944年7月、フランス官憲に追われたジエムを自宅に匿い、憲兵隊を介してサイゴンに護送するのに協力した。戦後、ＢＣ級戦犯としてフランス軍に裁かれ、プロ・コンドル島に五年間投獄された。（武内）

〔参考〕〔立川京一 2000: 78-80〕

植村甲午郎

　1894年東京生まれ。戦前は農商務省に入り、企画院次長を経験するなど官僚としての道を歩み、戦後財界に入りし、経団連副会長を務めた。1955年，カンボジア経済使節団の団長をつとめる。1957年9月28日、藤山愛一郎外相の特使として南ベトナムに派遣され、膠着した賠償問題の政治折衝にあたることになった。ベトナム協会会長をとなり、ベトナム賠償交渉では特命全権大使を務めた。1978年歿。（宮沢、武内補訂）。

〔参考〕〔臼井勝美他 2001：137〕〔読売（朝）550109〕〔朝日（夕）570913〕

ヴー・ヴァン・アン

　Vũ Văn An（武文安、1890-1946）．ヴー・ヴァン・ナムとも呼ばれた。ゴー政権下の経済官僚ヴー・ヴァン・タイの父。アンと思われる人物については断片的情報しかない。

　大川塾2期生山口智己によれば、1943年サイゴンでベトナム人兵補の教官を務めた際、ヴー・ヴァン・アン（武文安）という訓練生がいた。フランスの学校で農業技術の勉強をした大地主で、大南公司の「大きなお得意さん」であり、「大南公司に職を持っていた」時期もあった。第二次大戦終結後は、対仏・対日協力者であるということで「ベトミンに血祭りにあげられて死」んだとい

補注

【写真4】ベトナム北部バクニンのヴー・ヴァン・アン（写真中央）［西川文書］

う。同じく大川塾2期生梶谷俊雄は、武文安という国社党幹部が昭和19年10月に参謀本部に招かれて河村参謀長とともに訪日したこと、後に行方不明になったことを記している。

　一方インドシナ駐屯軍の参謀であり、日本軍によるベトナム独立プラン立案に関わった林秀澄中佐の戦後の回想によれば、1944年7月頃、東京の参謀本部第4班（謀略担当）の永井八津次大佐からベトナムの独立運動指導者20－30人を日本に連れてこいとの要請があった。しかし林は、そのようなことをすればインドシナ総督府の対日感情が悪くなると思い、「2人でかんべんしてもらってください」と言い、1944年10月に当時のインドシナ駐屯軍の河村参郎がレ・ト

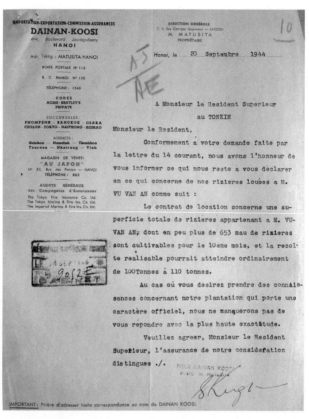

【写真5】大南公司がヴー・ヴァン・アンより米100トンを収穫可能な土地を借用したことをフランス当局に報告する文書［ANOM, RSTNF//7078］。大南公司とヴー・ヴァン・アンとの親密な関係がうかがえる。

　アン、ブー・バン・ナム［ヴー・ヴァン・ナム］を連れて行ったという。また林によれば、愛国党の党首グエン・スアン・チュウ、ジエム、ヴー・ディン・ジー、トアン、ナムが集まって独立後のベトナムについて話し合った。彼らは林に「将来ベトナムが独立することがあったら、われわれ5人は協力して日本軍に協力することをお誓いする」という声明書を提出したという。「独立運動の首脳部、いわゆる親日的独立運動者と目せられる人物が一応、ほんとうに一体となった感じがした」と林は述べている。

　一方、チュウの回想によれば、ヴー・ヴァン・アンはフランス留学から帰国

後ハノイの名門ブオイ校で教師を務めた後、染色技師になって成功をおさめると同時に政治活動に参加した。チュウがアンに日本憲兵隊本部で会ったのはジーが日本から帰国した直後であった。彼らの会見は日本軍の「総司令官」が主催した。トアンらが日本に行く前(チュウの記憶では日本に行ったのは3人であるというが、これは前述のようにトアン、アン、ジーであろう)ジエム、ジー、トアン、アン、チュウの5人で記念写真を撮った。(宮沢)

〔参考〕〔Nguyễn Xuân Chữ 1996: 241-244〕〔『インタビュー記録 C. 日本の南方関与』1981：88-89〕〔林 1980：377-379〕〔山本 2010：145〕

ヴー・ヴァン・タイ

　Vũ Văn Thai. ヴー・ヴァン・アンの息子。1919年、ハノイ生まれ。1930年より1944年まで、パリ大学に留学、1954年、グランゼコールの一つ中央工芸学校（École centrale des arts et manufactures de Paris）を卒業。1954年、帰国。独立後、国家計画局局長（Director General of Planning）を経て、1955年末より、ベトナム共和国外国援助部門の統括責任者を務めた。1957年5月、ゴー・ディン・ジエム大統領に同行してアメリカを訪問。また、ベトナムを代表し、1957年10月開催のコロンボプラン会議に出席するなど、「ベトナム共和国」切っての経済政策通であったが、1961年ジエムによって解任された。(武内)

〔参考〕〔VCA/TTU Douglas Pike Collection：1781239005, 1781244012, 1781238001〕

小田親

　1922年ハノイ生まれ。父は天草出身で1912年にインドシナに渡り、ハノイで写真業を営み、インドシナ総督の専属カメラマンを勤めた。また松下光広から旅館を譲り受け、ハノイで小田旅館を経営。小田親はハノイのコレージュ・ド・ポール・ベールに通ったが、後にゴー・ディン・ニューの妻となるチャン・レー・スアンは小田の妹と同級生であった。
　1939年卒業し、北部仏印進駐に際して日本軍の平和進駐を監視する西村兵団でフランス側との通訳を務めた。1945年の敗戦で日本に引き揚げるが、1955年大南公司のサイゴン支店再建とともに復帰する。1957年9月の第1回ベトナム賠償交渉ではベトナム側代表グエン・ゴック・トーと日本側代表植村甲午郎との間で通訳を務めた。1962年日本工営理事に就任、後同社取締役サイゴン事務

所長。2010年歿。(宮沢)

〔参考〕〔小田 2008: 120-137〕

グエン・ゴック・トー

Nguyễn Ngọc Thơ (1908- ?)．メコンデルタのロンスエンの富裕な地主の子として生まれる。

1955年1月ベトナム共和国在日本大使に任命され、1956年に経済相となり、同年末には副大統領を兼任してベトナム賠償交渉に携わった。1963年のいわゆる仏教徒危機（ジエム政権による仏教徒弾圧を契機に、南ベトナム全土で反ジエムの気運が高まった事件。ズオン・ヴァン・ミン将軍を中心とする軍部はジエム暗殺を決意し、ケネディ政権もこれを容認して、1963年11月1日のジエム暗殺クーデタが起こった）では、仏教徒との交渉役を担った。ジエム暗殺後はズオン・ヴァン・ミン大統領の下で首相に就任したが、1964年1月30日、グエン・カーンによるクーデタで解任され、政界から引退した。(宮沢)

〔参考〕〔David Lan Pham 2001: 607〕〔Đoàn Thêm 1966: 161,196,210〕

グエン・タイン・フオン

Nguyễn Thành Phương (?-?)．元フランス植民地軍歩兵大尉。1949年の「バオダイ解決策」によりカオダイ軍の司令官となる。1954年9月24日ゴー・ディン・ジエム首相兼内相が国防大臣も兼務した際、ホアハオ教軍事指導者チャン・ヴァン・ソアイ(Trần Văn Soái)とともに国防委員となるが、ジエムの懐柔策によるものであり、未だ対立関係にあった。1955年3月31日、サイゴン市内で起こった国軍とビンスエン軍団の戦闘後にジエムに帰順し、帰順式典を独立宮殿で行う。4月29日ビンスエンと国軍の再度の戦闘に際し、ジエム支持急進派の革命委員会にチン・ミン・テーと共に加わり、国軍内の反ジエム派を解体した。1955年10月5日（西川が日記に記したのは10月12日）カオダイ教総本山タイニンを襲い、教主ファム・コン・タックと2人の娘を逮捕する。1956年3月の制憲議会選挙ではボイコットを訴えて逮捕された。1961年の大統領選挙でタインは、大統領候補グエン・ディン・クアトの副大統領候補として立候補するが、ジエムに敗れた。(宮沢)

296

補注

【写真6】1950年6月、クオンデ帰国の別宴（前列右より蓑田不二夫、松下光広、クオンデ、グエン・ヴァン・バー（阮文巴）夫妻と子供、後列右から西川寛生、高瀬侍郎、小松清）[西川文書]

〔参考〕［Miller 2013：127-129, 145］［Lan Pham 2002：642-643］［ Hội Đồng Chi Đạo Biên Soạn Lịch Sử Nam Bộ Kháng Chiến 2012: 496-497］［Blagov 2002: 95］［Đoàn Thêm 1966: 168,171,184,200］［フォール 1966［1963］：260-261］

クオンデ

Cường Để (彊㭽、1882-1951). 畿外侯彊㭽(Ký Ngoài Hầu Cường Để) とも称される。諱は阮福民 (Nguyễn Phúc Dân)。阮朝初代皇帝嘉隆帝の夭折した皇太子カインの直系子孫。ファン・ボイ・チャウが維新会の盟主に推戴し、東遊運動によって1906年来日。1907年の日仏協約で、日本が東遊運動に圧力を加え、1909年に香港に出国する。辛亥革命後、孫文らにベトナムの復国への援助を求めるが断られる。1912年維新会を改組したベトナム光復会(Việt Nam Quang Phúc Hội)の盟主となる。1913年ハノイでインドシナ総督サロー暗殺未遂事件が起こると、ファン・ボイ・チャウとともに首謀者とされ、欠席裁判で死刑を宣告される。

シャムを経てヨーロッパへ赴き、ドイツとの提携やフランスとの交渉を目論

見るが成果なく、再び中国を経て1915年秋再来日する。犬養毅や柏原文太郎の援助により早稲田大学などで学ぶ。1925年政友会代議士今里準太郎が長崎で開催した「全亜細亜民族会議」でベトナム代表として植民地打倒を訴える。

1938年台湾参謀本部の要請により、台北から反仏ラジオ放送を行った。1939年日本軍の後推しでベトナム復国同盟会(Việt Nam Phúc Quốc Đồng Minh Hội)を結成する。軍事部門であるベトナム復国同盟軍は1940年の北部仏印進駐で日本軍とともに南中国から侵攻しフランス軍と戦闘するが、日本の方針が「平和進駐」に代わり、ベトナムに取り残され指導者らは逮捕・処刑される。カオダイ教などが国内での復国同盟会の支持母体となった。

日本が仏印武力処理案を計画するなかで、仏印駐屯軍や外務省の一部が独立ベトナムの元首として推すが、最終的には「静謐保持」の観点からバオダイが留任した。

1950年、ベトナムに帰還を試みるが寄港地バンコクから日本に送還され、1951年死去。護国寺で葬儀が行われた。1954年10月、カオダイ教教主ファム・コン・タックは来日した際、遺骨の一部をベトナムに持ち帰った。日本で行われた聞き取りをベトナムで出版した自伝や、小松清による伝記小説がある。(宮沢)

［参考］［白石　1982：23-44］［白石　1984：33-69］［宮沢　2005：115-150］［宮沢　2007：56-85］［宮沢　2013］［小松　1955］
☞《事項編》〈ファム・コン・タックの台湾・日本訪問〉

小長谷綽

東京都出身。1921年、東京外語仏語卒業後、外務省入り。1926年外交官試験に合格。1941年から1945までハノイ総領事。仏印大使府時代に情報部長を務め、仏印処理後はハノイ市長事務を担当するが、日本がベトナム側に返還しなかった領土獲得を企図するチャン・チョン・キム首相が1945年7月13日にハノイを訪問して土橋勇逸に首相辞任をちらつかせ、ハノイなど三都市の返還を迫ったため、小長谷は辞任して、チャン・ヴァン・ライがハノイ市長に就任した。1952年よりビルマ総領事となり、賠償交渉に携わる。1955年2月、特命全権公使としてサイゴンに赴任、同年3月より1957年10月まで特命全権大使として勤務した。(宮沢)

［参考］【外務省外交史料館 1992：102】［読売（朝）540821］［Marr 1995: 132-133］。

【写真7】久保田豊（右端）と植村甲午郎（左端）［西川文書］

久保田豊

　日本工営創業者。土木技術者。1890年熊本県阿蘇郡に生まれる。東京帝国大学土木工学科卒業後、内務省を経て朝鮮で長津江ダムなどの電力開発事業に携わった。さらに、日本窒素肥料の野口遵の後を継いで、1940年、朝鮮鴨緑江水力発電会社の社長に就任し、当時世界最大級とされた鴨緑江水豊ダムの建設を指導、完成させた。また、1939年からは豊富な鉄鉱石を有する海南島石碌鉱山の開発にもかかわり、1942年には同鉱山開発を目的として設立された日窒海南工業株式会社の社長にも就任した。この間、インドシナにも関心を向け、1941年、自らハイフォン・ハノイを訪問するとともに鴨緑江水電より土木技師阪西徳太郎を派遣し、ダニム付近等を調査させたが、その経験は戦後のダニムダム建設に生かされた。

　1946年に新興産業を東京で起こし、翌年日本工営と改称した。日本における技術コンサルタント会社の先駆けとなったこの会社は、ベトナム、ミャンマー、ラオス、ネパール、インドネシア、ガーナなどの地において、ダム建設や大型開発プロジェクトを受注し発展を遂げた。ベトナムでは同郷の松下光広と二人

三脚でダニムダムの建設計画作成と受注に努力するが、南ベトナム政府との癒着を疑われて、国会で喚問を受けたこともある。1985年勲一等旭日大綬章叙勲。1986年死去。(宮沢・武内)

〔参考〕〔読売（朝）860910〕〔永塚 1966〕〔朝日新聞社編 1990: 600〕〔久保田・山口 1967: 33-37〕〔河野司編 1974: 301〕☞《事項編》〈ダニムダム〉

グレアム・グリーン

　Graham Greene (1904-1991). イギリスの小説家。オックスフォード大学を卒業後、タイムズの記者となる。1941年から44年まで英国情報部に勤務、アフリカ・ヨーロッパに駐在。44年に情報部を離れ、『ライフ』の特派員となり、英領マレー、インドシナに滞在。1956年には自らの経験を織り込み、『おとなしいアメリカ人 The Quiet American』を発表した。この小説は、イギリス人ジャーナリストであるファウラーとアメリカ人で援助局につとめる理想家肌の青年パイル、それにベトナム人女性のフオンを軸に物語が展開する。アメリカ人パイルは、フランスの支持を受けたバオダイや、ホー・チ・ミン率いる共産党とも異なる第三勢力に関心を寄せ、ベトナムへの介入を模索していたアメリカ中央情報局（CIA）部員がモデルとされる。この小説にはその複雑性を十分理解することなしに第三勢力としてカオダイ教軍の指導者チン・ミン・テーへの接近を試みようとしていたアメリカ情報局に対する批判が込められていたという。なお、本書出版以後、グリーンは長くCIAの監視下に置かれたといわれる。(武内)

〔参考〕〔Sherry 1996: 421-434〕〔Corfield 2013: 117-118〕

小牧近江

　本名は近江谷駒（1894-1978）。秋田県土崎港生まれ。1910年、当時衆議院議員だった父栄次に伴われシベリア経由で渡仏し、アンリ四世学校に入学。1918年パリ法科大学を卒業後、ベルサイユ講和会議日本全権団事務嘱託となる。コミンテルン運動にかかわりスイスへ赴く。1919年帰国し、1921年土崎でプロレタリア文学雑誌『種蒔く人』創刊。1939年ベトナムへ渡り、台湾拓殖の子会社印度支那産業に勤務。1944年ハノイ日本文化会館事務所長となり、小松清らと文化事業に従事する傍ら、ベトナムの民族運動家を支援する。また「仏印処理」後、1944年の北部の飢饉で苦しむ民衆のために19トンのコメをハノイ市民から集め、

チャン・チョン・キム内閣に渡した。1946年、フランスの求めに応じて収容所を脱出。ソロヴィエフ、フランソワ・ミソフから、分裂したベトナム側の統一的代表を定めさせ、フランスと和平協定を結ぶ手助けを求められ、小松清とこの任にあたり、同年3月協定締結に導いた。5月に帰国。文筆活動や法政大学で教鞭を取る。1950年、来日したゴー・ディン・ジエムと会見した。自伝に『ある現代史："種蒔く人"前後』がある。(宮沢)

[参考][小牧　1965][ヴィン・シン 2000]

小松清

　神戸生まれのフランス文学者(1900－1962)。神戸高商卒業後上京し、社会主義運動に参加。1921年渡仏。アンリ・バルビュスやアンドレ・マルロオと交流し、植民地問題への関心を深める。パリでグエン・アイ・クオック (後のホー・チ・ミン) に会ったという。1931年帰国。反ファシズムの「行動主義」を標榜する。1937年再渡仏し、1940年9月パリ陥落直前に帰国。1941年4月に改造社特派員としてインドシナを訪問して独立運動に関心を持ち、帰国後に日本亡命中の阮朝皇族クオンデと接触する。また元『改造』編集長水島治男と「水曜会」を結成し、ベトナム民族解放運動の一助とする。1941年12月8日太平洋戦争が勃発すると翌日逮捕・収監された。フランスから帰国途中のシンガポールで自由主義的発言をしたこと、フランス領インドシナ事情について率直に語りすぎることなどが理由であった。釈放後の1943年3月サイゴンの日本大使府に全権公使として赴任する田代重徳の私設秘書として渡航する。サイゴンでゴー・ディン・ジエムや後にベトミンの指導者になるファム・ゴック・タイックらと親交を結んだ。また大川塾出身者と交流を深めた。1944年1月にハノイへ行き、小牧近江が主事を務める日本文化会館で小牧の私設顧問のようなで仕事を始める。日本文化会館は大東亜省の機関で、日本語学校の運営、情報収集、治安の維持、日本文化の普及を目的としていた。小松は会館の業務の傍ら、軍や官報資料を読み、ベトナム側の協力者と情報を交換した。1945年3月9日の仏印処理に際しては、刑務所を襲って政治犯を釈放し、小牧とともにハノイ市民から米の寄付を得て飢餓に苦しむ民衆に配った。日本の敗戦後サイゴンでホー・チ・ミンと会見するが、後に小松はホーがかつてパリで会ったグエン・アイ・クオックとは別人であったと断じている。

　日本の敗戦後、北部ベトナムは中国国民党軍の占領下に置かれたが、フラン

【写真8】戦時期、日本文化会館前の小松清［西川文書］

スが再侵略を試み、ベトナム民主共和国軍と戦闘になっていた。フランス代表部のサントニィは北部に関して民主共和国政府と交渉による事態の打開を図り、小牧や小松にベトナム政府との仲介を依頼した。この結果1946年3月6日仏越和平暫定協定が締結された（後に破棄）。1946年4月にベトナムを発ち、6月に帰国。

以後フランス文学者として活躍する一方、自らのベトナムでの体験を小説にした『ヴェトナムの血』、クオンデの伝記小説『ヴェトナム』や「ホー・チ・ミンに会うの記」などを著した。（宮沢）

〔参考〕［林俊・ピジョワ 1999: 248-308］［ヴィン・シン 2000］

補注

ゴー・ディン・ジエム

　Ngô Đình Diệm（呉廷琰、1901-1963）．中部フエのクリスチャンの家庭に生まれる。父は成泰帝（Thành Thái）の下で礼部尚書を務めたゴー・ディン・カー（Ngô Đình Khả）。兄は大司教ゴー・ディン・トゥック（Ngô Đình Thục）、弟はゴー・ディン・ニュー（Ngô Đình Nhu）。ジエムはバオダイの宮廷改革により1933年に吏部尚書となるが、フランスの弾圧により改革が頓挫すると失望して職を辞した。仏印進駐後フランスににらまれ身の危険を感じていたジエムを救出し身柄を日本軍に渡したのは、大川塾出身の片野健四郎、三浦琢二、フエ日本領事館の石田昌生書記生らである。サイゴンで日本軍の保護下に入り、西川と面談する。1945年3月日本軍の「仏印処理」により、バオダイが独立を宣言すると、バオダイにより宮廷に招かれるが出仕しなかった。

　日本の降伏後、ゴー・ディン・ジエムはベトミン軍に逮捕されたが、脱出している。バオダイから組閣を要請されたこともあるが拒否し、1950年よりアメリカに旅だった。その途次、日本に立ち寄り、阮朝の亡命王族クオンデ、小牧近江、小松清と会見した。小牧近江は1950年秋に来日したジエムとの会見を以下のように回想している。

　　政治に関係のある話は、わざと避けていたのですが、帰りがけに、ちょっと、これだけは聞いておきたいと思って、ホー・チミンとの関係を質問してみました。「あなたはホー・チミンにお会いになりましたか？」「会ったどころではない。タイゲン［タイゲエン］でずうっと一緒にいた。ひじょうに鄭重にもてなされ、私のために一戸建ての家を提供してくれたほどだ。その上、毎日といってよいほど、私をたずねてくれ、いろいろ話し合うことができた。彼は立派な人物です。民族愛に燃えた人間です。ただ私はカトリック信者であるので、必ずしもすすんで行く道には一致しないところがありました。結局、私の方からタイゲンを脱出したのです。

　外遊より帰国した後、アメリカの後押しにより、1954年7月ベトナム国の首相に就任する。西川の日記にあるとおり1955年に選挙によってバオダイに代わって元首の座につき、ベトナム共和国を建国し、大統領となる。ニューを顧問にして、一族、姻族、同郷人、キリスト教徒で政権を固め、独裁を敷いた。共産主義者と目された人物を簡単に逮捕・処刑できる法律（10/56法）を施行して反対派、仏教徒、カオダイ教徒、ホアハオ教徒らを弾圧したため国民から反発を招き、

在任中何度も暗殺未遂や軍事クーデタに見舞われた。1963年に仏教徒を弾圧すると、僧侶の焼身自殺など激しい抗議行動が起き、軍部がクーデタを計画した。アメリカも意のままに動かないジエムに見切りをつけ、クーデタを容認するに至った。その結果、11月1日から2日にかけてのクーデタで弟のニューとともに暗殺された。(宮沢)

〔参考〕〔Lan Pham 2002: 513-514〕〔山本 2010: 120-121〕〔『みんなみ』30号：14〕〔白石 1984: 53-59〕〔小牧 1965: 198-199〕〔松岡 2006：1〕〔The Pentagon Papers vol.2 1971: 201-276〕

ゴー・ディン・ニュー

Ngô Đình Nhu（呉廷柔、1911-1963）. 1911年、フエの阮朝名臣の家に生まれる。父親はゴー・ディン・カー（Ngô Đình Khả）。兄はゴー・ディン・ジエム（Ngô Đình Diem）。1938年、フランスの"国立古文書学院"（École nationale des chartes）卒業（学位論文は、「旅行者・宣教師から見た16-17世紀ベトナム北部の風俗と習慣 Mœurs et coutumes des Tonkinois aux XVIIe et XVIIIe siècles d'après les voyageurs et missionnaires」）。帰国後、ハノイのインドシナ総督府アーカイブズ局に勤務した後、1943年、フエ文書館館長となる。

1945年9月2日、ベトナム民主共和国が樹立されると、内務大臣に就任したヴォー・グエン・ザップはニューを全国アーカイブズ・図書館局局長に任命したが、ファット・ジエムやタインホアにこもり、ベトナム勤労（カンラオ）抗戦連団を組織し、ベトミンに対抗した。連団は後述するカンラオ党の母体ともなった。その間、ベトミンにより長兄ゴー・ディン・コイ（Ngô Đình Khôi）一家が処刑され、ジエムが捕えられるなど一族は政治的混乱に巻き込まれるが、難を逃れたニューは、47年からダラットに拠点を構え、解放されたジエムを支援し、反共・反フランスを掲げる民族運動への傾倒を深めていく。50年代初期には、政治雑誌『社会（Xã Hội）』の出版・啓蒙活動、さらにはキリスト教労働者連合の組織化等を進め、1953年にはチョロンで「民族統一・平和国民大会」を開催し、ベトナムの無条件独立、国民議会の開催、言論と集会の自由、汚職の追放等を決議した。ゴー・ディン・ジエム政権の基礎となるカンラオ人格党が結成されるのもこの頃であった。

1955年にジエムが大統領に就任した後は、カンラオ党および秘密警察を指揮し、一族による専横体制を築き上げた。特に秘密警察は、諜報活動や暗殺などを通して独裁体制の維持に寄与したものとされるが、その実態には不明な点が

多い。63年8月、仏教徒との対立が深まる中、秘密警察を用いて仏教寺院を襲撃した事によりアメリカの支持を失い、11月1日から2日にかけての国軍将校らによるクーデタによってジェムとともに暗殺された。

　ニューは、アメリカに向かう途次（1957年3月14日）、さらにフランスから帰国時（1961年7月6日）の二度、非公式に日本を訪問したことがある。（北澤・武内）

　〔参考〕〔ハマー 1970: 283〕〔Goscha 2012: 314〕〔Kutler, ed. 1996: 101, 358-359〕〔Tucker 1998b: 476〕〔Demery 2013: 39, 49, 60-61, 64, 75, 77〕〔ヴェトナム通信 17/18: 6〕
　☞《人物編》〈ゴー・ディン・ジエム〉〈チャン・レー・スアン〉

シハヌーク

Norodom Sihanouk（1922-2012）．カンボジアの国王・政治家。カンボジアの二大王家であるノロドム家とシソワット家の血筋を引き、1941年18歳で国王に即位した。日本が1945年3月9日、「仏印処理」を発動すると、同月13日、フランスとのカンボジア保護条約を破棄し、独立を宣言した。日本の敗戦後は、1946年、再びインドシナに復帰したフランスと暫定条約を強いられ、外交・財政・軍事諸権をフランス側に握られた。

　1952年6月、「完全独立までプノンペンに帰らぬ」と宣言してタイに亡命、1953年にはフランスから譲歩を引き出すことに成功し、完全独立を果たした。1954年3月には父スラマリット王に王位を譲り、1955年12月、首相として来日、重光葵外相とカンボジア友好条約を締結した。（武内）

　〔参考〕〔朝日（朝）450314、551203、551210〕〔池端 2008: 183〕

ソン・ゴク・タン

Son Ngoc Thanh（1908-1977）．日記中には"山玉誠"としても登場。カンボジアの政治家、革命家。ベトナム南部チャヴィン省の富裕なカンボジア人（クメール・クロム）の家庭に生まれた。フランス留学後、王立図書館の司書に勤務したが、カンボジア初のクメール語新聞「ナガラヴァッタ Nagaravatta」を創刊し、ジャーナリズム活動を展開する中でしだいに民族主義的指向を強めていった。1942年7月にフランス警察に逮捕された高僧の釈放デモの先頭に立ち逮捕されるが逃亡。同年9月、大川塾2期生で大南公司のバッタンバン出張所に勤務していた片野健四郎とともに、バンコクの日本大使館に逃れ、日本に亡命した。

1945年3月9日、日本軍の明号作戦が実施されると、ソン・ゴク・タンはカンボジアに戻り、8月14日にはシハヌーク国王をいただく独立政府の首相兼外務大臣に就任したが、日本の敗戦後、プノンペンに進駐したフランス軍によって逮捕された。フランスは、ソン・ゴク・タンを1947年から50年までフランスのポワティエに軟禁し、当局の監視下に置いた。

　シハヌークは1949年11月8日、パリでフランス側と「仏連合国内における独立」を認める条約を締結し名目的な独立を果たしたが、外交・経済・軍事・司法等は依然としてフランス側に握られたままであった。この条約に反対し完全独立を求めるグループは、コンポンスプー等の西南部に「自由クメール」（クメール・イサラ）を組織しゲリラ基地建設を進めた。

　1951年に帰国したソン・ゴク・タンはただちに政界に復帰、新聞「クメールの目覚め（クメール・クロク）」を発刊、フランスからの完全独立を呼びかけたが、ただちに発禁処分を受けた。その後、ソン・ゴク・タンはシェムリアップに逃れ、「自由クメール」の運動に合流しゲリラ戦を展開したが、東京の松下光広に支援を要請したのもこの頃であった。いっぽう、ソン・ゴク・タンらの運動に刺激され、シハヌークもまたタイ国への亡命を敢行してフランスに抵抗し、1953年、ジュネーヴ協定に先だち、独立を認めさせるのに成功した。しかしシハヌークは、ソン・ゴク・タンを「公敵第一号」に指定し、1955年の選挙への出馬を禁止するなど、その政治的活動に制限を加えた。

　1970年にシハヌークがクーデタで追放されると、ソン・ゴク・タンは親米ロンノル政権のもとで一時外相に就任したが、まもなく解任されベトナム南部に逃れた。1975年にサイゴンが陥落すると、北ベトナム軍によって収容所に送られ、1977年死去したといわれる。（宮沢・武内）

〔参考〕〔Edwards 2006: 206-207, 213〕〔Kiernan 2004: 43-51〕
　☞《人物編》〈バオダイ〉〈藤原岩市〉〈只熊力〉

只熊力

　戦時期日本のカンボジア独立工作にかかわり、戦後も日本・カンボジア関係の諸事業に参加した軍人・実業家。1945年3月の明号作戦によってカンボジアはシハヌーク国王をいただき、独立を果たした。第二師団第四連隊に所属していた只熊は王宮警備隊長に就任するとともに同年6月、義勇軍部隊の創設及びその指導に関わった。日本の敗戦後もソン・ゴク・タン首相の求めに応じカン

ボジアに残留したが、フランス軍によりタンが逮捕されると、仏教僧侶の庇護を受けコンポンチャムに脱出した。

シハヌークは1949年11月8日、パリでフランス側と「仏連合国内における独立」を認める条約を締結したが、外交・経済・軍事・司法等は依然としてフランス側に握られたままであった。この条約に反対し完全独立を求めるグループは、コンポンスプー等の西南部に「クメール自由軍」(クメール・イスラ)を組織しゲリラ基地建設を進めた。只熊もまたこれらの独立運動に参加した。

1951年に釈放されたソン・ゴク・タンは、クメール自由軍を吸収し、完全独立・中立主義をかかげる「人民運動独立軍」を樹立したが、シハヌーク国王の不信と警戒を招いた。シハヌークが完全独立を達成し、政治的にソン・ゴク・タンらの運動が孤立するなか、只熊は1956年に帰国した。(武内)

[参考][只熊 1956: 53-63][只熊 2000: 45-53]
☞《人物編》〈ソン・ゴク・タン〉

田中清玄

昭和期の日本共産党指導者・国家主義者 (1906-1993)。北海道亀田郡生まれ。1927年、東京帝国大学在学中に日本共産党に入党。中央委員長となるも、1930年、治安維持法により逮捕、獄中にて転向。戦後、土木・建設事業を起こし実業家に転じた。日本に戻った大南公司社長松下光広は、1947年3月、田中清玄と知り合い、その宗教的協同組合精神に共鳴し、田中も、松下を自らの経営する神中造船所に受け入れ、その生活を支えたという。松下が大南公司の復興を目指して内外産業株式会社をたちあげた際には、同じく田中の経営する三幸建設の一角に業務スペースを提供するなどの便宜を与えた。

1955年頃より、田中は、東南アジア特にタイとの関係を深め、頻繁にタイと日本を往復していた。1957年、タイ国首相ピブーンがクーデタにより失脚した際に、日本亡命を手配したのも田中であったという。(武内)

[参考][田中・大須賀 2008: 198-208][北野 1985:269][山田 2004: 93]☞《事項編》〈タイ政変〉、《人物編》〈松下光広〉

チャン・ヴァン・チュオン

Trần Văn Chương (1898-1986)。ジェム政権下において駐米大使を務めた法律家、

政治家。ナムディン出身であるが原籍は南部のビエンホア。チャン・レー・スアンの父であり、ゴー・ディン・ジエムの義父に当たる。父は東閣大学士をつとめた阮朝高官であった。チュオンは、1913年からアルジェリア及びフランスに留学し、フランスで法学の博士号を取得した後はベトナムに戻り、弁護士として活動した。1930年頃から政治に傾倒し始め、チャン・チョン・キム内閣では外務大臣を務めている。第二次大戦後はベトミンに捕えられるも釈放され、その後は54年までフランスで生活。ジェムの要請によりアメリカ大使を務めるも、1963年8月ジェムによる仏教弾圧に抗議し辞職。その後はアメリカに移住した。（北澤）

〔参考〕〔Tucker 1998b: 698〕〔Nguyễn Q. Thắng 1999: 1343-44〕
☞《人物編》〈ゴー・ディン・ニュー〉〈チャン・レー・スアン〉

チャン・チョン・キム

Trần Trọng Kim（陳仲金、1883-1953）。ハティン省ギースアン県ダンフォー社生まれ。幼少より漢字を学んだが、1897年よりナムディンの仏越学校に入学、フランス語を学ぶ。のちハノイ通訳学校（Collège des Interprètes à Hanoi）を卒業後、通訳官としてニンビンに勤務。1905 - 1911年、フランスに留学、教育学を学んだ。
　キムは、1928年には名著『越南史略』上下二冊本を上梓したのをはじめ、多くの歴史書・学術書を著した文化人として知られた。日本がインドシナに進駐すると、クオンデを盟主とするベトナム独立運動に期待を示したが、1943年、フランス側が親日派の一斉検挙に乗りだすと、シンガポール、さらにはタイ・バンコクに逃れ日本軍の庇護下に入った。1945年3月9日の「仏印処理」後、「越南帝国」皇帝として独立を宣言したバオダイは、当初、ゴー・ディン・ジエムを首相に任じようとしたが、学者として名声が高く日本側の支持も得られやすいと見たキムに組閣を求めた。キムはこれを受諾し、1945年4月17日、チャン・チョン・キム内閣が成立した。しかし、日本の敗戦と八月革命によって8月25日、バオダイは退位し内閣は消滅した。ホー・チ・ミンを首班するとするベトナム民主共和国が成立し、バオダイは顧問として参画したが、まもなく中国に逃亡した。キムもまたバオダイを追って中国に逃れ、香港在住のバオダイと合流した。
　バオダイの意を受け、フランス側の対応をはかるべくサイゴンに帰還したが、1947年5月、高等弁務官ボラエールがベトミン勢力との対抗上、直接香港に出向いてバオダイと会見し、その擁立工作に乗りだすと、キムは活躍の場を失い、

補注

【写真9】来日時のチャン・レー・スアン（右端）[西川文書]

居をプノンペンに定めベトナムの政治運動から離れた。バオダイの「ベトナム国」が成立し再度首相就任を請われたが、固辞した。1953年12月、ダラットにて静養中に死去。回想録として、Một cơn gió bụi（1949）（邦訳：陳仲金〈陳荊和訳〉「風塵のさなかに（1）-（4）」『創大アジア研究』1-4号、1980-83年）がある。（武内）

［参考］［白石 1984：54-57］［陳仲金 1980-83］

チャン・レー・スアン

　Trần Lệ Xuân（陳麗春、1924-2011）．ゴー・ディン・ニューの妻。マダム・ニューは通称。父は駐米大使や大臣を歴任したチャン・ヴァン・チュオン、母は阮朝の第九代ドンカイン帝（Đồng Khánh 同慶、在位 1885-89）の外孫に当たる。ゴー・ディン・ジエム大統領が未婚であったため、その政権下においてファースト・レディとしての役割を果たした。その立場から度々政治に介入しており、彼女主導で制定された家族法（1959）や倫理保護法（1962）は、社会の実情を無視してキリス

ト教的価値観を押し付けた悪法として言及されることが多い。また「ドラゴン・レディ」と揶揄されるほど気性が激しく、1963年の仏教騒乱時における「バーベキュー」発言は世界中から非難を招いた。クーデタ直前に国外に出ていたため難を逃れるも、その後はベトナムに戻る事なく、2011年イタリアで客死。

　その言動に対しては今日においても否定的見解が強いが、一方で彼女がベトナムにおける男女同権の実現や、青少年の保護に尽力していた点も無視できない。前述の法であっても、一夫多妻制や共有財産の扱い、未成年の飲酒や喫煙問題に一石を投じるものであった点も否めないのである。また徴姉妹に言及する事が多く、これを理想に掲げ、女性に対する軍事訓練を提案し実現させてもいる。この姉妹を讃えた記念日は、当時"越南女性の日"と称されており、ファースト・レディ自らが女性たちに愛国心と道徳の尊さを演説する事が恒例となっていた。（北澤）

　〔参考〕〔フォール 1966: 245-248〕〔Miller 2013: 256〕〔The Times of Viet Nam 570303,600304〕

中堂観恵

　1894年生まれ。金沢一中卒業後、1916年海軍兵学校卒。1936年、シャム国公使館付武官となる。1940年9月、軍令部出仕兼大本営陸軍参謀として仏領インドシナに派遣。1943年8月、ビルマ大使館付武官となる。1944年10月、少将に昇進、翌年、大本営参謀兼南方軍総参謀副長となる。シャム国公使館付武官時代、鉄鉱石調査のため「仏領インドシナ」を訪れ、松下光広と知り合った。一時帰国中の1937年、ベトナムの独立運動支援を理由に国外追放処分を受けた松下光広は、「南部仏印進駐」後、中堂の尽力によりようやくインドシナへの再入国を果たすことができたといわれる。著書に『宿命の戦争』自由アジア社、1966年、がある。1895年歿。（武内）

　〔参考〕〔秦 2005: 228〕〔立川 2000: 75〕〔山田 2004: 134-140〕

チュオン・ケー・アン

　Trương Kế An (1899-1983). カオダイ教明真道派指導者・医師。ベトナム南部バクリュウ Bạc Liêu 出身。ハノイの医科大学を卒業。西洋の学問を学ぶとともに老荘思想にもつうじ、神を降臨させる扶鸞儀礼を行う明天壇 Minh Thiên Đàn を組織するとともに、他のカオダイ教指導者チャン・ダオ・クアンやバクリュウ

310

のカオ・チュウ・ファットとも交流を持った。後、カオダイ教明真道派に加わり、同派の太頭師 Thái Đầu Sư に任じられた。

　戦時期には、「ベトナム愛国聯団」の運動にかかわり、とくに 1942 年 10 月、日本側の支援を受け「ベトナム愛国親日」団を組織し、また、国内の反仏勢力を統合しようとしていたゴー・ディン・ジエムとも接触を持ったことから、1943 年 2 月 8 日、フランス植民地当局によって逮捕、投獄された。釈放後、サイゴンに居を定め、扶鸞組織善徳壇 Thiện Đức Đàn を主宰した。その後カオダイ教タイニン派の本山（聖座 Toà Thánh Tây Ninh）のお抱え医師（保医君 Bảo Y Quân）となった。（高津・武内）

　〔参考〕〔Cơ Quan Phổ Thông Giáo Lý 2008: 493-494〕〔ANOM 14PA/2/37〕．
　☞《事項編》〈カオダイ教〉

中村新八郎

　亡命時代の阮朝王族クオンデを支えた日本人の一人。ジャーナリスト。頭山満がかかわった日本国粋会のメンバーであり、孫文とも交流があったという。1931 年、満川亀太郎の創設した興亜学塾において常務に就任している。ちなみにこの興亜学塾では、「印度事情」を「印度志士」ラス・ビハリ・ボース、「土耳古（トルコ）語」を「バシキール民族代表」クルバンガリー、「安南語」を「安南志士」陳福安が教えていた。陳福安は、クオンデの側近であったチャン・ヴァン・ディンの変名である。戦後中村は、1955 年に、下中弥三郎らとともに日本・ベトナム協会設立に加わり、理事長に就任している。（武内）

　〔参考〕〔興亜学塾 1931: 8-11〕〔下中弥三郎事典 1965: 387〕〔Trần Mỹ Vân 2005: 129〕〔白石 1993: 754-755〕
　☞《人物編》〈クオンデ〉

バオダイ

　元号バオダイ（Bảo Đại 保大）をとり、バオダイ帝と呼ばれる（在位 1926-1945）。姓・諱は阮福永瑞（Nguyễn Phúc Vĩnh Thụy, 1913-1997)。カイディン帝（Khải Định、1885-1925）の息子として生まれる。父のフランス訪問に同行し、カイディンの崩御に伴い在仏中の 1926 年、即位するが、帰国したのは 1932 年になってからであった。宮廷改革を目指し、ゴー・ディン・ジエムを吏部尚書に任命するが、フランスの

311

圧力で挫折。ジエムはバオダイの態度に飽き足らず辞任する。1945年3月9日の日本軍による「仏印処理」に際しては、大川塾出身の片野（加藤）健四郎らによって保護され、「独立」を宣言する。

「仏印処理」に際し、日本のインドシナ現地軍や外務省の一部には「独立」後の皇帝に、日本亡命中のクオンデを推す意見があったが、「静謐保持」の観点からバオダイの留任が選択された。またバオダイは首相に当初ゴー・ディン・ジエムを考えていたが、日本側がバオダイのジエムへの招請願をサボタージュし、ジエムは宮廷に出仕せず、チャン・チョン・キムが就任した。1945年日本降伏後に八月革命が起こると、バオダイは退位し、一市民としてベトナム民主共和国顧問となるが、1946年には出国して香港に滞在。民主共和国と全面戦争に直面したフランスはバオダイを交渉相手とする「バオダイ解決策」を模索し、香港で交渉が開始された。ハロン湾協定を経て1949年エリゼ協定が結ばれ、ベトナム国がフランス連合内で独立承認され、バオダイは元首（国長 quốc trưởng）に就任するが完全な独立ではなく、また国内基盤の弱いバオダイは権限も与えられず、主にフランスに滞在していた。1954年のディエンビエンフーの戦いでフランスが敗北すると影響力はさらに低下し、同年7月、バオダイはゴー・ディン・ジエムを首相にした。ジエムはジュネーヴ協定への調印を拒否した。1955年10月23日、ジエムが行った国民投票でバオダイは大敗し、ジエムが元首に就任してベトナム共和国建国を宣言した。バオダイはフランスに留まったまま死去した。（宮沢）

〔参考〕〔Lan Phan 2002: 30-32〕〔Goscha 2012: 52-55〕〔白石 1984：33-69〕〔Nguyễn Q.Thắng 1999: 452-453〕〔山本　2012: 122-132〕

原田俊明

島根県松江市出身。大川塾一期生フランス語班。1940年ベトナムに渡り、山根道一の「印度支那経済研究所」勤務。山根が日本に帰国した後研究所を維持し、そこでベトミンの地下活動員と接触を持った。1944年ベトミンが総蜂起を決定すると、原田は日本がベトミンと戦うことを回避すべきと考え、ハノイ大学の学生らともに、ベトミンシンパを含む独立運動家を保護した。1944年10月インドシナ全土で日本人の現地召集令が実施され、ハノイの北部安部隊に配属され、改めてベトミン工作に従事する。仏印処理後の1945年5月、タイゲンにベトミンの説得工作に赴き、殺害された。享年25才。妹の中村芙美子の回想によれば、

補注

原田はベトナム人の妻との間に子をもうけ、グエンディエンミン（漢字の原田明のベトナム語読み）と名付けられた。そのことを手紙で伝えたのは西川だったという。（宮沢）

［参考］［山本 2010: 146-157］☞《事項編》〈東亜経済調査局附属研究所〉

ファム・コン・タック

　Phạm Công Tắc（范公則、または范公稷、1890-1959）．カオダイ教の創立者の一人であり、教主。タンアン（現ロンアン）省出身。植民地政府の役人である父を持ち、中等教育を受けた後は税関に務めた。1920年代よりフランスの神霊術に影響を受けた降霊術に傾倒しカオダイの啓示を受けたと称して、1926年、カオダイ教の創設に加わった。1930年代半ば以降は神託を用いて教団の全権を掌握した。1939年頃より日本の東南アジアでの覇権奪取や英仏の没落、クオンデを盟主とする国家独立を予言するなど、民族主義的主張を強めたことからフランスの警戒を招き、40-46年にかけてマダガスカル島に流された。第二次大戦後はフランスに協力する事を条件に帰国を許され、教団内に軍隊を組織するなど親フランス色を強めていった。

　フランスの支援を受けていたためにゴー・ディン・ジエムとの折り合いは悪く、1955年2月にはカオダイ・ホアハオ・ビンスエンから成る統一戦線の代表に就任、抵抗の意を示した。しかし10月、ジエムに与したカオダイ軍に裏切られ、以後タイニン省にあるカオダイ教総本山での軟禁生活を余儀なくされた。翌56年2月にカンボジアに亡命した後はプノンペンの寺院に身を寄せ、ホー・チ・ミンに書簡を送り、南北ベトナム政府に平和の実現を呼び掛けるなどの政治活動を継続したが、成果を上げることなく客死した。また彼の発言は信徒から『聖言』として扱われ、今日に至るまでカオダイ教タイニン派において非常に強い影響力を持っている。（宮沢・北澤・高津）

［参考］［Đức Nguyên soạn 2000：1508-1512］［Bùi Quang Cao 1954：42-49］［Werner 1976：460-464,680-685］☞《事項編》〈カオダイ教〉〈ファム・コン・タックの台湾・日本訪問〉

藤原岩市

　1908年、兵庫県多可郡黒田庄町（現、西脇市）に生まれる。陸軍士官学校を卒業後、天津駐屯歩兵隊に勤務。1939年、参謀本部第八課に配属となり、神田の淡路町

に事務所を設け南方戦域における情報収集活動に従事した。1941年10月、駐バンコク大使館武官室勤務となり、特務機関「F機関」を設立、タイに潜伏する亡命インド人グループを糾合しインド国民軍を創設した。敗戦後は、戦犯としてインド・シンガポール等各地に送られ連合軍の訊問を受けたが、訴追を免れた。1947年日本に帰国すると、復員局戦史資料部の嘱託職員となり、その後ＧＨＱ戦史部において太平洋戦史の編集に携わった。

　1952年、緒方竹虎の主導で内閣調査室の設置が構想されると、東南アジア情報の収集を担当することとなりインドシナ情勢に関心を寄せるようになった。その際の協力者となったのが大南公司の松下光広であった。1954年には、カンボジア等インドシナ情勢の収集を目的としてタイのバンコクを訪れ、亡命中のソン・ゴク・タンと面会し、本日記の著者西川寛生の通訳を介してインタヴューを試みている。翌年には自衛隊に入隊し、調査学校長に任命された。1986年歿。
（武内）

〔参考〕〔藤原 1986：388-389〕〔日記 521028〕

松下光広

　1896年熊本県天草生まれ。1912年15才の時、徒手空拳でベトナムに渡り、1922年にハノイで大南公司を設立し貿易業、日用雑貨店を営む。1928年サイゴンに出張所を開設し、生漆、糯米、トウモロコシ、綿花、古鉄などの日本への輸出を手がける。1940年の日本の北部仏印進駐後には大南公司は水陸運送業、土木建築業、薬局、食用油製造業などにも手を広げ、太平洋戦争開戦前には土地、工場、建物など二千万円ほどの資産を擁していたという。

　しかし松下が名をはせたのは単に商売面で立志伝中の人物であると言うだけでなく、インドシナの民族主義運動への積極的な関与にある。東遊運動で来日しその瓦解後も再来日したクオンデとは1921年に知り合って以来支援してきたという。このためフランスににらまれ、1937年日本に一時帰国した際に欠席裁判で8年の要塞禁錮または国外追放の刑を宣告され、東京やタイに滞在せざるを得なかった。また日本政府もフランスとの関係が悪化することを恐れて松下への旅券の発給を拒んだ。1941年にサイゴンに復帰すると社業の傍ら、ゴー・ディン・ジエムやチャン・チョン・キムら民族運動家の身柄を日本軍の保護下に置く手助けをした。また、クオンデが創設したベトナム復国同盟会やそれを支持するカオダイ教が日本軍と手を結ぶ際に仲介したのも松下である。日本の敗戦

【写真10】旧大南公司ビル（1973年建設、2014年8月撮影）

に際して、松下は飛行機で台湾に逃れ、そこから船で日本へ帰った。

　戦後は、松下光広の甥にあたる松下光男の名義で「内外産業株式会社」として活動を再開、まもなく「大南貿易株式会社」に改称した。バンコクやプノンペンなどで事務所を再建し、1955年には、アメリカのＩＣＡ資金により好景気にわくサイゴンに進出を果たし、翌年には戦前の大南公司サイゴン事務所の建物も返還され、大南公司の名を復活させた。貿易業務以外に、旅行会社「大南トレベルエージェンシー」を営み、エール・フランスの代理店ともなった。また、ビントゥオンに製陶工場を設立するなどの事業を展開した。

　ベトナム賠償に関しては、ゴー・ディン・ジエムや日本工営社長久保田豊との密接な関係を疑われ、国会で喚問された。1975年ベトナム戦争が終結すると1981年に日本へ戻り、1983年に死去。自らのベトナムとの関わりについての記録をほとんど残していないこともあり、その生涯は謎に包まれた部分が多い。（宮沢）

　　〔参考〕〔牧久 2010：290-338〕〔北野 1985：236-278〕〔山田 2004：92-110、139-140〕

水谷乙吉

　戦前・戦後にかけてベトナムに在住した日本人商人。1916 年、東京外国語学校仏語科卒業後、三菱に入社、同社ハイフォン駐在員として当時の「仏領インドシナ」に赴任。以後、ハイフォンを拠点としてハノイ、ナムディン、ニャチャン、サイゴン各地に支店を構え、貿易・鉱山・海運等の事業を展開した。カムラン湾の硅砂を見出し、三菱を介して日本に輸出する道を開いた。日本の「仏印進駐」後は、インドシナ事情を紹介する多くの著作を残し、いわゆる「仏印」通として知られた。ベトナムでの活動を記した自伝的著作に、『仏印三十年記』育英書院、1942 年、がある。戦後、大南公司がサイゴンに復帰した頃、水谷もまたサイゴンに「水谷商店」を開設していた（1957 年当時）。（武内）

　〔参考〕〔ヴェトナム通信 21/22: 46〕〔水谷 1942：3-5, 253〕
　☞《地名編》〈カムラン湾〉〈ニャチャン〉

横山正脩

　1906 年からハイフォンに在住し、事業を営む。日本の国策会社台湾拓殖（1936 年設立）やその子会社印度支那産業（1938 年設立）、岸本鉱業株式会社と提携し、中部のヴィンで鉄鉱石とマンガンの採掘に取り組み、日本に輸出したという。実業に携わる一方、印度支那通として外務省の現地報告『河内通信』、大亜細亜協会の『大亜細亜主義』、『南洋』、単著『仏領印度支那論』などで現地の政情、経済情勢について積極的に執筆活動を行った。『台湾日日新聞』（1935 年 5 月 11 日）では、「彼の地において私設大使の名ある」と紹介されている。このような経歴を持つ横山は松下にとってライバルであったことは想像に難くない。ただし民族独立運動に関与した形跡は無い。（宮沢）

　〔参考〕〔吉井 1941: 263-264〕

レー・クアン・ヴィン

　Lê Quang Vinh（1924-1956）. ホアハオ教軍の将軍の 1 人。バークット（Ba Cụt）は通称。初等教育を終えた後、1945 年頃からホアハオ軍に加入し頭角を現す。以後、メコンデルタの都市ロンスエン（Long Xuyên）とラックザー（Rạch Giá）を拠点に、フランス、ベトミンとの間で抗争を繰り広げた。54 年のジュネーヴ協定後はジェムに敵対し各地で破壊活動を行うも、55 年 5 月以降は政府軍により度重なる攻

撃を受け、56年4月13日に捕えられる。特別軍事法廷において死刑が確定した後、7月13日の朝5時45分ギロチン刑に処された。(北澤)

〔参考〕[The Times of Viet Nam 560714]

レー・ティエン・フオック
　Lê Thiện Phước（黎善福、1895-1975）．50－60年代にかけ、カオダイ教の運営を支えた幹部の1人。若くしてサイゴンやチョロンで精米工場を営み、財を成す。教団の設立に携わっていたことから、1927年にはバオ・テー（Bảo Thế 保世）という役職を与えられるが、本格的に関わるようになったのは1946年以降となる。その後は、主に教団内各部門の統括や、カオダイ教他派との折衝を受け持った。69年から病気がちとなり、75年4月27日死去。また、実弟のレー・テー・ビン（Lê Thế Vĩnh）も教団設立に携わった宗教指導者である。(北澤)

〔参考〕[Đức Nguyên 1981: 290-294]

レー・ヴァン・ホアック
　Lê Văn Hoạch（黎文劃、1898-1978).医師・政治家。カントー省出身。カオダイ教徒。サイゴンのシャスルー・ローバ校卒業後、ハノイ医学校に学ぶ。日本がフランスより政権を奪取したいわゆる明号作戦以降は日本側に協力、カントー地区警察署長に任命されたが、7月に辞任した。フランスが復帰すると、協力を申し入れ、コーチシナ共和国臨時政府の創設に参加、1946年11月、同政府大統領に任命された。フランスのバオダイ擁立政策に協力し、カオダイ教教主ファム・コン・タックとともにバオダイと会見し、ハロン湾協定にも名を連ねた。カオダイ教・ホアハオ教などの宗教勢力を糾合して南ベトナム民族連合を創設し、バオダイ政権を支えた。1952年3月のチャン・ヴァン・ヒュー内閣に農業大臣として、同年6月のグエン・ヴァン・タム内閣では厚生大臣、さらに1953年1月の内閣改造では副首相として入閣した。しかし、カオダイ教勢力のより多くの入閣を望むファム・コン・タックらとの溝を深めたといわれる。
　厚生大臣時代の1952年12月、日本を非公式に訪問し、松下光広の通訳で官房長官の緒方竹虎と会談したほか、クオンデの遺骨の安置されていた護国寺を訪れた。『西川日記』には容易に権力を移譲しようとしないフランス当局への不満が吐露されている。(武内)

【写真11】護国寺を訪問したレー・ヴァン・ホアック（左）、松下光広（右）[西川文書]

〔参考〕［Goscha 2012: 268-269］［ANOM GGI/65492］［日記 521202-04］。

《地名編》

1　サイゴン市内

(1) タンソンニュット空港

1926年に完成したサイゴンの空港。第二次世界大戦中、この空港から飛び立った日本軍の軍用機が英領マレーやシンガポールを攻撃した。1954年、アメリカの援助を受け拡張工事がなされて以降、広くタンソンニュット空港として知られるようになった。ベトナム戦争中はアメリカ軍も使用していた軍民兼用の空港であり、また南ベトナム解放民族戦線の代表部があった。(宮沢・武内)

〔参考〕〔Corfield 2013: 283-284〕

(2) カティナ通り

Catinat. サイゴンの目抜き通り。ルイ14世時代のフランスの元帥ニコラ・ド・カティナ (Nicolas de Catinat, 1637-1712) にちなんで名づけられた。サイゴン大聖堂からサイゴン河へと至る道であり、その途中には国会議事堂・カティナホテル・マジェスティックホテルなどが存在していた。ベトナム共和国時代はトゥゾー(Tự Do／自由) 通り、現在はドンコイ (Đồng Khởi) 通りと呼ばれている。(北澤・武内)

〔参考〕〔The American Women's Association of Saigon 1962: 32〕〔Baudrit 1943: 134-138〕

(3) ホテル

a. コンチネンタル・ホテル

Hôtel Continental. 建設業者であったフランス人のピエール・カゾーにより設立され、1880年に完成、パリのホテル・コンチネンタル (現在のウェスタン・パリ-ヴァンドームホテル)にちなんで名づけられた。サイゴン・オペラハウス、郵便局と並び、サイゴンの中心街に位置する。アンドレ・マルローやラビンドラナート・タゴールなども滞在し、第二次世界大戦の時期には同ホテルが報道陣の集会場所となり「カティナラジオ局」とも呼ばれた。このホテルの214号室でグレアム・グリー

ンが『静かなアメリカ人』を書いたという。(武内・髙津)

〔参考〕［Corfield 2013 : 129-131］［Thạch Phương - Lê Trung Hoa 2008: 744-745］☞《人物編》〈グレアム・グリーン〉

b. マジェスティック・ホテル
　Hôtel Majestic. サイゴンのカチナ(現ドンコイ)通りにあるホテル。1925年、フランス・クラシック調の44室からなるこのホテルを建設したのは、華人系企業フイ・ボン・ホアであった。フイ・ボン・ホアの名は福建アモイ出身の華人でフランスのベトナム南部占領後まもなくサイゴンに移住し不動産業で成功を収め、フランス国籍を取得したフイ・ボン・ホア(黄文華、1845-1901)に由来する。日本の「仏印進駐」時代は日本ホテルと呼ばれた。1951年、コンチネンタル・ホテルのオーナーであったマティウ・フランシニがマネージャーとなり、15年間にわたる経営権を獲得した。フランシニはグレアム・グリーンとも親しく、サイゴン情報の提供者でもあった。しかし、独立後はサイゴン当局に移管され、1965年に国家観光局所属となり、1975年以降はサイゴン・ツーリストによって運営されている。ベトナム戦争中は開高健を始め多くのジャーナリストの常宿となった。(武内)

〔参考〕［Corfield 2013: 129-131］［http://saigoncholon.blogspot.jp］［Sherry 1994: 410］

2　サイゴンの周辺

(1) チョロン
　Chợ Lớn. 仏領時代はショロンと発音された。ベトナム語では「大きな市場」を意味し、サイゴンの西方4キロに位置する。その歴史は18世紀にさかのぼる。ドンナイ川の中州にあるフォー島(Cù lao Phố)を中心に華人の交易活動が活発となり、1744年には、華人の献金により覚林寺(Chùa Giác Lâm)が建立された。タイソン党の攻撃により1万人の華人が殺害されたが、1784年、のちの阮朝の創始者阮福暎が勢力を回復して以降、米穀の輸出港として順調な発展を遂げた。住民の大半は華僑であり、米の集散地として多くの精米所を有すると同時に、各種工場が建設された。
　人口も、1889年には3万7000余、1911年には13万8000、1922年には22万

補注

4000余へと増加し、ベトナム最大の物流センターに成長した。第二次大戦後はビンスエンが勢力を伸ばし、カジノやアヘン窟を経営した。首都サイゴンとは地理・経済的関係が深く、ビンスエンが一掃された56年には、サイゴン‐チョロン都市圏が建設された。現在は、ホーチミン市5・6区に所属している。(北澤・武内)

〔参考〕〔南洋経済研究所編 1942: 178-179〕〔マッコイ 1974: 116〕〔高田　2005：439-442〕

(2) ナイトクラブ

1955年に出されたサイゴン・チョロン旅行ガイドには、キャバレー・ナイトクラブとして以下の店舗が紹介されている〔*Jours à Saigon* 1955: 12〕。

Arc en Ciel（天虹菜館）
Au Baccara
Grand Monde（大世界）
Kim Son　（金山）
Le Mayfair
Van Canh　（ヴァン・カン）
Tour d'Ivoire

多くはレストランを兼ねていた。このうち、グラン・モンド（Le Grand Monde 大世界）はもともと賭博場として知られ、日本の「仏印進駐」期、大南公司の松下光広はここにレストランを開設し、抗仏指導者との連絡場所として利用していたという。戦後はビンスエン集団の経営に帰し、莫大な利益を上げていた。(武内)

〔参考〕〔北野 1985: 247〕

(3) ザーディン

Gia Định. かつて南ベトナムに存在していた省。コーチシナの東部デルタに位置しており、サイゴン周辺の地域を占める。大きく北西部の高燥部と、南東部の低湿帯に分かれており、住民の多くは高燥地帯に集中している。現在ではホーチミン市に編入されている。(北澤)

〔参考〕〔南洋経済研究所編 1942: 65〕

321

(4) トゥーザウモット

Thủ Dầu Một. かつて南ベトナムに存在していた省。中心部は、サイゴンの北方約30キロに位置する。フランス植民地時代からゴムプランテーションが開発されており、ゴムの産出地として知られていた。また森林資源に恵まれた結果として、漆器や木細工が盛んであった。今日ではビンズオン（Bình Dương）省の省都として名前を残しており、交通の便を生かした経済発展が著しい。（北澤）

〔参考〕［南洋経済研究所編 1942: 198-199］

(5) ビエンホア

Biên Hòa. かつて南ベトナムに存在していた省であり、その省都。かつては広大な面積を占めていたが1956年10月22日に4省に分割され、サイゴン北東に隣接する省として名前を残した。省都ビエンホアはサイゴンから30キロ程しか離れていないため、当時サイゴンからのドライブ旅行に最適地とされていた。また手工芸品の製造が盛んで、中でも製陶業が名高い。現在はドンナイ（Đồng Nai）省の省都。（北澤）

〔参考〕［南洋経済研究所編 1942: 23］［Nguyễn Quang Ân: 65］

(6) ミトー

Mỹ Tho. かつて南ベトナムに存在した省であり、米の集積地として発展した港街。また、デルタの肥沃な土地に恵まれたため稲・トウモロコシ・果樹栽培が盛んである。中心部はサイゴンの南西70キロに位置しており、サイゴン－ミトー間を結ぶ道路はミトー街道と呼ばれた。56年10月、隣接するゴーコン（Gò Công）省と合併しディントゥオン（Định Tường）省を形成、ミトーはその省都となった。今日のティエンザン（Tiền Giang）省の省都。（北澤）

〔参考〕［南洋経済研究所編 1942：141］［Nguyễn Quang Ân：65］

(7) カップ・サンジャック

Cap Saint Jacques. サイゴンより80キロほど南東に位置する、南シナ海に突き出た岬を中心にした一帯。仏領期に河口防御の要衝として軍事施設が築かれた。またサイゴンからほど近いために1890年以降に避暑地として注目され、その海

補注

水浴場は当時から週末の休養地として人気であった。現バーリア‐ブンタウ (Bà Rịa - Vũng Tàu) 省の省都ブンタウ市。(北澤)

〔参考〕〔南洋経済研究所編 1942: 33〕〔Huỳnh Minh 1970: 17〕

3　中部山間地区とその周辺

(1) ダラット

Đà Lạt. ベトナム中部高原都市。1897年、マラリア特効薬の原料となるキナの木を探し求め、中部高原を調査していたフランス人医師エルサン (Yersin, Alexandre, 1863-1943) によって保養地としての価値が見出された。ダラットという地名は、かつて付近に住んでいた少数民族 ラット人とそこを流れるダー川 (現、カムリー川) の名に由来するという。

　従来、ベトナム人 (キン族) にほとんど知られることのなかったダラットは、英領インドのシムラなどを参考にドゥメール総督時代に開発が進められ、とりわけ第一次世界大戦以降、リゾート都市としての性格を強めていく。その中心に位置したのが、1922年に建設されたランビアン・パレス (Palais Lang Bian) であった。カンヌやカブールなどに見られるフランス式の高級リゾートホテルにならい、従来の粗末なバンガローに代わって、38の客室、テニスコート、ダンスホール、植物園、牛野菜をふんだんに用いたフランス風の食事を提供するレストランなどが付設され、また、ラット人等先住民村落の観光や狩猟ツアーが企画されるなど、コロニアル・ツアーの拠点としての役割を果たした。1926年にダラット‐ファンラン間に鉄道が、1932年には、サイゴン‐ダラット直通道路 (国道20号) が開通し、ダラットは避暑地として一層発展を遂げた。

　避暑地はまた、インドシナの激動の政治の舞台でもあった。総督府は遷都に向けた都市計画を何度か進め、とくに1940年代、ドクー総督は新首都建設も射程に入れ、総督府官邸、国土地理院などの公共機関の移植を試みた。1945年3月の明号作戦によってインドシナの権力を掌握した日本軍はダラットのランビアン・パレスを司令部として使用した。日本の敗戦後、ダラットではホー・チ・ミンを首班とするベトナム民主共和国とフランス高等弁務官との間で独立交渉がもたれたが、フランス側は南部 (コーチシナ) の分離を主張して譲らず、交渉は決裂した。

　阮朝皇帝バオダイやゴー・ディン・ジエム政権下で権勢を振るったチャン・

323

【写真12】現在のダラットパレスホテル(旧ランビアンパレスホテル)。2014年8月撮影。ドクー総督時代、旧来のロココ風のファサードから現在のものに代えられたという。[Jennings 2003: 172]

レー・スアンもまたダラットに瀟洒な別荘を所有した。チャン・レー・スアンの別荘は、現在、ベトナム国家第四アーカイブズセンターとして利用されている。(武内)

〔参考〕[Dalat] [大田＆増田 2006: 179-188] [Jennings 2003] [内海 1964：172]
☞《事項編》〈ベトナム国〉、《人物編》〈バオダイ〉、〈チャン・レー・スアン〉、《地名編》〈アンクロエット〉

(2) ジリン

Di Linh. 現ラムドン省所属。漢字地名は"夷霊"。植民地期には Djiring と表記された。サイゴンより 222 キロに位置する。ジリンは蜜蝋を意味する山地民族コホーの言葉に由来する。阮朝のキリスト教弾圧を逃れてフランス人ヴィヨーム神父が多くの信者とともにこの山中に逃れ、教会を建てた。癩療養所が置かれたところとしても知られている。(武内)

補注

〔参考〕〔内海 1964: 163-168〕

(3) ブオン・マー・トゥオット

Buôn Ma Thuột. フランスにより開かれた高原都市で、『西川日記』当時の呼称はバンメトゥオット（Ban Mê Thuột）。山地少数民族が多く住む地域に位置しているため、当初は囚人の流刑地であったが、その気候を生かし茶・コーヒー・トウモロコシの栽培が盛んとなった。サイゴンから北東に約250キロ、ダラットから約100キロ北西に位置しており、現在はダクラク（Đắc Lắc）省の省都になっている。（北澤）

〔参考〕〔南洋経済研究所編 1942: 18, 55〕〔Đinh Xuân Vịnh 2002: 85〕

4　中部沿海地域とその周辺

(1) フエ

Huế. 19世紀初頭より阮朝の首都が置かれた、ベトナム中部の中心都市。仏領期にはフランス式の発音に従いユエとも呼ばれたが、現在は現地音にしたがいフエ。古都であるため中心部には王宮、郊外には歴代皇帝の陵墓が点在しているほか、仏領期にはアンナン国の首府としてフランスの諸機関が設置された。現トゥアティエン - フエ（Thừa Thiên Huế）省の省都であり、ホーチミンからは1100キロほど離れている。（北澤）

〔参考〕〔南洋経済研究所編 1942: 82〕

(2) トゥーラン

Tourane. ベトナム中部に位置するクアンナム（Quảng Nam）省の省都であり、国内屈指の商港。現地名はダナン（Đà Nẵng）。19世紀にフランスとの貿易のために開港され、後に租界として発展したため、中部における最大の経済都市かつ貿易港として重視された。現在は、中央直轄のダナン市として存続している。かつて朱印船貿易が行われていた土地でもあり、日本との関係も深い。(北澤)

〔参考〕〔南洋経済研究所編 1942: 207〕

325

【写真13】ホンコイ塩田の風景。[西川文書]

(3) ニャチャン

Nha Trang. サイゴンから300キロほど離れて位置する、カインホア（Khánh Hòa）省の省都。元は漁港であったが、気候が温暖であったため仏領期に海水浴場として開発された。また、ニャチャンの北25キロにあるホンコイ（Hòn Khói）塩田は省内最大規模のものであり、3-9月にかけて製塩業が営まれる。（北澤）

[南洋経済研究所編 1942: 78, 145]

(4) カナ海岸

Bãi biển Cà Ná。現ニントゥアン（Ninh Thuận）省とビントアン（Bình Thuận）省の間にまたがる海岸。16世紀にはチャム王家の禁猟御料地であったという。1905年の時点で年6000トンを産出するなど戦前から製塩業が有名であり、日本にも輸出されていた。この塩を用いた、魚醬や干物などの加工品製造も盛んであった。戦後再建された大南公司は500ヘクタールからなる塩田をベトナムとの共同出

資で経営した。(武内・北澤)

〔参考〕［内海 1964: 100］［Lâm Quang Hiền biên soạn 2006: 483-484］［北野 1985: 274-275］

(5) ファンティエット

　Phan Thiết. ベトナム中南部に位置する、ビントゥアン(Bình Thuận)省の省都。元々は荒れ地に位置する小さな漁村であったが、インフラが整備され始めた20世紀初頭から発展した。浅く広い湾に面しており国内屈指の恵まれた漁場として、また海水浴場として戦前から有名であった。ホーチミン市から東に200キロほど離れている。(北澤)

〔参考〕［南洋経済研究所編 1942: 157］［Lâm Quang Hiền biên soạn 2006: 145-147］

解説「西川捨三郎とその日記」

宮沢千尋

西川捨三郎氏とベトナム～大川塾受験から終戦・帰国まで[1]

　本日記の著者西川捨三郎（1921 – 2006）は、1921年、滋賀県近江八幡市に生まれた〔西川　2000〕。西川寛生はペンネームである。近江八幡商業学校を4年で修了し、1938年八幡商業の校長に対し推薦依頼があった東亜経済調査局附属研究所、通称大川塾に一期生として入学し、仏印班で主としてフランス語を学んだ。受験について西川は「兵役にとられないようにという理由だったが、近江八幡は〔角倉了以の御朱印船で安南にわたり安南で没した悲劇の商人〕安南屋西村太郎衛門の故郷でもあり憧れがあった」と語った（2005年11月23日ホーチミン市にて、宮沢によるインタビュー）。

　西川は、1940年から45年までの「仏印進駐」、「仏印処理」の時期にベトナムの独立運動にいかに関わったか、他の日本人や軍の関わり、ベトナムの民族主義者の動向などを大川塾卒業生による『みんなみ』やその他の文章に克明に残している。その資料の多くは、15才からつけていたという日記（上述の宮沢によるインタビュー）ないしメモが元になっていると見られる。そこでこれらの諸記録によりながら、西川の1940年から1945年までの行動や戦後の活動について時代背景を視野に入れつつ紹介したい。

　西川は1940年4月に研究所を卒業し、6月に台湾拓殖株式会社南洋課勤務となった。その直後、フランス領インドシナ（仏印）に赴任する機会が巡ってくる。大川塾の理念である「アジア調査の要員育成を直接の目的とし」、2年間の教育の後「東南アジア、西南アジア各地に派遣し、なんらかの実務に就きながら、まず10年を期してそれぞれの任地におけるエキスパートたらしめんとす」〔山本 2010: 3〕（その究極の目標は植民地体制からの解放にあることはいうまでもない）を実現する機会が巡ってきたのであった。

　その理由はまず1937年7月に勃発した日中戦争にあった。アメリカ、イギリス、フランスは蒋介石への援助物資をビルマやフランス領インドシナを通じて送り込んでいた（援蒋ルート）。日中戦争勃発直後の1937年9月より、日本はフランスに「仏印」経由での援蒋物資輸送禁止を要求しており、雲南鉄道の爆撃もおこなっていた。また一方で1939年12月28日「対外施策方針要綱」以来、南進論が政府の方針として決定されていた。さらに欧州大戦により、1940年5

1　断りのない限り、『みんなみ』30号所収の西川捨三郎行動記録による。

月にドイツがフランスに対し開戦しフランスが事実上降伏したことで日本が優位に立った。6月17日にインドシナ総督カトルーが「仏印」経由での武器・弾薬・トラック・ガソリンの対中国禁輸を受け入れ、輸送停止状況監視団の受け入れも容認すると、6月29日、西原一策少将を団長とする陸海軍人30名と外務省員10人から成る監視団がハノイに入った。カトルーはフランス領インドシナの保全を企図して、日・「仏印」防守同盟を締結し中国に対する協同戦線を提案した。しかし、日本のフランス領保全への態度があいまいであったため、カトルーは不信感を抱いた。これに加えて広東にいた南支那方面軍の参謀副長佐藤賢了大佐が対「仏印」交渉に参入すると、かえって交渉は複雑化した。佐藤は雲南省昆明での作戦展開のため、日本軍の「仏印」通過、軍事施設利用を認めさせようとしたのであるが、カトルーそして後任のドクーは同意しなかった。西原、佐藤は、「仏印」側が要求に応じないのなら監視団・在留邦人の引き上げや実力行使すら具申するほど強硬な態度を取った。こうして「仏印」における交渉は停滞し、8月から日本で在日フランス大使アンリーと松岡洋右外相の交渉が始まった。8月30日松岡・アンリー協定が結ばれて、ようやく現地軍事交渉が再開され、西原とマルタン司令官の間で9月4日に協定が締結の運びとなったが、中越国境で日本軍が越境してベトナム側に入ったため一時延期となった［松本1973: 36-81, 104-114, 144；秦1987［1963］: 215-216］。日本軍の進駐方針は武力進駐の態勢で平和進駐を開始し、「仏印」軍が抵抗すれば武力を行使し抵抗が無ければ平和進駐の態勢に切りかえるという「困難で複雑な動作」を必要とするものであった［秦1987［1963］: 218］。

　そして実際にはベトナム復国同盟軍が武装して日本軍とともにフランス軍と戦闘しながら越境したのである。ベトナム復国同盟軍とは、1939年に日本参謀本部の後押しでクオンデを盟主に結成されたベトナム復国同盟会の軍事部門である。司令官はチャン・チュン・ラップで、兵力3000人ほどを擁していた。ラップは1940年の夏に南寧にいた第22軍に合流して「仏印進駐」に備えた。9月23日国境地帯に勢力を増やしつつ展開していた復国同盟軍は、日本軍の進駐開始とともに「仏印」領内に入ってドンダン兵営内に潜入し、ベトナム兵や山岳民族に対して帰順工作を行い、ランソン攻略の際も市内の混乱防止と治安維持に貢献した［立川2000: 71-72；白石1982］。ところが中央と現地で日仏間の折衝がまとまり「平和進駐」協定が成立して日本軍がハイフォンに入港し26日から上陸が開始されると［松本1973: 158］、復国軍は一転して日本軍から見離されることとなる。

　日本軍の平和進駐後も復国同盟軍は武装闘争維持の方針を変えず、ハノイへ

解説「西川捨三郎とその日記」

の進撃を計画した。12月にラップらは蜂起し、義勇民兵を集めながらハノイへ向かった。しかしランソン方面へ復帰してきたフランス軍と戦闘になると抵抗する術もなく敗走し、ラップは捕えられて12月26日にロクビン郊外で銃殺された［立川 2000: 72］。

このような状況下で、西川は南支那派遣軍フランス語通訳として採用され、9月26日に「仏印」派遣軍司令部付軍属（司令官西村琢磨少将、参謀長長勇大佐）としてドーソンに上陸し、ハイフォンに無血入城した。10月5日ハノイに移動し、その後中国・インドシナ国境の町ランソンに配属され、ベトナム復国同盟軍幹部と交わったという。日本軍の撤兵が完了した12月にハノイへ帰任し、1941年2月にバクニンへ移動した。同地では独立運動に参加するためフランス軍から脱走した見習い士官トン・タット・ハン、軍曹ホ・ミンを営舎内に保護した。2人はその後日本軍に協力したという。7月には「南部仏印進駐」に備えるため広東に向かった。「南部仏印進駐」が行われたのは、①松岡・アンリー協定に定められた経済部門の交渉にフランスが乗り気でなく、日本側に南部「仏印」進駐の機運が生まれたこと、②タイと「仏印」の間に国境紛争が起こり、日本がタイに影響力を増すために介入の機運が生まれたこと、③独ソ戦の開始により、「南方施策促進に関する件」「情勢ノ推移ニ伴フ帝国国策要綱」が決定され南進論が確立したことなどによる［松本 1973; 秦 1987［1963］: 242-271］。7月31日、日本軍はサイゴンに上陸した。

ハノイに帰任した西川は、10月に山根道一の主宰するいわゆる山根機関（機関長山根〈後述〉、総務部長許斐氏利）に加わることとなった。中越国境地帯のランソン、カオバンで情報工作に従事するほか、日米開戦後にはハイフォンに赴任し、税関倉庫で援蔣介物資押収に携わった。1942年末で山根機関が解散すると、1943年3月には、天草出身の日本人松下光広がインドシナで開設した商社大南公司に入社した。

大南公司入社後、西川はラオスやダラトに出張するほか、鉄道部隊の要請により通訳としてラオスーベトナム中部山脈の測量に従事する一方、ベトナムの民族主義運動に深く関わっていく。

「北部仏印進駐」が最終的に「平和進駐」となったように、日本政府や軍部中央、特に陸軍の「仏印」に対する政策の基本は「静謐保持」であり、植民地支配者であるフランスからの協力を得ることを優先し、独立運動を支援しない方針が明確となった［白石・古田 1976: 4-7; 立川 2013: 66-72］。

しかし、個人の立場で独立運動を支援する者が少なくなかった。フランス留

学の経験を持ち、日本・インドシナ間の文化交流事業に参加するなかでベトナム知識人と接触し、しだいに独立運動に関わっていった文学者の小松清や小牧近江などもそうした日本人であった。しかし、最も中心的な役割を担ったのは、「北の山根、南の松下」「山根の知謀、松下の侠気」と当時の在留邦人の間で言われた前述の山根道一と、大南公司の創業者松下光広である。

山根は長崎の澤山商会ハノイ事務所長としてベトナムに渡り、1937年台湾拓殖の子会社である印度支那産業が設立されると同社取締役兼顧問に就任した［阿曽村 2013: 134］。前述のとおり山根機関を設立して援蔣物資の接収に携わる傍ら、印度支那経済研究所を設立し、ベトナム人、フランス人を問わず、経済人、文学者、ゴー・ディン・ジエムやチャン・チョン・キムなどの独立運動家、ハノイ大学の学者や学生、ベトミン関係者と交流した［立川 2013: 73］。

松下は15才の時に長崎から徒手空拳でベトナムに渡った叩き上げの実業家で、日本に亡命していたクオンデや、ゴー・ディン・ジエムとも交流し、早くからベトナムの民族運動を支援しており、フランス当局から国外退去処分に処せられたこともあった。

大南公司は1943年2月、トゥーラン（ダナン）に出張所を開設するが、その初代所長となったのは大川塾一期生の三浦琢二であった。1943年10月、三浦のもとに2人のベトナム人がやってきて「ジエムの逮捕が迫っている。救出してサイゴンまで護送してほしい」との松下の連絡を伝えた［山本 2012:120；牧 2012: 319］。三浦と同じく大川塾卒業生の片野健四郎、フエ領事館員の石田昌男の手助けでゴー・ディン・ジエムはフエからサイゴンに逃れ大南公司のアラス宿舎に入ることができた。そこでジエムの身辺警護とともに食事まで気を配って世話をしたのは西川であった。（西川は「毒味までした」という。2005年11月23日、ホーチミン市におけるインタビュー）。10月14日の松下、小松清とジエムの会見、15日の松下、小松さらにインドシナ派遣軍の河村参謀長とジエムの会見が行われ、西川も同席した[2]。そのほかヴー・ヴァン・アンと小松、チャン・チョン・キムと松下の会談にも同席した。

河村参謀長ら印度支那派遣軍は「静謐保持」を主張する軍中央の主流と異なり、独立運動に積極的に関与していった。派遣軍はベトナム南部起源の宗教で

2　［立川 2013［2000］: 74-75］によれば、この時ジエムのほうから以前から親交のあった松下を頼ったのだという。状況が落ち着くとジエムは列車でフエへ帰ったが、この時小松清が同行した小松は「ジエムに日本のパスポートを持たせた」と語ったという。ジエムは翌年またサイゴンへ脱出し、日本軍の庇護を受けた（後述）。

解説「西川捨三郎とその日記」

あるカオダイ教と 1942 年 11 月中旬に初めて接触し、両者は協力することで合意した。カオダイ教徒の青年たちは日南造船において労働力を提供するとともに、日本軍から軍事訓練を受けた [Trần Quang Vinh 1997: 127,208]。派遣軍はまた、民族運動家をフランスの弾圧から保護するなどの工作にも従事した。特に鞏固なナショナリズム意識を持っていたゴー・ディン・ジエムが「印度支那駐屯軍」の庇護下に入ったことは、「仏印武力処理」以降のベトナム統治構想の原案作成にあたって同駐屯軍司令部が重要な役割を果たしたという点で重要であった [白石 1984: 37]。1943 年 1 月には、チャン・チョン・キムが日本軍の援助でシンガポールに出国した[3]。キムは同地にクオンデを迎えて独立運動本部を設置する案を作成し、松下が日本でこの計画案を関係方面に打診することとなった。

このような状況の下、西川は愛国党のレー・トアン、ヴー・ヴァン・アン、ヴー・ディン・ジーとグエン・スアン・チューら親日の民族運動家と相次いで会談している。また、西川がバクニンに駐屯していた時に保護し、チャン・チョン・キムの側近となっていたトン・タット・ハン（日本名山田）と再会し、北部国境中国側における広西・雲南軍の集結情況やホー・チ・ミン率いるベトナム独立同盟、いわゆるベトミン勢力のゲリラ活動について情報提供を受けた。1944 年 9 月 9 日にはサイゴンの日本陸軍病院である衛戍病院に保護されていたジエムを訪問し、同 24 日林秀澄参謀、久我道雄大尉とジエム及びヴー・ディン・ジーとの会談にも出席している[4]。この会談は、林秀澄参謀らがともに親日派であるが関係の無い両者を協力させようとして設定したものであった。

林は憲兵出身で上海駐在時代に汪兆銘政権樹立に主要な役割を果たした。「仏印」におけるフランス植民地権力の解体、ベトナムの独立（「マ号作戦」）を目指していた河村参郎参謀長は林のそうした経験を高く評価し、「仏印」への赴任を希望していたという [防衛庁防衛研修所戦史室 1969：551；神谷 2000:35]。1944 年 1 月、

3　その後キムはバンコクへ移動し、そこでやはり日本軍の庇護を受けて亡命してきたクオンデの 2 人の息子と会った [陳仲金 1980:168；立川 2013 [2000]：75]。

4　ジエムは 1944 年 7 月、探偵局の武装警官十数人がフエのジエムの自宅を襲った。ジエムは事前に石田昌男の私邸に逃げこんでいた。石田は自分の手では守りきれないと見て、不本意ではあったがツーラン憲兵隊長の山野泰典大尉に連絡し、サイゴン憲兵隊がジエムの身柄を預かることになった。林秀澄憲兵中佐がジエムの護送手配をした。林は連合軍のインドシナ攻撃の際にジエムを利用する意図を持っていたという。ジエムは日本軍曹の服を着て憲兵に変装し、本物の憲兵につきそわれてフエを脱出してトゥーランへ向かい、そこから日本軍機でサイゴンへ飛び、陸軍病院に匿われたという。以後ジエムは林と協力して仏印武力処理後の統治計画を作成する [山本 2012: 121] [立川 2013 [2000]：77-78]。

335

サイゴンに赴任すると、林は、河村の命を受け、ただちにベトナム独立運動を研究しはじめるとともに、運動家に対する保護・組織工作を開始していた［防衛庁防衛研修所戦史室 1969: 593］。
　西川は翌日のジとグエン・スアン・チュウ、レー・トアンの会談に同席し[5]、印度支那駐屯軍とジエムの間で練られた仏印武力処理案に沿って行動していたと言えるであろう。
　この年の5月5日にはサイゴン市内に初めて米軍の空襲があったが、同12、13日には現地徴集の徴兵検査が実施され、西川もこれを受け、10月に稲井部隊（山砲。駐屯地セット・パゴド）に入隊し訓練を受けた。
　1945年2月の最高戦争指導会議の席上、仏印武力処理発動を3月上旬とすることが定められた。西川は転属命令を受けて2月に安部隊サイゴン隊勤務となる。安部隊の任務であるフランス軍武装解除、重要施設接収、独立運動員糾合のため、カオダイ教団活用の方針が決定されると、3月5日カオダイ教代表者と最終的な打ち合わせを行い、カオダイの青年隊が安部隊に協力することとなり[6]、サイゴンの火力発電所の奇襲と接収が計画された。3月9日「仏印処理」（明号作戦）が開始され、西川は未明にカオダイ教徒約20名を伴い、日本軍とともにメコンデルタのタンアン市へ向かい、さらにはビエンホア及びバリア地区の残存フランス勢力の掃討と治安維持に活動に従事した。基本的な掃討事業が完了した後、4月27日には安部隊は解散した。
　西川は、米軍上陸を見越した工作に重点を移していく。即ち、南方総軍は米軍がインドシナに上陸した際にサイゴンを放棄してラオスを盾にして密林でゲ

5　林の回想では林がジエムとジを初めて会わせたのは7月22日で、当初2人は全くうち解けなかった［林　1980: 387-388］。9月にはグエン・スアン・チュウやレー・トアンらジと同じ愛国党の人士を呼び寄せてジエムと会合を持たせた。10月には彼らはジエムの下に協力することや、機会が至ればジエムの下に新政権を樹立することを申し合わせたという［白石 1984：35、63］。林によれば、10月に河村とともに日本に行ったのは愛国党のレー・トアンとジエム派のヴー・ヴァン・ナム（別名ヴー・ヴァン・アン。宮沢注）であるという［林　1980: 389］。
　　一方、グエン・スアン・チュウの回想によれば、ハノイにいたチュウがレー・トアンとともに日本軍憲兵隊の要請でサイゴンに行ったのは1944年8月28日。サイゴンの日本憲兵隊司令部でジエムとジ、そしてヴー・ヴァン・アンが先に来ていることを知った。日本人から「ジとジエムの間に何らの合意が無い。これは一面では（2人が相容れないという）事実であろうが、一面では何か思うことがあってのことであろう」と言われたという。最初にジエムに会ったのは彼が入院していた病院であった。話し合いの結果ジエムを指導者、チュウを副指導者に選んだ。この組織が建国委員会である［Nguyễn Xuân Chữ 1996:7,241-244］。
6　これがカオダイ義勇軍神道実践団であろう

リラ戦を行うことを想定し、山岳民族の結集と協力を求める工作を開始した。7月にブオン・マー・トゥオット、ダック・ミル、ダラットに赴き、山岳民族部隊の結成と訓練を行ったが、中国昆明から武器・無線機を持って飛行機で飛来し、パラシュートで降下したドゴール派の将校や下士官を逮捕・訊問し、かつカルカッタの連合軍基地に連絡を取らせることで、ソ連の参戦予測やポツダム宣言の具体的な対日要求を知った（8月1日）。

8月17日にサイゴンから正式に降伏の命令が伝達されるや、20日にはサイゴンに帰還し、元山根機関ハイフォン支部長熊谷勝と部隊を離脱し、漁船でインドシナを脱出する計画を立てた。熊谷が親しくしていた船長と交渉して漁船と乗組員を調達することに成功すると、武器弾薬、重油、食糧、純金を用意し、8月25日夜半サイゴン港から出航した。当時、サイゴンは無政府状態にあり、ベトミンが動員した5万人と武装部隊が行進するデモが行われ、その歓声が夜に入っても潮騒のように聴こえたという。南シナ海を航行し上海沖から玄界灘に入り、9月5日朝10時半、佐世保呼子港に入港上陸、その後唐津まで徒歩で行き、博多滞在を経て10月2日、あたかも僥倖のように故郷近江八幡の実家に戻ることができた。

戦後の大南公司と西川氏

独立運動にかかわった松下光広もまた、8月18日、軍の提供する輸送機で台湾に逃れ、後船便で日本への帰国を果たした［山田 2004: 91-92］。松下は、フランス側から戦犯として摘発されることを恐れ、内外貿易株式会社の名で貿易業務を再開したが、さきに帰国していた西川も同社に復帰した。1953年には（株）大南公司が正式に再建されると、翌年には、西川はまずバンコク、プノンペンに派遣され、1955年からはサイゴンの事務所が再開されたのを受けてサイゴンに赴任し、ベトナム賠償交渉やダニムダム建設に関わるのはこの日記にあるとおりである。1970年に常務取締役となり、1975年のサイゴン陥落直前に帰国した。1990年代になると、ホーチミン市で海外新聞普及協会の代理店を開いた。

またビジネス面以外でも、大川塾同窓会である南方会の機関紙『みんなみ』の編集や寄稿、その他の執筆活動を通じて、ベトナム独立を援助した日本人たちの奇跡を紹介している。大川周明には戦後も東南アジア情勢を手紙で報告し続けた。その大川周明の葬儀（1957年）において、大川塾を代表して弔辞を起草したのも西川だった。1975年社団法人ベトナム協会の事務局長に就任し、後に

常務理事となった。2006年2月に病気でホーチミン市から日本に搬送され、そのまま入院し同年死去。著書に『ベトナム人名人物事典』（西川寛生名義。暁印書館、2000年）がある。

　以上、西川氏がベトナムにかかわるようになってからの軌跡を簡単に辿ってみた。戦時期の西川氏がベトナムの独立運動に深く関わったことや、山根機関のようないわゆる日本の"機関"とも関係を持ったことがうかがえる。近年、牧久は、「仏印」時代の許斐機関に関する書物のなかで、同機関と西川氏との関係を以下のように論じている［2010］。

①長勇の配下にあった許斐氏利が、1941年11月長勇の少将昇進後、ハノイに戦争に必要な物資を買い付ける「商社的機能」と、敵対する各国の情報を探る「スパイ機能」を持つ許斐機関を設立し、西川は長、許斐と一体となって活動に参加した［牧2010：286-290］。
②1943年夏、許斐が日本に帰った後、西川が機関の活動を引き継いで活動し、戦後も"残置諜者"として終生ベトナムと関わった［牧2010：325］。
③にもかかわらず、西川は自分の経歴の中で許斐機関の一員だったことに全く触れていない。それは許斐機関に表に出したくない事情があったからであり、大南公司に移ったのも許斐の指示である［牧2010：20-21］。

　牧の記述の根拠となっているのは許斐が記者高松昇に語ったインタビュー記事（「昭和龍虎伝」『夕刊フクニチ』2441～2480号、1953年）が主と思われるが、その他に許斐機関の活動を裏付ける資料が示されておらず、確認のしようがない。
　また、西川が戦後も"残置諜者"として終生ベトナムと関わったというが、許斐が戦後もベトナムと関わった形跡は無く、たとえ比喩的表現だとしても西川の戦後の行動を許斐との関係で連続したものと考えることが妥当であるとは思えない。大川塾卒業生片野健四郎もまた、玉居子に対し「西川はスパイではない」と述べている［玉居子　2012：168］。山根機関に参加した内川大海は、いわゆる機関を、強力な指導力を持つ人物を核として、情報収集・重要物資の確保等、占領地行政を円滑に進めるために設けられた一種の下請機構ととらえている。資源調査・ベトナム独立運動等の情報収集に力を発揮した山根道一は、ほどなく帰国し、許斐氏利が引き継いだが、「設立当初の純粋な精神は失われ、強引で利益がらみの行動は世の不評を買」い、長勇参謀副長の転任とともに勢力を失ったといわれる［内川1993：134-139］。こうした世評も許斐との関係に言及すること

に消極的であった理由の一つであったと考えられる。特務機関員ないしは情報工作員といったくくり方は、「仏印」や独立運動に関わった多くの日本人の思想と行動を矮小化しかねない。

歴史資料としての西川日記

　西川氏は、後からの解釈をともないやすい回想ではなく、また公開を前提としない日記という形式にこだわることで、1955年9月から1957年6月までのゴー・ディン・ジエム政権確立期の南ベトナムにおける、政治・経済・社会各方面のありようを、具体的かつ率直に語っている。戦時期に長期にベトナムに滞在した経験を持ち、毎日欠かさず詳細な日記をつける習慣を身に付けていたことも、冷静で深い洞察を可能にさせた要因であったろう。

　そうした鋭い観察を示している例として、ゴー・ディン・ジエム政権を「専制独裁政権」としつつも「新興国家の一過程として力の政治以外に何もないことはうなづける」(1955年10月13日)と一定の肯定的評価を下しつつ、「(ジエム)自身の意志よりも、その独裁的権力の故に他が祭り上げる結果でもあらうか、次第に民衆との接触を失ふことが憂慮される。呉首相自身の清廉は人気ある処だが、側近縁者が民意を遮断して、大いに威張るとの批判も見逃せないやうである」(1955年9月22日)と複眼的な見方をしている箇所を挙げることができよう。

　ジエム政権が、親族、同郷人、カトリック教徒ばかりで固められ、反対者と見なした者に過酷な弾圧を行ったことは周知の事実であり、1963年11月に南ベトナム国軍のクーデターで倒されたことを思えば、西川は1955年の時点で、ジエム政権の末路を予想していたことになる。そして、そのことが日記にリアルタイムの記述として書かれている。本日記の価値はこうした点にある。

　戦時期、松下と西川はカンボジアの民族運動の指導者ソン・ゴク・タンと知り合い、その関係は戦後まで続くが、西川日記1957年4月26日の条には、タンが突然サイゴンの大南公司を来訪し、保護を求めたことが記されている。松下社長は不在で、西川はやむなく自宅に匿う。当時タンはシハヌーク国王と対立していたため、「若し不幸にしてカンボジア側にこの事が分かれば、我が大南公司の Phnom-Penh の地位は危ふくなることであらうが、やはり窮鳥を追う気持ちにはなれず、庇護することと決し」たと西川は書く(4月27日)。西川の人間性がうかがわれる出来事である。注目すべきことは、元海軍少将中堂観恵らのソン・ゴク・タン支援を策謀していたことに対する西川の決然たる否定の態度である。

ソンが大南公司を訪問する以前に西川は中堂の策謀を聞いていた。
　すなわち、中堂は馬奈木（敬信）元中将や飯田元領事等と策謀してタイ国内に開拓地を指定しソン配下の 2 〜 3000 人集合させ、アメリカの武器を 1 万人分提供してもらって軍隊に仕立て反共軍としてカンボジアに侵攻させる案を持っており、これをアメリカに提案するつもりだった。西川はこの案を「些か誇大妄想的な時代錯誤のもの」であり、「このような老人連中の頭脳が支那で事を起こした浪人たちと手を握っていた軍部の謀略家達のその当時の域を出ていない事は明らかで甚だ醜いものである。こんな事で大切な日本と南方の新しい時代の結びつきを根底から狂はせる事は正に罪悪と云ふべし。（松下社長）に暗躍抑制を進言す」（3 月 16 日）と痛烈に批判する。戦後の西川は東南アジアの発展と安定は経済的手段によるべきものであり、日本の役割もそこにあると考えており、大南公司の事業の意義もそこにあると考えていたことは明白である。この柔軟な姿勢こそ、西川の真骨頂とも言えるのである。

西川氏との出会い

　宮沢はかねてより近代日越関係史、とりわけ仏印進駐から仏印処理後の時期に関心があり、西川さんにお会いしたいとの気持ちを持っていたが、2005 年 11 月 23 日にホーチミン市の海外新聞普及協会の事務所でお会いできることになった。
　小柄で柔和なお人柄の中にも、ベトナムに一生を賭けて関わってこられた蓄積というか、一本の筋をお持ちであるように感じられた。届いた新聞を見ながら、現在のベトナムのこと、世界の動きにまで幅広くお話しは及んだ。宮沢の経歴を尋ね、ハノイに留学していたことやバクニンの農村で調査したことをお話しすると、ハノイの食事にバリエーションが無くて苦労したこと、ヴー・ヴァン・アン（戦中来日したベトナムの民族運動家）がバクニンの出身であったことなどをお話しくださった。「15 才から日記をつけている」こと、その日記を見せてくださることもお約束くださった。日記を見ればわかるとおり、多趣味の方である。新聞の切り抜きや写真のこともお話しくださった。
　事務所の近くにブラジル料理のお店があり、ベトナム人の共同経営者の方とともにごちそうになった。たいへんにお元気でよく食べ、飲まれた。
　その後、なかなかご連絡できず、ご連絡いただいたのにすぐに返信できなかったことが悔やまれる。

解説「西川捨三郎とその日記」

　2006年2月初旬、ホーチミンの事務所に国際電話をかけると、出たのはベトナム人の若い従業員だった。切迫した口調で「西川さんは今夜の飛行機で日本に搬送された。入院先は…」
　翌日、非礼も顧みず上京し、入院先に押しかけてしまった。点滴を受けながらベッドに横たわっていらした西川さんは宮沢の顔を見てベッドに半身を起こされ、「日記のことはちゃんとしますから」としっかりとして口調で言われた。それが宮沢にとっての短いお別れであった。西川さんはお約束通りご子息の貴生さんに日記を託してくださった。学習院大学でアーカイヴズ学専門家により整理していただき、いまやっとその一部が世に出せるところまでこぎつけた。改めて西川さんとご家族に感謝申し上げる。

【参考文献】
内川大海『シルクロードの夢：ある青春の記録』私家版、1993年
神谷美穂子『ベトナム1945：明号作戦とインドシナ三国独立の経緯』文芸社、2000年
白石昌也「ベトナム復国同盟会と1940年復国軍蜂起について」『アジア経済』23巻4号、1982年
白石昌也「チャン・チョン・キム内閣内閣設立（1945年4月）の背景：日本当局の対ベトナム統治構想を中心として」土屋健治、白石隆編『国際関係論のフロンティア3　東南アジアの政治と文化』東京大学出版会、1984年
白石昌也・古田元夫「太平洋戦争期の日本の対インドシナ政策：その二つの特異性をめぐって」『アジア経済』23巻4号、1976年
立川京一「第二次世界大戦期のベトナム独立運動と日本」『防衛研究所紀要』3巻2号, 2000年
玉居子精宏『大川周明アジア独立の夢：志を継いだ青年たちの物語』平凡社新書、2012年
陳仲金「風塵のさなかに（1）-（4）」『創大アジア研究』1-4号、1980-83年
南方会『みんなみ』30号、2000年
西川寛生『ベトナム人名人物事典』暁印書館、2000年
秦郁彦「仏印進駐と軍の南進政策（一九四〇〜一九四一）」日本国際政治学会太平洋戦争原因研究部編『太平洋戦争への道　開戦外交史6　南方進出』朝日新聞社 1987 [1963] 年
防衛庁防衛研修所戦史室編『シッタン・明号作戦』朝雲新聞社、1969年
牧久『特務機関長許斐氏利：風淅瀝として流水寒し』ウェッジ、2010年
牧久『「安南王国」の夢』ウエッジ、2012年
松本俊一・安東義良『日本外交史22　南進問題』鹿島研究所出版会、1973年

山本哲朗編『東亜経済調査局附属研究所：手記で綴った大川塾』私家版、2010 年
Nguyễn Xuân Chữ, *Hồi Ky, Những Bài Học Quí Báu của Một Nhà Ái Quốc Liên Chính, Nhưng Bất Phùng Thời*, Houston : Văn Hóa,1996.
Trần Quang Vinh, *Hội Ky Trần Quang Vinh và Lịch Sử Quân Đội Cao Đài*, Maryland, 1997.

あとがき

武内房司

　宮沢千尋氏（南山大学准教授）から、西川捨三郎氏所蔵資料群の重要性を教えられ、宮沢・高津茂（星槎大学准教授）両氏とともに西川氏のご子息にあたる西川貴生氏宅を訪問したのは2006年12月のことであった。さらに西川貴生氏のご案内で2008年3月に、伊豆吉奈にある故西川捨三郎氏の別宅を訪れ、多くの貴重な関連文書・書籍が所蔵されていたことを確認することができた。幸いなことに、遺族のご快諾を得て、東京・伊豆に残る西川氏所蔵資料は、友邦文庫をはじめとして、近現代東アジア関連アーカイブズの収集と整理を進めてきた学習院大学東洋文化研究所に、「西川捨三郎文書」として一括してお預かりする運びとなった。

　その後、編者は、同研究所において、「戦時期日本のアジア研究とアーカイブズ」（武内房司研究代表、2009～2010年）、「近現代日本・ヴェトナム関係に関するアーカイブズ的研究」（保坂裕興研究代表、2011～2012年）の二つの研究プロジェクトにかかわり、活動の一環として、上記資料群及び関連文献に対する調査研究を進めることとなった。

　また、上記プロジェクトのメンバーである安藤正人学習院大学教授並びに加藤聖文同非常勤講師（国文学研究資料館助教）の両氏には、学習院大学大学院アーカイブズ学専攻開設科目「アーカイブズ学マネジメント論演習Ⅰ」の教材として、「西川捨三郎文書」をとりあげていただいた。両氏の指導と同専攻院生諸氏の尽力により、膨大な文書の整理と目録化をスピーディに進めていただき、通常であれば多くの年月を要したであろう基本目録の作成を短期間にほぼ完成させることができた。

　これらの「西川捨三郎文書」のなかでも、整理に多くの歳月を要したのは、西川氏がベトナムでの日々の生活を克明に綴った日記群であった。西川氏は、宮沢千尋氏の解説にもあるとおり、日本の「仏印進駐」期よりベトナムにかか

わっているが、残念なことに、戦時期のベトナム滞在日記をまとまった形で資料群の中から見出すことはできなかった。ただ、戦後、西川氏は復興された「大南公司」社員として何度もベトナムと日本を往復し、ベトナムとかかわりを持ち続けたが、1955年から1957年にかけて最初にベトナムに長期滞在した折の日々の記録を「西貢日誌」と題して残されていた。

　この時期は、ゴー・ディン・ジエム政権（「ベトナム共和国第一期」）の成立期にあたっており、氏の日記には、国民投票による新政権誕生前後の時代的雰囲気や賠償問題をめぐるゴー政権と日本との関係が、ともすれば無味乾燥になりがちな領事報告や断片的な新聞報道とは異なる現地長期滞在者の視点で具体的かつ生き生きと描かれ、ベトナム現代史及び日越関係史の貴重な証言となっているように思われた。そこで、まず、この時期の日記を整理し、公刊する方針を定めた。

　西川氏は宮沢氏の解説にもあるとおり、大川周明の主宰した大川塾卒業生であった。大川周明の門下というと、右翼系青年の集まり、といった印象を持たれる方もおられるかもれない。しかし、日記の記述から見るかぎり、カンボジアの民族運動家ソン・ゴク・タンの処遇をめぐって、旧世代に属する旧軍人たちがもてあそぼうとした政治工作を時代錯誤と断ずるなど、西川氏が冷静かつ合理的な視点の持ち主であったことが伝わってくる。最初に一連の文書をお預かりした際に、丁寧に包まれた原田俊明氏の写真が印象的であったが、同期生のこの原田氏にしても、ベトミンとの協力の可能性を模索するなかで悲劇に見舞われたのであり、当時の政治状況のなかで日本やベトナムの青年たちのとった行動のなかに、青年たちの思考の柔軟さやアジア主義者としての心情が現れているように思われた。

　松下光広の開いた「大南公司」という単なる貿易商社の枠を越えた組織に身を置き、通常の民間商社マンでは知り得ないようなゴー政権中枢の内部情報や要人たちの動向が詳細に記録されているのは、この日記ならではの強みである。それ以外に、西川氏自身が映画やさまざまな文化・芸術を愛好し、精神の自由さといったものを保持しながら、随所に鋭い人間・社会観察を織り交ぜている点もこの日記の大きな魅力の一つとなっているといえよう。

　日記の整理にあたっては、第一次段階として、学習院大学大学院人文科学研究科史学専攻及び同アーカイブズ学専攻において東洋近代史・日本近代史・アーカイブズ学を専攻する院生諸氏に協力をいただき、文字起こしとデータ入力作業を進めた。これらのデータをもとに、1955年9月〜12月を宮沢千尋、1956年

あとがき

1月～12月までを北澤直宏（京都大学大学院アジア・アフリカ地域研究研究科博士後期課程）、1957年1月～6月までを高津茂の各氏に校正と脚注作成をお願いした上で、日記原文と対照させながら合同の検討会を開いて校訂作業を進め、最終的に武内が日記本文の校訂、脚注の追加・訂正・統一をはかった。さらに、武内と上記3名が《補注編》を担当し、日記の背景を知る上で役立ちそうな事項・人物の紹介につとめた。その際に、ミラーやゴシャの研究をはじめ、見直しの進むゴー・ディン・ジエム政権に関する最近の研究や参考文献、公開されているデータベースなどを利用し、充実を心がけたが、なお不十分な点や多くの誤り等が含まれていると思われる。読者諸氏の批正をいただければ幸いである。

　本日記の出版にあたっては実に多くの方々のご協力をいただいた。最初にまず、貴重な西川氏の一連の文書の学習院大学東洋文化研究所への寄託と日記の刊行に同意してくださった西川貴生氏に深甚の謝意を表したい。また日記原文のデータ化や資料整理を担当していただいた学習院大学大学院史学専攻並びにアーカイブズ学専攻の院生諸氏、校訂・補注作業に当たられた宮沢・高津・北澤の各氏、さらに、学習院大学東洋文化研究叢書の一冊として刊行することに賛同していただいた東洋文化研究所、また出版にあたり、様々なご配慮をいただいた風響社の石井雅氏に心よりお礼を申しあげる。

　なお、本書は、平成26年度学習院大学研究成果刊行助成を受けたものである。記して謝意を表する。

参考文献一覧

【凡例】
以下の略号を用いる。
ANOM: Archives Nationales d'Outre-Mer, Aix-en-Provence
TTLT2/PCC&GT: Trung tâm Lưu trữ quốc gia II, TP. Hồ Chí Minh, Phông Công Chánh và Giao Thông(ベトナム国家第二アーカイブズセンター、公共事業・交通省文書)
VCA/TTU: Vietnam Center and Archives, Texus Tech. University

〈日本語・中国語文献〉
朝日新聞社編『[現代日本]朝日人物事典』朝日新聞社、1990年
池端雪浦監修『東南アジアを知る事典』平凡社、2008年
石井米雄・桜井由躬雄編『新版 世界各国史5 東南アジアⅠ 大陸部』山川出版社、1999年
石井米雄監修『タイの事典』同朋舎、1993年
石澤良昭『〈新〉古代カンボジア史研究』風響社、2013年
今井昭夫「倫常の道,解説・大同の願い:ベトナム・ホアハオ教祖『識講詩文』と思想世界」『東京外国語大学大学院地域研究会・地域研究』11号、1994年
内川大海『シルクロードの夢:ある青春の記録』私家版、1993年
内田悦生『石が語るアンコール遺跡:岩石学からみた世界遺産』早稲田大学出版部、2011年
内海海三郎『南ヴェトナム風土記』鹿島研究所出版会、1964年
浦部清治「ゴーディンジェムの治政」『アジア問題』3巻5号、1955年
大岩誠『南アジア政治論』萬里閣、1942年
大本教七十年史編纂会編『大本教七十年史(下)』亀岡:宗教法人大本、1967年
小田親「終戦直後の賠償交渉と日越関係:戦前・戦中・戦後をベトナムに生きて」『東アジア近代史』11号、2008年
霞関会編『ヴィエトナム共和国便覧』(アジア諸国便覧叢書、17)時事通信社、1956年
外務省アジア局編『ヴィエトナム共和国便覧』外務省アジア局、1958年
外務省外交史料館日本外交史辞典編纂委員会編『日本外交史辞典』山川出版社、1992年
郭寿華編『越南通鑑』台北:大亜州出版社、1970年第三版(1961年初版)
神谷美穂子『ベトナム1945:明号作戦とインドシナ三国独立の経緯』文芸社、2005年
河路由佳「1943年・仏印から日本への最後のベトナム人私費留学生とべとナム独立運

動：チェン・ドク・タン・フォン(陳徳清風)さん」『日本オーラル・ヒストリー研究』8巻、pp.163-175、2012年
川本邦衛編『詳解ベトナム語辞典』大修館書店、2011年
北野典夫『天草海外発展史（下）』葦書房、1985年
木村哲三郎「戦時下の南ベトナム経済：土地改革と被援助経済の構造」『東アジア近代史』11号、2008年
久保田豊・山口仁秋『アジア開発の基盤を築く：海外コンサルタント』アジア経済研究所、1967年
グレアム・グリーン（田中西二郎訳）『おとなしいアメリカ人』早川文庫、2004年
『興亜学塾要覧』東京：興亜学塾、1931年
河野司編『海南島石碌鉄山開発誌』石碌鉄山開発誌刊行会、1974年
小牧近江『ある現代史』法政大学出版局、1965年
小松清『ヴェトナム』新潮社、1955年
桜井由躬雄・石澤良昭『東南アジア現代史III ヴェトナム・カンボジア・ラオス』山川出版社、1977年
桜井由躬雄・桃木至朗編『ベトナムの事典』同朋舎、1999年
下中弥三郎伝刊行会編『下中弥三郎事典』平凡社、1965年
白石昌也・古田元夫「太平洋戦争期の日本の対インドシナ政策：その二つの特異性をめぐって」『アジア経済』23巻4号、1976年
白石昌也「ベトナム復国同盟会と1940年復国軍蜂起について」『アジア経済』23巻4号、1982年
白石昌也編『インタヴュー記録C. 日本の南方関与6』東京：特定研究「文化摩擦」（東京大学教養学部国際関係論研究室），1981年.
白石昌也「チャン・チョン・キム内閣成立の背景」『東南アジアの政治と文化』東京大学出版会、1984年
白石昌也『ベトナム民族運動と日本・アジア』厳南堂書店、1993年
『新潮世界美術辞典』新潮社、1995年
『世界大百科事典』平凡社、1988年
高田洋子「フランス領インドシナの植民都市研究序説：ハノイとサイゴン・チョロン」中川文雄・山田睦男共編『植民都市の研究』人間文化研究機構ほか、2005年
高津茂「カオダイ教伝教聖会の歴史と共生実践」日本共生科学会『共生科学』第3巻、2012年
只熊力「カンボジアと私（ルックルー・ジッポン）(1)」『AFA論集（アジア親善交流協会）』2000年3号
只熊力「独立軍指導者の語るカンボジヤの独立顛末記」『海外事情』4巻3号、1956年
立川京一「第二次世界大戦期のベトナム独立運動と日本」『防衛研究所紀要』3巻2号, 2000年（後に、阿曽村邦昭編『ベトナム：国家と民族（上）』古今書院、2013年、所収）
田中清玄・大須賀瑞夫『田中清玄自伝』（ちくま文庫）、筑摩書房、2008年

田中健郎「南ベトナム戦後賠償再考:『ベトナム賠償および借款協定関係』外交文書を紐解く」阿曽村邦昭編『ベトナム:国家と民族(上)』古今書院、2013年
玉居子精宏『大川周明アジア独立の夢:志を継いだ青年たちの物語』平凡社新書、2012年
玉置正治「ダニム水力発電所の概要」『電力』48巻5号、1964年
陳仲金(陳荊和訳)「風塵のさなかに(1)-(4)」『創大アジア研究』1-4号、1980-83年
永塚利一『久保田豊』電気情報社、1966年
南洋経済研究所編『大南洋地名辞典3 泰国及佛領印度支那』丸善株式会社、1942年
西川寛生『ベトナム人名人物事典』暁印書館、2000年
日本工営株式会社編『日本工営三十五年史』日本工営、1981年
日本タイ学会編『タイ事典』めこん、2009年
根本敬・斎藤照子「政治と経済」綾部恒雄・石井米雄編『もっと知りたいミャンマー』(第2版)東京:弘文堂、1994年
秦郁彦「仏印進駐と軍の南進政策(一九四〇～一九四一)」日本国際政治学会太平洋戦争原因研究部編」『太平洋戦争への道 開戦外交史6 南方進出』朝日新聞社1987[1963]年
秦郁彦『日本陸海軍総合事典』東京大学出版会、2005年
ハマー、エレン(河合伸訳)『インドシナ現代史』みすず書房、1970年
林秀澄「インドシナ三国独立の経緯」『昭和軍事秘話(中)同台クラブ講演集』同台経済懇話会、1987年
原覚天『現代アジア研究成立史論:満鉄調査部・東亜研究所・IPRの研究』勁草書房、1984年
平川幸子「戦後日本外交と「開かれた地域主義」」『アジア太平洋討究』21号、2013年
平野健一郎『対日関係を知る事典』平凡社、2001年
藤原岩市『留魂録』振学出版、1986年
フォール、B.(高田市太郎訳)『二つのベトナム』毎日新聞社、1966年(原著 Fall, Bernard, The Two Vietnams: A Political and Military Analysis. Praeger, 1963.)
古田元夫『ベトナムの世界史』東京大学出版会、1995年
防衛庁防衛研修所戦史室編『シッタン・明号作戦』朝雲新聞社、1969年
牧久『サイゴンの火焔樹:もう一つのベトナム戦争』ウェッジ、2009年
牧久『特務機関長許斐氏利:風淅瀝として流水寒し』ウェッジ、2010年
牧久『「安南王国」の夢:ベトナム独立を支援した日本人』ウエッジ、2012年
松岡完「ジョン・F・ケネディと1963年仏教徒危機:ベトナムにおける災厄の終わりと始まり」『論叢現代文化・公共政策』4号、2006年
マッコイ、A.(堀たお子訳)『ヘロイン:東南アジア<麻薬>の内幕 上』サイマル出版会、1974年(原著 McCoy, Alfred, The Politics of Heroin in Southeast Asia, Harper&Row, 1972.)
松田春香「1950年代韓国の対南ベトナム外交」『大妻女子大学紀要～文系～』43号、2011年

松本俊一・安東義良『日本外交史22　南進問題』鹿島研究所出版会、1973年
満鉄東亜経済調査局編『仏印行政制度概説』東亜経済調査局、1943年
水谷乙吉『仏印の企業』ダイヤモンド社、1942年
宮沢千尋「再来日後のベトナム東遊運動盟主クオンデ侯をめぐる日仏植民地帝国の対応と取引～東遊運動瓦解後のクオンデの思想と行動（4）」『ベトナム　社会と文化』5・6合併号、2005年
宮沢千尋「クオンデ侯と全亜細亜民族会議：東遊運動瓦解後のクオンデの思想と行動（5）」『ベトナム　社会と文化』7号、2007年
宮沢千尋「クオンデのファン・チュウ・チン宛書簡と『サンテ監獄事件』」学習院大学『東洋文化研究所紀要』15号、2013年
山田勲『白い軌跡：大川塾卒業生が見てきた戦争と東南アジアの国』文芸社、二〇〇四年
山本哲朗編『東亜経済調査局附属研究所：手記で綴った大川塾』私家版、2010年
林俊、クロード・ピジョワ『小松清：ヒューマニストの肖像』白亜書房、1999年
戸部良一『外務省革新派：世界新秩序の幻影』中公新書、2010年
ヴィン・シン（高杉忠明・松井敬訳）「知られざる交流：小松清ベトナム独立への見果てぬ夢(上・下)」『世界』673・674号, 2000年
矢野暢『タイ・ビルマ現代政治史研究』京都大学東南アジア研究センター、1968年
吉井昌平「佛領印度支那の邦人事業」金子鷹之助編『甦生佛領印度支那の全貌』東京：愛国新聞社出版部、1941年

〈欧語文献〉

The American Women's Association of Saigon, *Saigon: A Booklet of Helpful Information for Americans in Vietnam*, 1962.

Baudrit, André, *Guide historique des rues de Saigon*, Saigon: Société des Imprimeries et Librairies Indochinoises, 1943.

Blagov, Sergei, *Caodaism: Vietnamese Traditionalism and Its Leap into Modernity,* Hungington, N.Y.: Nova Science Publishers, 2002.

Corfield, Justin, *Historical Dictionary of Ho Chi Minh City*, London & New York: Anthem Press, 2013.

Đà Lạt , Việt-Nam Ntional Tourist Office, n.d. (VCA/TTC, item: 0400101001)

Decoux, Amiral, *A la barre de l'Indochine : histoire de mon gouvernement général, 1940-1945*, Paris : Plon, 1949.

Demery, Monique, *Finding the Dragon Lady: The Mystery of Vietnam's Madame Nhu*, Public Affairs, 2013.

Donnel, John C., "Personalisme in Vietnam", in Fishel, Wesley R. ed., *Problems of Freedom : South Vietnam Since Independence*, New York: The Free Press of Glencoe, 1961.

Edwards, Penny, *Cambodge: The Cultivation of a Nation, 1860-1945*, Honolulu: University of Hawai'i Press, 2006.

参考文献一覧

Goscha, Christopher, *Historical Dictionary of the Indochina War (1945-1954): An International and Interdisciplinary Approach*, Honolulu: University of Hawaii Press, 2011.

Guillemot, François, "Vietnamese Nationalist Revolution and Japanese Occupation : The Case of the Dai Viet Parties (1936-1946) ", Li Narangoa and Robert Cribb. ed., *Imperial Japan and National Identities in Asia, 1895-1945*, London and New York: Routledge Curzon, 2003

Guillemot, François, «Penser le nationalisme révolutionnaire au Viêt Nam : Identités politiques et itinéraires singuliers à la recherche d'une hypothétique <Troisième voie>, *Moussons*, 13-14, 2009.

Guillemot, François, *Dai Viêt indépendance et révolution au Viêt-Nam : l'échec de la troisième voie (1938-1955)*, Paris: Les Indes savantes, 2012.

Hill, Frances, "Millenarian Machines in South Vietnam", *Comparative Studies in Society and History*. 13(3): 325-350, 1971.

Jacobs, Seth, *Cold War Mandarin: Ngo Dinh Diem and the Origins of America's War in Vietnam, 1950-1963*, Lanham: Rowman & Littlefield Publishers, 2006.

Jennings, Eric T., "From Indochine to Indochic: The Lang Bian / Dalat Palace Hotel and French Colonial Leisure, Power and Culture", *Modern Asian Studies*, vol.37 n°1, 2003, pp. 159-194.

Jennings, Eric T., *Imperial heights: Dalat and the making and undoing of French Indochina*, Berkely: University of California Press, 2011.

Jours à Saigon = Seven days in Saigon = 7 ngay tai Saigon, Saigon: L'Agence publi-Asia, [1955].

Keesing's Research Report, South Vietnam: A Political History 1954-1970□Scribners, 1970.

Kiernan, Ben, *How Polpot Came to Power: Colonialism, Nationalism, and Communism in Cambodia, 1930-1975*, New Haven & London: Yale University Press, 2004.

Kutler, Stanley ed., *Encyclopedia of the Vietnam War*, Charles Scribner's Sons, 1996.

Lan Pham, David, *Two Hamlets in Nam Bo: Memoirs of Life in Vietnam Through Japanese Occupation, the French and American Wars, and Communist Rule, 1940-1986*, Mcfarland & Co Inc Pub, 1999.

Lan Pham, David, *Vietnam History Dictionary*, Authorhouse, 2002.

Le Brusq, Arnauld & de Selva, Léonard, *Viêtnam à travers l'architecture coloniale*, Paris: Les Éditions de l'Amateur, 2011.

Le Quang Tan, *Biography His Holiness Ho Phap Pham Cong Tac: Caodaism Head of Tay Ninh Holy See*, 1989.

Marr, David,*Vietnam,1945: The Quest for Power*, Univesrsity of California Press.1995.

McCoy, Alfred W., *The Politics of Heroin in Southeast Asia*, New York: Harper & Row, Publishers, 1972.

Miller, Edward, *Misalliance: Ngo Dinh Diem, the United Sates, and the Fate of South Vietnam*, Harvard University Press, 2013.

Mollaret, H.H. & Brossollet, J., *Yersin: Un Pasteurien en Indochine*, Paris: Belin, 1993.

Nguyễn Long Thành Nam, *Hoa Hao Buddhism in the Course of Vietnam's History*, Nova Science Publishers, 2003.

Sales, Jeanne M., *Guide to Viet-Nam*, [Saigon]: American Women's Association of Saigon,[1974]

351

Savani, A.M., *Visage et Images du sud Viet-Nam*, Saigon: Imprimerie Français d'Outre-mer, 1955.

Savani, *Notes sur le P.G.Hoa Hao*, mimeo., 1951.

Seven Years of the Ngo Dinh Diem Administration, 1954-1960, Saigon: Information Printing Office, 1961.

Sherry, Norman, *The Life of Graham Greene Vol.II 1939-1955*, Penguin Books, 1996.

Trần Mỹ Vân, *A Vietnamese Royal Exile in Japan: Prince Cường Để (1882-1851)*, London & New York : Routledge, 2005.

Trued, M.N., "South Viet-Nam's Industrial Development Center", *Pacific Affaires*, vol.33, 1960.

Tucker, Spencer ed., *Encyclopedia of The Vietnam War : A Political , Social, and Military History (Volume 1)*. ABC-CLIO, 1998a.

Tucker, Spencer ed. *Encyclopedia of The Vietnam War: A Political , Social, and Military History (Volume 2)*, ABC-CLIO, 1998b.

United States Congres, Senate, *The Pentagon papers: The Defense Department History of United States. Decisionmaking on Vietnam*, Boston: Beacon Press, 1971.

The United States Operations Missions to Vietnam (USOM), *Saigon: A Booklet of Helpful Information for Americans in Vietnam*, Saigon, 1958.

Werner Jane Susan, *The Cao Dai: The Politics of A Vietnamese Syncretic Religious Movement*, Cornell University, Ph.D. 1976.

〈ベトナム語文献〉

Cơ Quan Phổ Thông Giáo Lý Đại Đạo, *Lịch Sử Đạo Cao Đài Quyển I Khai Đạo: Từ Khởi Nguyên Đến Khai Minh*, Hà Nôi: Nhà Xuất Bản Tôn Giao, 2005.

Cơ Quan Phổ Thông Giáo Lý Đại Đạo, *Lịch Sử Đạo Cao Đài, Quyển II TRUYỀN ĐẠO Từ Khai Minh Đến Chia Chi Phái (1926-1938)*, Hà Nôi: Nhà Xuất Bản Tôn Giáo In Lần Thứ I-2008.

Đinh Xuân Vịnh, *Sổ Tay Địa Danh Việt Nam*, Nhà Xuất Bản Đại Học Quốc Gia Hà Nội, 2002

Đoàn Thêm, *Hai Mươi Năm Qua 1945-1965*, Việc Tùng Ngày, Sài Gòn: Nam Chí Tùng Thư, 1966.

Hội Đồng Chi Đạo Biên Soạn Lịch Sử Nam Bộ Kháng Chiến, *Biên Niên Sự Kiện Lịch Sử Ủy Ban Kháng Chiến Nam Bộ*, Nhà Xuất Bản Chính Trị Quốc Gia, 2012

Đức Nguyên, *Danh Nhân Đại Đạo*, 1981.

Đức Nguyên soạn, *Cao Đài Từ Điển Quyển 1*, 2000.

Huỳnh Minh, *Non Nước Vũng Tàu*, Nhà Xuất Bản Cánh Bằng, 1970.

Lâm Quang Hiền biên soạn, *Địa Chí Bình Thuận*, Sở Văn Hóa Thông Tin Bình Thuận, 2006.

Nguyên Hùng, *Bảy Viễn: Thủ Lĩnh Bình Xuyên*, TP.Hồ Chí Minh: Nhà Xuất Bản Công An Nhân Dân, 2004.

Nguyễn Hữu Hanh, *Làm việc với các nhân vật danh tiếng thế giới : câu chuyện đời tôi*, United States, 2004.

Nguyễn Quang Ân, *Việt Nam : Những Thay Đổi Địa Danh và Địa Giới các ĐơnVị Hành Chính 1945-1997*, Nhà Xuất Bản Văn Hóa Thông Tin, 1997.

Nguyễn Q. Thắng, *Từ Điển Nhân Vật Lịch Sử Việt Nam*, Nhà Xuất Bản Văn Hóa, 1999.

Nguyễn Xuân Chữ, *Hồi Ký Những Bài Học Quí Báu của Một Nhà Ái Quốc Liên Chính, Nhưng Bất Phùng Thời*, Houston: Văn Hóa,1996.

Nhật ký cuộc Á du của Đức Hộ Pháp, n.d.

Thạch Phương - Lê Trung Hoa (Chủ biên) , *Từ Điển Sàigon - Thành Phố Hồ Chí Minh*, Nhà Xuất Bản Trẻ, 2008.

Trần Quang Vinh, *Hội Ký Trần Quang Vinh và Lịch Sử Quân Đội Cao Đài*, Maryland, 1997.

Trung Tâm Khoa Học Xã Hội và Nhân Văn Quốc Gia, Viện Sử Học, *Việt Nam Những Sự Kiện Lịch Sử (1945-1975)*, Nhà Xuất Bản Giao Dục, 2003.

〈地図〉

Tập Bản Đồ Giao Thông Đường Bộ Việt Nam, Nhà Xuất Bản Bản Đồ, 2009.

〈新聞・雑誌〉

『朝日新聞』

『人類愛善新聞』

『読売新聞』

『毎日新聞』

The Times of Viet Nam

『ヴェトナム通信』

『みんなみ』

〈未公刊文書〉

台湾・国史館・禮賓司：020-100900-0130「越南范公稷訪台」(民國四十三年七月起十月止))

ANOM, 14PA/2/37: Menées nationalistes et caodaïstes au Tonkin: propagande pan-asiatique dans les milieux bouddhiques au Tonkin, 1940-1943.

ANOM,GGI/65492: Les Partis Nationalistes Vietnamiens.

TTLT2/PCC&GT/7124: Hồ sơ v/v số lượng nhu cầu về sự khai thác các khu điện lực ở Việt Nam do Nhật Bản bồi thường sửa chữa năm 1955.

TTLT2/PCC&GT/7224: Hồ sơ v/v công tác xây dựng Nhà máy Thuỷ điện lực Đa Nhim năm 1958-1959.

〈ホームページ〉

National Library Board Singapore（国立シンガポール図書館）, 2009.

http://eresources.nlb.gov.sg/infopedia/articles/SIP_1494_2009-04-09.html

西貢故事館

http://saigoncholon.blogspot.jp/2014/09/the-true-story-of-hui-bon-hoa-and-uncle.html

日本工営ホームページ

http://www.n-koei.co.jp/news/2014/140307.html

François Guillemot Map Collection
http://saigon.virtualcities.fr/Maps/Collection?of=1&os=a

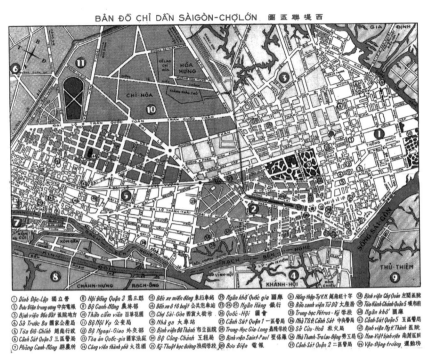

【地図1】 サイゴン地図 (1960年) [François Guillemot Map Collection.]

【地図２】旧インドシナ概念図 ［Decoux 1949］より作成

索　引

あ

アジア協会　87, 175, 206, 223, 285, 288
アジア反共会議　244
アジア民族反共連盟　287
アメリカ　2, 23, 48, 51, 74, 79, 80, 83, 91, 100, 109, 114, 115, 117, 121, 126, 128, 131, 135, 137, 151, 158, 160, 164, 173-175, 179, 184, 190, 196, 197, 199, 202, 223, 225, 227, 229, 230, 233, 239, 240, 244, 268, 271, 273, 279, 281-283, 287, 295, 300, 303-305, 308, 315, 319, 320, 331, 340
　――軍　283, 319
　――軍事顧問団　283
　――経済援助使節団　279
　――国際協力局　282
　――中央情報局（CIA）　300
アラス宿舎　334
アンクロエット　77, 324
アンコールワット（アンコール・ワット）　96, 109, 191
アンザン（アンザン省）　270
アンドレ・マルロオ（アンドレ・マルロー）　301, 220, 319
愛国党　294, 335
愛善苑　137
浅野物産（浅野）　31-33, 122
朝日（朝日ニュース）　12, 90, 106, 110, 112, 119, 206, 273, 276, 282, 285, 286, 288-290, 292, 300, 305, 341
味の素　39, 192, 193
鮎川義介（鮎川）　73
安部隊　312, 336

いすず自動車　40
イエスの昇天（耶蘇昇天）　280
イギリス（英国）　37, 90, 133, 251, 300, 331
イタリア（イタリヤ）　34, 79, 135, 150, 151, 168, 189, 208, 213, 224, 264, 275, 310
インドシナ
　――共産党　282
　――銀行　18, 42
　――現地軍（インドシナ駐屯軍）　293, 312
　――総督（インドシナ総督府）　276, 293, 295, 297, 304, 332
井関農機（井関）　42, 43
伊藤述史（伊藤）　95
伊藤忠　32, 131, 166, 167
移民（問題）　68, 72, 83, 91, 126, 285
　農業――　126, 285
石田昌男（石田夫妻）　92-94, 100, 101, 108, 109, 113, 118, 119, 120, 201, 209, 292, 303, 334
稲村隆一（稲村）　189-192
稲垣平太郎　88
乾利行（乾利）　40, 88, 106, 154
岩田喜雄（岩田）　87, 285
印度支那経済研究所　312, 334
印度支那産業　300, 316, 334
ウ・ヌ（ウ・ヌー）　185, 189
植村甲午郎（植村）　40, 87-89, 95-100, 109, 247, 255, 258, 289, 292, 295
植村使節団　96, 98, 100, 109, 289
内川大海　338, 341
浦賀ドック　118
エールフランス（エール・フランス）　21, 22, 28, 33, 35, 37, 41, 48, 72, 78, 84, 91, 115, 138, 140, 194, 195, 224, 228, 315

357

エカフェ（国連アジア・極東経済委員会） 289
エマニュエル・ムーニエ（ムーニエ） 4, 7, 274
永安行 60, 66
越華 69
越東 73
越南共和国 51, 87, 92, 184
越南青年商工会議所 140
越盟 93, 150
『おとなしいアメリカ人 The Quiet American』 300
小川清四郎（小川参事官） 247, 249-252, 255, 256, 258, 260-262
小田親 295
緒方竹虎 74, 314, 317
大川周明（大川） 1, 86, 141, 184-189, 291, 292, 293, 301, 303, 305, 312, 331, 334, 337, 338, 341, 342, 344
大川塾 291-293, 301, 303, 305, 312, 331, 334, 337, 338, 342, 344
大倉商事 89
大蔵省（大蔵省印刷局） 110, 162, 178, 184, 210, 256, 258
大阪商工会議所 240
大阪商船 247
大阪大南 232
大本教（大本） 135, 138, 144, 207, 211, 290, 291, 310
岡本商店 156

か

カイサン 148
カインホア（Khánh Hòa）省 326
カオダイ義勇軍神道実践団 269
カオダイ教 2, 268-270, 272, 274, 281, 284, 290, 291, 296, 298, 300, 303, 310, 311, 313, 314, 317, 335, 336
――軍（カオダイ軍） 268, 270, 296, 300, 313
――総本山タイニン（カオダイ教タイニン派 284, 296, 311, 313
――伝教聖会（カオダイ教「伝教聖会」、高台教伝教派） 290
――本部 290
カオバン 282, 333
カオ・ホアイ・サン 270
カップ・サンジャック 39, 105, 112, 288, 322
カティナ通り（カチナ） 29, 33, 37, 41, 42, 44, 56, 66, 72, 76, 88, 90, 96, 97, 100, 108, 115, 251, 278, 319, 320
カトリック 4, 40, 58, 181, 182, 279, 280, 290, 303, 339
――避難民 279
カナ海岸 326
カナ塩 210
カムラン湾 17, 69, 289, 316
カントー省 317
カンボジア経済使節団 292
カンボジア友好条約 285, 305
カンラオ人格党 304
華僑（華商） 4, 22-24, 28-31, 42, 58, 60, 69, 70, 76, 97, 99, 105, 152, 160, 163, 174, 175, 177, 190, 198, 199, 217, 224, 244, 252, 255, 256, 258, 259, 261, 283, 320
鹿島建設 131
海軍工廠 96, 112, 118, 159, 172, 175
外務省 57, 79, 89, 175, 247, 251, 288, 291, 298, 312, 316, 332
革命委員会 26, 274, 296
筧清澄 290
片野（加藤）健四郎 3303, 305, 312, 334, 338
金谷善次郎 126, 171
兼松 122
川崎商事 227
川鉄 227-229
河合良次 88, 95, 289
河本ポンプ 226
関西ペイント 214
韓国 51, 92, 123, 125, 163, 171, 248, 250, 284, 287

358

索引

韓国人会　　123, 125, 171
キニョン（クイニョン）　　33
キリスト（キリスト教）　　70, 117, 120, 143, 146, 169, 208, 262, 269, 281, 303, 304, 309, 324
キリロム高原都市　　191, 285
気象局　　131
技術協力会社　　213, 229, 231
岸信介　　48, 79, 189, 196, 199, 205, 211, 223, 231, 232, 237, 247, 252, 254, 258
北川産業　　31, 36, 38, 40, 52, 57, 75, 77, 78, 112, 135, 288
木下商店　　183, 184
共同通信　　31, 32, 160
共和ゴム　　59, 248, 249
彊祗　　209, 214
金泰成　　171
クアンナム省　　163, 325
クオンデ　　3, 269, 276, 284, 297, 301-303, 308, 311-314, 317, 332, 334, 335
クメール・イサラク（クメール・イスラ）　　284, 307
クロンファー　　113
グーガの滝　　170
グエン・アイ・クオック　　301
グエン・カーン　　296
グエン・ゴック・トー（阮玉書）　　144, 201, 283, 295, 296
グエン・ザック・ゴ　　274
グエン・スアン・チュウ　　294, 336
グエン・タイン・フオン　　268, 274, 296
グエン・トン・ホアン　　275
グエン・ヒュー・チャウ　　193, 210
グエン・ヒュー・ハイン　　236
グエン・ヴァン・サム　　276
グエン・ヴァン・スアン　　267
グエン・ヴァン・タム　　267, 287, 317
グエン・ヴァン・バー　　58, 297
グエン・ヴァン・ヒン　　267, 274
グレアム・グリーン　　300, 319, 320

久我道雄　　335
久保田豊　　5, 289, 290, 299, 315
桑正商事　　98
ケネディ　　296
計画局　　119, 134, 199, 236, 237, 240, 242, 243, 248, 249, 252, 258, 262, 264, 295
経済援助資金（ICA）　　83, 114, 174, 247, 282
経済援助問題　　180
経済協定　　88
経済警察　　242
経済使節団　　79, 87, 89, 95, 152, 175, 289, 292
経済省（経済大臣）　　107, 131, 136, 155, 164, 173, 180, 191, 195, 197, 200, 201, 215, 235, 250, 258, 261
経済団体連合会（経団連）　　111, 156, 160, 289, 292
建設省　　48, 77, 252
建設大臣　　247
憲法　　2, 87, 138, 142, 143, 176, 178, 181, 273, 285
コーチシナ　　267, 269, 276, 279, 317, 321, 323
　　――共和国　　267, 317
　　――総督府　　276
コーリン商事　　182
コロンボプラン　　225, 255, 295
コンダオ島　　281
コンチネンタル・ホテル（コンチネンタル）　　18, 23, 25, 27, 28, 31, 32, 37, 39, 41, 42, 45, 48, 52-56, 58, 67, 79, 85, 90, 94, 124, 126, 135, 136, 147, 157, 158, 184, 185, 227, 228, 319, 320
ゴーコン（Gò Công）省　　124, 322
ゴー・ディン・ジエム（ゴー・ディン・ジエム政権）　　1-5, 7, 20, 267, 271-273, 276, 279-281, 283, 286-290, 292, 295, 296, 301, 303-305, 308, 309, 311-315, 323, 334, 335, 339, 344, 345
ゴー・ディン・ニュー　　3, 274-276, 295, 303, 304, 308, 309
ゴー・ヴィエト・トゥー　　276
小長谷綽（小長谷綽大使）　　46, 52, 57, 59, 79, 84, 95, 100, 112, 116, 119, 120, 136, 137, 146, 147, 159, 160, 168, 189, 191, 193, 195, 197, 198, 201, 206,

359

213, 214, 223, 224, 230, 236, 260, 288, 298
小牧近江　　123, 300, 301, 303, 334
小松清（小松）　　20-22, 31, 89, 93, 95-97, 100-105, 108-110, 115, 119-121, 125, 126, 201, 209, 211, 264, 298, 300-303, 334
許斐機関　　338
許斐氏利　　333, 338, 341
53号法令　　283
呉首相　　21-24, 30, 31, 34, 36-38, 43, 339
呉大統領　　87, 90, 109, 113, 114, 135, 137, 138, 176-178, 185, 198, 202, 209, 229, 230, 239, 241, 242, 249
孔子（孔子祭）　　4, 70, 169, 208, 280
公共事業相　　191, 289, 290
公共事業・交通省　　279
江商　　165, 171
紅河デルタ　　271
高台教　　35, 82, 87, 94, 126, 135, 137-146, 169, 198, 206, 209, 231, 256, 261
　　──伝教派　　138
高良とみ　　133
港湾警察　　57, 108
鉱山局　　160, 164, 167, 168, 174, 178, 182, 189, 195, 196, 208, 214, 223, 224, 230, 232, 233, 235, 237, 241, 242, 244, 246, 247, 252, 258, 260
国軍　　34, 35, 42, 50, 82, 267, 268, 270, 271, 274, 275, 296, 302, 305, 332, 339, 341
国祭日　　4, 38, 41, 70, 120, 208, 254, 280
国籍問題　　255, 256, 283
国府（国民政府）　　52, 92
国防省　　118, 121, 159, 160, 192, 193, 223, 261
国民革命運動　　273
国民投票　　2, 33, 34, 37, 38, 272, 312, 344
国立銀行　　236, 257
国連　　18, 198, 200, 202, 205, 209, 248, 262, 289, 290
国会　　92, 132, 137, 184, 196, 201, 229, 263, 278, 282, 300, 315, 319
国家革命運動党　　232, 274
国家警察本部　　23
黒女山　　144

黒龍会　　59

さ

サイゴン
　　──・オペラハウス　　319
　　──河（サイゴン川）　　32, 35, 271, 289, 319
　　──港　　179, 337
　　──大聖堂　　319
　　──大南　　119, 137, 202, 235
サウスシーズ・コーポレーション（南亜公司）　　152
サンフランシスコ講和条約　　287
ザーディン（ジャディン）　　71, 116, 321
ザロン宮殿　　276
ザン・キア　　245
在ヴェトナム日本商社懇話会（在越日本商社懇話会）　　54, 133, 135, 157, 160
三條金物　　89
三洋電機（三洋）　　95, 96, 165, 167
シアヌーク（シアヌーク首相）　　72, 83, 126, 141, 190, 222, 241, 244
シハヌーク　　284-286, 305-307, 339
シャム　　126, 222, 290, 297, 310
ショロン（チョロン）　　2, 4, 17-21, 23-29, 32-36, 38, 39, 42, 45, 47-49, 54, 56, 65, 67, 69-73, 75, 80, 81, 83, 84, 88, 96, 97, 99, 111, 112, 117, 121, 138, 149, 153, 156, 160, 163, 168, 172, 175, 178, 184, 188, 192, 193, 198, 199, 236, 248, 250, 268, 269, 271, 272, 304, 317, 320, 321
シンガポール　　98, 152, 179, 181, 301, 308, 314, 319, 335
ジュネーヴ会議（ジュネーヴ協定）　　1, 2, 273, 279, 281, 306, 312, 316
ジリン　　76, 324
市民集会　　273
自由クメール（クメール・イサラ）　　284, 306
自由党　　196, 199, 234
自由防衛運動　　273

360

索引

自由民主党　　48
重光外相（重光葵）　　51, 157, 198, 215, 305
『静かなアメリカ人』　　320
渋沢敬三　　40
島田硝子　　75, 162
下中弥三郎　　290, 311
社会党　　25, 132, 189, 241, 271, 275, 288
社会労働党　　26
釈迦祭（仏祖誕生日）　　217, 280
朱潮豊　　105, 216, 217
儒教　　3, 4, 169, 269, 280
周恩来　　190, 191, 222
蒋介石　　284, 287, 331
商業銀行　　74, 82, 110
商工会議所　　59, 71, 140, 165, 240
商工銀行　　251
商社懇談会　　131, 133, 134, 175, 212, 249
情報部　　109, 298, 300
新興産業　　50, 299
新興洋行　　227, 229, 232, 233
新谷哲次　　95
人類愛善会　　290
ズオン・ヴァン・ミン　　268, 296
ズンサット　　271
水力発電　　80, 113, 128, 134, 227, 245, 299
管晴次　　289
住　　112, 210
セイロン　　80, 138
セット・パゴド　　336
世界紅卍字会　　284
世界宗教協力協議会　　143
世界聯邦　　146
制憲議会　　87, 92, 273, 274, 278, 285, 296
制憲議会選挙　　273, 274, 278, 296
青年高等会議所　　144
青年商業会議所　　167, 249
精工舎　　194, 196, 212, 229
税務局　　192, 194
関口俊吉　　237

積水科学　　237
千賀鉄也　　289
戦後賠償　　7, 288, 289
ソ連　　69, 73, 90, 141, 157, 182, 233, 235, 244, 337
ソンベー焼き　　97
ソン・ゴク・タン　　202, 208, 284, 305-307, 314, 339, 344
壮喜　　201, 209
壮烈　　184, 201, 209, 214

た

タイ国　　153, 234, 239, 282, 285, 306, 307, 340
タイグエン　　303, 312
タイニン　　34, 57, 82, 87, 94, 269, 270, 275, 284, 290, 296, 311, 313
タンソンニュット飛行場（タンソンニュット空港）　　29, 319
ダー川　　323
ダイ・ベト国民党　　275
ダナン　　325, 334
ダニム川　　289
ダニムダム　　5, 6, 289, 299, 300, 337
ダラット（ダラト）　　5, 6, 17, 25, 35-37, 43, 46-49, 52-55, 67, 74-76, 77, 80, 82, 85, 88, 100-102, 109, 122, 289, 304, 309, 323, 324, 325, 333, 337
ダレス　　92
田代重徳　　301
田中清玄　　27, 98, 202, 307
大鵬建設　　245
大洋漁業　　235, 246
台湾拓殖株式会社（台湾拓殖）　　300, 316, 331, 334
対日賠償　　201
対ビルマ賠償交渉　　87
大南公司（大南）　　1-3, 6, 17, 20, 21, 23-25, 27, 29, 30, 32, 37-40, 46-49, 51, 52, 55-59, 65, 67-69, 71-76, 81, 83, 85, 88, 89, 93, 95, 96, 98, 105, 106, 108, 112, 119, 122, 127, 130-132, 134-137, 140, 153, 154, 156-

361

158, 160, 161, 164, 169-174, 177-179, 182, 184, 188, 191-195, 198, 200-202, 210, 212, 223, 224, 226, 227, 229, 230, 232, 235-238, 241, 242, 244, 246-251, 253, 257-259, 261, 264, 289, 290, 292, 295, 305, 307, 314-316, 321, 326, 333, 334, 337-340, 344

大信　　81, 116, 132
大世界　　18, 19, 21, 27, 45, 67, 69, 71, 97, 268, 272, 321
大道三期普度　269
第一物産　57, 67, 132
第七艦隊　179
只熊力　306
竜野美智子　78, 81
丹頂　249
チャム　45, 307, 326
チャン・クアン・ヴィン　269
チャン・チュン・ラップ（ラップ）　332, 333
チャン・チョン・キム　7, 267, 281, 298, 301, 308, 312, 314, 334, 335, 341
チャン・レー・スアン　305, 308, 309, 323, 324
チャン・ヴァン・アン　276
チャン・ヴァン・ソアイ　268, 271, 296
チャン・ヴァン・チュオン　307, 309
チャン・ヴァン・ディン　311
チャン・ヴァン・ヒュー　317
チャン・ヴァン・メオ　290
チュオン・ケー・アン　310
チュオン・チン　190
チュオン・トゥー・アイン　275
チン・ミン・テー　268, 270, 274, 296, 300
地質研究所　54
地理学研究所　55, 101
中央教会　228
中央警察　59
中央繊維　254
中華民国　283, 284, 287
中国共産党（中共）　4, 22, 28, 97, 126, 141, 147, 163, 190, 205, 206, 238, 244, 256
中国銀行　159

中国国民党（中国国民党軍）　267, 301
中堂観恵　310, 339
中部日本　166
朝鮮特需　227
蝶理　30, 108, 134, 137
沈船スクラップ　227
沈船引揚　31, 38, 78, 135, 213, 237, 288, 290
陳共存　152
陳興道　30, 167, 280
陳定梁　82
陳文仲　213
ツーラン（ダナン）　138, 161, 261, 325, 334
辻政信（辻）　73, 229
ティエンザン（Tiền Giang）省　322
ディエンビエンフーの戦い　267, 281, 312
ディントゥオン（Định Tường）省　322
テイチク（テーチク）　78, 118
出口伊佐男　290
鉄道局（鉄道省）　70, 133, 135
電源開発　5, 17, 20, 27, 28, 31, 36, 38, 40, 41, 43, 45, 47, 48, 50, 51, 57, 102, 115, 162, 185, 187, 228, 260
電々公社　233
電力管理修繕局　158
トゥアティエン - フエ　325
トゥーザウモット（テゥ・ドー・モット、ツドモ）　21, 29, 5389, 322
トゥードゥック（テウ・ドゥク）　45, 89
トゥーラン　138, 290, 325, 334
ドゥメール総督　323
トゥルチャム　149
ドクー（ドクー総督）　323, 332
ドラン　48, 53-55, 58, 60, 66, 67, 68, 71, 74, 76-80, 82, 85, 88
ドンコイ（Đồng Khởi）通り　278, 319, 320
ドンナイ（Đồng Nai）省　320, 322
土光敏夫　95, 289
土質研究所　67, 132
東亜企業　223
東亜経済調査局附属研究所　1, 291, 313, 331, 342

索引

東安公司　*19*
東京銀行（東銀）　*110, 123, 136, 153, 168, 169, 174, 227*
東京大南　*23, 212, 224, 242, 246, 264*
東都製鋼　*196*
東南アジア公館長会議　*214, 223*
東南行　*40, 108*
東綿（東棉）　*30, 32, 153, 166, 182, 200, 210, 252*
東遊運動　*297, 314*
東洋火薬　*120*
東洋ゴム　*39, 41, 254*
東洋精機　*227*
東洋タイヤ　*39, 41*
統一会堂　*276*
統一選挙　*65, 147, 273, 281*
頭山満　*311*
特別円勘定（特別円問題）　*242, 246*
独立宮殿（独立宮）　*34, 35, 38, 268, 276, 296*
巴組　*45*

な

ナショナル　*46, 250*
那須皓　*176*
那須聖　*90*
内応義軍　*269*
内務省（内務部）　*108, 123, 141, 144, 145, 157, 206, 214, 299*
中島歯科医療機製作所　*122*
中村新八郎　*209, 311*
永野護　*175, 176, 232, 252, 254*
永山丸　*176*
南興　*71*
南進論　*331, 333*
「南部仏印進駐」　*269, 310, 333*
南方社　*337, 341*
難民　*28, 74, 109, 115, 116, 127, 148, 214, 279*
ニクソン副大統領　*137*
ニャチャン　*316, 326*
ニントゥアン（Ninh Thuận）省　*326*
日本医科大学　*122*
日本カンボジア友好条約　*285*
日本海事興業（日本海事）　*208, 214, 223, 227, 259*
日本技術協力株式会社　*289*
日本工営　*5-7, 43, 47, 52, 54, 56, 57, 59, 60, 66, 67, 69, 73-75, 82-85, 88, 91, 95, 99, 102, 104, 113, 114, 116, 117, 119-121, 124, 125, 127, 131, 134, 137, 141, 146, 147, 155, 169, 175, 194, 199, 201, 206, 208-212, 223-225, 228, 230, 236, 237, 240, 241, 243, 246, 248, 260, 263, 289, 290, 295, 299, 315*
日本商社懇談会（日本商社懇話会）　*133, 134, 157, 175, 249*
日本宗教協力協議会　*143*
日本人会　*65, 136*
日本塗料輸出振興会社　*214*
日本文化会館（ハノイ日本文化会館）　*300, 301*
日本・ベトナム協会　*311*
日本輸出入銀行　*290*
西川捨三郎　*1, 12, 331, 343*
西川寛生（西川）　*1-6, 12, 133, 160, 250, 270, 296, 303, 313, 314, 317, 325, 331, 333-341, 343-345*
西日本新聞（西日本）　*49, 50, 216, 224*
日越賠償交渉　*6*
日綿　*43, 52, 56, 57, 74, 91, 98, 106, 107, 110, 112-114, 131, 133, 166, 171, 184, 192*
日活歌劇団（日活）　*55, 73, 75, 77, 78, 81-84, 87-90, 92-95, 97, 99, 100, 105, 108, 112, 118, 120, 121*
日活歌舞団　*78, 81-83, 90, 120*
日昌丸　*200, 201, 228*
日ソ交渉　*156, 157, 180, 202*
ネール（ネール首相）　*83, 152, 222*
ノロドム宮殿　*276*
ノンソン　*163*

は

ハイフォン　*50, 299, 316, 332, 333, 337*

363

ハノイ　20, 41, 273, 275, 281, 295, 297-301, 304, 308, 310, 312, 314, 316, 317, 332-334, 338, 340
ハロン湾　267, 312, 317
ハンガリー　181, 182, 190
バーカット将軍　231
バーデン山（黒女山）　144
バーリア・ブンタウ（Bà Rịa-Vũng Tàu）省　323
バイ・ヴィエン　268
バオスン　71
バオダイ（バオダイ帝）　2, 30, 267, 268, 271-273, 275, 276, 287, 288, 296, 298, 300, 303, 306, 308, 309, 311, 312, 317, 323, 324
「バオダイ解決策」　267, 296, 312
「バオダイ・ベトナム国」　267
バクニン　46, 114, 333, 335, 340
バクリュウ　310
バルーチャン　185
バンコク　69, 74, 142, 202, 286, 298, 305, 308, 314, 315, 337
バンメトゥオット（バンメトート）　3281, 25
バオ（バオ大将）　234, 286
パスツール通り　279
梅友春（Mai Hữu Xuân）中将　165
賠償交渉　6, 7, 137, 288, 290, 292, 295, 296, 298, 337
博物館　25, 45, 220, 221, 224, 276, 279
八月革命　281, 282, 308, 312
林秀澄　293, 335
原田俊明（原田）　27, 28, 29, 103, 110, 114, 167, 255, 259, 291, 312, 313, 344
范公タック（范公則）　34, 140, 142, 313
ビエンホア　39, 308, 322, 336
ビルマ　47, 52, 82, 85, 88, 97, 131, 143, 185, 189, 211, 239, 298, 310, 331
ビンスエン（ビンスエン軍団）　2, 4, 22, 43, 51, 109, 110, 256, 268, 271, 272, 274, 296, 313, 321
ビンズオン（Bình Dương）省　322
ビンタン協定（ビンタン協約）　270
ビンディン（Bình Định）省　148

ビントアン（Bình Thuận）　326
ビントゥアン（Bình Thuận）　327
ピブン（ピブーン）　234, 286, 307
日立　40
避難民　28, 109, 115, 116, 127, 214, 279
――監督署（COMIGAL）　279
広川弘禅　263
広島ゴム　257
ファム・コン・タック　87, 140, 206, 268, 269, 284, 296, 298, 313, 317
ファン・ケー・トアイ（トアイ）　20
ファンティエット　44, 60, 70, 327
ファンラン　44, 60, 323
ファン・ディン・フン（旧リショー）通り　288
ファン・ボイ・チャウ　297
フィリピン（フィリッピン）　17, 42, 121, 167, 200, 239, 287
――賠償問題　232
フイ・ボン・ホア　320
フイン・フー・ソー　270, 271, 276
フイン・ヴァン・ディエム　119
フェリックス・オリヴィエ　278
フエ　101, 109, 290, 292, 303, 304, 325, 334
フランス極東艦隊　179
フランス軍　40, 115, 172, 207, 269, 272, 276, 292, 298, 306, 307, 332, 333, 336
フランス高等弁務官　276, 323
フランス領インドシナ　301, 331, 332
フランス連合　267, 275, 312
フレン滝　245
ブイ・ヴァン・ティン　110
ブランシャール・ドラ・ブロッセ博物館　279
ブンタウ市　323
プロコンドル　70, 292
富士銀行（富士）　80-82, 107, 175, 202
福永一臣（福永）　72, 77-79, 87-89, 226, 311
藤原岩市（藤原）　178, 202, 208, 212, 232-234, 239, 242, 243, 306, 313, 314

364

索引

「仏印処理」　269, 282, 300, 303, 305, 308, 312, 331, 336
「仏印進駐」　1, 5, 276, 316, 320, 321, 331, 332, 343
仏印大使府　298
仏領インドシナ（仏領印度支那）　1, 310, 316
仏教騒乱（仏教徒危機）　296, 310
古川電気　254
ベトナム愛国聯団　311
ベトナム革命同盟会　267
ベトナム協会　292, 311, 337
ベトナム共和国　1, 6, 273, 276, 283, 287, 288, 295, 296, 303, 312, 319, 344
「ベトナム国」　2, 267, 271, 275, 276, 287, 288, 309
ベトナム国家独立党　276
ベトナム戦争　5, 315, 319, 320
ベトナム独立同盟（ベトナム独立同盟会）　282, 335
ベトナム復国同盟会（ベトナム復国同盟軍）　269, 276, 298, 314, 332, 333, 341
ベトナム民主共和国　6, 267, 275, 281, 282, 302, 304, 308, 312, 323
ベトナム民主社会党　271, 275
ベトナム歴史博物館　279
ベトミン（越盟）　4, 22, 93, 150, 270-272, 274, 275, 281, 282, 292, 301, 303, 304, 308, 312, 316, 334, 335, 337, 344
ペルソナリズム　4, 5, 274
北京　83
兵器工業会　289
米軍　158, 269, 336
米国　20, 22, 37, 83, 90, 92, 114, 123, 130, 152, 256
ホアハオ　2, 22, 43, 51, 140, 256, 267, 268, 270-272, 274, 276, 296, 303, 313, 316, 317
――教　2, 268, 270-272, 274, 276, 296, 303, 316, 317
ホー・チ・ミン　4, 24, 281, 282, 300-303, 308, 313, 323, 325, 335, 341
ホーチミン市　1, 2, 276, 278, 321, 327, 331, 334, 337, 338, 340

――大劇場　278
――博物館　276
ホンガイ炭田（ホンゲイ炭鉱）　50, 238
ホンコイ（Hòn Khói）塩田　326
ポーランド　18, 181
封建三勢力　268, 269, 272
北部避難者　24
「北部仏印進駐」　333
北海道知事　263
堀丈商店　131
本位田アジア協会専務理事（本位田）　175, 176
香港　75, 78, 88, 119, 167, 181, 267, 276, 283, 297, 308, 312

ま

マジェスティック・ホテル　26, 32, 39, 40, 49, 320
マリヤ昇天祭　155
馬奈木敬信（馬奈木）　157, 239, 243, 340
毎日新聞（毎日）　50, 90, 201, 228, 241
牧久　3, 7, 315, 338, 341
松岡・アンリー協定　332, 333
松下光広（松下社長）　1-3, 5, 6, 22, 27, 37, 44, 46, 65, 69, 77, 79, 82, 83, 86, 93, 98, 131, 136, 138, 140, 151, 163, 177, 229, 232, 237, 251, 252, 264, 284, 289, 295, 299, 306, 307, 310, 314, 315, 317, 321, 333, 334, 337, 339, 340, 344
松永安左エ門　87, 288
丸紅　29, 32, 40, 45-47, 52, 57, 74, 98, 99, 131, 168, 171, 173, 181, 210, 214, 241
万花歌劇団（萬花歌劇団）　160, 164, 168, 171
満鉄　291
満鉄東亜経済調査局付属研究所　17
萬興隆　54
『みんなみ』　270, 304, 331, 337, 341
ミトー街道　322
ミラー　2, 4, 345
三浦琢二　303, 334

365

三木武夫　*60*
水谷乙吉　*316*
水谷商店　*316*
三井化学　*126, 127*
三井不動産　*246*
三菱　*40, 57, 73, 80, 122, 124, 125, 132, 133, 160, 161, 171, 173, 174, 192, 200, 205, 210, 223, 224, 230, 242, 251, 252, 257, 261, 316*
南ベトナム
　——解放民族戦線（南ベトナム民族解放戦線）　*281, 319*
　——技術協力調査団　*111*
　——国軍　*339*
　——民族連合　*317*
　——臨時革命政府　*6*
　——臨時執行委員会　*272*
宮地汽船　*196, 232*
宮田自転車　*94*
民社党　*275*
民主自由党　*263*
民主党　*25, 48, 273, 285*
民族資本　*23, 30*
民族統一・平和国民大会　*304*
メコン開発問題　*79, 262*
メコン河　*31, 69, 124, 255*
メコンデルタ　*270, 271, 296, 316, 336*
メトロポール・ホテル　*78, 148, 151*
明号作戦　*306, 317, 323, 336, 341*
明理道　*142*
モイ族　*80, 127, 128*
毛沢東主席　*83*
文部省　*228*

や

ヤンマー・ディーゼル　*189*
八幡商高　*246, 247*
山玉誠　*202, 231, 233, 234, 239, 241-243, 252, 253, 254, 256, 305*

山津陶器　*257*
山根機関　*333, 334, 337, 338*
山根道一　*312, 333, 334, 338*
郵政省　*134, 135, 138, 160, 162*
瑤池金母　*142*
横山正脩　*316*
吉岡カンボジア大使（吉岡大使）　*193, 242*
読売新聞（読売）　*135, 148, 285, 286, 289, 292, 298, 300*

ら・わ

ラオス　*24, 27, 30, 31, 69, 71, 74, 77, 79-81, 84, 96, 107, 110, 120, 147, 153, 299, 333, 336*
ラス・ビハリ・ボース　*311*
ラックザー　*316*
ラムドン（Lâm Đồng）省　*324*
ラングーン　*52, 69, 99*
ランソン　*332, 333*
ランビアン（Lang Biang）山　*55, 101, 113, 225, 244, 323*
ランビアン・パレス（Palais Lang Bian）　*101, 113, 323*
リエンカン（Liên Khang）　*114*
李承晩　*287*
陸軍省　*291*
林野局　*186, 187, 188*
レ・トアン（レー・トアン）　*293, 335, 336*
レー・クアン・ヴィン　*268, 271, 316*
レー・ティエン・フオック（黎善福）　*140-142, 290, 291, 317*
レー・ヴァン・チュン　*269*
レー・ヴァン・ホアック　*317*
レー・ヴァン・ヴィエン　*268, 272*
ロンスエン　*296, 316*
ロンノル　*306*
労働記念日　*280*
和好教　*140, 270*

索引

ヴィエンチャン　　81, 96
ヴァン・アン　　292, 294, 295, 334, 335, 340
ヴ・ヴァン・タイ　　292, 295
ヴー・ディン・ジー　　294, 335
ポール・ヴェイセイール　　102, 185

A-Z

Air France（Air-France）　　116
Air Viet Nam（Air Vietnam）　　54
Angkor Vat　　191, 214, 217-219
Ankroet　　77, 99
Ban Me Thuot　　114, 129, 196, 230
Ba Cut　　140
Bangkok　　115, 116, 120, 122, 132, 139, 148, 153, 161, 163, 164, 166, 168, 181, 189, 190, 196, 197, 211, 221, 229, 231, 234, 237, 240, 248, 249, 252, 258-260, 262
Bao Xuong　　119, 133
Bien Hoa　　44, 96, 120, 156, 165, 196, 199, 251, 262
CONIMEX　　75
Caisan 計画　　279
Cana 塩　　244
Cap Saint-Jacques　　105
Catinat　　119, 177, 190, 236, 272, 319
Cholon　　123, 130, 171, 174, 199, 209, 216, 253
Colombo　　199
Continental Hotel（Continental）　　152, 160, 165, 168, 319
Credit Commercial　　91
Dalat　　43, 44, 102, 103-105, 107, 112-115, 121, 125-127, 129, 130, 132, 136, 149, 150, 153, 155, 156, 161, 162, 169, 178, 180, 185-188, 199-201, 205, 208, 224, 225, 238, 244, 245, 259, 260, 263, 324
Danhim　　102, 115, 129, 131, 134, 136, 139, 141, 146, 150, 156, 161, 162, 169, 178, 182, 187, 189-191, 194-199, 205, 223, 225, 227-229, 233, 236, 237, 240, 243, 249, 260, 262, 263
Dankia　　245
Djiring　　43, 76, 127, 186, 225, 324

Dran　　43, 44, 101, 103, 104, 106, 113, 114, 117, 122, 127, 129, 130, 132, 149-151, 160, 162, 169, 180, 185, 186, 199, 211-213, 225, 238, 241, 245, 250, 263
Drayling　　128
Duchateau　　60, 172
ECAFE　　31, 262
EFAC　　160, 175, 193, 236, 244
ESACO　　183, 250
Gia Dinh　　156, 188
Go Cong　　124, 255
Grand Monde（大世界）　　18, 19, 21, 27, 45, 67, 69, 71, 97, 268, 272, 321
Hai Phong　　171, 238
Hoa Hao（Hoa Hao 教団）　　140, 231
Hon Khoi 塩（Hong Khoi 塩）　　252
Hong-Xuan-Nam　　72, 127
Hongay　　238
Huỳnh Văn Điềm　　119
ICA（ICA 資金）　　83, 114, 174, 247, 282
ICA 資金　　114, 247, 282
Importex　　58
JCI　　167
JECFE　　148
JETRO　　71, 160, 214
Kian Lee　　106
Lam Son　　32, 33, 38, 45, 69, 70, 90
Lang Bian（Lang Biang）　　113, 127, 129, 150, 162, 169, 185, 187, 225, 244, 323
Lang Bian Palace（Lang Biang Palace）　　113, 127, 150, 162, 169, 185, 225
Laos　　132, 151
Le-Quaug-My　　172
Lee Ky　　99
Lien Kang［Liên Khang］　　114, 149
Lien Khang 飛行場　　186
Lien khan　　149
Long Hải 市（Long Ha）　　159, 228, 261, 262
Long Xuyen　　173
MAAG　　223, 283

367

METECO *160, 172, 175, 177, 184, 188, 193, 223, 224, 236, 244*
Majestic Hotel *89, 255*
Meteo *66*
Metropole *111, 112*
Miller *2, 4, 7, 268, 274, 275, 281, 297, 310*
My Tho *116, 124, 164, 165, 168, 170, 255*
NATO *287*
New Viet Nam Watch *194, 229*
Ng［uyen］-Van-Nguyet *169*
Ngo-Dinh-Nhu *213, 236, 253*
Nguyễn Hữu Châu *210*
Nguyễn Hữu Hanh *236, 237*
Nguyễn Ngọc Thơ *144, 296*
Nguyen Trung（Ng［uyen］Trung） *70*
Nguyen-Van-Ba（Ng［uyen］-Van-Ba） *234*
Nha Be *95, 158*
Nha Trang *116, 183, 184, 214, 326*
Nong Son（Nong Son 炭鉱） *163, 164, 167, 168, 173, 174, 180-182, 195, 196, 207, 224, 227, 229, 232, 234, 237, 238, 240-242, 244, 252, 258, 260*
O.N.D.E.E. *158, 188, 230, 232, 237, 243, 250, 255, 258, 262, 263*
OSCAR 劇場 *230*
Parc Hotel *43*
Phan Rang *44*
Phan Thiet *44, 92*
Phnom-Penh *121-124, 132, 146, 148, 165, 166, 168, 169, 171, 172, 182, 184, 188-191, 196, 197, 206, 216, 221, 224, 226, 230-233, 235, 244, 248, 251-253, 258, 339*
Quang Ngai *140*
Quang Trung *57*
Quinhon *148*
Rangoon *168, 237*
SEATO *92, 114*
Saigon *44, 102, 104, 105, 107, 110, 113, 114, 121-123, 127, 130, 146, 149-151, 153, 156, 162, 166, 169, 170, 172, 181, 184, 185, 188, 196, 201, 206, 208, 217, 222, 230, 237, 245, 246, 248, 250, 253, 255, 256, 262, 319, 321*
Sept Pagode *57*
Singapore *152, 154, 167, 192, 239, 249, 250*
Southseas Corp. *152, 250*
T.P *77, 103-108, 110, 112, 116, 122-125, 127-133, 135, 137-139, 147, 149-151, 158, 159, 162, 178, 180, 185, 186, 188, 190, 192, 193, 196, 211, 228, 255, 263, 279*
Tan Son Nhut 飛行場 *225, 233*
Tay Ninh *140-143, 146*
Thu Dau Mot *49, 185, 199*
Thu Duc *45, 105, 141, 148, 151, 182, 185, 199, 210, 215, 251, 258*
Toan Hung *74, 127, 155, 156*
Tourane *116, 117, 140, 181, 199, 201, 207, 212, 213, 260, 325*
Trang-Khac-Tri *251*
Tran Hung Dao 大通り *178*
Tran-Trong-Kim *103*
Truong Chinh *190*
Truong-Huu-Duc *143*
Truong-Ke-An *26, 29*
USOM *121, 240, 257, 279, 288*
Vientiane *107, 110, 148, 153*
Viet Dong *82*
Viet Hoa *20, 24, 42, 90, 99*
Viet Nam Overseas *229*
Viet Nam Watch *151, 194, 229*
Viet Nam 号 *36, 133*
Ving［Vinh］Long（Vinh Long とも） *116*
Vu-Van-An *46, 103*
Vu-Van-Thai *103*
Yanmar *237*

写真・図表一覧

本文

写真1　タイニン・カオダイ教聖座前の集合写真［西川文書］*146*

写真2　ベルヴュの駅［西川文書］*149*

写真3　グーガの滝［西川文書］*170*

写真4　「ベトナム共和国憲法万歳」のアーチ。［西川文書］*179*

写真5　鎧兜を贈呈されるゴー・ディン・ジエム［西川文書］*207*

補注

写真1　ノロドム宮殿時代（『越南大観』1936年所収）*277*

写真2　再建後の独立宮殿（現在の統一会堂、2013年3月撮影）*277*

写真3　仏領期、博物館の前にたたずむ松下光広［西川文書］*278*

写真4　ベトナム北部バクニンのヴー・ヴァン・アン（写真中央）［西川文書］*293*

写真5　大南公司がヴー・ヴァン・アンより米100トンを収穫可能な土地を借用したことをフランス当局に報告する文書［ANOM, RSTNF//7078］*294*

写真6　1950年6月、クオンデ帰国の別宴（前列右より蓑田不二夫、松下光広、クオンデ、グエン・ヴァン・バー（阮文巴）夫妻と子供、後列右から西川寛生、高瀬侍郎、小松清）［西川文書］*297*

写真7　久保田豊（右端）と植村甲午郎（左端）［西川文書］*299*

写真8　戦時期、日本文化会館前の小松清［西川文書］*302*

写真9　来日時のチャン・レー・スアン（右端）［西川文書］*309*

写真10　旧大南公司ビル（1973年建設、2014年8月撮影）*315*

写真11　護国寺を訪問したレー・ヴァン・ホアック（左）、松下光広（右）［西川文書］*318*

写真12　現在のダラットパレスホテル（旧ランビアンパレスホテル）［Jennings 2003: 172］*324*

写真13　ホンコイ塩田の風景。［西川文書］*326*

地図

地図1　サイゴン地図（1960年）［François Guillemot Map Collection.］*355*

地図2　旧インドシナ概念図［Decoux 1949］より作成　*356*

編者紹介

武内　房司（たけうち・ふさじ）
1956年生まれ。東京大学大学院人文科学研究科東洋史学専門課程博士課程中退。
現在、学習院大学文学部教授。
主要編著：
武内房司編『戦争・災害と近代東アジアの民衆宗教』有志舎、2014年、武内房司編『日記に読む近代日本5　アジアと日本』吉川弘文館、2012年、武内房司編『越境する近代東アジアの民衆宗教：中国・台湾・香港・ベトナム、そして日本』明石書店、2011年

宮沢　千尋（みやざわ・ちひろ）
1962年生まれ。東京大学大学院総合文化研究科超域文化科学（文化人類学専攻）修了。
現在、南山大学人文学部准教授。
主要編著：
宮沢千尋「ベトナム北部村落構造の歴史的変化(1907-1997)」（東京大学博士論文、1999年）、宮沢千尋編『アジア市場の文化と社会：流通・交換をめぐるまなざし』風響社、2005年、宮沢千尋「戦間期の植民地ベトナムにおける言語ナショナリズム序論」加藤隆浩編著『ことばと国家のインターフェイス』（南山大学地域研究センター共同研究シリーズ6）、2012年

〈編集協力〉

髙津　茂（たかつ・しげる）
1950年生まれ。星槎大学共生科学部准教授。
主要論文：「ヴェトナム南部メコン・デルタにおける五支明道とカオダイ教」『共生科学研究（星槎大学紀要）』8号、2012年、「阮朝初期国家祭祀の一考察」『東洋大学アジア・アフリカ文化研究所研究年報』第15号、1980年

北澤　直宏（きたざわ・なおひろ）
1984年生まれ。京都大学大学院アジア・アフリカ地域研究研究科・博士課程在学。
主要論文：「"解放"後ベトナムにおける宗教政策：カオダイ教を通して」『東南アジア研究』50-2、2013年」

西川寛生「サイゴン日記」 1955年9月～1957年6月	
2015年2月10日 印刷 2015年2月20日 発行	〈学習院大学東洋文化研究叢書〉
編 者	武内房司 宮沢千尋
発行者	石井 雅
発行所	株式会社 風響社

東京都北区田端 4-14-9（〒114-0014）
Tel 03(3828)9249　振替 00110-0-553554
印刷 モリモト印刷

Printed in Japan 2015 ©　　　ISBN978-4-89489-211-8 C3022